骨科医疗损害
司法鉴定实证研究

杨天潼　著

北京科学技术出版社

图书在版编目（CIP）数据

骨科医疗损害司法鉴定实证研究 / 杨天潼著 .
北京：北京科学技术出版社，2025. — ISBN 978-7-
5714-4703-8

Ⅰ. D922.164

中国国家版本馆CIP数据核字第2025UA0422号

策划编辑：何晓菲
责任编辑：何晓菲
责任校对：贾　荣
图文制作：北京永诚天地艺术设计有限公司
责任印制：吕　越
出 版 人：曾庆宇
出版发行：北京科学技术出版社
社　　址：北京西直门南大街16号
邮政编码：100035
电　　话：0086-10-66135495（总编室）　　0086-10-66113227（发行部）
网　　址：www.bkydw.cn
印　　刷：北京建宏印刷有限公司
开　　本：710 mm × 1000 mm　1/16
字　　数：450千字
印　　张：31.25
版　　次：2025年7月第1版
印　　次：2025年7月第1次印刷
ISBN 978-7-5714-4703-8

定　　价：128.00元

　　在当代医疗实践中，骨科疾病的诊治因其高度复杂性和潜在的高风险性而屡屡成为医患矛盾的核心议题。随着社会的进步，公众的法治观念不断深化，人们对医疗服务品质的期望值也随之攀升。在此背景下，骨科医疗损害的司法鉴定工作不仅为医疗纠纷的合理解决提供了坚实的科学支撑，也对优化医疗服务水平、促进医患和谐关系的构建起到了重要作用，其重要性日益彰显。

　　骨科医疗损害司法鉴定面临诸多挑战。无论是在处理复杂的骨折病例问题上，还是在评估前沿骨科手术的过程中，每一项医疗决策都可能成为潜在的风险源。因此，运用科学的方法论和技术工具，精准评判医疗行为是否存在疏忽，以及这种疏忽与患者所遭受的损害之间是否存在因果关联，对于维护患者权益、促进医疗领域的公平正义至关重要。

　　《骨科医疗损害司法鉴定实证研究》凝聚了笔者在该领域多年研究与实践的心血。书中详尽记载并剖析了多起真实的骨科医疗损害案例，涵盖了从诊断、治疗直至康复的全过程，为本书的实证研究提供了翔实可靠的第一手资料。通过深入挖掘这些案例，我们不仅能揭示骨科医疗损害背后的深层次原因，更能提出预防和减少此类事件发生的有效策略。

　　本书基于系统的实证研究，探讨了骨科医疗损害司法鉴定的理论框架、操作程序及其未来发展趋向。全书概述了骨科医疗损害的普遍性及严重性，并探讨了导致骨科医疗纠纷频发的根源，深入阐述了司法鉴定在解决骨科医疗纠纷中的关键作用，强调其专业性、独立性、客观性与中立性的特质。在此基础上，本书进一步探讨了司法鉴定的具体流程与标准，以及如何质证与采纳鉴定结论等实务问题。最终，本书通过一系列具体案例，呈现了司法鉴定的实际应用及其成效，有助于读者进一步强化对骨科医疗损害背后深层次原因的理解，并提出了预防和减少此类事件发生的策略。本书讨论的案例可分为以下几个大类。

诊断不当导致骨科医疗损害，包括股骨颈骨折漏诊导致髋关节功能障碍、尺神经损伤诊断不明确导致治疗延误、股骨粗隆间骨折漏诊导致治疗延误等案例，凸显了诊断准确对患者治疗结果的重要性。

术中操作不当导致骨科医疗损害，如脊柱压缩性骨折经皮穿刺球囊扩张脊柱后凸成形术操作不当导致椎管硬膜外出血、桡骨骨折弹性钉置入不当导致桡神经损伤等案例，展示了手术过程中操作不当可能造成的严重后果。

术后处置不当导致骨科医疗损害，如左肱骨髁上骨折闭合复位克氏针内固定术术后并发症处置不当导致骨－筋膜室综合征、左膝关节镜探查清理术术后感染控制不力导致左下肢截肢等案例，强调了术后处置的重要性。

术后康复不当导致骨科医疗损害，如术后功能锻炼不当导致髌骨内固定术后再次骨折、肱三头肌肌腱－肌腹移行部部分断裂等案例，揭示了正确指导患者术后康复的重要性。

病历记录及知情告知不当导致骨科医疗损害，包括手术同意书书写不规范和内容缺失、桡骨远端骨折手法复位石膏外固定治疗后对骨折愈合不良预后和功能障碍影响的告知不充分等案例，强调了病历记录的完整性和充分告知患者的重要性。

通过对以上案例进行深入分析，本书旨在为医疗工作者提供宝贵的经验，帮助他们在未来的诊疗活动中避免类似的错误，同时也为患者及其家属提供了理解和应对医疗损害的有效途径。此外，这些案例也为司法鉴定人员提供了实用的参考，有助于他们在评估医疗损害时做出更为准确的判断。本书的最终目的是更好地保障患者权益，提升医疗服务水平，促进医患关系的和谐发展。

作为本书的撰写者，笔者希冀此书能为骨科医疗损害的司法鉴定提供更为科学、规范且高效的指导。同时，笔者亦期盼本书能唤起社会各界对骨科医疗质量及医患关系的关注，促进医疗服务的持续改善与医患关系的和谐发展。

在此，谨向所有为本书编写提供支持与帮助的同人、专家学者致以诚挚的谢意。尤其感谢广大读者的支持与关注，愿您在阅读过程中获得丰厚的知识与深刻的见解，并为推动骨科医疗损害司法鉴定事业的进步贡献力量。让我们齐心协力，为构建更加和谐、公正的医疗环境而不懈努力。

2025 年夏

目录
CONTENTS

第四章　术后处置不当导致骨科医疗损害

第一章

医疗损害
与司法鉴定

随着社会进步和医疗技术的快速发展，医疗损害问题日益显现，并成为公众关注的热点。医疗损害不仅给患者及其家庭带来沉重的生理与心理创伤，也对医疗机构和医护人员的名誉及整体医疗环境产生深远影响。因此，深入探讨医疗损害的现状及其社会影响，对于建立和谐的医患关系和维护社会稳定具有重要意义。

在处理医疗损害的过程中，司法鉴定扮演着至关重要的角色。司法鉴定是一种由具备医学专业知识的专家对案件中涉及的专业问题进行分析、评估并提出意见的专业活动。在医疗损害案例中，司法鉴定有助于法庭查明事实真相，为公正判决提供科学依据。因此，医疗损害司法鉴定对优化医疗损害处理机制、保护患者与医护人员的合法权益至关重要。

近年来，由于医疗需求增加、医疗资源相对短缺，医疗纠纷数量呈上升趋势，其中医疗损害案件占比较高。这些问题涵盖了诊疗过程中的误诊、不当治疗及手术失误等多种情况，损害了患者的身心健康。此外，医疗损害还引发了大量医患冲突，扰乱了正常的医疗秩序，进而影响社会的和谐与稳定。

从患者及其家属的视角出发，医疗损害造成的生理与心理创伤难以估量。误诊或不当治疗可能导致病情恶化甚至危及生命；手术失误则可能出现并发症，导致患者长时间遭受病痛折磨。这些伤害不仅影响患者的健康状况，还会导致心理问题，如焦虑和抑郁。同时，患者的家庭成员也会面临巨大的心理压力和经济负担。

对医疗机构及医护人员而言，医疗损害事件会对他们的声誉及职业生涯造成负面影响。医疗损害发生后，医疗机构可能面临赔偿、行政处罚乃至法律诉讼的风险；医护人员的职业生涯也可能因此受挫，甚至丧失执业资格。这些负面影响不仅削弱了医疗机构和个人的社会信誉，还有可能损害医疗行业的整体形象。

从社会层面考量，医疗损害问题破坏了正常的医疗秩序，加剧了医患之间的紧张关系。频繁发生的医疗纠纷和投诉降低了医患间的信任度，影响了医疗服务质量和效率。同时，此类事件还可能引起社会舆论的关注，对社会的和谐稳定产生不利影响。

司法鉴定在医疗损害处理中的重要性不容忽视。

首先，司法鉴定具有高度的专业性和科学性。鉴定人员凭借深厚的医学知识和丰富的临床经验，对医疗损害案例中的专业问题做出精准分析与判断。通过采用专业的技术手段和方法，鉴定人员深入研究诊疗行为是否存在过失、过失与损害结果之间是否存在因果关系等问题，为法庭查明事实提供有力的支持。

其次，司法鉴定应具备公正性和客观性。作为独立第三方，鉴定人员不受任何利益驱使，客观公正地出具鉴定意见。依据事实和法律，鉴定人员对医疗损害案例进行客观评估，确保鉴定结论的公正性和权威性。这有助于维护处理过程的公正性，保护双方当事人的合法权益。

最后，司法鉴定具有法律效力和证据价值。根据《中华人民共和国民事诉讼法》及相关司法解释，司法鉴定意见作为法定证据，在医疗损害案例中具有重要证明力。法院在审理此类案件时，通常依据司法鉴定意见来确认事实和适用法律，做出公正裁决。因此，司法鉴定意见的质量与准确性直接影响案件的裁决结果。

　　具体而言，司法鉴定在医疗损害处理中的作用包括但不限于以下方面：查明事实真相，提供科学依据，以正确适用法律做出公正裁决；提供证据支持，帮助法院认定事实和适用法律，同时为双方当事人提供证据支撑；促进纠纷解决，通过对案例的专业评估明确责任归属与赔偿范围，促进双方沟通协商，达成和解或调解协议；提升医疗服务质量，通过揭示诊疗过程中的问题与不足，为医疗机构及医护人员提供改进建议，总结医疗损害案例的经验教训，提高医疗服务水平，保障患者权益。

一、医疗损害

　　医疗损害是指医疗机构及医务人员在诊疗、护理过程中出现过错，对患者产生不利影响的事实。

　　随着医疗技术的进步和医疗服务需求的增加，医疗损害问题日益成为社会关注的重点。此类事件不仅对患者及其家庭造成严重的身心伤害，而且对医疗机构的声誉及医患关系的和谐稳定构成了重大挑战。

　　依据《中华人民共和国民法典》及相关法律法规，医疗损害可细分为医疗技术损害、医疗伦理损害和医疗产品损害三大类。医疗技术损害是指医务人员在诊疗活动中技术操作不当或误诊误治所导致的损害；医疗伦理损害涉及未能充分尊重患者的知情同意权、隐私权等基本权益而导致的损害；医疗产品损害则是药品、医疗器械等产品的质量问题给患者带来的损害。

　　医疗损害的发生原因错综复杂，既有医疗机构及其医务人员方面的原因，也受到患者及外部环境的影响。医疗机构内部的技术水平限制、设备故障、制度缺陷以及医务人员的操作失误或违反诊疗规范等，都是医疗损害频发的原因。此外，医疗机构管理不当、医疗资源配置不均等问题同样不容忽视。从患者角度来看，个体差异、病情复杂性、对治疗效果的高期望值以及社会舆论的影响等因素，也可能促使医疗损害的发生。

在处理医疗纠纷、明确医疗损害责任方面，医疗损害鉴定是一个关键环节。目前我国实行医学会鉴定与司法鉴定相结合的模式。前者是由医学专家组成的鉴定小组进行专业评判；后者则依托具有法医学鉴定资质的机构，强调法律程序与证据规则的应用。然而，两种鉴定模式均存在一定的局限性：医学会鉴定可能因为专家库构成单一、程序缺乏透明度而影响其公正性与权威性；司法鉴定则可能因鉴定人医学知识不足、专家咨询不够充分等影响其科学性与准确性。鉴于此，建立统一、公正、科学的医疗损害鉴定体系成为当务之急。

针对上述问题，学者们提出了多项改革建议。例如，构建统一的医疗损害鉴定专家库，实现资源共享与优化配置；制定统一的标准与程序规范，确保鉴定工作的公平性与科学性；强化鉴定人员培训与考核，提升其专业素质与鉴定能力；建立听证会制度，允许医患双方充分表达意见与诉求。这些建议对于完善我国医疗损害鉴定体系、提高鉴定质量和公信力具有重要意义。

医疗损害赔偿作为处理医疗纠纷、保障患者权益的有效途径，一般涵盖医疗费、误工费、护理费、交通费、住宿费、住院伙食补助费、营养费及残疾赔偿金、死亡赔偿金和精神损害抚慰金等多项内容。然而，在实际操作中，赔偿标准与范围常存在争议。例如，残疾赔偿金与精神损害抚慰金的计算标准及方法存在较大的地区差异与个体差异。此外，赔偿支付方式、期限及后续治疗费用承担等问题也需要进一步明确。

为改善医疗损害赔偿现状，学者们提出多项建议：建立医疗损害赔偿风险分担机制，通过购买医疗责任保险分散赔偿责任；制定统一赔偿计算标准与范围规范，保证赔偿的公平性与合理性；强化赔偿案件调解与协商工作，促进医患和谐解决纠纷；设立医疗损害赔偿基金，为无法获得充分赔偿的患者提供救助。这些建议有助于完善我国医疗损害赔偿制度，切实保障患者权益。

为减少医疗纠纷、提升医疗服务质量，预防与控制医疗损害至关重要。医疗机构需持续加强自身建设与管理水平，医务人员需提升服务质量与安全意识。具体措施包括：强化职业道德教育与专业技能培训，提高医疗技术水平与诊疗能力；完善内部管理制度与规范诊疗流程，确保服务规范化与标准化；加强设备维护与保养，保障其正常安全地运行；增进医患沟通与做好患者知情同意工作，尊重患者的知情权与选择权。

此外，政府及社会各界应加大监管与支持力度，共同推进医疗损害预防与控制工作的深入展开。政府可通过加强对医疗机构的监管，促进规范诊疗行为与提升服务质量；加强对鉴定与赔偿工作的指导与监督，确保其公正性与合理性；开展宣传教育，增强公众的医疗安全意识与自我保护能力；鼓励社会力量参与预防与控制工作，营造全民关注与参与的良好氛围。医疗损害问题是一个复杂而敏感的社会议题，涉及多方利益与诉求。全面探讨其定义、分类、成因、鉴定及赔偿等方面，有助于深入理解其实质与规律，为预防与处理相关问题提供理论参考与实践指导。面对医疗技术进步与服务需求增加的新形势，我们需持续加强研究与探索，不断完善鉴定与赔偿机制，提高服务质量与安全意识，促进医疗事业健康发展。

二、司法鉴定在医疗损害诉讼中的应用

司法鉴定是指在诉讼活动中，鉴定人运用科学技术或者专门知识对诉讼涉及的专门性问题进行鉴别和判断并提供鉴定意见的活动。

医疗损害诉讼作为解决医疗纠纷、保护患者权益的重要法律途径，在现代社会扮演着至关重要的角色。然而，由于医学领域的高度专业化和医疗活动的复杂性，这类案件往往涉及大量的专业知识和技术细节，因此对司法鉴定工作提出了极高的要求。司法鉴定不仅需要提供科学准确的技术支持，还需要确保结论的公正性和客观性，以维护法律的公平正义。

在医疗损害诉讼过程中，司法鉴定意见是法官判断是否存在医疗过失、医疗行为是否符合行业标准的关键证据。它直接影响案件的最终判决结果，对于

维护医患双方的合法权益意义重大。因此，提高司法鉴定的质量与效率，使其更好地服务于医疗损害诉讼，成为当前亟待解决的问题。

近年来，随着信息技术的发展，电子病历系统、大数据分析等新兴技术的应用为司法鉴定提供了新的可能性。这些技术不仅有助于提高鉴定工作的准确性与透明度，还有助于发现案件中潜在的模式和规律，从而推动司法鉴定工作向更加科学化、智能化方向发展。

随着公众法律意识的增强和媒体对医疗事件报道的增多，社会对于医疗损害诉讼的关注度不断提高。这不仅促使医疗机构更加重视服务质量与安全，也推动了司法鉴定体系不断完善，力求在每一个环节都体现公平正义的原则。

医疗损害诉讼是一种特殊的民事诉讼类型，它不仅关乎患者的健康权和生命权，也牵涉医生的职业声誉和医疗机构的运营秩序。这类诉讼通常涉及复杂的医学专业知识和技术性问题，这些问题超出了一般法官的知识范畴。因此，仅凭法官的专业背景很难对这些专业问题做出准确无误的判断。

为了弥补这一短板，司法鉴定成为医疗损害诉讼中重要的一环。司法鉴定机构通常由具备医学、法学及相关领域专业知识的专家组成，他们拥有丰富的临床经验和扎实的理论基础，能够针对具体的医疗行为进行深入细致的分析。例如，鉴定人可以通过查阅病历资料、现场勘查等方式，评估医务人员在实施诊疗过程中是否存在违反诊疗规范的行为；还可以利用现代医学技术手段，如影像学检查、病理分析等，确定患者的损害后果是否由医疗行为直接引起。

通过全面而专业的鉴定，司法鉴定机构会出具一份详尽的鉴定意见书。这份意见书不仅是在技术层面上对医疗行为的评价，更是法庭审理过程中不可或缺的证据材料。它不仅能帮助法官正确认定事实，避免误判，还能增强判决结果的社会认可度，提高法院裁判的公信力。

在医疗损害诉讼中，医患双方通常会对诊疗过程中的事实认定产生分歧，各自主张的事实和提交的证据可能存在一定的片面性或主观性。患者可能基于个人经历和感受提出指控，而医护人员会根据自己的专业判断和实际操作情况进行辩护。这种情况下，双方提供的证据往往难以形成统一的认识，导致案件审理过程中出现事实不清、责任不明的问题。

为了解决这一难题，司法鉴定作为一种独立的第三方评估机制，发挥了至关重要的作用。司法鉴定机构及其鉴定人员必须严格按照国家规定的程序和技术标准开展工作，确保整个鉴定过程公开透明、合法合规。他们依据医学专业知识和相关技术手段，对医患双方提供的所有证据材料进行全面审查，包括但不限于病历记录、影像资料、实验室检测结果等，以科学的方法分析诊疗行为是否符合医疗常规、是否存在过失等。

由于司法鉴定机构具有独立性和专业性，其出具的鉴定意见通常被认为是客观公正的，能够有效排除当事人主观意愿对事实认定的影响，为法官提供一个更为清晰、准确的事实依据。这样一来，不仅可以保障医疗损害诉讼的公正审理，还能有效防止因证据不足或证据质量不高所造成的误判。

更重要的是，司法鉴定意见作为法定证据，具有较强的证明力。在法庭上，这种权威的专业意见往往能够成为法官做出公正裁决的重要参考依据。它不仅有助于保障受害者的合法权益，也有利于维护医疗行业的正常秩序，推动社会法治水平的提升。

医疗损害诉讼常常伴随着激烈的医患矛盾，这类案件往往因为涉及患者的生命健康权，容易引发广泛的社会关注和公众讨论。在此背景下，医患双方通常处于高度紧张的状态，患者及其家属可能对医院和医生有着强烈的怀疑甚至敌意，而医护人员可能感到委屈和无奈。因此，如何在纷繁复杂的医疗纠纷中找到一个客观公正的评判标准，就显得尤为重要。

司法鉴定在此类案件中扮演着关键角色。作为独立的专业机构，司法鉴定部门通过对医疗过程中所涉及的技术问题进行详细分析，包括但不限于诊疗方案的选择、操作执行的合理性以及治疗效果的评估等方面，可以明确界定医疗行为是否存在过失以及过失与损害结果之间的因果关系。这种界定为医患双方提供了一个基于事实和科学依据的评判标准，有助于消除信息不对称所导致的误解和猜疑，促进双方从对立走向对话，从冲突转向合作。

此外，司法鉴定意见不仅是一份技术性结论，还为医患双方提供了一个沟通的平台和解决问题的契机。当鉴定意见指出医疗行为存在问题时，患者可以根据鉴定结论与医疗机构进行进一步的协商，寻求合理的赔偿或其他补救措施；而当鉴定结果显示医疗行为并无不当之处时，患者也能更加理解诊疗过程，从而减少不必要的争执。在这个过程中，司法鉴定意见起到了桥梁作用，它使医患双方在共同认可的基础上展开对话，进而获得双方都能接受的解决方案。

通过司法鉴定机制，医疗损害诉讼中的许多关键问题得以澄清。这不仅有助于缓和医患矛盾、维护社会稳定，还能促进医疗服务质量和医疗管理水平的提升，为构建和谐的医患关系奠定坚实的基础。司法鉴定通过对医疗过程中的技术操作、诊疗行为以及责任归属进行深入细致的分析，揭示出医疗机构在服务流程、技术水平、管理规范等方面的潜在问题。

这种深度剖析，一方面可以让医疗机构意识到自身存在的不足之处，如诊疗标准的不一致、操作规程的缺失、设备设施的落后、医护人员培训的不足等。通过这些具体的反馈，医疗机构能够有针对性地制定整改措施，比如加强医护人员的专业技能培训、更新医疗设备、完善内部管理制度等，从而逐步提升医疗服务水平。另一方面，也为医疗行业的监管机构提供了宝贵的参考数据。监管机构可以根据司法鉴定中发现的问题，调整和完善相关政策法规，加大对医疗机构的监督力度，促进整个医疗行业的规范化发展。此外，定期公布典型案例的司法鉴定结果，还可以起到警示作用，促使更多医疗机构主动自查自纠，预防类似问题的发生。

司法鉴定在医疗损害诉讼中的应用，其作用远远超出了解决个案纠纷的范畴。司法鉴定不仅为当事人提供了明确的责任界定和公正的处理结果，还对医疗服务质量和安全管理产生了深远的影响。司法鉴定通过对医疗过程中的技术操作、诊疗行为以及责任归属进行深入细致的分析，揭示了医疗机构在服务流程、技术水平、管理规范等方面的潜在问题，促使医疗机构不断提升服务水平，确保患者在就医过程中的合法权益得到充分保障，从根本上维护了患者的生命安全和社会公共利益。通过这种方式，司法鉴定在推动医疗行业健康发展上发挥着重要作用。

随着科技进步与医疗损害诉讼实践的深化，司法鉴定在医疗损害诉讼中的应用不断拓展与创新。本书将结合现有研究成果，探讨司法鉴定在医疗损害诉讼中的最新应用与发展趋势。

网络技术的发展催生了远程司法鉴定这一新型模式。在医疗损害诉讼中，远程司法鉴定通过网络视频会议等手段实现鉴定人与医患双方的实时互动。这种方式不仅节省了时间和成本，提高了鉴定效率，还克服了地域限制带来的不便。此外，远程司法鉴定还能够借助先进的网络技术实现鉴定材料的数字化传输与共享，增强鉴定工作的便捷性和透明度。

大数据与人工智能技术的迅猛发展为司法鉴定提供了全新的技术支持。通过大数据技术，可以对医疗机构的历史诊疗数据进行深度分析与挖掘，识别潜在的医疗风险点。人工智能技术则可以辅助鉴定人更加精确与客观地解读医学影像资料，提高鉴定意见的质量。此外，这些技术还可用于构建医疗损害风险评估模型与预测系统，为医患双方提供科学的决策依据。

医疗损害诉讼涉及医学、法学、伦理学等多个学科的知识与技术问题。随着司法鉴定体系的不断完善，多学科交叉融合的趋势日益明显。在处理此类案件时，需要综合运用不同学科的知识和技术手段进行全面的分析与评估。这不仅要求鉴定人具备跨学科的知识背景与综合能力，还强调了加强学科交流合作的重要性，以共同促进司法鉴定在医疗损害诉讼中的应用与发展。

司法鉴定的准确性和公正性直接关系到案件审理结果及医患双方的权益，因此，有必要强化鉴定人的责任意识与专业素养，确保鉴定工作的质量和效果。一方面，应加强鉴定人的职业道德教育与法律法规培训，提升其法律意识与职业素养；另一方面，需强化鉴定人的专业技术培训与考核，提高其在医学、法学等领域的知识水平与综合能力。此外，还需建立健全责任追究机制，严肃处理违反鉴定程序、出具虚假鉴定意见等行为。

司法鉴定制度的改革与完善是保障司法鉴定在医疗损害诉讼中有效应用的重要前提。当前，我国司法鉴定制度仍存在鉴定机构管理不规范、鉴定程序不透明、鉴定标准不统一等问题。为此，需加大力度改革和完善司法鉴定制度，推动建立统一、规范、高效的司法鉴定体系。具体措施包括加强对鉴定机构的管理与监督、规范鉴定程序与标准、完善鉴定人准入与退出机制等。通过实施这些举措，可以提升司法鉴定的质量与公信力，更好地服务于医疗损害诉讼实践。

司法鉴定在医疗损害诉讼中发挥着重要作用。通过提供专业证据支持、确保案件审理公正、促进医患纠纷和谐解决，以及推动医疗服务持续改进等方面的工作，司法鉴定为医疗损害诉讼的顺利进行和医患双方权益的有效保障提供了有力支持。随着科技的不断进步与医疗损害诉讼实践的深入发展，司法鉴定的应用领域将持续扩展与创新。

三、医疗损害的法律责任与赔偿

医疗损害的法律责任是一个复杂而严肃的法律议题，涉及医疗活动中医务人员的过失或不当行为导致患者遭受的身体或精神损害，以及由此引发的一系列法律后果。这一责任体系的核心在于保护患者的合法权益，确保医疗服务的安全性和可靠性，同时也有助于维护良好的医疗秩序，促进医疗质量和服务水平的双提升。

在医疗实践中，医务人员因职业特性，需承担较高的注意义务。当医务人员未能履行这一义务，即在医疗过程中出现违反医疗常规、操作失误等情况，导致患者受到损害时，就可能构成医疗过失。医疗过失可以分为两类：一是医务人员操作不当或疏忽大意导致的直接伤害；二是医疗决策错误或延误治疗时机造成的间接损害。不论哪种情况，只要证实医务人员的行为与患者的损害之间存在因果关系，且医务人员存在过失，均应当承担相应的法律责任。

医疗损害责任制度的确立，不仅为受害者提供了必要的法律救济，也对医疗行业起到了警示和规范作用。首先，它促使医疗机构建立健全内部质量控制系统，加强对医务人员的职业道德教育和技术培训，确保每位医护人员都遵守专业标准，尽职尽责地为患者提供高质量的服务。其次，通过依法追究相关责任人的法律责任，可以有效遏制医疗事故的发生，减少医疗纠纷，维护医患关系的和谐稳定。最后，医疗损害责任制度的建立和完善，对于推动医疗行业的整体进步具有重要意义。它促使医疗机构不断改进管理模式和技术手段，提高医疗服务质量，以更好地满足人民群众日益增长的健康需求。同时，该制度也为医疗改革提供了方向，鼓励医疗机构引进先进的医疗技术和管理经验，努力实现医疗服务的人性化、科学化和现代化。

医疗损害法律责任体系的建立，不仅是为了发生医疗损害后给予患者合理的补偿，更是为了预防医疗事故的发生，保障患者的健康权益，推动医疗行业的可持续发展。通过有效的法律手段，可以促使医疗机构和医务人员不断提高业务能力和职业道德水平，最终达到改善医疗服务、增进人民健康福祉的目的。

医疗损害责任的构成要件是医疗损害诉讼中判定医疗机构及医务人员是否需要承担法律责任的关键因素。这些要件包括医疗过错、损害后果和因果关系三个方面，每一项都是确定医疗损害责任不可或缺的部分。

医疗过错指的是医疗机构及医务人员在诊疗护理过程中，因违反医疗卫生管理法律、行政法规、部门规章和诊疗护理规范、常规的行为而产生的医疗责任。这里的"过错"不仅包括医务人员在具体操作中的失误，还包括所有违背医疗伦理原则、未尽到合理注意义务的情况。例如，医生未按照标准操作流程实施手术，护士在给药过程中未仔细核对患者身份，或者医院没有为患者提供必要的医疗信息和知情同意等，都可能被视为医疗过错。

损害后果是指医疗违法行为导致患者遭受的人身损害，包括但不限于对患者生命权、健康权等合法权益的侵害。这种损害既可能是身体上的（如手术失误导致的肢体功能丧失），也可能是心理上的（如因误诊而承受的巨大精神压力）。在医疗损害诉讼中，损害后果的具体表现形式多样，但都必须是实际发生的、可量化的损失，以便法庭在审理时能够准确评估损失的程度，并据此做出合理的赔偿决定。

因果关系是指医疗违法行为与患者所受的损害后果之间必须存在直接的因果联系，即患者的损害是由医疗违法行为直接引起的。在司法实践中，确立因果关系往往是最具挑战性的部分之一，因为它要求证明如果没有医疗违法行为的发生，损害后果就不会出现。这就需要通过详细的病历资料、医疗鉴定报告以及其他相关证据来支持因果关系的存在。

为了证明上述三个构成要件，原告（通常是患者或其家属）需要提供充分的证据，包括但不限于病历记录、医疗影像资料、证人证词等，而被告方（医疗机构及医务人员）需要证明其行为符合医疗标准，不存在任何违规操作。在某些情况下，还需要通过司法鉴定来确定医疗行为是否存在过错，以及这种过错是否与患者的损害后果有直接联系。

我国医疗损害责任的归责原则体系由过错责任原则、过错推定原则和无过失责任原则构成。这一多层次的归责原则体系旨在公平合理地分配医疗损害责任，保护患者的合法权益，同时也考虑到医疗机构及医务人员的实际操作环境和责任范围。

过错责任原则是医疗损害责任中的一种基本归责方式，适用于大多数医疗损害责任案例。根据这一原则，患者需要提供足够的证据来证明医疗机构及医务人员在诊疗护理过程中存在过失行为，并且这种过失行为与患者的损害后果之间存在直接的因果关系。也就是说，患者需要举证证明医务人员在医疗行为中违反了相关的医疗规范或标准，未能尽到应有的注意义务，从而导致患者遭受损害。这一原则强调了责任认定中"谁主张，谁举证"的基本原则，要求患者方在提出医疗损害赔偿请求时，必须提供相应的证据支持其主张。

过错推定原则是在某些特定情形下适用的一种归责方式。在适用过错推定原则时，一旦出现某些特定情况，如医疗机构严重违反诊疗规范、使用未经批准的治疗方法、丢失重要病历资料等，即可推定医疗机构存在过错。此时，举证责任转移到了医疗机构一方，即医疗机构需要提供证据证明其在诊疗过程中尽到了合理的注意义务，并不存在过失行为。如果医疗机构无法提供足够的证据来证明自己无过错，则应当承担相应的法律责任。这一原则的设计，旨在减轻患者在某些情况下举证的难度，特别是在那些证据收集较为困难的情形中，通过推定过错的方式，使责任认定更加公正合理。

无过失责任原则是一种例外的归责方式，通常只在极其特殊的情况下适用。例如，当患者因使用不合格药品或医疗器械而导致损害时，即使医疗机构及医务人员在使用这些产品时尽到了合理的注意义务，仍需承担赔偿责任。这是因为在这种情况下，患者受到了非人为因素造成的损害，即使医疗机构无过错，也无法改变损害已经发生的事实。因此，从保护患者权益的角度出发，法律要求医疗机构承担无过失责任，确保患者获得应有的赔偿。

我国医疗损害责任的归责原则体系通过过错责任、过错推定和无过失责任三种不同的方式，为不同类型的医疗损害案件提供了相应的责任认定标准。这一多层次的归责体系既体现了对患者权益的保护，又兼顾了医疗机构及医务人员的实际操作环境，有助于平衡各方利益，促进医疗行业的健康发展。

医疗损害赔偿是指在医疗过程中，医疗机构及医务人员的过失行为导致患者遭受人身损害时，医疗机构依法应向患者或其家属承担的经济赔偿责任。这种赔偿不仅是为了弥补患者因医疗损害所遭受的实际经济损失，也是对患者精神痛苦的一种慰藉，旨在通过法律手段维护患者的合法权益，促进医疗行业的健康发展。常见的医疗损害赔偿有以下几项。

直接经济损失。这部分赔偿主要用于补偿患者因治疗和康复所支出的合理费用，包括但不限于医疗费、护理费、交通费、营养费和住院伙食补助费等。这些费用是为了确保患者得到及时有效的治疗，恢复身体健康。例如，医疗费涵盖了患者在治疗期间所产生的所有医疗开支，如挂号费、检查费、手术费、药品费等；护理费则是用于支付患者在康复期间所需的护理服务成本。

误工损失。当患者因医疗损害而无法正常工作，从而减少了收入时，医疗机构还需赔偿患者因误工而减少的收入。这部分赔偿旨在弥补患者在治疗期间因无法从事原有工作或经营活动而造成的经济损失。

残疾赔偿。如果医疗损害造成了患者的永久性残疾，除了上述直接经济损失外，医疗机构还需额外支付辅助器具费和残疾赔偿金。辅助器具费用于购买患者因残疾所需的生活辅助器具，如轮椅、拐杖等；残疾赔偿金则是对患者未来生活能力受到影响的一种经济补偿。

死亡赔偿。在最不幸的情况下，如果医疗损害导致患者死亡，除了上述各项费用之外，医疗机构还需赔偿丧葬费和死亡赔偿金。丧葬费用于覆盖办理丧事的相关费用；死亡赔偿金则是对死者近亲属的一种经济补偿，用于弥补家庭成员失去亲人所带来的经济负担和精神痛苦。

上述各项赔偿，不仅能够帮助患者及其家庭应对医疗损害带来的经济压力，还能促使医疗机构重视医疗质量和安全管理，减少医疗事故的发生。此外，完善的赔偿机制也有助于构建和谐的医患关系，提升公众对医疗服务的信任度。医疗损害赔偿不仅是法律层面对患者权益的保护，也是促进医疗服务水平提升、保障医疗安全的重要手段。

全面赔偿原则、合理赔偿原则和衡平原则是我国医疗损害赔偿中遵循的重要原则。这些原则旨在确保患者因医疗损害所遭受的损失得到充分补偿的同时，也考虑到赔偿的合理性以及医患双方的责任分担。

全面赔偿原则。全面赔偿原则是指在医疗损害赔偿中，患者因医疗损害所遭受的所有合理损失都应当得到赔偿。这一原则强调了赔偿的全面性，即不仅要涵盖直接经济损失，如医疗费、护理费、交通费等，还要包括间接损失，如因误工减少的收入、残疾后的辅助器具费用以及精神损害抚慰金等。全面赔偿原则的目的是尽可能地帮助患者恢复至受损前的状态，使其在经济上不会因为医疗损害而陷入困境。这一原则体现了法律对患者权益的高度重视，确保他们在遭受损害后得到充分的救济。

合理赔偿原则。合理赔偿原则是指在确定赔偿数额时，应当考虑赔偿的合理性，既要充分保护患者的合法权益，也要避免因过度赔偿而给医疗机构带来过重的经济负担。这一原则要求赔偿金额与实际损失相匹配，既不能过高也不能过低。过高可能导致医疗机构无力承担，影响其正常运作和服务质量；过低则可能无法真正弥补患者的损失，使其权益得不到有效保障。合理赔偿原则的核心在于寻找一个平衡点，确保赔偿金额既能补偿患者的损失，又能维持医疗服务的可持续发展。

衡平原则。衡平原则是在特殊情况下，如患者自身存在一定过错，或者损害后果难以完全归因于医疗行为时，应当根据医患双方的过错程度和损害后果的因果关系等因素，进行合理分担。这一原则承认了医疗损害案件的复杂性和多样性，不是简单地将责任全部归咎于医疗机构或医务人员，而是综合考量各种因素，做出公平合理的责任划分。例如，如果患者未按医嘱服药或擅自中断治疗，导致损害后果加重，那么在赔偿时应当适当减轻医疗机构的责任；如果医疗机构存在明显的医疗过失，则应当承担更多的赔偿责任。衡平原则体现了法律在处理医患纠纷时的灵活性和公正性，有利于维护医患双方的合法权益。

全面赔偿原则、合理赔偿原则和衡平原则都是我国医疗损害赔偿制度的重要组成部分。它们不仅保障了患者在遭受医疗损害后的合法权益，也为医疗机构提供了一个合理分担责任、维持正常运行的法律框架。这些原则的贯彻实施，可以促进医患关系的和谐发展，推动医疗服务质量和安全水平的提升。

赔偿标准的确定是医疗损害赔偿案件的一个重要环节，它直接关系到患者能否得到合理的经济补偿以及医疗机构的经济负担。在我国，赔偿标准通常依据相关法律法规和司法解释来确定，以确保赔偿的公正性和合理性。

《最高人民法院关于审理人身损害赔偿案件适用法律若干问题的解释》是当前我国处理医疗损害赔偿案件时最为重要的司法解释之一。该解释明确规定了医疗损害赔偿案件中各项费用的具体计算方法和标准，如医疗费、误工费、护理费、交通费、住宿费、住院伙食补助费、必要的营养费等。这些规定旨在为法院审理此类案件提供明确的法律依据，确保赔偿金额的合理性和合法性。例如，对于医疗费的赔偿，该解释明确规定了应当根据医疗机构出具的医药费、住院费等收款凭证，结合病历和诊断证明等相关证据确定。对于误工费，该解释则指出应当根据受害人的误工时间和收入状况确定，受害人有固定收入的，误工费按照实际减少的收入计算；没有固定收入的，按照其最近三年的平均收入计算。

除了全国性的法律法规和司法解释外，不同地区的经济发展水平和生活水平也会对赔偿标准产生影响。各地政府往往会根据本地区的实际情况，制定具体的赔偿标准和实施细则。这意味着在同一个国家内，不同省份或城市之间的赔偿数额可能有所差异。例如，一线城市或发达地区的赔偿标准通常会高于二线城市或欠发达地区，这是因为这些地区的消费水平较高，赔偿金额也需要相应提高，以确保患者得到适当的补偿。

值得注意的是，随着经济社会的发展变化，赔偿标准需要适时调整，以反映最新的经济发展状况和社会保障水平。因此，各地政府及相关机构会定期对赔偿标准进行修订，确保其适应不断变化的社会经济环境，更好地保障受害者的权益。

医疗损害赔偿标准的确定是一个复杂的过程，不仅需要依据国家层面的法律法规和司法解释，还要考虑到地区经济发展水平的差异。制定科学合理的赔偿标准，既可以保障患者的合法权益不受侵害，也能避免赔偿过高给医疗机构带来沉重的财务负担。同时，动态调整赔偿标准，确保其与社会发展同步，是维护赔偿制度公平性和有效性的重要手段。

四、司法鉴定程序与规范

司法鉴定作为法律程序中不可或缺的一环，其程序与规范的严谨性直接关系到鉴定结果的公正性、准确性和可信度。司法鉴定不仅是解决各类法律纠纷的重要技术支撑，也是确保司法公正、维护当事人合法权益的关键环节。因此，确保司法鉴定过程的严密性和规范性至关重要。

司法鉴定程序的严谨性体现在各个环节的标准化和规范化操作上。从鉴定申请的受理、鉴定材料的审核、鉴定方案的制定，到鉴定实施、鉴定意见的出具，每一步都需要严格按照法定程序进行。例如，鉴定机构在接受委托时，应当审查委托书的真实性与合法性，确保委托事项属于鉴定机构的业务范围；在鉴定过程中，鉴定人需要遵循科学的方法和技术标准，确保鉴定方法的可靠性和结果的准确性；最后，在出具鉴定意见书时，应当详细说明鉴定过程、依据和理由，保证鉴定意见的完整性和透明度。

规范的严谨性强调了司法鉴定活动必须遵守的各项规章制度和技术标准。这些规范不仅包括国家层面的法律法规，如《中华人民共和国刑事诉讼法》《中华人民共和国民事诉讼法》等，还包括行业标准和技术指南。此外，鉴定机构内部也需要建立一套完整的质量管理体系，包括人员资质审核、仪器设备校准、样品保管流程等，确保每一个环节都符合专业要求。只有在严格的规范指导下，司法鉴定才能做到科学、公正、可信。

司法鉴定结果的公正性、准确性和可信度是衡量其质量高低的重要指标。公正性意味着鉴定意见应当客观反映事实真相，不受任何外界因素的干扰；准确性是指鉴定结论应当基于充分的证据和科学的方法得出，避免主观臆断；可信度则要求鉴定意见在逻辑上一致，在技术上可靠，经得起同行评议和实践检验。只有当鉴定结果具备这些特性时，才能为法庭提供有力的证据支持，确保司法裁判的公正性。

司法鉴定程序与规范的严谨性是保障鉴定结果质量的关键。通过严格的程序控制和规范执行，可以最大限度地避免人为因素对鉴定结果的影响，提高鉴定意见的科学性和权威性。这对于维护司法公正、保障当事人的合法权益具有重要意义。司法鉴定的每一次操作都必须精益求精，确保每一个案件都得到公正合理地处理，从而促进社会公平正义的实现。

司法鉴定作为法律程序中的重要环节，其程序与规范的严谨性直接决定了鉴定结果的质量。通过标准化的操作流程、严格的规章制度和技术标准，可以确保司法鉴定的公正性、准确性和可信度。这对于维护司法公正、保障当事人的合法权益具有不可替代的作用。只有确保每一次司法鉴定都严格按照规范执行，才能真正实现司法的公正性和权威性，促进社会公平正义的实现。

1. 司法鉴定的启动与委托

司法鉴定的启动与委托是确保鉴定结果公正、准确和可信的前提。在医疗损害案件中，这一过程尤为关键。需要严格遵循相关法律法规的规定，以保障医患双方的合法权益。

司法鉴定的启动通常是由办案机关根据案件的实际需要提出的。这些办案机关包括但不限于人民法院、公安机关、检察机关等。在医疗损害案件中，当案件涉及复杂的医学技术问题时，办案机关往往需要依赖专业的司法鉴定来明确事实，以便做出公正的裁决。此时，办案机关将根据案件的具体情况，决定是否启动司法鉴定程序。

一旦决定启动司法鉴定程序，办案机关将委托具有相应资质的司法鉴定机构进行具体的工作。根据《医疗纠纷预防和处理条例》和《司法鉴定程序通则》等相关规定，委托主体应当具备合法性，即委托单位或个人应当具有提出司法鉴定申请的权力。

在委托过程中，需要注意以下几个方面：委托主体必须是具有法律授权的单位或个人，如办案机关、当事人的律师等。非法或未经授权的委托将不被接受。委托司法鉴定时提供的材料应当真实、完整、合法，不得有虚假或遗漏的信息。这些材料包括但不限于病历资料、影像资料、检验报告等，它们是司法鉴定的基础，直接影响到鉴定结果的准确性。委托书中应当明确记载需要鉴定的具体事项，如是否存在医疗过失、医疗行为与损害后果之间是否存在因果关系等。只有在鉴定事项明确的前提下，鉴定人才能有针对性地开展工作。

此外，被委托的司法鉴定机构必须具备相应的资质。这意味着机构及其鉴定人员应当经过国家相关部门的认可，具有开展相应类型鉴定工作的资格。此外，鉴定机构还应当具备相应的技术条件和质量管理措施，确保鉴定工作的科学性和规范性。

司法鉴定的启动与委托是整个鉴定程序中的重要环节，它直接关系到后续工作的开展和鉴定结果的有效性。通过严格遵守启动与委托的相关规定，可以确保司法鉴定的公正性和权威性，从而更好地服务于医疗损害案件的审理，保护医患双方的合法权益。这一过程不仅体现了法律对专业鉴定工作的重视，也反映了我国司法体系在处理复杂技术性案件时的严谨态度和高标准要求。

司法鉴定作为法律程序中的重要环节，其启动与委托的严谨性直接决定了鉴定结果的质量。通过标准化的操作流程、严格的规章制度和技术标准，可以确保司法鉴定的公正性、准确性和可信度。这对于维护司法公正、保障当事人合法权益具有不可替代的作用。

2. 鉴定材料的审查与受理

司法鉴定机构接到委托后，对鉴定材料的审查与受理是一项至关重要的工作，它直接关系到鉴定工作的质量和最终结果的可靠性。这一过程不仅体现了司法鉴定的专业性和严谨性，也是确保鉴定结论公正、客观的基础。

真实性是鉴定材料的基本要求。司法鉴定机构接受委托后，首先要对鉴定材料的真实性进行审查。这意味着需要确认所提供材料确实来源于案件当事人或相关医疗机构，并且未经篡改或伪造。例如，在医疗损害案件中，病历资料应当由正规医疗机构出具，并加盖公章；影像资料如 X 线片、CT 扫描图像等，应附带相关医疗机构的标识，确保来源可靠。

完整性是指鉴定材料应当包含与案件有关的所有必要信息，以确保鉴定工作的全面性和准确性。在医疗损害案件中，鉴定材料通常包括但不限于病历资料、影像资料、手术记录、用药记录、检验报告等。这些资料应当完整无缺，以便鉴定人员能够全面了解患者的诊疗过程，从而出具科学合理的鉴定意见。

合法性要求鉴定材料的获取方式和内容均须符合法律规定。这意味着鉴定材料应当通过合法途径取得，并且不侵犯任何人的隐私权或其他合法权益。例如，在获取病历资料时，应当征得患者或其法定代理人的同意，并且确保资料的使用仅限于司法鉴定的目的。

完成上述审查后，司法鉴定机构将根据审查结果决定是否受理该鉴定委托。如果鉴定材料符合真实性、完整性和合法性要求，则予以受理，并正式开始鉴定工作；如果发现材料存在缺陷或不符合受理条件，则鉴定机构应当不予受理，并向委托机关说明具体原因，如材料不全、来源不明、存在明显瑕疵等。

在医疗损害案件中，鉴定材料的审查与受理尤为重要。这些材料不仅包括病历资料、影像资料等直接反映医疗行为的记录，还可能包括其他相关医疗文件，如手术同意书、病情告知书等。这些文件共同构成了医疗损害诉讼中最重要的证据链，其真实性、完整性和合法性直接影响到案件的审理结果。

通过对鉴定材料的严格审查与受理，司法鉴定机构不仅可以顺利开展鉴定工作，还能有效保障鉴定结论的公正性和科学性。这一过程体现了法律对证据真实性的严格要求，也是维护医患双方合法权益的重要保障。此外，通过规范的审查与受理程序，司法鉴定机构还能够促进医疗行业的规范化管理，督促医疗机构严格遵守诊疗规范，提高服务质量。

司法鉴定机构在鉴定材料的审查与受理过程中发挥着至关重要的作用。通过严格遵循真实性、完整性和合法性三项审查标准，确保鉴定材料的质量，进而保障鉴定结论的科学性和公正性。这一过程不仅是司法鉴定专业性和严谨性的体现，也是维护法律公正性和医患双方权益的重要保障。通过规范化的审查与受理程序，司法鉴定机构不仅提升了自身的专业形象，还促进了医疗行业的规范化管理和服务质量的提高。

3. 鉴定过程的规范化

首先，规范鉴定人的资质与回避制度。

司法鉴定人资质与回避制度是确保司法鉴定公正性和权威性的核心要素。在医疗损害鉴定中，这一点尤为重要。因为这类案件通常涉及复杂的医学知识和技术细节，鉴定结果直接关系到医患双方的切身利益。

为了保证司法鉴定结果的科学性和权威性，鉴定人必须具备相应的专业资质。在医疗损害鉴定领域，鉴定人通常需要具有医学、法医学等相关学科的学位，并通过由国家或地方权威机构组织的专业培训和考核，获得执业资格证书。这些资质要求不仅涵盖教育背景，还涉及工作经验、持续职业发展等方面，确保鉴定人及时掌握并应用最新的医学进展和技术手段。

除了专业资质外，鉴定人还需要具备丰富的实践经验。这意味着鉴定人应当在相关领域内有多年的临床或科研工作经历，并熟悉医疗行业的操作规范和技术标准。实践经验的积累有助于鉴定人在处理复杂案件时，有效地运用专业知识进行准确判断，并提出合理且具有说服力的鉴定意见。

在医疗损害鉴定中，对鉴定人的要求尤为严格。除了深厚的医学专业知识外，还需要在鉴定过程中维持高度的客观性和中立性。只有这样，才能确保鉴定结果的科学性、客观性和公正性，从而为法院审理医疗损害案件提供可靠的依据。

在鉴定过程中，如果鉴定人与案件存在任何可能影响客观公正判断的因素，如曾参与涉案患者的诊疗过程，或与涉案医疗机构或医务人员有直接的经济利益关系，应当主动回避。此外，即使是那些不构成直接利益冲突的因素，如个人偏见、与案件相关人员的私人关系等，只要有可能影响鉴定人的客观判断，也应视为回避的理由。

这一做法不仅体现了法律对司法鉴定公正性的高度重视，还确保了鉴定结果得到社会公众的信任。在医疗损害鉴定中，鉴定人的资质与回避尤为重要，因为这类案件往往具有高度的技术性和敏感性，要求鉴定人在鉴定过程中保持高度的客观性和中立性。

资质认证与回避机制是保障司法鉴定公正性的关键。通过设定严格的资质标准，并严格执行回避规定，可以有效减少外界因素对鉴定结果的影响，确保鉴定意见的客观性和权威性。在医疗损害鉴定领域，这些机制的有效运行对于保护医患双方权益、增进社会公众对司法系统的信任至关重要。

其次，规范鉴定方法的科学性。

在司法鉴定过程中，特别是在医疗损害案件中，鉴定方法的科学性是确保鉴定结论客观、公正、可靠的关键因素。这不仅要求鉴定人具备相应的专业知识，还需要遵循严格的科学方法和技术规范。

科学的方法不仅确保了鉴定过程的严谨性，还可以提高鉴定结论的说服力。这意味着鉴定人必须运用科学的方法来分析和评估案件中的技术性问题，包括但不限于医疗行为是否存在过错、过错与损害后果之间是否存在因果关系等。

医疗损害鉴定通常需要鉴定人具备多方面的专业知识，包括但不限于医学、法学、伦理学等。这些知识相互交织，共同作用于鉴定过程。例如，鉴定人需要具备扎实的医学基础知识，能够理解和解读病历资料、医学影像资料等，并能运用这些资料来评估医疗行为是否符合专业标准。鉴定人还应当了解相关的法律法规，掌握医疗损害责任的归责原则，确保鉴定意见符合法律要求。在某些情况下，鉴定人还需要考虑伦理学问题，特别是在涉及患者隐私、知情同意等方面。

在鉴定过程中，鉴定人应当遵循相关行业标准和技术规范。这些标准和规范为鉴定工作提供了具体的操作指南，确保鉴定方法的科学性和一致性。例如，鉴定人需要参照现行的诊疗指南和临床路径，评估医疗行为是否符合行业标准。对于一些特定的医疗技术，如手术操作、药物使用等，鉴定人需要依据相关技术标准进行评估。在某些需要实验验证的情况下，鉴定人应当采用科学的实验方法，确保数据的准确性和可靠性。

鉴定人首先需要对案件材料进行全面审查，包括但不限于病历资料、影像资料、实验室报告等。通过分析这些证据，鉴定人可以初步判断医疗行为是否存在过错，并为后续的因果关系分析奠定基础。

在收集和分析证据的基础上，鉴定人需要运用专业知识对医疗行为进行专业评估。这一过程可能涉及多个方面，如诊疗方案的合理性、操作过程的规范性、药物使用的正确性等。鉴定人需要评估医疗行为是否存在过错，并进一步分析过错与损害后果之间是否存在因果关系。这通常需要综合考虑多个因素，包括但不限于医疗行为的时间顺序、损害后果的具体表现、其他可能影响因素等。

完成上述工作后，鉴定人应当出具书面鉴定意见书。鉴定意见书应当详细说明鉴定过程、依据和理由，并给出明确的鉴定结论。此外，鉴定意见书还应当符合法律和行业规范的要求，确保具有权威性和可信度。

鉴定方法的科学性是确保鉴定结论客观、公正、可靠的基础。通过采用科学合理的方法，遵循相关行业标准和技术规范，鉴定人能够有效地评估医疗行为是否存在过错及其与损害后果之间的因果关系。这一过程不仅体现了法律对专业鉴定工作的严格要求，也反映了社会各界对医疗损害鉴定公正性的高度关注。

最后，规范的鉴定意见书的出具与复核。

鉴定意见书的出具与复核是确保司法鉴定结果客观、公正和可靠的重要环节，尤其在医疗损害案件中，这一环节尤为重要。

鉴定完成后，鉴定机构应当出具一份规范的鉴定意见书。这份意见书应当包含以下内容。①案件基本信息，包括案件编号、发生时间、地点等。②委托单位，明确委托鉴定的机构或个人。③鉴定目的，简述委托鉴定的具体需求或目标。④列出用于鉴定的所有材料，如病历资料、影像资料、相关医疗文件等，并简要说明其来源和真实性。⑤详细记录鉴定过程中所采用的方法、技术手段及具体步骤。⑥基于医学和法学知识，对医疗行为是否存在过错进行详细分析，并论证过错与损害后果之间的因果关系。⑦明确提出鉴定意见，包括但不限于医疗行为是否存在过错、过错与损害后果之间的因果关系、过错参与度等内容。⑧附上相关的图表、数据、参考文献等支持材料，以增强鉴定意见的说服力。

在鉴定意见书中，应当明确指出鉴定结论及其依据。例如，在医疗损害案件中，鉴定结论通常涉及以下几个方面。①医疗行为是否存在过错。鉴定人需要根据现有的医学知识和技术标准，判断医疗行为是否存在违反诊疗规范的情况。②过错与损害后果之间的因果关系。如果存在医疗过错，鉴定人需要进一步分析该过错是否直接导致了患者的损害后果。③过错参与度。在某些情况下，还需要评估医疗过错在损害后果中的参与程度，即医疗过错对损害后果的影响有多大比例。

为了确保鉴定结论的准确性和可靠性，鉴定机构应当建立一套完整的内部审核机制。这一机制主要包括以下几个方面。①鉴定意见书应当由至少两名具备相应资质的鉴定人员进行复核，以确保结论的准确性。在一些复杂的案件中，还可以实行多层级审核，即由不同级别的专家分别进行审核。在有条件的情况下，可以邀请独立第三方专家对鉴定意见书进行复核，以增加鉴定结论的客观性和公正性。②在审核过程中，不仅要从技术角度审视鉴定结论的合理性，还需要从法律角度确保鉴定意见书的合法性和规范性。

在进行内部审核时，应当重点关注以下几个方面。①确保所有用于鉴定的证据材料真实、完整、合法。②审核鉴定过程中所采用的方法是否科学，是否符合行业标准和技术规范。③检查鉴定结论与鉴定过程是否一致，是否有逻辑上的矛盾或漏洞。④确保鉴定意见书的语言表述准确、清晰、规范，便于读者理解。

规范的鉴定意见书出具与严格的复核机制，可以大大提高医疗损害案件中鉴定结论的准确性和可靠性。这一过程不仅体现了司法鉴定工作的专业性和严谨性，也为法庭提供了科学、客观的证据支持，有助于维护医患双方的合法权益，促进医疗行业的健康发展和社会公平正义的实现。鉴定意见书的出具与复核是确保医疗损害案件中鉴定结论公正、准确和可靠的关键。建立和执行严格的内部审核机制，可以有效提升鉴定工作的质量和公信力，为医疗损害案件的公正审理提供强有力的支持。

五、鉴定意见的质证与采信

1. 鉴定意见的质证

质证是指在诉讼过程中，当事人及其代理人对对方提供的证据进行质疑的过程。对于鉴定意见来说，质证主要包括以下几个方面。

科学性是评估鉴定意见可靠性的重要标准。具体而言，科学性主要考察的是鉴定意见是否基于科学的方法和技术手段，以及这些方法和技术是否符合相关行业的标准或学术界的共识。

科学性首先要求鉴定意见的形成过程遵循科学的研究方法。这意味着鉴定人在进行鉴定工作时，应当采用已经被广泛认可和验证的方法和技术。例如，在医疗鉴定中，使用的是临床统计数据、病理学检查结果等；而在电子数据取证中，可能运用计算机科学中的加密解密技术、数字信号处理等。这些方法和技术应该是经过长期实践证明有效的，并且在同行评审的科学文献中有详细的描述和支持。

此外，鉴定意见还需要符合特定行业的标准。行业标准是指由行业协会、标准化组织或其他权威机构制定的规范性文件，它们规定了在特定情境下如何正确地执行某一程序或技术。例如，在建筑工程质量鉴定中，可能需要参照国家或地方制定的建筑质量标准；在产品质量鉴定中，则要依据相关的产品安全和性能标准。这些标准的存在是为了保证在不同领域的鉴定活动中，能够达到一致的质量水平，并确保鉴定结果的可比性和互认性。

学术共识指的是在某一学科领域内，大多数专家学者对某一理论、方法或结果的认可程度。鉴定意见应该建立在已经获得学术界广泛支持的基础上。例如，在法医鉴定中，关于 DNA 分析的可靠性，已经有了大量的研究和实践支持；而在心理学鉴定中，需要参考心理学界普遍认可的心理评估工具和理论模型。学术共识体现了科学研究的累积成果，反映了当前科学认知的最佳状态。

鉴定意见的科学性不仅体现在方法和技术的先进性和有效性上，还包括对行业标准的遵循和对学术共识的尊重。这三个方面相结合，有助于确保鉴定意见的真实性和权威性，从而提高鉴定意见在司法实践中的可信度和应用价值。

科学性的具体要求可以从以下几个方面来考察。

公正性是衡量鉴定意见可靠性和可信度的重要标准之一。在法律程序中，公正性意味着鉴定人在执行鉴定任务时应当保持独立性，不受任何外部或内部因素的影响，确保其提供的意见是客观、中立的。

利益冲突是指鉴定人由于个人或经济上的关系，可能在鉴定过程中产生偏见或偏向某一方的情况。例如，如果一名医学鉴定人曾经受雇于案件中的一方当事人，或者与其有亲属关系，那么这便构成了潜在的利益冲突。利益冲突的存在可能削弱鉴定意见的公信力，因为当事人或公众可能怀疑鉴定人的结论是否真正客观。

为了避免利益冲突，通常法律制度会要求鉴定人在接受委托前披露其与案件相关的所有关系，并且在发现存在利益冲突的情况下，应当主动拒绝参与鉴定活动。此外，法院或相关机构也有权调查鉴定人的背景信息，以确保其没有潜在的利益冲突。

独立性是指鉴定人不受外界压力的影响，能够自由地表达其专业意见。这意味着鉴定人不应受到来自案件当事人的威胁、贿赂或者其他任何形式的干扰。同时，鉴定人也不应受到自身所在机构的压力，特别是在那些鉴定人隶属于某个大型组织（如医院、大学或研究机构）的情况下，更需要保证鉴定人的独立性。

为了保障鉴定人的独立性，法律通常规定鉴定人应当拥有独立的工作环境，并且其鉴定工作不应受到来自雇主或其他利益相关者的干扰。此外，一些国家和地区还设立了专门的鉴定机构或委员会，以确保鉴定工作的独立性和公正性。

公平无偏地进行鉴定意味着鉴定人在整个鉴定过程中应当采取平等的态度对待案件中的所有当事人，避免主观臆断或先入为主的观点影响其专业判断。鉴定人应当基于现有的证据材料，严格按照科学方法和技术标准进行分析，并且在鉴定报告中清晰、准确地陈述其发现和结论。

此外，鉴定人还应当在鉴定过程中保持透明度，向法庭和其他当事人提供必要的解释和说明，确保所有人理解和接受其鉴定意见。如果在鉴定过程中发现新的证据或信息，鉴定人也应及时调整意见，并且重新评估其先前的结论。

公正性是确保鉴定意见质量和权威性的一个关键维度。通过防止利益冲突、保障独立性和坚持公平无偏的鉴定原则，可以有效提升鉴定意见在司法程序中的可信度和接受度，从而促进公正的司法裁决。

合法性是评估鉴定意见有效性和合规性的另一个关键维度。它主要关注的是鉴定活动是否遵循了现行法律法规的要求，以及在鉴定过程中是否严格遵守了相应的程序规范。

合法性首先体现在鉴定活动的发起是否具有法律基础。在实际操作中，这意味着鉴定人必须接受合法的委托才能开展鉴定工作。委托手续通常包括但不限于正式的书面委托书、授权书或是法院的指定命令。这些文件不仅明确了鉴定人的职责范围，还确立了鉴定活动合法性的基础。如果没有合法的委托手续，即便鉴定意见是正确的，也可能因为程序上的瑕疵而不被法庭采纳。

除了合法的委托外，鉴定活动也需要符合相关的法律法规。包括但不限于在获取个人信息或敏感数据时，必须遵守隐私保护的相关法律，确保信息的收集、使用和存储不会侵犯个人隐私权。在涉及专利、版权等知识产权问题的鉴定中，应当尊重知识产权法律，避免侵犯他人的合法权益。在环境损害评估等鉴定工作中，需遵循环境保护法规，确保鉴定活动不对环境造成额外破坏。在进行财务审计或商业纠纷鉴定时，应当遵守反腐败法律法规，避免任何形式的贿赂行为。

合法性还要求鉴定人在整个鉴定过程中严格遵循既定的程序规范。这些规范通常包括使用已被法律认可或行业接受的标准和方法进行鉴定，确保鉴定结果的可比性和一致性。详细记录鉴定过程中的每一个步骤，包括使用的设备、材料、方法以及所得数据，确保鉴定活动的可追溯性。按照规定的格式撰写鉴定报告，清晰、准确地表述鉴定结论，并附带必要的证据材料。必要时，鉴定人应出庭作证，回答法庭及相关当事人的提问，解释其鉴定结论的依据。

合法性是鉴定意见得以采信的前提条件。只有当鉴定活动在合法的委托手续基础上展开，并且在整个过程中严格遵守相关法律法规和程序规范时，其鉴定意见才有可能被法庭视为有效证据予以采纳。因此，确保鉴定过程的合法性不仅是鉴定人的责任，也是维护司法公正的重要环节。

当事人的质证权利是指双方当事人有权在法庭上对鉴定意见进行全面的审查和质疑。这种质疑可能包括但不限于对鉴定结论的合理性、鉴定方法的适用性、数据来源的可靠性以及鉴定人资质等多个方面。通过这种方式，当事人可以指出鉴定意见中存在的不足或偏差，并试图揭示任何可能影响其可信度的因素。

鉴定人接到法庭通知后，有义务出庭作证，回答当事人及法官提出的与鉴定意见相关的问题。出庭作证不仅是鉴定人的一项法律责任，也是其专业伦理的一部分。通过现场回答问题，鉴定人有机会进一步解释其鉴定过程和结论，澄清可能存在的误解，并针对当事人的质疑做出回应。此外，鉴定人还需准备好相应的资料和证据，以便在必要时展示给法庭，支持其鉴定意见。

在某些情况下，当事人可能认为原始的鉴定意见不足以反映案件的全貌或存在明显缺陷。此时，他们可以向法庭申请引入其他专家的意见。这些专家可以来自同一领域，也可以是相关但拥有不同的专业背景。他们所提供的补充意见或反驳意见可以帮助法庭更全面地了解案情，并为最终裁决提供更多的参考依据。

引入其他专家辅助人的流程如下。当事人向法庭提交书面申请，说明需要引入专家辅助人的原因，并提供拟邀请专家的基本信息。法庭将根据具体情况决定是否批准申请，并指定专家辅助人。获准的专家辅助人将根据法庭的要求提供书面意见或出庭作证，对其专业观点进行阐述。

通过上述过程，法庭可以充分利用各方提供的专业意见，进行交叉验证和对比分析。这样不仅有助于识别不同意见之间的差异，还可以增强最终裁决的科学性和说服力。综合考虑所有专家意见后，法庭将根据案件的具体情况做出合理的判断。

质证过程中的质疑、出庭作证以及引入其他专家辅助人意见，都是为了确保法庭获得尽可能准确和全面的信息，从而使最终的判决更加公正合理。这一系列程序体现了现代法治社会追求真相、保护当事人权益的核心理念。

2. 鉴定意见的采信

法院在决定是否采信鉴定意见时，会根据以下内容进行综合考量。

证据的关联性是衡量其在诉讼过程中是否具有使用价值的重要标准。关联性指的是证据与案件事实之间的直接联系，即证据是否能够证明或反驳案件中的争议点。对于鉴定意见而言，其关联性主要体现在以下几个方面。

鉴定意见应当与案件中的核心事实紧密相连，能够直接影响到案件的裁判结果。这意味着鉴定意见所提供的信息必须与案件的关键问题密切相关，而不是泛泛而谈或无关紧要的细节。

鉴定意见不仅需要与案件事实相关，还应当对案件的解决起到实质性的作用。也就是说，鉴定意见应当提供有价值的信息，有助于法庭查明案件事实，而不是重复已知的信息或提供无实质意义的陈述。

在评估鉴定意见的关联性时，还需要注意排除那些虽然有趣但与案件事实无关的信息。这些信息可能混淆视听，分散法庭的注意力，甚至可能导致误判。因此，鉴定人在提供意见时应当聚焦案件中的关键问题，并尽量避免引入不必要的细节或超出案件范围的讨论。

关联性还应当放在案件的具体背景下考量。即使某种证据在一般情况下是重要的，但如果在特定案件中并不涉及相关问题，那么它可能就不具有关联性。

关联性的认定还受到法律和证据规则的制约。在某些法律体系中，即使证据表面上看起来与案件相关，但如果它可能引起不公平的偏见、混淆问题或浪费时间，那么法庭也可能排除这些证据。因此，在提供鉴定意见时，应当考虑到法律框架内的限制，并确保意见的提出符合法律要求。

鉴定意见的关联性是其作为证据被采纳的前提条件。只有当鉴定意见与案件的核心事实直接相关，并且对案件的解决具有实质性贡献时，它才能够在诉讼过程中发挥应有的作用。同时，鉴定人应当注意避免提供无关信息，并确保其意见的提出符合法律和证据规则的要求。这有助于提高鉴定意见的有效性，更好地服务于司法正义。

证据的可靠性是衡量其在法律程序中能否被采纳的重要标准。对于鉴定意见而言，可靠性不仅关乎其内在的技术质量，还涉及其能否在同行评审或学术检验中站得住脚。

数据是构成鉴定意见的基础。为了确保鉴定意见可靠，所依据的数据必须是准确、完整且可验证的。数据应当真实反映实际情况，不存在伪造、篡改或误导的情况。数据应当涵盖所有相关的方面，不应遗漏关键信息，以避免信息不全导致的结论错误。数据应当是可以被第三方独立验证的，这样可以增加其可信度。

鉴定意见所采用的方法同样需要具备可靠性。方法应当基于科学原理，遵循公认的科学方法论，如实验设计、统计分析等。使用的方法应当是可以重复验证的，即其他专家在相同条件下应当能够得出相似的结果。方法应当符合行业标准或学术共识，确保其在特定领域内被广泛接受和认可。

同行评审是指由同领域的专家对某一研究成果或方法进行独立审核的过程。通过同行评审，可以验证鉴定意见的科学性和可靠性。学术检验则是指通过发表论文、参加学术会议等方式，让研究成果接受广泛的学术讨论和批评。这两种机制都是确保鉴定意见可靠性的有效途径。在一些复杂的案件中，尤其是涉及高科技或专业性强的领域，法庭可能要求对鉴定意见进行同行评审。评审专家从专业角度出发，对鉴定意见进行全面评估，指出其中的不足或提出改进意见。鉴定意见如果能够发表在学术期刊上，接受同行的公开讨论和质疑，那么其可靠性会得到加强。学术界的开放性和批判性可以促使鉴定方法不断完善，并且确保其始终处于科学前沿。

鉴定意见的可靠性是其作为证据被采纳的前提条件。它要求所依据的数据准确、完整且可验证，方法科学、可重复且符合标准，并且能够经得起同行评审和学术检验。通过确保鉴定意见的可靠性，可以增强其在法庭上的说服力，从而帮助法庭更准确地查明事实，做出公正的裁决。

证据的一致性是指在案件审理过程中，各种证据之间是否能够相互印证，形成逻辑连贯的整体。对于鉴定意见而言，其一致性不仅体现在与其他证据没有矛盾，还在于它能与案件中的其他证据相互补充，共同构成完整的证据链。

在评估鉴定意见的一致性时，首先要看它是否与其他证据之间存在矛盾。如果一项鉴定意见与案件中的其他证据相矛盾，那么它的可信度就会受到质疑。例如，在一起交通事故案件中，如果目击者的证言描述的事故经过与交通事故专家提供的鉴定意见不符，那么就需要进一步调查两者之间的差异，以确定哪一种说法更为可信。

鉴定意见应当能够与案件中的其他证据相互补充，形成逻辑连贯的整体。

这意味着鉴定意见应当与其他证据相互印证，共同支持案件中的某一结论。例如，在一起医疗损害案件中，医疗专家的鉴定意见应当与病历记录、患者陈述、影像资料等证据相互吻合，共同支持医疗行为是否存在过错的结论。

通过确保鉴定意见与其他证据之间的一致性，可以增强其作为证据的可信度和说服力。法庭在综合考虑所有证据后，可以根据其一致性做出更加准确和公正的裁决。

鉴定意见应当与其他证据相互协调，共同支持案件的某一特定事实。例如，在一起涉嫌盗窃的刑事案件中，指纹鉴定专家提供的指纹匹配结果应当与现场监控录像、目击者证言等证据相互印证，共同指向犯罪嫌疑人。

证据链是指一系列证据之间通过逻辑关系相互连接，共同指向案件的某个特定事实或结论。鉴定意见作为证据链中的一个重要组成部分，应当能够在逻辑上与其他证据相互补充，形成完整的证据链。例如，在医疗损害赔偿案件中，患者的病历记录、医生的诊疗记录、医疗设备的操作记录和医学专家的鉴定意见等，应当彼此吻合，共同证明或反驳医疗过失的存在。如果这些证据之间相互补充，形成一条清晰的证据链，那么它们就能够为法庭提供一个全面而连贯的事实基础，从而有助于法官做出公正的判决。

鉴定意见还应当与其他证据在内容上形成互补。尽管不同的证据可能侧重于不同的方面，但它们应当能够共同描绘出案件的完整图景。例如，在一起环境污染案件中，环境监测数据、居民健康状况记录、医学专家关于健康影响的鉴定意见等，虽然各自提供了不同类型的信息，但它们应当能够共同证明污染事件的发生及其对公众健康的潜在危害。

在一些复杂的案件中，可能存在多种类型的证据，包括但不限于物证、书证、证人证言、鉴定意见等。在这种情况下，不同类型的证据之间应当能够相互验证和支持。例如，在一起金融诈骗案件中，银行交易记录、财务审计报告、信息技术专家对电子数据的鉴定意见等，应当能够相互印证，共同揭示犯罪行为的过程和后果。

鉴定意见的一致性是其作为证据被采信的重要条件。它不仅要求鉴定意见与其他证据之间不存在矛盾，还要求其能够与其他证据相互协调、补充，共同形成完整的证据链。通过确保鉴定意见的一致性，可以增强其在法庭上的说服力，从而帮助法官更准确地查明案件事实，做出公正的裁决。

法院在审理案件时，会根据鉴定意见的科学性、公正性、合法性和证据的一致性等因素，并结合案件中的其他相关证据，综合考量是否采纳该鉴定意见。这一过程强调了法庭在证据采信方面的谨慎态度，确保每一项证据都能够得到充分的审查和合理的评估。

法院在决定是否采纳鉴定意见时，会综合考虑多方面的因素，包括但不限于鉴定意见是否基于可靠的科学方法和技术，是否符合行业标准或学术共识。鉴定人是否存在利益冲突或其他可能影响其独立性的因素，以及其是否公平无偏地进行了鉴定。鉴定过程是否遵守了相关的法律和程序要求，如是否有合法的委托手续等。鉴定意见与其他证据之间是否存在矛盾，或者能否形成完整的证据链。此外，法院还会考虑案件中的其他证据，如物证、书证、证人证言等，确保这些证据与鉴定意见相互印证，共同支持案件的事实认定。

值得注意的是，鉴定意见并不是万能的，也不是唯一的形式证据。它不能单独决定案件的结局，也不能取代其他形式的证据。案件事实的查明通常需要多方面的证据支持。单一的证据形式难以覆盖案件的所有细节。不同类型的证据可以相互补充，提供不同的视角和信息。例如，证人证言可以补充鉴定意见中未能完全反映的人际互动和社会背景。每种证据都有独特的价值和局限性。鉴定意见虽然专业，但也可能受到鉴定人主观判断的影响，因此需要与其他证据相互验证。

鉴定意见在许多情况下为法庭提供了专业的参考，尤其是在涉及复杂技术问题或专业知识的案件中。例如，在医疗事故、工程质量问题、知识产权侵权等案件中，专家的鉴定意见往往能够帮助法官理解和判断案件的关键事实。然而，尽管鉴定意见具有很高的专业价值，它仍然只是法庭审理过程中的一种辅助工具。

最终法院将根据所有可用证据的综合评估结果来决定是否采纳鉴定意见，并据此做出判决。法官拥有裁量权，可以在审查所有证据的基础上，独立判断哪些证据是可信的，哪些证据应当被排除在外。这一过程体现了司法裁决的公正性和严谨性。

鉴定意见作为一种重要的证据形式，在诉讼过程中具有不可替代的作用。然而，它只是法庭审理过程中诸多证据之一，需要与其他证据相结合，共同为法庭提供全面的信息支持。通过综合考量所有相关证据，法院能够更准确地查明事实，做出公正合理的裁决。这也提醒我们，在诉讼中，任何单一证据都不应被孤立看待，而是应当置于整个案件的大背景下进行综合分析。

鉴定意见的质证与采信是一个复杂而细致的过程，它不仅考验着鉴定人的专业能力和职业道德，也对法庭提出了全面、客观评价所有证据的要求，以确保司法裁决的公正性和准确性。

鉴定意见的可靠性首先取决于鉴定人的专业能力和职业道德。这意味着鉴定人不仅要具备深厚的专业知识和技术能力，还应当具备良好的职业操守。

鉴定人需要掌握相关领域的最新研究成果和技术手段，并能够熟练应用于实际鉴定工作中。例如，在医学鉴定中，鉴定人应当熟悉最新的医疗技术和诊疗指南；在工程鉴定中，鉴定人则需要掌握先进的检测设备和技术标准。鉴定人应当保持客观、公正的态度，避免任何可能的利益冲突，确保其鉴定意见不受外界干扰。此外，鉴定人还应当保守秘密，尊重隐私，确保在鉴定过程中不泄露任何敏感信息。

法庭在质证与采信鉴定意见的过程中，承担着极其重要的角色。法庭不仅需要对鉴定意见进行细致的审查，还需要综合考虑案件中的所有相关证据，以确保最终的裁决是基于全面、客观的事实做出的。

法庭应当仔细审查所有提交的证据，包括但不限于鉴定意见、物证、书证、证人证言等，并确保没有任何重要的证据被忽略。法庭在评价证据时应当保持中立，不偏不倚，避免受到个人情感或预设立场的影响。法庭应当根据证据的性质和特点进行独立判断。法庭应当将鉴定意见与案件中的其他证据相结合，形成一个整体的认识。只有当鉴定意见与其他证据相互印证，形成完整的证据链时，才能被认定为可靠。

通过对鉴定意见及其他证据的全面、客观评价，法庭能够确保其裁决的公正性和准确性。法庭的裁决应当基于事实和法律，确保所有当事人的合法权益得到保护。只有当鉴定意见经过严格的质证并被确认为可靠时，才能作为裁决的依据。法庭的裁决应当准确反映案件的真实情况。通过严格质证鉴定意见，并结合其他证据进行综合判断，以最大限度减少误判的可能性。

六、医疗损害司法鉴定的挑战与问题

医疗损害司法鉴定是指在发生医疗纠纷时，由具有相关专业知识和技术能力的专家对医疗行为是否存在过错、医疗过错与损害后果之间是否存在因果关系等问题进行科学分析和评判的过程。这一过程面临诸多挑战。

1. 医疗技术的复杂性

随着科学技术的快速发展，特别是生物医学领域的突破，医疗技术正以前所未有的速度进步，这给医疗损害司法鉴定带来了新的挑战。

随着基因编辑技术、细胞疗法、免疫疗法等新型治疗方法的出现，医疗行为的复杂性显著增加。这些新技术不仅在治疗效果上有显著的优势，也伴随着较高的风险和技术门槛。例如，基因编辑技术的应用可能带来长期的遗传效应，而细胞疗法需要对细胞进行复杂的培养。这些技术的复杂性要求鉴定人不仅要理解基本的医学原理，还要深入掌握新技术的具体操作流程和能够应对潜在的风险。

新药的研发周期正在缩短，越来越多的新药被推向市场。这些药物往往具有更好的疗效和更小的副作用，但也需要鉴定人了解其作用机制、适应证、禁忌证以及可能出现的不良反应。例如，针对癌症的靶向药物和免疫检查点抑制剂，其作用机理与传统化疗药物不同，鉴定人需要了解这些药物的特点，以便准确评估其在临床应用中的效果和安全性。

随着人工智能、大数据等技术的应用，医疗器械变得越来越智能化。例如，远程医疗设备、可穿戴健康监测设备等，这些设备能够实时监测患者的生理参数，并提供即时的诊断建议。然而，智能设备的广泛应用也带来了数据安全和隐私保护的问题，鉴定人需要了解这些设备的工作原理及其在医疗实践中可能产生的法律和伦理问题。

随着医学知识的积累和研究的深入，医疗专业领域的细分化趋势日益明显。例如，心血管内科又细分为冠心病、高血压、心律失常等多个亚专科，每个亚专科都有自己独特的问题和治疗方法。这种细分要求鉴定人不仅有扎实的基础医学知识，还需要了解各个专科领域的最新进展和研究动态。

随着医疗技术的进步和专业领域的细分，很多时候单靠某一专科领域的专家无法全面评估一个复杂的医疗案例。例如，在神经外科手术中，可能涉及神经影像学、麻醉学、康复医学等多个学科的合作。因此，鉴定人需要具备跨学科合作的能力，能够与不同领域的专家沟通交流，共同完成鉴定工作。

面对医疗技术进步带来的挑战，鉴定人需要具备以下专业素养：掌握多个相关领域的基础知识，包括但不限于基因编辑技术、细胞疗法、免疫疗法、新药研发、智能医疗器械等；能够理解和应用新技术的具体操作流程，并评估其潜在风险；了解数据安全、隐私保护等相关法律法规，并具备处理伦理问题的能力；跟踪最新的医学研究动态和技术进展，不断更新自己的知识结构；具备与不同学科专家沟通交流的能力，能够在跨学科团队中协同工作。

2. 医患信息不对称

医患信息不对称是医疗损害司法鉴定中一个重要的问题，尤其是在医疗技术快速发展的背景下显得尤为突出。这种信息不对称不仅存在于医患之间，还影响着医疗鉴定专家的工作。

随着医疗技术的不断进步，新的治疗方法、药物和医疗器械层出不穷。然而，患者往往不具备足够的医学知识来理解和评估这些新技术的应用及其潜在风险。例如，患者可能很难理解免疫疗法或复杂的手术程序等。这种知识上的欠缺使得患者在面对医疗决策时常常感到困惑和无助。

相比之下，医务人员拥有丰富的医学知识和技术能力。他们能够理解和解释复杂的医疗信息，并根据患者的病情制订治疗方案。但由于医患之间天然存在的信息差距，患者往往难以全面理解医生的解释，进而对医疗决策产生疑虑或不满。

在医疗损害司法鉴定中，鉴定专家起到桥梁的作用。他们不仅要评估医疗行为是否符合专业标准，还需要解释复杂的医学信息，使非专业人士（如法官、律师和患者）理解这些内容。因此，鉴定专家需要克服医患之间的信息不对称，确保其鉴定意见被各方理解和接受。

为了准确评估医疗行为的合理性，鉴定专家通常需要具备以下几个方面的素质：一是鉴定专家必须拥有扎实的基础医学知识，并熟悉各专科领域的最新进展。这样才能在复杂的医疗案例中准确判断医疗行为是否符合专业标准。二是鉴定专家需要具备良好的沟通技巧，能够用通俗易懂的语言解释医学术语和技术细节，使非专业人士理解其鉴定意见。三是鉴定专家应当保持中立和客观的态度，不受任何外部因素的影响，确保其鉴定意见的公正性和可靠性。

医患信息不对称是医疗损害司法鉴定中一个重要的问题。医患之间的信息差距导致患者难以理解复杂的医疗信息，而鉴定专家需要克服这种不对称，准确评估医疗行为的合理性，并确保其鉴定意见被各方理解和接受。通过加强医患沟通、提升鉴定专家的综合素质以及采用透明度高的鉴定方法，可以有效降低信息不对称带来的负面影响，提高医疗损害司法鉴定的公正性和科学性。

3. 法律标准与医学标准的差异

在医疗损害司法鉴定中，法律标准与医学标准的差异是一个显著的问题。这一差异缘于法律与医学两个领域的交叉特性，使得鉴定工作变得复杂且富有挑战性。

在法律上，医疗损害司法鉴定需要依据相关法律法规来判断医疗机构或医务人员是否存在过错。法律责任的界定主要依赖法律条文的规定，包括但不限于《中华人民共和国民法典》《中华人民共和国侵权责任法》等相关法律文件。这些法律条文规定了医疗行为中的法律责任，明确了医疗机构和医务人员在提供医疗服务时应当遵守的行为准则。

法律标准还涉及一系列程序性要求，如证据的收集、鉴定意见的采信程序等。这些程序性要求确保了司法程序的公正性和透明度，保护了医患双方的合法权益。在司法实践中，法院需要依据法律规定来审查证据的合法性、相关性和证明力，确保鉴定意见的采纳符合法律程序的要求。

在医学上，医疗行为的合理性需要依据临床诊疗指南、医学文献等专业标准来评估。临床诊疗指南是基于大量科学研究和临床经验总结而成的，旨在指导医务人员在特定情况下提供最合适的医疗服务。这些指南涵盖了疾病的诊断、治疗、护理等多个方面，为医务人员提供了具体的行动指南。

除了临床诊疗指南，医学文献和专家意见也是评估医疗行为是否符合专业标准的重要依据。医学文献包括临床研究、病例报告、综述文章等，提供了丰富的医学知识和实践经验。专家意见则来源于具有丰富临床经验和专业知识的医学专家，他们在特定领域的权威性使得其意见具有较高的参考价值。

法律标准侧重于法律责任的界定和程序性要求，关注的是医疗行为是否符合法律规定，是否存在过错。而医学标准侧重于医疗行为的合理性与科学性，关注的是医疗行为是否符合专业标准，是否符合临床诊疗指南的要求。

法律评估主要从法律责任的角度出发，判断医疗行为是否符合法律要求，是否存在过错。医学评估则从医疗行为的科学性出发，判断医疗行为是否符合专业标准，是否符合最佳临床实践。

法律标准相对稳定，更新速度较慢，而医学标准会随着医学研究的进展不断更新和完善。这种更新速度的不同导致在某些情况下，医学标准已经发生了变化，而法律标准尚未跟上，从而造成评估标准的不一致。

在医疗损害司法鉴定中，需要综合考虑法律证据和医学证据。法律证据包括合同、规章制度等，医学证据则包括病历、检验报告、医学影像资料等。这些多元化的证据体系增加了鉴定工作的复杂性。

医疗损害司法鉴定不仅需要医学专家的参与，还需要法律专家的介入。这种专业领域的交叉融合要求鉴定人不仅具备医学专业知识，还需要具备一定的法律知识，以确保鉴定意见既符合医学标准，又符合法律标准。

为了确保鉴定意见的科学性和公正性，需要在法律与医学标准之间寻找平衡点。这要求鉴定人在评估医疗行为时，既考虑医学上的合理性，也考虑法律上的合法性，确保鉴定意见既反映医学专业标准，又满足法律程序的要求。

法律标准与医学标准的差异使得鉴定工作充满了复杂性和挑战。为了应对这一问题，需要综合考虑法律与医学两个领域的标准，确保鉴定意见既符合医学专业标准，又满足法律程序的要求。通过加强对医学专家的法律法规培训，提升鉴定人的综合素质，可以有效克服这一差异，提高医疗损害司法鉴定的科学性和公正性，更好地服务于司法公正和社会和谐。

4. 鉴定意见的主观性

在医疗损害司法鉴定过程中，不同专家可能基于自身的经验和知识背景，对同一个医疗行为持有不同的看法。这种意见的不一致性不仅增加了鉴定工作的复杂性，也对最终鉴定意见的形成提出了更高的要求。

不同的专家往往具有不同的临床经验和研究背景，这种理论与经验上的差异会导致他们在面对相同的医疗行为时，可能有不同的解读和评价。专家们的知识背景也会影响他们的判断。一些专家可能倾向于基于最新的科研成果和临床指南来评估医疗行为，而另一些专家可能更依赖传统经验和临床实践。这种知识背景的不同会导致他们在评估同一医疗行为时产生不同的意见。

每位专家都有自己的专业倾向和个人偏好，这些因素也可能影响他们的判断。例如，一些专家可能倾向于采用保守的治疗方案，而另一些专家可能倾向于积极干预。这种个人倾向与偏好会在评估医疗行为时体现出来，导致意见分歧。

当不同专家对同一个医疗行为持有不同意见时，这种分歧会影响到最终鉴定意见的一致性。如果意见差异过大，可能导致鉴定结果的不确定性和不稳定性，进而影响到司法裁决的公正性和权威性。

为了克服意见分歧，形成较为统一的鉴定意见，通常需要经过多次讨论甚至是争论。这种讨论与争论的过程不仅有助于澄清不同意见背后的理由，还有助于促进不同专家之间的相互理解和认同，最终达成较为一致的看法。

为了提高鉴定意见的一致性，可以组建由多个相关学科专家组成的鉴定小组。这样不仅可以综合不同领域的专业知识，还可以通过集体讨论的方式，减少个别专家意见的片面性，提高鉴定意见的全面性和科学性。

通过明确鉴定标准与程序，可以减少因标准不一引起的分歧。例如，制定统一的临床诊疗指南作为参考依据，规定鉴定过程中需要遵循的具体步骤和方法，有助于专家们在评估过程中保持标准的一致。

加强专家之间的沟通与协作，鼓励专家们在讨论过程中充分表达自己的观点，并倾听其他专家的意见。通过有效的沟通与协作，可以促进不同专家之间的相互理解和认同，从而减少意见分歧。

在医疗损害司法鉴定中，不同专家的意见存在分歧是一个原因复杂的现象。这种现象源于专家们的经验差异、知识背景的不同以及个人倾向与偏好等。为了克服意见分歧，确保鉴定意见的一致性，可以通过组建多学科专家小组、明确鉴定标准与程序、加强专家间的沟通与协作等方式加以解决。通过这些措施，可以提高鉴定意见的科学性和公正性，为司法裁决提供可靠的支持。

5. 社会因素的影响

医疗损害案件因其涉及生命健康和医疗服务质量，常常会引起公众的高度关注，从而形成强大的舆论压力。这种舆论压力不仅会对鉴定过程产生影响，还可能干扰鉴定人的客观判断。

医疗损害案件往往涉及患者的健康乃至生命安全，这类事件本就具有极高的敏感性。一旦被媒体报道，很容易引发公众的关注和讨论。特别是当患者或家属认为医疗行为存在重大过失时，公众的反应往往会更加激烈。

媒体在报道医疗损害案件时，往往会放大事件的影响，通过新闻报道、社交媒体传播等形式迅速扩散信息。这种报道可能带有情感色彩，引导公众的情绪形成舆论导向，从而形成强大的舆论压力。

随着社交媒体的普及，公众可以通过各种平台表达自己的看法和情绪。社交媒体上的评论、转发、点赞等功能进一步加强了舆论的影响力。有时个别人的声音通过社交媒体的放大效应，可能受到社会的广泛关注。

舆论压力可能对鉴定人的判断产生干扰。当鉴定人感受到外界的强大舆论压力时，可能担心自己的鉴定意见会被公众质疑或批评，从而影响其客观性和独立性。在舆论压力下，鉴定人可能倾向于迎合公众的情绪，而不是完全基于事实和专业判断来形成鉴定意见。这种倾向可能导致鉴定意见的公正性受到影响，甚至出现偏差。舆论压力还可能干扰正常的鉴定程序。公众的情绪可能导致鉴定过程受到外界的干涉，影响鉴定工作的顺利进行。此外，舆论压力还可能促使相关机构加快鉴定进度，从而影响鉴定的质量和准确性。

面对舆论压力，鉴定人需要保持冷静和客观的态度。这意味着鉴定人应当坚守职业道德，不受外界情绪波动的影响，严格按照法律法规和专业标准进行鉴定。鉴定人应当依据事实和证据来形成鉴定意见，确保鉴定意见的科学性和可靠性。即使在舆论压力下，鉴定人也应该坚持实事求是的原则，不被情绪左右。为了减少舆论压力的影响，鉴定人可以加强与公众的沟通，提高鉴定工作的透明度。通过公开透明的方式，向公众解释鉴定过程和依据，有助于消除误解，赢得公众的信任和支持。在面对舆论压力时，鉴定人可以寻求法律和伦理的支持。例如，可以咨询法律专家或伦理委员会的意见，确保鉴定工作的合法性和伦理性。

医疗损害案件往往会引起公众的高度关注，舆论压力可能对鉴定过程产生影响。在这种情况下，鉴定人需要保持冷静和客观，不受外界情绪波动的干扰。通过依据事实和证据、加强沟通与透明度以及寻求法律和伦理的支持等措施，可以有效应对舆论压力，确保鉴定工作的科学性和公正性。这样不仅能够维护鉴定工作的权威性，还能促进社会的和谐与稳定。

七、结论与展望

医疗损害与司法鉴定作为现代社会中的重要议题，不仅关乎患者及其家属的权益保障，也是影响医疗机构声誉与医患关系的关键。司法鉴定在医疗损害案件中发挥着举足轻重的作用，通过专业、科学的鉴定意见，帮助法院查明事实真相，为案件的公正裁决提供依据。然而，医疗损害司法鉴定工作也面临着诸多挑战，如法律标准与医学标准的差异、鉴定意见的主观性以及社会因素的影响等。

为了确保鉴定意见的科学性和公正性，需要在法律与医学标准之间找到平衡点。这要求鉴定人在评估医疗行为时既要考虑医学上的合理性，也要考虑法律上的合法性，确保鉴定意见既反映医学专业标准，又满足法律程序的要求。通过加强法律与医学专家的合作，提升鉴定人的综合素质，可以有效克服这一差异。

此外，医疗损害案件常受到公众的高度关注，舆论压力可能影响鉴定人的客观判断。因此，鉴定人需要保持冷静和客观，依据事实和证据形成鉴定意见，并通过提高鉴定工作的透明度等方式应对舆论压力。

未来，随着科技的不断发展和医疗损害诉讼实践的不断深入，司法鉴定在医疗损害诉讼中的应用将继续拓展和创新。例如，远程司法鉴定将成为一种新趋势，通过网络技术实现鉴定人与医患双方的实时交流和沟通，提高鉴定效率和便捷性。同时，大数据和人工智能技术将为司法鉴定提供新的技术手段和支持，通过数据分析挖掘潜在的医疗风险，利用人工智能技术提高鉴定意见的准确性和客观性。此外，多学科交叉融合的趋势将加强，促进医疗损害司法鉴定的科学性和公正性。

综上所述，司法鉴定在医疗损害诉讼中的应用，其作用不局限于解决个案纠纷，更对医疗服务质量和安全管理产生了深远的影响。司法鉴定促使医疗机构不断提升服务水平，确保患者在就医过程中的合法权益得到充分保障，从根本上维护了患者的生命安全和社会公共利益。通过不断推进鉴定方法的科学化、规范化，可以更好地维护医患双方的合法权益，促进医疗行业的健康发展和社会公平正义的实现。

第二章

诊断不当
导致骨科医疗损害

在现代医学实践中，骨科诊断作为评估和处理骨骼、关节及相关软组织损伤或疾病的基石，扮演着不可替代的角色。这一过程不仅包括详细的临床评估，还涵盖了多种影像学检查和实验室检测，旨在实现对患者状况的精确识别。准确的诊断对于制订有效的治疗计划至关重要，直接影响到患者的治疗效果和安全。

准确的诊断是确保患者接受合理治疗的前提。错误诊断可能导致不必要的手术或药物治疗，不仅增加了患者的生理和心理负担，甚至有可能由于不恰当的治疗而加重患者原有的病症。例如，将非肿瘤性的骨病错误地诊断为恶性肿瘤，除了给患者造成心理上的巨大压力外，还可能导致不必要的化疗或放疗，损害正常组织功能。

正确的诊断有助于选择最适合患者的治疗方案。例如，在处理不同类型的骨折时，需要根据具体诊断信息来决定是采取保守治疗还是手术干预。基于明确病因制订的个性化治疗策略，不仅能提高治疗成功率，还能最大限度地减少并发症发生的风险。

对于某些慢性骨科疾病或反复发作的情况，早期准确诊断能够促使患者及时采取干预措施，延缓疾病发展进程，提高生活质量、促进功能恢复。例如，早期识别并治疗类风湿关节炎，可以有效防止关节结构的永久性破坏。

系统化的诊断流程通过制订详尽的病史采集表单、标准化的体检项目和必要的辅助检查清单，能够最大限度地减少漏诊和误诊的可能性。这些措施有助于提高诊断的准确性和可靠性，为后续治疗提供可靠的依据。

规范化诊断流程确保了诊断结论的科学性，为临床决策提供了坚实的数据支持。这有助于避免盲目用药和无效治疗，减少不正确治疗带来的危害。

透明且严谨的诊断过程有助于医患之间建立信任。患者及家属在理解了诊断背后所依据的逻辑之后，即便面对不良预后，也能保持较为理性的态度，从而减少医疗纠纷的发生。

严格的诊断标准和程序不仅使患者免受错误诊断带来的危害，还维护了患者的知情同意权。基于明确诊断基础的治疗选择，使患者参与决策过程，尊重其个人意愿，促进治疗方案的个性化实施。

漏诊是指未能识别出患者实际存在的疾病。这种情况会导致疾病未经任何干预而自然发展，增加未来治疗的复杂性和风险。例如，隐匿性骨折如果未能及时诊断，将错过最佳治疗窗口期，进而影响关节的功能恢复。

误诊则是将一种疾病错误地诊断为另一种疾病。此类错误不仅浪费了宝贵的医疗资源，还可能导致患者接受不适当的治疗，产生新的健康问题。例如，将急性骨髓炎误认为普通软组织炎症，可能导致感染迅速扩散，甚至危及生命。

案例 ❶ 股骨颈骨折漏诊致髋关节功能障碍

一、案例背景

1. 基本情况

委托单位：××市人民法院。

委托事项：××市第一人民医院的医疗行为是否存在过错；如存在过错，该过错与李××的损害后果之间是否存在因果关系，如存在因果关系则评定原因力大小；××市第二人民医院的医疗行为是否存在过错；如存在过错，该过错与李××的损害后果之间是否存在因果关系，如存在因果关系则评定原因力大小。

鉴定材料：××市第一人民医院住院病历1册；××市第二人民医院住院病历1册；××市第三人民医院住院病历1册；××市司法鉴定所司法鉴定意见书1份；××市医学会医疗行为分析意见书1份；影像学片12张。

2. 案情摘要

据本案相关材料载：2016年4月29日，患者李××因摔伤在××市第一人民医院诊治，入院后给予膝关节制动、石膏托外固定，以及对症治疗等，于5月7日出院。后因左下肢仍无法站立行走，且症状逐渐加重，并明显活动困难，于2016年7月11日入××市第二人民医院诊治，入院诊断为"左股骨颈陈旧性骨折"，于7月15日行骨折切开复位内固定术。后经检查出现左侧股骨头缺血性坏死，于2017年6月16日入××市第三人民医院诊治，入院诊断为"左股骨头缺血性坏死",于6月20日行左股骨颈骨折术后内固定取出术+左髋关节清理+左髂骨瓣移植植骨术。现患方认为:××市第二人民医院的医疗行为存在过错,并给其造成损害,故起诉至法院,要求赔偿。

3. 听证意见

患方认为:××市第一人民医院存在漏诊,应承担后期股骨头坏死的主要责任;××市第二人民医院采用髋关节外科脱位术,术式选择不当,应承担后期股骨头坏死的次要责任。

××市第一人民医院认为:患者骨折主要由自身原因导致,院方的诊疗过程规范、合理,没有违反诊疗常规。

××市第二人民医院认为:诊断明确,实施手术正确有效,医疗行为无不当之处。

◢ 二、病史摘要

1. ××市第一人民医院住院病历

入院时间:2016年4月29日。

出院时间:2016年5月7日。

主　　诉:摔伤致左膝关节疼痛,伴活动受限2小时。

现 病 史:患者诉入院前2小时在家帮忙修房子时从约2米高的脚手架上摔下,膝关节撞在墙上,当时感膝关节疼痛,活动时疼痛加重,身体其他部位未受伤。后膝关节逐渐肿大,患者疼痛不能活动,当地未治疗,急来我院求诊,门诊以"左膝外伤"收入我科。

专科情况:左膝部明显肿胀,青紫,局部皮肤无破损,未探及膝关节明显畸形，左膝关节压痛，因疼痛膝关节不能活动，患肢远端血运、感觉均可，浮髌试验为阴性。

辅助检查结果：我院左膝关节正侧位片检查未见骨折。

病程记录

2016年4月30日：昨日患者入院后，嘱其膝关节制动，给予云南白药胶囊口服止血，云南白药气雾剂外喷膝关节止痛治疗，患者仍感左膝关节疼痛，不能活动，膝关节肿胀较前加重，查看左下肢末端血运及感觉正常，踝关节及各脚趾关节活动好……查看患者后认为患者膝关节外伤不能活动，骨质未见异常，需排除韧带损伤，指示今日进一步行膝关节磁共振成像检查，了解韧带损伤情况。

2016年5月1日：……查看患者后认为左膝关节多处韧带及半月板损伤，但未完全断裂，暂不需手术治疗……指示给予左膝关节石膏托外固定制动……给予膝关节伸直位石膏托外固定，观察末端血运及感觉，甘露醇输液脱水消肿。

2016年5月3日：目前患者精神、食欲较差，仍诉左膝关节疼痛，无头痛、头晕，胸腹部无疼痛，双上肢及右下肢活动好，左膝关节石膏托外固定在位，末端血运及感觉正常。

2016年5月6日：目前患者精神、睡眠、食欲一般，仍诉左膝关节疼痛，无头痛、头晕，胸腹部无疼痛，双上肢及右下肢活动好，左膝关节石膏托外固定在位，末端血运及感觉正常，经外固定治疗后患者仍诉疼痛。

2016年5月7日：昨日患者家属取患者左膝关节磁共振成像赴其他医院骨科会诊，告知其暂不需手术治疗，1个月后根据患者活动情况，必要时可行关节镜检查。目前患者精神、睡眠、食欲一般，仍诉左膝关节疼痛，左膝关节石膏托外固定在位，末端血运及感觉正常，患者家属要求今日出院，给予办理出院。

出院记录

出院情况：患者精神、睡眠、食欲一般，仍诉左膝关节疼痛，无头痛、头晕，胸腹部无疼痛；双上肢及右下肢活动好，左膝关节石膏托外固定在位，末端血运及感觉正常。

2. ××市第二人民医院住院病历

入院时间：2016年7月11日。

出院时间：2016年7月29日。

主　　诉：左下肢疼痛、活动受限2月余。

现 病 史：患者本人及家属述2个月前不慎摔伤左下肢，当即感左下肢疼痛难忍，左下肢活动受限……在××市××医院就诊（具体诊治不详），但左下肢仍无法站立行走，症状逐渐加重，并明显活动困难，为求诊治，遂于今日来我院就诊，门诊检诊后，拟"左下肢损伤原因待查"收住我科。

专科情况：双上肢及右下肢外观无异常，各关节活动正常；左下肢呈外旋、短缩畸形，左大腿肌肉明显萎缩；左髋部向外突出畸形，局部轻压痛，叩击痛（+），未扪及明显骨折断端、骨擦音及骨擦感，无明显异常活动，左髋关节及左膝关节活动受限，左下肢末梢血运、感觉良好。

初步诊断：左下肢损伤，原因待查。

病程记录

2016年7月12日：……X线片示左侧股骨颈基底部骨质不连，见骨折征象，骨折端分离错位，远折端略向外侧移位，左髋部软组织肿胀。……根据患者病史、体征及辅助检查，认为"左股骨颈陈旧性骨折"诊断明确。指出：患者骨折已有 2 月余，左下肢肌力明显萎缩，骨折向外侧成角，有明确手术指征。指示：进一步完善术前相关检查，择期手术治疗。

2016 年 7 月 13 日：……髋关节 CT 示左侧股骨上段见骨折征象，两折端对位欠佳，折周见碎骨片影，邻近软组织肿胀，关节腔内见积液征象。……根据患者病史、体征及辅助检查，认为"左股骨颈陈旧性骨折"诊断明确。指出：患者骨折已有 2 月余，左下肢肌肉明显萎缩，骨折向外侧成角，为陈旧性股骨颈基底部骨折，患者术后股骨头坏死概率很高；有明确手术指征；目前患者手术检查已完善，无明显手术禁忌证，拟明日在腰麻下行骨折切开复位内固定术。

术前讨论

时　　间：2016 年 7 月 14 日。

（前略）目前患者对诊断无异议，患者骨折已有 2 月余，左下肢肌肉明显萎缩，骨折向外侧成角，为陈旧性股骨颈基底部骨折，已有 2 月余，患者术后股骨头坏死概率很高；有明确手术指征，同时注意术中备血。目前术前检查已经完善，无明显手术禁忌证，拟明日在腰麻下行左股骨颈骨折切开复位内固定术。

术前小结

时　　间：2016 年 7 月 14 日。

术前诊断：左股骨颈陈旧性骨折。

手术指征：患者骨折已有 2 月余，左下肢肌力明显萎缩，骨折向外侧成角，为陈旧性股骨颈基底部骨折，已有 2 月余，患者术后股骨头坏死概率很高，有明确手术指征。术前检查无禁忌证，符合手术指征。

拟施手术的名称及方式：骨折切开复位内固定术。

手术知情同意书

（前略）内固定术后继发股骨头缺血性骨坏死。患者授权亲属签名：×××，与患者关系：父子。

手术记录

手术日期：2016 年 7 月 15 日。

手术名称：骨折切开复位内固定术。

手术经过：麻醉成功后，患者取侧卧位，常规碘伏消毒左下肢，铺无菌巾单。取左髋部外侧长约 12 cm 的手术切口入路，依次切开皮肤、皮下、筋膜，切开股外侧肌部分起点，用外科脱位技术显露股骨颈基底部，见股骨颈基底部骨折，折周少许骨痂生长，清理骨折断端，将骨折复位并维持，予以 1 块股骨近端钢板及螺钉固定，C 形臂透视，见骨折对位、对线好，内固定在位，被动活动左下肢，见髋关节各方向活动可，内固定稳妥，大量生理盐水及双氧水（过氧化氢）冲洗伤口，伤口内置引流管，缝合股外侧肌止点，间断逐层缝合伤口，无菌纱布覆盖，包扎，术毕。

术后病程记录

2016 年 7 月 16 日：患者术后第一天，诉左髋部肿痛明显，无畏寒发热，未诉其他特殊不适；查体：左髋部伤口肿痛明显，少许渗血，左下肢末梢血运、感觉、运动正常；术后 20 小时伤口引流管引流出血性液体约 120 ml……查看患者后，院方认为目前治疗有效，指示：继续给予头孢噻肟钠防感染、七叶皂苷钠消肿、血凝酶止血、奥美拉唑预防手术创伤引起的应激性溃疡等处理。

2016 年 7 月 17 日：患者术后第二天，生命体征平稳，诉左髋部肿痛好转，无畏寒发热，未诉其他特殊不适；查体：左髋部伤口肿痛明显，少许渗血，左下肢末梢血运、感觉、运动正常；24 小时伤口引流管引流出血性液体约 30 ml；术后复查 X 线片示：左股骨颈原折端对位、对线可，折端见内固定影，所见内固定物位置可；余片中诸骨骨质未见明显异常，所见内固定物在位……查看患者后，认为目前治疗有效，指示：继续给予头孢噻肟钠防感染、七叶皂苷钠消肿、血凝酶止血、奥美拉唑预防手术创伤引起的应激性溃疡等处理。拟今日拔除伤口引流管。

2016 年 7 月 18 日：患者术后第三天，精神、饮食、睡眠好，诉左髋部肿痛好转，无畏寒发热，未诉其他特殊不适；查体：左髋部伤口肿痛明显，无渗血，左下肢末梢血运、感觉、运动正常；继续给予头孢噻肟钠防感染、七叶皂苷钠消肿、奥美拉唑预防手术创伤引起的应激性溃疡等处理。

2016 年 7 月 21 日：患者生命体征平稳，诉左髋部肿痛轻微，无畏寒发热，未诉其他特殊不适；查体：左髋部伤口无红肿，无渗血，左下肢末梢血运、感觉、运动正常；继续给予头孢噻肟钠防感染、七叶皂苷钠消肿、促进骨折愈合、指导患者加强功能锻炼等处理。

2016 年 7 月 24 日：患者一般情况好，诉左髋部肿痛轻微，无畏寒发热，未诉其他特殊不适；查体：左髋部伤口无红肿，无渗血，左下肢末梢血运、感觉、运动正常；继续给予头孢噻肟钠防感染、七叶皂苷钠消肿、促进骨折愈合、指导患者加强功能锻炼等处理。

2016 年 7 月 26 日：患者精神、饮食、睡眠好，诉左髋部肿痛不明显，无畏寒发热，未诉其他特殊不适；查体：左髋部伤口无红肿，无渗血，左下肢末梢血运、感觉、运动正常；继续给予促进骨折愈合、指导患者加强功能锻炼等处理。

2016 年 7 月 28 日：患者生命体征平稳，诉左髋部肿痛不明显，无畏寒发热，未诉其他特殊不适；昨日拆除伤口缝线，伤口愈合好；复查 X 线片示：左股骨颈原折端对位、对线可，折端见内固定影，所见内固定稳妥；余片中诸骨骨质未见明显异常，所见关节在位。应患者家属要求出院，请示上级医生后，给予办理明日出院。

出院记录

出院医嘱：①注意休息；②逐渐加强功能锻炼；③前三个月每月来院复查，根据复查结果决定左下肢负重及取内固定时间；④不适时随诊。

3. ××市第三人民医院住院病历

入院时间：2017 年 6 月 16 日。

出院时间：2017 年 7 月 3 日。

主　　诉：左股骨颈骨折术后 11 月余。

现 病 史：2016 年 7 月患者因"左侧股骨颈陈旧性骨折"在 ×× 医院全麻下行骨折切开复位钢板内固定术，手术顺利，3 个月后扶拐行走，跛行，但患者诉左髋部不适，髋关节活动受限。2017 年 6 月患者在 ×× 市人民医院做左髋 X 线检查，考虑左侧股骨头缺血性坏死，今为进一步治疗入我院。

专科情况：脊柱外观无畸形，活动无受限，椎间隙无压痛，双下肢无放射痛。双下肢等长，左髋部外侧见 12 cm 手术瘢痕，无明显肿胀，无固定压痛。双膝活动正常，无畸形。双下肢感觉对称，肌力 V 级，双侧踇趾背伸肌力正常，双侧膝腱反射正常，双侧足背动脉搏动有力。

手术记录

手术日期：2017 年 6 月 20 日。

拟施手术：左股骨颈骨折术后内固定取出术＋左髋关节清理＋左髂骨瓣移植植骨术。

手术经过：患者取仰卧位，左臀下垫一软枕，术野常规碘伏消毒，铺无菌巾。在左髂前上棘上方约 4 cm 沿髂嵴至髂前上棘下方，再转向大粗隆基底部向下沿原切口切开约 25 cm。切开皮肤、皮下组织和深筋膜。分离缝匠肌附着点的内外缘，予保护。在髋关节外侧逐层切开至内固定钢板，分别取出螺钉、钢板。在髋关节前方打开关节囊，术中见前方关节囊周围粘连明显，股骨颈骨质硬化，见部分空洞，空洞内肉芽填塞，关节间隙消失，股骨头上方塌陷，肉芽填塞，股骨颈后方以及前下方完整，清除肉芽。由缝匠肌附着剥离髂骨内外板，自髂骨翼前段连同髂前上棘凿取 4 cm×1 cm 骨块，向下游离肌蒂备用。经股骨头颈至粗隆间，用电钻做与骨瓣相应宽度的骨槽，将骨瓣置入骨槽，两端用 1.5 mm 克氏针固定，处理断端。另取异体骨以及骨修复材料置入空隙处，C 型臂透视满意，检查见固定牢靠，予冲洗伤口，清点器械、纱布对数后，放置一负压引流管，逐层缝合伤口。术毕。

出院记录

出院时情况：患者诉伤口疼痛明显好转，饮食睡眠可，小便正常。查发育正常，心肺腹未见明显异常。伤口敷料干结，手术切口对位可，无明显红肿溃破，患肢末梢血运正常。左下肢半髋处固定支具无松动，左足背动脉搏动可，左足各趾感觉、血运、活动可。

4. ××市司法鉴定所司法鉴定意见书

2017年6月20日：……被鉴定人李××于2016年4月29日因高处坠落受伤，对于此类高处坠落形成的高能量损伤，复合伤、隐蔽伤常见，因多处损伤所致的疼痛叠加、掩盖作用，使伤者的主诉存在一定误差，医方应行全面的体格检查，密切观察病情变化，以避免漏诊发生。根据现有送鉴资料，未见医方对于髋关节功能描述的体检记录及影像学检查，因而认为医方未尽到谨慎注意义务，未尽到骨科临床检查的基本要求。结合被鉴定人左股骨颈骨折的形成原因分析，医方存在对被鉴定人左侧股骨颈骨折的漏诊、延误治疗过错。

5. ××市医学会医疗行为分析意见书

2017年9月29日：……临床上，对于青少年（本例14岁）股骨颈基底部骨折患者，经内固定手术治疗后极少出现股骨头缺血性坏死情况。本例患者术后出现左股骨头缺血性坏死，考虑与以下因素有关：①第一次手术的手术方式不当以及内固定的螺钉位置欠妥。股骨颈骨折通用的手术方式是牵引闭合复位C型臂引导下置入螺钉固定，即便闭合复位困难改用切开复位，也没有必要把股骨头从髋臼里脱出来，从而造成股骨头血运的继发性损害。同时，第一次手术螺钉位置超越骺板也是不利的因素。②患者外伤系高处坠落高能量损伤，造成股骨颈基底部骨折移位明显，对股骨头血运供应破坏严重也是造成股骨头缺血性坏死的因素。③医方漏诊、延误手术治疗的时机，在一定程度上可增加骨折不愈合以及股骨头缺血性坏死的概率。

（前略）在本例中，××市第一人民医院存在医疗过错，医疗过错参与度考虑为25%。

三、鉴定过程

1. 简要过程

接受鉴定委托后，我们对送检材料进行了文证审查，于 2018 年 9 月 18 日组织鉴定所涉及的双方当事人进行听证及专家咨询会，会上本案鉴定人向医患双方告知了本案鉴定人员及鉴定相关事项，医患双方分别陈述了意见，并回答了鉴定人员及临床专家的提问。经过鉴定人认真分析、讨论，达成一致意见，制作本鉴定文书。

2. 法医临床学检查

被鉴定人李××骨折切开复位内固定术术后 2 年余来我所检查。

目前情况：左下肢活动障碍，跛行。

检查所见：跛行进入诊室，神清语明。左髋外侧可见 20.0 cm×（0.5~1.0）cm 手术瘢痕，可见缝针痕。左髋外侧可见 6.0 cm×4.0 cm 瘢痕，局部粘连。左大腿上段外侧可见 2.0 cm×1.0 cm、2.0 cm×0.5 cm 瘢痕。双下肢长度（脐至内踝）：右 95.0 cm，左 92.0 cm。左下肢肌容量减少。双大腿周径（髌上 15.0 cm）：右 44.0 cm，左 42.0 cm。左髋关节活动受限。双髋关节活动度：前屈 60°（左），130°（右）；伸展 0°（左），0°（右）；内收 10°（左），30°（右）；外展 20°（左），45°（右）；内旋 20°（左），50°（右）；外旋 10°（左），40°（右）。左髋关节各向活动时诉疼痛。

3. 阅片意见

髋关节 X 线片（2016 年 7 月 12 日）：左股骨颈基底部骨折，断端成角、分离移位，骨折断端边缘硬化。

髋关节 CT 片（2016 年 7 月 13 日）：左股骨颈基底部骨折，骨折呈粉碎性，断端分离移位，成角畸形。

髋关节 X 线片（2016 年 7 月 17 日）：左股骨颈基底部骨折内固定术后，内固定物在位，对位、对线可。

髋关节 X 线片（2017 年 6 月 16 日）：左股骨颈基底部骨折内固定术后，内固定物位置可，股骨头形态失常、压缩、塌陷、密度不均。

髋关节 X 线片（2017 年 10 月 23 日）：左侧股骨头明显变形、压缩、塌陷、骨密度不均匀。

4. 鉴定意见

××市第一人民医院的过错与被鉴定人李××后期治疗和左髋关节功能障碍的损害后果之间存在因果关系，在损害后果中起同等作用。××市第二人民医院在对被鉴定人李××的诊治过程中不存在过错。

四、分析说明

（一）诊疗行为

1. 关于××市第一人民医院诊疗行为的评价

临床实践中，高处坠落等高能量损伤常可造成多发性骨折。诊疗常规要求对高能量损伤应进行多次、全面的检查，以避免漏诊多发性骨折。在首诊检查、处置后，应再次进行全面、彻底的检查，对首次检查中发现的损伤必须重复检查。即使再次进行了全面检查，在治疗前，还应该做进一步检查，才能确认治疗方案。

经阅送检病史，被鉴定人李××因"摔伤致左膝关节疼痛，伴活动受限2小时"，于2016年4月29日入××市第一人民医院诊治。现病史载"患者诉入院前2小时在家帮忙修房子时从约2米高的脚手架上摔下"，属于高处坠落所致的高能量损伤。

入院后，院方专科查体"左膝部明显肿胀，青紫，局部皮肤无破损，未探及膝关节明显畸形，左膝关节压痛，因疼痛膝关节不能活动，患肢远端血运、感觉均可，浮髌试验为阴性"，并对左膝关节进行了影像学摄片。但上述检查仅为针对膝关节的查体，未见髋、踝等下肢全面检查记载。

首诊入院后，院方嘱膝关节制动，给予石膏托外固定等治疗。此后病程记录所载的检查和处置均针对膝关节，未见全面查体的记录。

被鉴定人李××于2016年5月7日出院，出院查体记载"双上肢及右下肢活动好"，仍未见针对左下肢的查体记载。这说明院方在整个住院期间未做到全面检查。

被鉴定人李××因"左下肢疼痛、活动受限2月余"于2016年7月11日入××市第二人民医院诊治。现病史、入院查体、X线检查均提示左髋关节骨折，入院诊断为"左股骨颈陈旧性骨折"。7月15日，行"骨折切开复位内固定术"，术中见"股骨颈基底部骨折，折周少许骨痂生长"。左股骨颈陈旧性骨折诊断明确。

综上，被鉴定人李××外伤史明确，送检资料中未见其他外伤史记载，就诊记录相对连续，左股骨颈陈旧性骨折诊断明确。依据现有材料分析认为，××市第一人民医院在对被鉴定人李××进行诊疗的过程中，存在左股骨颈骨折漏诊的过错。

2. 关于××市第二人民医院诊疗行为的评价

闭合复位内固定和切开复位内固定都是临床骨折的治疗方法，临床选择何种术式取决于骨折类型等因素。如属于无移位稳定型骨折时，可采取闭合复位；但当骨折为有移位的不稳定型骨折时，则需行内固定手术。另外，当骨折断端血供存在问题，或已发生坏死时，闭合复位往往不能稳定维持骨折复位，为了满足骨折断端紧密接触、促进愈合的需要，常须采用切开复位与内固定术治疗。

髋关节外科脱位是切开复位与内固定术的一种。该术式的初衷是在保护股骨头血供的基础上，将股骨头"脱出"，从而为手术提供全方位的视野，提高手术的安全性、保障手术效果。该术式已在髋部骨折等损伤疾病中得到广泛应用。

解剖学已经证实，股骨头血供最重要的血管是旋股内侧动脉（medial femoral circumflex artery，MFCA）深支。虽然圆韧带动脉也提供股骨头部分血供，但圆韧带动脉较细小，血供有限，有些圆韧带动脉还可闭锁，没有供血作用，因此圆韧带动脉对股骨头的血供不起主要作用。由于股骨头血供存在上述解剖特点，如果髋区术式选择不当，如选取髋关节及骨盆的后侧入路时，常会离断外旋肌群，从而损伤旋股内侧动脉深支，影响股骨头的血液灌注，导致术后骨折不愈合等不良转归。针对上述缺陷，髋关节外科脱位术式保留了闭孔外肌的完整性，术中避免损伤旋股内侧动脉的深支。在保护股骨头血供的同时，将髋关节"脱出"，全方位暴露术野，使手术操作简便、安全，适用于处理髋部疾患的多种情况，其术后效果及安全性已得到广泛认可。

经阅送检病史，被鉴定人李××因"左下肢疼痛、活动受限2月余"于2016年7月11日入××市第二人民医院。院方根据患者病史、体征及辅助检查，"左股骨颈陈旧性骨折"诊断明确。

经阅送检影像学资料，被鉴定人李××的X线片示左股骨颈基底部骨折，骨折断端分离移位，属于有移位的不稳定型骨折。同时，确诊骨折时间距受伤时间已有2月余，骨折断端已有骨痂生长。此种情况下，骨折形态已失稳定，断端血供也存在障碍，不具备闭合复位的条件，应采取切开复位内固定手术治疗。

术前，院方对手术预后进行了讨论。病程记录（7月14日）载"陈旧性股骨颈基底部骨折，已有2月余，患者术后股骨头坏死概率很高"；术前讨论记录载"患者骨折已有2月余，左下肢肌力明显萎缩，骨折向外侧成角，为陈旧性股骨颈基底部骨折，已有2月余，患者术后股骨头坏死概率很高"；术前小结载"患者术后股骨头坏死概率很高"。就"内固定术后继发股骨头缺血性骨坏死"的不良预后，院方在手术知情同意书中明确告知了患方，并获患方签字认可。

被鉴定人李××于2016年7月15日行"骨折切开复位内固定术"，术中"用外科脱位技术显露股骨颈基底部"，经钢板螺钉内固定后，术中"见骨折对位、对线好，内固定在位，被动活动左下肢，见髋关节各方向活动可，内固定稳妥"。经阅术后X线片（2016年7月17日），内固定物位置可，骨折对位、对线可。

综上，被鉴定人李××骨折为有移位的不稳定型骨折，且为陈旧性，应行切开复位内固定手术治疗；术前讨论充分，对可能发生的不良预后有明确预见，并明确告知患方，获得患方签字认可。出于保护股骨头血供、安全等目的，可选用外科脱位术式。经术前、术后影像学检查比较，术后内固定物位置可，骨折对位、对线可，手术已达到"复位、固定"的治疗原则。依据现有材料分析认为，××市第二人民医院在对被鉴定人李××的诊疗过程中已尽诊疗义务，不存在过错。

（二）关于 ×× 市第一人民医院过错行为
与被鉴定人李 ×× 损害后果之间的因果关系

被鉴定人李××因摔伤于2016年4月29日入××市第一人民医院诊治，临床诊断为"左膝关节外伤"；后于7月11日入××市第二人民医院诊治，诊断为"左股骨颈陈旧性骨折"，并于7月15日行骨折切开复位内固定术。2017年6月16日入××市第三人民医院诊治，行"左股骨颈骨折术后内固定取出术＋左髋关节清理＋左髂骨瓣移植植骨术"。现遗有后期治疗及左髋关节活动障碍的损害后果。

"愈合"是骨折的治疗目的。凡是影响骨折愈合的因素，均可影响骨折的治疗效果，导致不良转归。影响骨折愈合的局部因素主要有血供和损伤程度等。

被鉴定人李××于2016年4月29日摔伤，直至7月15日方行手术治疗。临床治疗时间距受伤已逾两个半月。在这期间骨折断端始终处于成角畸形、分离状态，术前X线检查示断端已有硬化改变，术中也可见少量骨痂生成。上述情况均说明，其伤后骨折并无良好血供支持。另外，原始损伤程度也是影响骨折愈合的重要因素。损伤严重的骨折常有移位、粉碎等，可造成毗邻血管损伤或撕裂，从而影响后期骨折愈合。

××市第一人民医院在对被鉴定人李××的诊疗过程中，未尽全面检查的义务，存在左股骨颈骨折漏诊的过错。该过错造成没有及时进行手术治疗，影响骨折愈合，为后期治疗带来不利影响。考虑到原始损伤较为严重，即使及时诊断并手术治疗，仍存在一定不良预后以及后期再次治疗的可能。

综合分析认为，××市第一人民医院的过错与被鉴定人李××后期治疗和左髋关节功能障碍的损害后果之间存在因果关系，在损害后果中起同等作用。

五、启示

李××因从高处坠落摔伤，初次就诊于××市第一人民医院，经初步检查未发现明显骨折，给予保守治疗后出院。但患者症状并未缓解，反而加剧，再次就诊时发现左股骨颈陈旧性骨折，并于××市第二人民医院接受了骨折切开复位内固定术。术后患者出现左侧股骨头缺血性坏死，不得不在××市第三人民医院接受进一步治疗。

在李××首次就诊时，××市第一人民医院未能及时识别出股骨颈骨折的存在，这主要归咎于未进行全面细致的髋关节功能检查及影像学评估。此漏诊直接导致了后续治疗的延迟，增加了股骨头缺血性坏死的风险。

虽然髋关节外科脱位术在某些情况下（如复杂骨折）可能是必要的，但在本案例中，该手术方式是否必要存在争议。根据医学会的意见，这种手术方式可能对股骨头血供造成了额外损害，尤其是在首次手术时就采用了不适当的内固定方法。但是，在股骨颈骨折的外科手术治疗中，髋关节外科脱位术具有独特的优势。

髋关节外科脱位术（也称为髋关节开放性脱位术）是一种手术技术，它允许外科医生将股骨头从髋臼中移出来以获得髋关节的完全暴露。这种技术在治疗复杂的髋关节损伤，特别是股骨颈骨折时具有重要作用。

外科脱位术提供了髋关节内部的完全可视化，这对于复杂骨折的解剖复位至关重要。当股骨颈骨折时，特别是在不稳定或粉碎性骨折中，清晰的视野可以帮助确保骨折端正确对接。在股骨颈骨折的情况下，精确的解剖复位对于预防长期并发症（如股骨头坏死、髋关节僵硬或关节炎）非常重要。髋关节外科脱位术使得外科医生在直视下进行复位，提高了复位质量。伴随股骨颈骨折可能产生碎裂的骨折块或其他损伤，如软骨损伤或髋臼内的损伤，髋关节的完全暴露使得外科医生可以彻底清除这些碎片并修复其他潜在的损伤。在股骨颈骨折的情况下，可能需要进行内固定来稳定骨折端，髋关节外科脱位术提供了足够的空间来放置和调整内固定装置（如钢板、螺钉等），确保骨折愈合。通过提供一个无阻碍的工作区域，外科医生可以更准确地放置内固定物，减少对周围组织的损伤，降低术后并发症，如感染、神经血管损伤等的发生率。如果患者同时存在其他髋关节问题，如发育不良或先天性髋关节脱位，髋关节外科脱位术也为解决这些问题提供了机会。

本案中，因为股骨颈骨折的延迟治疗，患者经历了股骨头缺血性坏死。这不仅影响了髋关节的功能，还导致患者必须接受更为复杂的二次手术——股骨颈骨折术后内固定取出术加髋关节清理及髂骨瓣移植植骨术。由于髋关节功能障碍，患者面临着长期的康复挑战，包括活动受限、疼痛以及其他相关并发症。

由司法鉴定及医学会的意见可以看出，××市第一人民医院存在医疗过错，即漏诊股骨颈骨折，延误了最佳治疗时机。这一过错与患者后期出现的股骨头缺血性坏死之间存在因果联系。尽管××市第二人民医院对手术方式选择不当也有一定责任，但其参与度较低。

在面对高能量损伤患者时，骨科医生应警惕复合伤及隐蔽伤的存在，执行全面的体格检查，并结合影像学检查以避免漏诊。

对于股骨颈骨折，尤其是青少年患者，应慎重选择手术方式，尽量避免可能损害股骨头血供的技术。在类似案件中，司法鉴定机构应对所有医疗行为进行详细审查，包括但不限于漏诊、治疗方案的选择等，以准确评估各方责任。鉴定机构应注意收集完整的病历资料，特别是影像学证据，这对于判断医疗行为是否有过失至关重要。

股骨颈骨折漏诊及不当手术治疗可导致严重的髋关节功能障碍，影响患者的生活质量。加强医疗实践中对高能量损伤患者全面检查的要求，谨慎选择手术方案，并提高司法鉴定工作的科学性和客观性，是减少类似事件发生的关键。同时，增强患者及其家属的维权意识也是保障其权益的重要途径。

案例 ❷ 尺神经损伤诊断不明确致治疗延误

✎ 一、案例背景

1. 基本情况

委托单位：××市人民法院。

委托事项：××市第一人民医院对李××的诊疗行为是否存在过错；若存在过错，该诊疗过错行为与李××的损害后果之间是否存在因果关系及责任程度。

鉴定材料：××市第一人民医院病历资料原件（含门诊病历、诊断证明、处方等）6 张；××市第一人民医院急诊抢救中心住院病历复印件 1 份；××市第二人民医院病历资料原件（含超声、诊断证明、门诊病历、挂号单等）4 张；××市第一人民医院急诊抢救中心诊断证明书原件 1 页；影像学照片 2 张。

2. 案情摘要

据本案相关材料载：2017 年 5 月 29 日，患者李××因左前臂玻璃割伤到××市第一人民医院诊治，门诊诊断为"左前臂及手背开放性损伤，伸指肌腱断裂伤，神经损伤待除外，外伤性异物"，给予清创缝合及肌腱吻合术，石膏托外固定，注射破伤风，补液抗炎，定期换药等治疗。后经外院超声检查左前臂远端尺神经断裂不除外。9 月 18 日行左前臂尺神经、尺动脉、尺侧腕屈肌腱探查、修复术。现遗有左腕部尺神经、屈指肌腱断裂修复术后，以及左手环指、小指感觉受限，分并指受限等损害后果。现患方认为：医方存在医疗过错，故起诉至法院，要求赔偿。

3. 听证意见

患方认为：医院在诊断伤情前存在虚假宣传，夸大医疗水平，欺骗患者就
　　　　　诊，主观上存在过错。医院在手术过程中，手术操作不规范，
　　　　　且手术后仍然有玻璃残渣未完全清理干净，完全属于医疗事故。
　　　　　术后医院没有妥善写明医嘱，虽然在诊断证明上写了"神经损
　　　　　伤待除外"的诊断，但是后期治疗的医生并没有告知患者还需
　　　　　要进一步去别的医院进行确诊看看是否神经存在损伤，而是在
　　　　　患者复查时，医生明确给患者诊断并向患者强调"神经没有受
　　　　　损"的错误诊断结论。患者认为，医院的上述错误，导致患者
　　　　　后续手术治疗，并遗留不可逆的伤残后果，医院应当承担相应
　　　　　的治疗费用以及其他一切损失。

医方认为：本院在对患者的急救救治过程中，经治医生尽到了救治义务，
　　　　　清创缝合止血未造成大量出血，针对污染伤口抗感染有效，患
　　　　　者伤口如期愈合，未出现破伤风感染，并口头告知神经损伤待
　　　　　除外（病历中已说明），院方的上述医疗措施无明显过错。

二、病史摘要

1. ××市第一人民医院门诊病历

日　　　期：2017年5月29日。

主　　　诉：左前臂玻璃割伤伴流血30分钟。

现 病 史：患者于30分钟前不慎被玻璃切割伤左前（臂）、手背及手指

多处，伴流血、活动障碍、疼痛就诊。

体格检查： 于左前臂有二处皮肤裂伤口，各长 10 cm、3 cm 左右，深达肌层，尺侧腕屈肌腱部分损伤，活动功能受限。小指感知觉差。伤口边缘不整，污染严重，左小指背部有长 3 cm 的伤口，伸指肌腱断裂伤，伤口内异物（玻璃样）。

辅助检查： DR（左手正斜位）。

初步诊断： 左前臂及手背开放性损伤，伸指肌腱断裂伤，神经损伤待除外，外伤性异物。

处　　置： 给予清创缝合及肌腱吻合术，石膏托外固定，注射破伤风疫苗，补液抗炎，定期换药治疗。

2. ××市第二人民医院超声检查报告单

报告日期： 2017 年 9 月 12 日。

检查所见： 左前臂至腕部扫查，尺神经可见两处瘤样膨大，近端位于近端切口处，大小约 1.5 cm×1.1 cm×0.8 cm，远端位于远端切口处，大小约 0.9 cm×0.6 cm×0.5 cm，两端均结构杂乱、扭曲，与周围组织分界不清，两端间距约 2.1 cm。

超声提示： 左前臂远端尺神经断裂不除外。

3. ××市第一人民医院急诊抢救中心住院病历

入院日期： 2017 年 9 月 15 日。

出院日期： 2017 年 9 月 26 日。

主　　诉： 左前臂切割伤术后环指、小指麻木伴活动受限 3 月余。

现 病 史： 患者于 2017 年 5 月 29 日下午 4 点在家摔倒，左手扶玻璃，被破碎的玻璃割伤左前臂，当即出血、疼痛，就诊于××市第一人民医院，急诊手术治疗（具体情况不详），术后对症治疗。20天后患者因左手尺侧麻木伴环指、小指活动受限，再次就诊于该医院，检查后建议继续观察。近日患者再次就诊于××市第二人民医院，彩超检查显示：左前臂远端尺神经断裂不除外，建议手术治疗。经患者同意后转入我院并收入我科。刻下症见：左手环指、小指麻木，活动受限，纳可，眠可，二便调。

既 往 史：……2017年5月29日因左前臂被玻璃割伤急诊手术治疗（具体情况不详）。

专科检查情况

左前臂尺侧及左手背分别可见三处长度分别约为5 cm、2 cm、1 cm瘢痕，愈合良好，无异常分泌物，左手尺侧皮温较健侧低，皮肤颜色红润，环指尺侧及小指皮肤浅感觉迟钝，两点辨别觉均为15 mm，毛细血管回充盈试验较缓，左手小指屈伸活动受限，余指屈伸活动正常，示、中、环、小指并指、分指活动受限，环、小指屈指深肌肌力3级，瘢痕处蒂内尔征阳性，放射至左小指，环、小指夹纸试验阳性，左腕部屈伸活动受限。尺动脉未触及搏动，桡动脉搏动正常。余未查及明显异常。

辅助检查

2017年9月12日超声（××市第二人民医院）：左前臂远端尺神经断裂不除外。

初步诊断

前臂切割伤术后（左），尺神经损伤（左），尺动脉损伤（左），尺侧腕屈肌腱断裂（左），前臂肌腱粘连（左）。

手术记录

手术日期：2017 年 9 月 18 日。

手术名称：左前臂尺神经、尺动脉、尺侧腕屈肌腱探查、修复，取对侧腓肠神经、血管移植、桥接术。

手术经过：（前略）

（1）利用原左前臂瘢痕做一约 6 cm "U" 形手术切口，依次切开皮肤、皮下组织及筋膜，见皮下大量瘢痕组织粘连，适量切除粘连组织，小心分离，探查见尺神经、尺动脉及尺侧腕屈肌腱完全断裂。尺神经两端呈瘤样膨大，断端缺损约 2 cm。尺动脉两端均栓塞，断端缺损约 4 cm。尺侧腕屈肌腱两端呈马尾状，缺损约 5 cm。彻底松解尺神经、尺动脉及尺侧腕屈肌腱。切除神经两端膨大神经瘤，完全显露神经纤维束，再次测量尺神经缺损约 4 cm。切除尺动脉两端栓塞血管，修剪尺动脉达正常管壁，见远、近端血管喷血良好，测量血管缺损约 6 cm。修剪尺侧腕屈肌腱达正常组织后，远、近端牵拉肌腱及肌肉无弹性及张力，断端缺损约 8 cm，术中决定暂不修复。

（2）于对侧小腿外踝尖与跟腱中间向近端延伸做一约 15 cm 手术切口，依次切开皮肤、皮下组织及筋膜，小心分离，完全显露腓肠神经及伴行静脉，切取腓肠神经 12 cm、伴行静脉 7 cm（移植），生理盐水冲洗，更换无菌单，松止血带，见切口广泛渗血，外用止血纱布止血，外用可吸收医用膜，预防肌腱粘连，清点器械、纱布无误后，可吸收线缝合皮下组织，一次性皮肤吻合器吻合皮肤，置入引流皮片，无菌包扎。

（3）显微镜下修剪切取神经、血管，神经平均分成 3 束，每束长约 4 cm，用 8-0 普里灵线将血管缝合成 1 束，用注射器冲洗移植血管管腔见通水良好。

（4）准备好神经、血管（血管翻转）移植于左前臂缺损处，显微镜下 8-0 普里灵线无张力吻合动脉、神经，生理盐水冲洗，更换无菌单，松止血带，见动脉通血良好，远、近端搏动明显，环、小指血运良好，皮温恢复，毛细血管回充盈灵敏。切口广泛渗血，外用止血纱布止血，外用可吸收医用膜，预防神经、血管粘连，清点器械、纱布无误后，可吸收线缝合皮下组织，丝线缝合皮肤，置入引流皮片，无菌包扎，石膏外固定（屈腕），术毕。术中出血约100 ml。

　　手术后情况：手术顺利，术后对症治疗。

出院记录

　　出院情况：患者一般情况良好，精神可……左上肢及右下肢敷料包扎完好，左上肢石膏固定在位，左手各指皮温正常，皮肤颜色红润，环指尺侧及小指皮肤浅感觉迟钝，较术前减轻，各指毛细血管充盈试验正常，尺、桡动脉搏动正常，右足背腓侧皮肤麻木，足背动脉搏动良好，踝关节及各趾活动不受限。

　　出院诊断：前臂切割伤术后（左）：尺神经损伤（左）；尺动脉损伤（左）；尺侧腕屈肌腱断裂（左）；前臂肌腱粘连（左）。

4. ××市第二人民医院门诊病历

　　日　　期：2017 年 11 月 9 日。左腕部外伤术后 2 个月。

　　查　　体：左腕部切口愈合良好。左手环指、小指感觉受限，分并指受限。

　　初步诊断：左腕部尺神经及屈指肌腱断裂，术后。

　　建　　议：加强锻炼，随诊。

三、鉴定过程

1. 简要过程

接受鉴定委托后，我们对送检材料进行了文证审查，于 2019 年 10 月 21 日组织鉴定所涉及的双方当事人进行听证及专家咨询会，会上本案鉴定人向医患双方告知了本案鉴定人员及鉴定相关事项，医患双方分别陈述了意见，并回答了鉴定人员及临床专家的提问。经过鉴定人认真分析、讨论，达成一致意见，制作本鉴定文书。

2. 法医临床学检查

被鉴定人李 ×× 于伤后两年余来我所检查。

自诉目前情况：左手环指、小指活动受限。

检查所见：步入检查室，一般情况良好，神清语利，查体合作。头颅外观（−），颅神经检查（−），双侧转颈、耸肩力可。左腕偏尺屈侧可见一处近似 "L" 形伤口，纵向的长为 5.0 cm ×（0.2 ~ 0.4）cm，斜向的长为 6.0 cm ×（0.1 ~ 0.5）cm，周围缝针痕明显；左腕偏桡侧可见一处 1.3 cm × 0.05 cm 的皮肤瘢痕，该瘢痕中段可见分支瘢痕延伸长约 1.0 cm × 0.05 cm。左手第五掌骨头可见一处 2.0 cm × 0.05 cm 的皮肤瘢痕。右小腿中下段后侧可见一处 17.0 cm ×（0.2 ~ 0.5）cm 的手术瘢痕。左手分并指力弱，夹纸试验（＋），左手环指、小指肌力Ⅳ级，环指掌侧感觉减退（S4），小指掌侧、背侧感觉均有减退（S4），左手其余手指活动自如，肌力正常。其余常规检查未见明显异常。

肌电图检查：左侧尺神经不全受损。

3. 阅片意见

2017 年 5 月 29 日左手 X 线片示：片中所示左手诸骨骨质结构连续性完整，未见明确骨折征象，左手略尺偏，呈外固定状态。

4. 鉴定意见

×× 市第一人民医院在对被鉴定人李 ×× 的诊疗行为中，存在尺神经离断的过错，该过错与被鉴定人左手部分肌瘫的损害后果之间具有因果关系，在损害后果中起主要作用。

◤ 四、分析说明

根据现有病历资料，并请有关专家会诊，现就相关问题分析如下。

（一）关于 ×× 市第一人民医院的诊疗行为评价

腕部切割伤常可造成神经损伤。医生处置时应关注有无神经损伤。如有神经损伤，争取一期修复神经的解剖连续性，是此类外伤的临床治疗原则。

被鉴定人李 ×× 因"左前臂玻璃割伤伴流血 30 分钟"，于 2017 年 5 月 29 日到 ×× 市第一人民医院就诊。门诊查见"小指感知觉差"，提示存在神经损伤。门诊初步诊断为"神经损伤待除外"。但该诊断为"初步诊断"，并不是确定诊断。

院方给出"神经损伤待除外"的初步诊断后，进行了"清创缝合及肌腱吻合术"。在行清创缝合及肌腱吻合术时，未见相应探查、诊断和修复神经的记载。这说明院方并未对神经损伤情况进行确认，也未对神经损伤进行相应的处置。

院方行清创缝合及肌腱吻合术术后，给予"石膏托外固定，注射破伤风疫苗，补液抗炎，定期换药治疗"，未见任何复查、手术或转院等关于神经损伤的后续处置医嘱。

院方接诊之初，已经初步诊断了"神经损伤待除外"，说明院方意识到神经损伤，但在后续清创吻合术等诊疗过程中，未见任何关于神经损伤的诊断、处置或医嘱。分析认为，院方存在神经损伤诊断不明确、处置不当，以及医嘱不充分的过错。

（二）关于过错行为与被鉴定人李××损害后果之间的因果关系

被鉴定人李××因左前臂被玻璃割伤，于2017年5月29日入××市第一人民医院诊治。入院后经清创缝合及肌腱吻合术。后于9月18日在外院行肌腱神经修复术。现遗有后期诊疗，以及左手环指、小指感觉受限、分并指受限、相应肌群肌力Ⅳ级等损害后果。

临床实践中，对于受损伤的组织，早期应尽可能恢复解剖连续性，即损伤应争取一期修复。如果神经损伤后长时间未予以修复，远端神经干可发生瘢痕化，或神经内膜管塌陷妨碍新生神经纤维长入。另外，长时间失去神经支配后，肌纤维和皮肤的终末感受器也会发生变性，即使后期神经长入远端，也难以恢复理想功能。因此，神经损伤后应尽早施行吻合修复。

被鉴定人李××于2017年5月29日受伤，伤后即存在"小指感知觉差"的神经损伤症状，但院方初诊并未予以处置。9月12日外院超声检查示"尺神经可见两处瘤样膨大"，提示"左前臂远端尺神经断裂不除外"。9月18日外院行探查修复术时，术中见"尺神经、尺动脉及尺侧腕屈肌完全断裂"，且"尺神经两端呈瘤样膨大，断端缺损约2cm"。不但证实其伤后即存在尺神经断裂等情况，而且由于延误治疗，神经断端已呈瘤样膨大。此种情况即使后期进行神经桥接，也会影响神经修复。

　　××市第一人民医院在对被鉴定人李××的诊治过程中，存在神经损伤诊断不明确、处置不当，以及医嘱不充分的过错。该过错延误了其尺神经断裂的诊断和治疗，可对神经修复造成不良影响。考虑到原始损伤并非医源性因素，而且原始损伤较为严重，即使及时诊断和治疗，仍可能遗有一定的功能障碍。综合分析认为，院方的上述过错与后期诊疗，以及左手功能障碍的损害后果之间存在一定程度的因果关系，起同等作用。

五、启示

　　本案例涉及患者李××因左前臂遭受玻璃切割伤而求医的经历。初次就诊于××市第一人民医院时，尽管初步诊断提示存在神经损伤的可能性，并记录为"神经损伤待除外"，然而在随后的治疗过程中，未能依照标准诊疗流程对神经损伤做进一步确认，也未采用必要的辅助检查手段（如超声检查或磁共振成像）以明确诊断。尤其在后续的复诊过程中，患者被告知"神经完好无损"，这是一种误诊。直到后续使用超声检查，才确诊为尺神经断裂，并进行了相应的外科手术干预。

　　由于初次诊疗中的诊断失误及处理不当，患者最终在外院接受了更为复杂的神经修复手术。尽管手术效果良好，但由于治疗的延迟，患者出现了不可逆的功能障碍，具体表现为左手环指和小指的感觉受限以及屈伸功能受限等症状。该案例凸显了在神经损伤的诊断与治疗中，若未能及时准确地做出判断，则可能导致严重的远期后遗症。

　　医院在处理李××的病例时存在神经损伤诊断不明、处理措施不当以及医嘱不充分等问题。这些问题直接导致了尺神经断裂诊断及治疗的延误，进而对神经修复效果产生了不利影响。尽管原发性创伤本身即为严重情况，即使及时处理也可能遗留一定功能障碍，但医院在此过程中的过失确实在某种程度上加剧了治疗延误及后续功能障碍之间的关联。

鉴于此，对于涉及创伤性损伤特别是神经损伤的病例，医师需更加谨慎地评估神经损伤的可能性，并及时应用如超声检查或 MRI 等影像学检查手段，以明确诊断。此外，医师与患者之间的沟通需保持开放与透明，确保患者对其健康状况及其可能的发展趋势有充分的认识，特别是在需要进一步检查或转诊至相关专科时。

对于具有潜在并发症风险的患者，医疗机构应提供详尽且易懂的医嘱，并确保患者理解和执行，必要时应制订随访计划。值得一提的是，神经损伤的早期诊断与及时治疗至关重要，有助于减轻长期不良后果。为此，医疗机构及其工作人员需强化法律意识，严格遵守医疗操作规程，预防医疗纠纷的发生。同时，还需加强专业培训，特别是在神经损伤识别与管理方面，提升整体医疗服务水平。

尽管神经损伤诊断技术已相对成熟，并有详细的诊疗指南作为依据，但在骨科临床实践中，人为因素导致的误诊或处理不当仍时有发生，给患者的健康带来了不利影响。因此，持续的专业教育和技术支持对于提高医疗服务质量和保障患者安全至关重要。

案例 ❸ 股骨粗隆间骨折漏诊致治疗延误

一、案例背景

1. 基本情况

委托单位：××市人民法院。

委托事项：××市第一人民医院对郑××的诊疗行为是否存在过错；若存在过错，该过错行为与郑××的损害后果之间是否存在因果关系，以及责任程度是多少。

鉴定材料：××市第一人民医院急诊病历1页；××市第一人民医院住院病历原件3册；××市第二人民医院住院病历复印件1册。

2. 案情摘要

据本案相关材料载：患者郑××于2015年1月31日因基底节出血，入××市第一人民医院诊治。入院后行"颅内血肿碎吸术"。后于5月4日出院，并于当日转入××市第二人民医院继续诊治。5月6日行左髋关节正侧位检查见股骨骨折。现患方认为：被告××市第一人民医院在治疗过程中，未能对左股骨骨折进行准确诊断，也未能进行规范及时的治疗，故诉至法院，要求赔偿。

3. 听证意见

患方认为：在被告医院住院期间，院方仅对脑出血给予相应治疗，并未对左侧股骨采取任何治疗措施，使其丧失了最佳治疗时机。院方的漏诊行为，是造成患方身残的直接原因。

医方认为：由于患者无昏迷主诉，脑出血危及生命，故住院期间未发现左股骨转子骨折。患者现在偏瘫、意识模糊、生活不能自理为丘脑出血所致，与骨折畸形愈合并无直接因果关系。

二、病史摘要

1. ××市第一人民医院急诊病历

就诊时间：2015年1月31日19时55分。

主　　诉：左侧肢体不能活动30分钟。

现 病 史：患者30分钟前散步时出现肢体无力，倒于地上，呕吐3次，为多量胃内容物。无头痛头晕，无抽搐，无大小便失禁及意识障碍，家属了解，可正常对答。

体　　检：T正常；P 82次/分；R 23次/分；BP 171/115 mmHg；SaO_2 96%。神清、问语不答。双瞳孔D=3.0 mm，光反射正常。双肺呼吸音清，心律规则，腹软、肝脾未及。下肢不肿，左侧肢体肌力0~1级，右侧肢体肌力V级。

辅助检查：头颅CT示脑出血。

处　　置：病危，吸氧，多功能检测。

初步诊断：脑出血。

去　　向：住院。

2. ××市第一人民医院住院病历

入院日期：2015年1月31日。

出院日期：2015 年 5 月 4 日。

采集日期：2015 年 1 月 31 日 22:10。

主　　诉：突发左侧肢体无力 4 小时余。

现 病 史：患者于 4 小时前无明显诱因散步时感觉左侧肢体无力，之后走路不稳，需要搀扶，当时无明显意识障碍，未诉明显头晕、头痛，无恶心、呕吐，无肢体抽搐，无大小便失禁。随后患者嗜睡明显，可应答问题，家属送来我院急诊，路程中呕吐 3 次，大量胃内容物。行头颅 CT 检查提示右侧基底节区脑出血，破入脑室，予相应处理后为进一步诊治收入我科。现患者处于深昏迷状态，双侧瞳孔不等大，双侧对光反射消失，双侧巴宾斯基征阳性。

体格检查

T：36.5 ℃；P：103 次 / 分；R：30 次 / 分；Bp：140/88 mmHg。

发育良好，营养中等，处于深昏迷状态，查体不合作……脊柱四肢无畸形，双下肢无凹陷性水肿，双下肢腿围不对称，右侧胫骨上 10 cm 腿围比左侧胫骨上 10 cm 腿围多 3 cm。

神经系统专科检查

语言无法查，脑膜刺激征（–），肌力检查不配合；昏迷状态，巴宾斯基征（＋），戈登征（＋），查多克征（＋），霍夫曼征（＋）。

辅助检查

头颅 CT（386519，2015 年 1 月 31 日）：右基底节区脑出血，破入脑室；左侧基底节区腔隙性脑梗死；脑白质疏松。

确定诊断

脑疝；基底节出血（右）。

首次病程

诊疗计划：①完善入院检查：血液分析、血型、免疫、凝血、生化等。
②监测生命体征变化、补液、止血、抑酸、营养神经等对症治疗。③观察病情变化，必要时复查头颅CT，如果脑出血血量增加明显需手术治疗。

2015年1月31日22:45。患者因突发左侧肢体无力4小时入院，目前患者处于深昏迷状态……查体不合作。双侧瞳孔不等大，左/右=3mm/5mm，双侧对光反射消失……双侧肢体肌张力不高，肌力检查不配合。复查头颅CT示出血量增多，余大致同前。结合病史、查体及检查，目前诊断：脑疝、基底节出血（右）……成立。目前患者颅脑病情危重，完善相关检查，观察病情变化，向患者家属说明病情，患者手术指征明确，需要手术引流颅内血肿治疗，家属表示同意，积极进行术前准备，拟急诊行"颅内血肿碎吸术"。

2015年1月31日22:47。……患者病情危重，家属同意手术治疗，立即行颅内血肿碎吸术。

术前病历讨论

时　　间：22:41。
讨论结果：在局麻下行颅内血肿碎吸术。

术前小结

（前略）手术指征明确，无绝对手术禁忌证。拟于今日在静脉局麻下行颅内血肿碎吸术。已向患者家属详细交代病情、手术及预后等相关情况。患者家属对手术风险表示理解，并签字同意手术，已行术前准备。

手术同意单

患者家属或单位意见：经慎重考虑，了解和愿意承担上述风险，坚决要求手术。与患者关系：母子。签字：李××。

手术记录

手术时间：2015 年 1 月 31 日。

开始时间：23 时 50 分，手术时长 40 分钟。

手术名称：颅内血肿碎吸术。

手术经过：……取左颞部耳上 3 cm 近血肿处，术前 CT 定位标志点为钻孔点，以利多卡因局麻后切开皮肤及帽状腱膜至骨面，用弯镊推开颅骨骨膜后电钻垂直钻孔，少许生理盐水冲洗骨屑，切口内钻入万福特颅内血肿清除套装穿刺针，可见暗红色陈旧不凝血，从侧导管导出，取 5 ml 注射器缓慢抽取 5 ml 暗红色陈旧不凝血，抽取顺利，几分钟内持续抽取出约 30 ml 暗红色不凝血，外接引流袋，见引流通畅，无菌敷料覆盖伤口，术毕。手术顺利，术后患者呈深昏迷状态，生命体征平稳。

术后志

时　　间：2015 年 2 月 1 日 14:00。

诊疗计划：①监测生命体征变化；②防治颅内及伤口感染，给予止血等治疗；③观察伤口及引流情况；④对症治疗，必要时复查头颅 CT。

病程记录

2015 年 2 月 2 日：患者因突发左侧肢体无力 3 小时入院，目前患者处于中度昏迷状态，无呕吐……双侧肢体肌张力不高……目前患者颅脑病情尚平稳，密切观察病情变化。引流管通畅，全部为暗红色陈旧性不凝血。继续观察。

2015 年 2 月 3 日：目前患者术后第二天，病情无明显变化，无呕吐……查体欠合作……双侧肢体肌张力不高，双侧巴宾斯基征（−）。

2015 年 2 月 4 日：目前患者术后第三天，病情无明显变化，体温高，头部引流管通畅……双侧肢体肌张力不高，双侧巴宾斯基征（−）。密切关注病情变化。

2015 年 2 月 5 日：目前患者术后第四天，处于浅昏迷状态……查体欠合作……双侧肢体肌张力不高，双侧巴宾斯基征（−）。今日拟拔除头部引流管，密切关注病情变化。

2015 年 2 月 6 日：目前患者术后第五天，病情无明显变化，昨日夜间体温高，最高达 39 ℃……双侧肢体肌张力不高，双侧巴宾斯基征（−）。目前患者病情尚平稳，转出 ICU。

2015 年 2 月 9 日：患者病情无明显变化……查体欠合作……双侧肢体肌张力不高，双侧巴宾斯基征（−）。PCT 结果提示阳性，继续抗感染治疗，拟更换抗生素。密切关注病情变化。

2015 年 2 月 11 日：近日来患者白色黏痰多……患者处于深度嗜睡状态，查体欠合作……双侧肢体肌张力不高，双侧巴宾斯基征（−）。

2015 年 2 月 13 日：目前患者可睁眼，无自主肢体活动……查体欠合作……双侧肢体肌张力不高，双侧巴宾斯基征（−）。

2015 年 2 月 15 日：目前患者仍处于深度嗜睡状态，可自行咳出痰……查体欠合作……双侧肢体肌张力不高，双侧巴宾斯基征（−）。

2015 年 2 月 18 日：目前患者处于嗜睡状态，体温控制可……查体欠合作……双侧肢体肌张力不高，双侧巴宾斯基征（-）。

2015年2月20日：目前患者病情同前，上肢偶有不自主运动……查体欠合作……双侧肢体肌张力不高，双侧巴宾斯基征（-）。

2015年2月23日：目前患者意识障碍未加深……查体欠合作……双侧肢体肌张力不高，双侧巴宾斯基征（-）。

2015年2月28日：目前患者自主呼吸，体温偏高，处于深度嗜睡状态……查体欠合作……双侧肢体肌张力不高，双侧巴宾斯基征（-）。

2015年3月3日 阶段小结

（前略）目前患者处于浅昏迷状态……查体欠合作……双侧肢体肌张力不高，双侧巴宾斯基征（-）。头部CT结果回报提示：颅内血肿及脑室内出血较前基本吸收消失，周围水肿占位效应消失，软化灶形成。

下一步治疗：目前患者病情平稳，体温偏高，痰量多，嘱家属多行翻身拍背，观察病情变化，注意水电解质平衡问题；嘱通便，勤翻身、拍背，助排痰及按摩四肢，防止压疮及四肢肌肉萎缩、静脉血栓的发生。密切观察病情变化。

2015年3月6日：患者呼之可唤醒，肢体可自主活动……查体欠合作……双侧肢体肌张力不高，双侧巴宾斯基征（-）。

2015年3月11日：患者可哼语，意识状态无明显进步……双侧肢体肌张力不高，双侧巴宾斯基征（-）。

2015年3月14日：患者处于嗜睡状态，呼之可应……双侧肢体肌张力不高，双侧巴宾斯基征（-）。

2015年3月21日：患者偶有遵嘱活动，意识状态无明显进步……查体欠合作……双侧肢体肌张力不高，双侧巴宾斯基征（-）。

2015年3月27日：患者神志较之前无明显变化……查体欠合作……双侧肢体肌张力不高，双侧巴宾斯基征（-）。继续观察。

2015年3月31日 阶段小结

（前略）目前患者处于重度嗜睡……查体欠合作……双侧肢体肌张力不高，

双侧巴宾斯基征（-）。头部 CT 结果回报提示：颅内出血大部分吸收。

下一步治疗：目前患者病情平稳，体温偏高，痰量略多，嘱家属多行翻身、拍背，观察病情变化，注意水电解质平衡问题；嘱通便，勤翻身、拍背，助排痰及按摩四肢，防止压疮及四肢肌肉萎缩、静脉血栓的发生。密切观察病情变化。

2015 年 4 月 5 日：目前患者病情较之前无明显变化……查体欠合作……双侧肢体肌张力不高，双侧巴宾斯基征（-）。

2015 年 4 月 11 日：目前患者病情较之前无明显变化……查体欠合作……双侧肢体肌张力不高，双侧巴宾斯基征（-）。

2015 年 4 月 17 日：目前患者病情较之前无明显变化……查体欠合作……双侧肢体肌张力不高，双侧巴宾斯基征（-）。密切关注病情变化。

2015 年 4 月 23 日：目前患者病情较之前无明显变化……查体欠合作……双侧肢体肌张力不高，双侧巴宾斯基征（-）。

2015 年 4 月 30 日 阶段小结

（前略）目前患者处于重度嗜睡……查体欠合作……双侧肢体肌张力不高，双侧巴宾斯基征（-）。头部 CT 结果回报提示：颅内血肿大部分已吸收。继续巩固治疗。

下一步治疗：目前患者病情平稳，体温偏高，痰量略多，嘱家属多行翻身、拍背，观察病情变化，注意水电解质平衡问题；嘱通便，勤翻身、拍背，助排痰及按摩四肢，防止压疮及四肢肌肉萎缩、静脉血栓的发生。密切观察病情变化。

2015 年 5 月 4 日：目前患者病情较之前无明显变化……查体欠合作……双侧肢体肌张力不高，双侧巴宾斯基征（-）。患者家属要求今日转院继续康复治疗，予其今日转院治疗。

出院记录

（前略）目前患者处于重度嗜睡……查体欠合作……双侧肢体肌张力不高，双侧巴宾斯基征（−）。头部 CT 结果回报示：颅内出血大部分已吸收。继续巩固治疗，加强肢体恢复训练。出院医嘱：转院继续康复治疗。

3. ××市第二人民医院住院病案

入院日期：2015 年 5 月 4 日。

出院日期：2015 年 5 月 25 日。

入院记录

主　　诉：四肢活动不利、言语不清 3 月余。

现 病 史：患者于 3 月余前晚 18 时外出遛弯时出现四肢活动不利，摔倒在地，但能与家属交流，无头晕、头痛、恶心、呕吐，无视物成双、黑蒙、视物旋转，无四肢抽搐、大小便失禁、意识障碍，无胸闷、心悸、胸痛等，家属送至××市第一人民医院，3 小时后患者昏迷，经头颅 CT 检查诊断为"脑出血"。当时局麻下给予颅内血肿碎吸术，术后给予止血、脱水、降颅内压、营养神经及对症支持治疗，病情逐渐好转，7 天后拔除引流管，15 天左右患者意识转清，病情平稳后行康复训练。目前神清、言语不清，吞咽困难，左上肢无自主运动，右上肢可抬离床面，双下肢可自主活动，坐立位平衡保持不良，日常生活如转移、穿衣等依赖他人帮助，为求进一步康复治疗来我院。

体格检查

T：36.4 ℃；P：88 次／分；R：20 次／分；Bp：130/85 mmHg。

发育正常，营养良好，体型偏胖，平车入室，神志清楚，查体欠合作……左下肢膝关节以上稍肿胀。

神经系统检查

神志清楚，言语不清，定向力、计算力、记忆力、理解力检查不配合……左上肢肌力近端0级，远端0级，肌张力阿什沃思分级0级；左下肢肌力粗查3级，肌张力阿什沃思分级1级；右上肢肌力近端3级，远端3级，肌张力阿什沃思分级1级；右下肢肌力粗查3级，肌张力阿什沃思分级1级……左侧霍夫曼征、罗索利莫征、巴宾斯基征、查多克征阳性，右侧阴性。

确定诊断：脑出血（右侧丘脑）；四肢瘫；不全运动型失语；吞咽困难。

××市第二人民医院DR检查报告单（姓名：郑××，检查日期：2015年5月6日，DR号：36977）载。检查名称：左髋关节正侧位。影像表现：左侧股骨粗隆间骨折，骨折远端向上移位，骨折部位周围大量骨痂形成。印象：左股骨粗隆间骨折，建议与前影片比较。

出院记录

诊治经过：入院后给予神经内科常规护理……软组织超声：左大腿根部局部肌肉纹理走行紊乱——肌肉损伤？……患者左下肢膝关节以上出现肿胀，行左髋关节正侧位检查可见股骨骨折，请骨科会诊，考虑股骨骨折，建议给予抗凝、促进骨折愈合治疗。

目前情况：患者辅助下坐位，简单言语，无恶心、呕吐等不适。查体：神志清楚，言语不清，左上肢肌力近端0级，远端0级，肌张力阿什沃思分级0级；左下肢肌力粗查3级，肌张力阿什沃思分级1级；右上肢肌力近端3级，远端3级，肌张力阿什沃思分级1级；右下肢肌力粗查3级，肌张力阿什沃思分级1级。

出院诊断：脑出血；股骨骨折。

4. ××市第一人民医院住院病案

入院时间：2015 年 6 月 19 日。

出院时间：2015 年 7 月 23 日。

主　　诉：有痰不易咳出 2 天。

现 病 史：患者入院前 2 天无明显诱因出现痰多，不易咳出……今日来我院急诊就诊，急诊头颅 CT 提示多发脑梗死，为进一步治疗收入我科。

既 往 史：脑出血病史 5 个月，曾于我院神经外科治疗，并行颅内血肿碎吸术，目前卧床，混合性失语，痴呆。家属诉 2 个月前在××医院康复治疗时发现左侧髋骨骨折，左下肢上部肿胀，具体治疗不详。

体格检查

发育正常，营养良好，神清，痴呆状态……左下肢上部肿胀。

专科情况

神志清醒，混合性失语，痴呆状态……疼痛刺激后四肢无活动，双侧肢体肌张力高。

辅助检查

头颅 CT：双侧多发脑缺血梗死软化灶；右侧基底节软化灶，脑白质疏松，老年性脑改变。

科出院志

诊疗经过：患者入院后完善各项相关检查，明确诊断。给予吸氧、多功能心电监测、血糖监测，给予胞磷胆碱钠改善脑细胞代谢、醒脑静醒脑开窍、头孢曲松钠抗感染、沐舒坦化痰等对症治疗。

出院情况：患者病情稳定。神清，痴呆状，失语，查体不配合……疼痛刺激后四肢无活动，双侧肢体肌张力高……左下肢上部肿胀。

5. ××市第一人民医院住院病案

入院时间：2015年7月27日。

出院时间：2015年8月17日。

主　　诉：失语伴左侧肢体无力6个月。

现 病 史：患者入院前6个月无明显诱因突然出现失语伴左侧肢体无力，无头晕、恶心、呕吐、视物旋转、复视、黑蒙、胸闷、心悸等，于我院神经外科治疗，诊断为"脑出血"，行颅内血肿碎吸术，后于××市康复中心行康复治疗，仍遗留混合性失语、痴呆、四肢活动障碍。此次为进一步行康复治疗来我院就诊，收入我科。

体格检查：发育正常，营养中等，正力体型，表情淡漠，平卧位，神志清楚，混合性失语，查体不合作……双下肢不肿……疼痛刺激后双侧肢体未见活动，双侧肌张力增高。

诊疗经过：患者入院后诊断明确。给予血压监测；经颅刺激治疗改善脑功能，降压等对症治疗。患者病情稳定，请示上级医师后准予患者出院。

出院情况：患者一般情况尚可。神清，混合性失语，查体不合作……双下肢不肿。

三、鉴定过程

1. 简要过程

接受鉴定委托后，我们对送检材料进行了文证审查，于 2016 年 10 月 27 日组织鉴定所涉及的双方当事人进行听证及专家咨询会，会上本案鉴定人向医患双方告知了本案鉴定人员及鉴定相关事项，医患双方分别陈述了意见，并回答了鉴定人员及临床专家的提问。经过鉴定人认真分析、讨论，达成一致意见，制作本鉴定文书。

2. 法医临床学检查

被鉴定人郑 ×× 颅内出血后 1 年 10 个月来我所检查。

被鉴定人郑 ×× 平卧于救护车内，呼之不应，醒状昏迷状态。鼻饲管、导尿管在位。左大腿肿胀，双大腿周径（膝上 20 cm）：左：54.0 cm，右：47.0 cm。双下肢长度（髂前上棘至外踝）：左：79.0 cm，右：82.0 cm。四肢无自主活动。左髋关节被动活动：伸 30°，屈 80°，内收 20°，外展受限，内旋 10°，外旋 10°。

3. 阅片意见

左髋 X 线片（2015 年 5 月 6 日）示：左侧股骨粗隆间骨折，骨折远端向上移位，骨折部位周围大量骨痂形成。

左髋 X 线片（2015 年 6 月 20 日）示：左侧股骨粗隆间骨折，左股骨粗隆间骨折周围骨性骨痂较前增多。

4. 鉴定意见

××市第一人民医院对被鉴定人郑××的诊疗过程中存在"左侧股骨粗隆间骨折"漏诊和延误治疗的过错；该过错与被鉴定人郑××左髋关节活动功能丧失的损害后果之间存在临界型因果关系，在损害后果中起同等作用。

四、分析说明

根据现有病历资料，并请有关专家会诊，现就相关问题分析如下。

（一）关于××市第一人民医院诊疗行为的评价

1. 骨折发生于急诊入院前

据××市第一人民医院急诊病历记载，被鉴定人郑××于2015年1月31日19时55分急诊救治，现病史示"30分钟前散步时出现肢体无力，倒于地上"；当日入××市第一人民医院住院诊治，现病史示"患者于4小时前无明显诱因散步时感觉左侧肢体无力，之后走路不稳，需要搀扶"；后于2015年5月4日入××市第二人民医院诊治，现病史示"患者于3月余前晚6时外出遛弯时出现四肢活动不利，摔倒在地"。上述记载说明，其在急诊入院前存在"摔倒"外伤史。

另据病史记载，被鉴定人郑××于2015年1月31日出现"肢体无力"，经CT检查确认为"右侧基底节区脑出血"，经手术治疗后，一直处于昏迷、嗜睡状态，住院护理期间未见诸如"摔伤"等外伤史记载。

经阅送检影像学片，被鉴定人郑××于2015年5月6日X线检查示"左侧股骨粗隆间骨折，骨折远端向上移位，骨折部位周围大量骨痂形成"。一般来说，骨折断端大量骨痂生成，代表骨折已趋近临床愈合，大概需要3个月的时间。其"摔倒"外伤史（1月31日）距5月6日行X线检查时，已逾3个月，符合骨折愈合规律。

分析认为，被鉴定人郑××左侧股骨粗隆间骨折发生于急诊入院前。

2. 院方存在"左侧股骨粗隆间骨折"漏诊的过错

病史采集和理学检查是骨折诊断的主要依据。虽然病史采集是诊断骨折的重要步骤，但并不意味着病史缺乏就无法诊断骨折。临床实践中，脑出血伴有摔伤致骨折的病例并不罕见，由于脑出血患者常伴有意识障碍，临床初诊时无法明确主诉或病史。但是，如果及时进行被动理学检查，仍然可以尽早发现骨折。例如，患肢肿胀是骨折的重要征象，如发现双侧肢体周径不等，就应高度关注骨折的可能性，如能辅以关节异常活动、下肢短缩，以及影像学等检查，骨折不难诊断。

经阅送检病史记载，被鉴定人郑××于2015年1月31日入院查体记录示"……双下肢无凹陷性水肿，双下肢腿围不对称，右侧胫骨上10 cm腿围比左侧胫骨上10 cm腿围多3 cm"，说明其入院时即存在双下肢周径不等的骨折征象，结合急诊病史"……30分钟前散步时出现肢体无力，倒于地上"，高度提示下肢骨折可能，但院方未予关注。另据病史记载，被鉴定人郑××入院行颅内血肿碎吸术，术后至出院前院方一直进行肌张力检查，完成该检查需活动下肢关节，每次检查均有发现骨折的机会，但院方没有进行关注和诊断。上述情况说明院方诊疗思路相对单一，没有考虑昏迷合并骨折的可能性。

另据病史记载，被鉴定人由××市第一人民医院转出后，于当日（2015年5月4日）入××市第二人民医院进一步诊治，入院查体仍"言语不清，定向力、计算力、记忆力、理解力检查不配合……"，但"左下肢膝关节以上稍肿胀"，入院第3天即行X线检查示"左股骨粗隆间骨折，断端移位分离，周围可见游离骨，骨折线模糊，边缘可见骨痂形成"，随即确诊为"左股骨粗隆间骨折"。这说明只要注意骨折相关的异常体征，并辅以相关检查，虽然病患存在意识障碍，但仍可以确诊骨折。

分析认为，院方存在"左侧股骨粗隆间骨折"漏诊的过错。

3. 院方存在延误骨折治疗的过错

临床实践中，虽然脑出血病患处于生命垂危、意识丧失状态，常常预后较差，但并不意味着应该放弃骨折治疗。在救治生命的前提下，可在伤后急性期对骨折先行牵引、固定等有效制动处理，待颅脑病情稳定时，对影响四肢主要功能的骨折仍应积极进行手术内固定处理。如果干预过晚，则可导致大量骨痂形成，不但不利于手术操作，而且直接影响关节功能。

经阅病史资料，被鉴定人郑××入院后，院方始终未就骨折进行有效制动，也未进行针对性手术处理。另外，"没有诊断就没有治疗"，院方针对性治疗的缺失也是骨折漏诊的必然结果。

分析认为，院方存在延误骨折治疗的过错。

（二）关于过错行为与损害后果之间的因果关系

被鉴定人郑××于2015年1月31日因脑出血，入××市第一人民医院诊治。入院后行"颅内血肿碎吸术"。后于5月4日出院，于当日转入××市第二人民医院继续诊治。5月6日行X线检查确诊"左侧股骨粗隆间骨折"。现遗有左髋关节活动功能丧失的损害后果。

××市第一人民医院在对被鉴定人郑××诊治过程中，存在"左侧股骨粗隆间骨折"漏诊和延误治疗的过错。考虑到外伤为骨折的始动因素，同时脑出血昏迷的患者无法主诉骨折症状，增加了诊断骨折的难度；脑出血病情相对急骤，危及生命，临床也的确应首先关注神经系统疾病的诊断和救治；临床实践中意识障碍合并骨折，也的确存在一定漏诊率。

综合分析认为，××市第一人民医院的医疗过错与被鉴定人郑××的损害后果之间存在临界型关系，在损害后果中起同等作用。

五、启示

本案例涉及患者郑××，其在2015年1月31日因突发脑出血被紧急送往××市第一人民医院。入院时，郑××表现出双侧下肢腿围不对称的临床特征，提示可能存在下肢骨折的风险。尽管存在这些明显的体征，医院未采取进一步的影像学检查来确认是否存在骨折，导致了漏诊。直至同年5月4日，患者转至另一家医院时，才被确诊为左侧股骨粗隆间骨折。

郑××入院初期，由于脑出血病情危重，医务人员将重点放在了挽救生命上，这种做法是可以理解的。但在处理此类紧急情况时，医务人员不应忽视患者可能伴随的其他创伤，特别是在患者有摔倒史的情况下。遗憾的是，××市第一人民医院未在患者骨折急性期采取适当的固定措施，防止潜在骨折的进一步损伤，亦未在患者颅脑病情稳定后及时安排手术治疗，从而错过了最佳治疗时机。

由于未及时诊断和处理骨折，郑××最终经历了左髋关节活动功能的永久性丧失，这对郑××的日常生活造成了极大影响，显著降低了其生活质量。根据专业医学鉴定机构的结论，××市第一人民医院的医疗疏忽与郑××的损害后果之间存在明确的因果关系，并在损害结果中发挥了同等重要的作用。这表明，尽管脑出血是一个严重的健康问题，但骨折的漏诊及其随后的治疗延误同样给患者带来了不可逆的伤害。

本案例为骨科医疗实践提供了深刻的教训。

首先，对于任何伴有意识障碍的患者，如脑出血患者，医务人员必须进行全面的身体评估，尤其应注意那些可能导致骨折的外部因素。即使患者因病情无法提供主诉信息，医务人员也应通过被动物理检查等方式来识别潜在的骨折风险。

其次，一旦怀疑患者可能存在骨折，应立即安排影像学检查（如X线片、

CT 扫描等）以确诊。即便患者处于昏迷状态，也不应忽视对其进行彻底检查的重要性，以防遗漏任何潜在的创伤。

此外，在处理紧急情况时，医疗机构还应考虑患者的长期康复需求。对于那些可能严重影响未来生活质量的损伤，应在患者初始治疗阶段即开始制订并执行预防和治疗方案，以减少并发症的发生率。

最后，加强医患之间的沟通至关重要。医疗机构需要与患者家属保持开放、透明的信息交流，确保患者家属充分了解患者的整体健康状况，并在必要时共同商讨治疗计划。

该案例再次强调了在处理紧急医疗状况时，医院和医务人员仍需保持细致全面的诊断态度，并依据患者的具体状况制订科学合理的治疗计划，以避免诊断或治疗延迟所引起的次生伤害。这对于改善患者预后，提升医疗服务质量和患者满意度具有重要意义。

第三章

术中操作不当
导致骨科医疗损害

骨科手术作为医学领域的重要组成部分，专注于骨骼、肌肉、关节及其他软组织的修复与重建工作。这类手术具有高度的技术复杂性和精细度，因此成为临床实践中一项很大的挑战。鉴于此，骨科手术的规范操作不仅是手术成功的基础，也是保障患者安全、提升整体医疗质量的关键环节。

在骨科手术过程中，存在着较高的出血风险以及对邻近神经和血管结构的潜在损伤。这些并发症若未得到有效管理，将直接影响手术效果及患者的术后恢复。标准化的操作流程，包括严格的无菌技术（如使用一次性手术用品、穿戴无菌手术服）和精细的解剖定位，能够显著降低手术部位感染（SSI）、深静脉血栓形成（DVT）、神经损伤等并发症的发生率。例如，严格的无菌技术应用能够极大地减少 SSI 的概率；精准的解剖定位和细致的手术操作，则有助于避免对重要神经和血管结构的误伤，从而降低手术风险。

骨科手术的成功不仅取决于手术能否顺利完成，更在于术后患者的功能恢复情况。规范化的操作确保了植入物（如钢板、螺钉等内固定装置）的精确安置，这对于促进骨折愈合、减少术后畸形和功能障碍至关重要。只有当手术严格按照既定标准执行时，才能保证植入物的位置与固定强度符合治疗需求，从而提高手术效果，加快患者的康复进程。

制订标准化的手术流程，加强团队间的协作，可以显著缩短手术时间，减少不必要的延误，使手术室资源得到更为高效地利用。这不仅有助于医院整体运营效率的提升，也为更多患者提供了及时接受治疗的机会。此外，规范的手术操作确保了手术过程的透明度与可追溯性，一旦出现问题，能够迅速查明原因并采取相应的补救措施。这有助于医患之间建立信任，减少因操作不当或沟通不畅引发的医疗纠纷，维护医疗机构与医护人员的良好声誉。

患者有权获得安全、高效的医疗服务。骨科手术规范操作是这一权利的具体体现，它确保每位患者都依据医学最佳实践接受治疗，最大限度地减少医疗差错，保护患者免受不必要的伤害。只有严格遵守手术规范，才能真正实现患者的权益保障。

骨科手术规范操作的重要性不容小觑。它不仅关系到患者的生命安全与手术效果，还是提升医疗服务品质、构建和谐医患关系的基础。因此，每一位骨科医生都应当严格遵守手术规范，不断优化手术技巧，以确保每次手术都达到最佳的治疗效果。同时，持续的专业培训也是保证手术质量和患者安全不可或缺的一部分。

案例 ❶ 胸椎压缩性骨折经皮穿刺球囊扩张脊柱后凸成形术操作不当致椎管硬膜外出血

一、案例背景

1. 基本情况

委托单位：×× 市人民法院。

委托事项：×× 市第一人民医院的医疗行为是否存在过错；如存在过错，该过错与吴 ×× 的损害后果之间是否存在因果关系，如存在因果关系及原因力大小。

鉴定材料：×× 市第一人民医院病历 1 册；×× 市第二人民医院住院病历 1 册；影像学片 48 张；2024 年 3 月 21 日补充片子 8 张；2024 年 3 月 21 日补充 ×× 市第二人民医院检查报告单及诊断证明书复印件 1 份；2024 年 3 月 21 日补充 ×× 市第三人民医院检查报告单复印件 1 份。

2. 案情摘要

2020 年 2 月 28 日被鉴定人吴 ×× 不慎摔伤，于 4 月 13 日入 ×× 市第一人民医院诊治，入院诊断为"胸 11、12 椎体压缩性骨折（新鲜）"；4 月 14 日 10 时 35 分行"脊柱压缩性骨折经皮穿刺球囊扩张脊柱后凸成形术"，术中出现"双下肢无力，感觉消失，双下肢肌力为 0 级，脐水平感觉平面出现"，于 11 时 10 分停止手术；并于当日 14 时 5 分行"胸椎后路椎板切除、椎管减压、占位物取出术"；后于 4 月 24 日行"胸椎后路椎管减压、血肿清除术"。

术后运动、感觉障碍持续存在，于5月19日出院。现患方认为：院方在诊疗过程中存在过错，故诉至法院。

3. 听证意见

患方认为：医方在为患者诊疗的过程中存在术前未完善相关检查、对患者手术适应指征把握不明确、术中手术操作不规范、对患者术后血肿情况未尽到积极的诊疗注意义务，未及时进行相关检查及采取有效的治疗措施，以避免、减轻患者脊髓血肿压迫，对患者及家属就有关患者病情及治疗方案未履行相应的告知义务等过错，以致患者发生瘫痪的损害后果。

医方认为：我院在为患者的诊疗过程中，诊断明确，手术措施得当，告知充分，术前准备工作完备，术后处置及时得当，诊疗行为符合规范；患者的损害后果，系手术难以完全避免的风险及并发症。

二、病史摘要

1. ××市第一人民医院住院病案

入院时间：2020年4月13日。

出院时间：2020年5月19日。

主　　诉：自行摔伤后腰背痛伴活动受限1月余。

现 病 史：患者1月余前不慎自行摔伤，伤后即感腰背部疼痛，活动受限，曾就诊于我科门诊，查胸腰段椎体MRI（2020年4月10日）：①胸12椎体新鲜压缩性骨折；②胸11椎体下缘高信号，骨折不除外；③胸 11 椎体血管瘤；④腰 4/5 椎间盘膨出；⑤骶 1/2 骶管囊肿；⑥胸腰椎骨质增生。建议住院治疗。现患者为求进一步系统治疗，由门诊以"胸椎压缩性骨折"收入院，刻下症见：患者神清，精神可，自诉腰背部疼痛，活动受限，无下肢活动不利，无发热，无咳嗽、咳痰，无头晕，无心慌，纳可，眠差，二便可。

体格检查

专科查体：轮椅推入病房，脊柱后凸畸形，腰部活动受限。胸 11、12 棘突压痛（＋），叩击痛（＋）。双侧膝跳反射正常引出。轻瘫试验（－），双侧膝腱反射、跟腱反射对称，双侧髂腰肌肌力 5 级，双侧股四头肌、胫骨前肌、腓肠肌、比目鱼肌、腓骨长 / 短肌肌力 5 级，肌张力无亢进，双侧踝阵挛试验（－），双足背动脉搏动可触及，巴宾斯基征（－）。双下肢末梢血运及感觉良好。

辅助检查：胸腰段椎体 MRI（2020 年 4 月 10 日）：①胸 12 椎体新近压缩性骨折；②胸 11 椎体前下缘高信号，骨折不除外；③胸 11 椎体血管瘤；④腰 4/5 椎间盘膨出；⑤骶 1～2 骶管囊肿；⑥胸腰椎骨质增生。腰椎正侧位片（2020 年 4 月 10 日）：胸 12 椎体上缘凹陷，建议进一步检查，腰椎退行性改变。

入院诊断：胸 11、胸 12 椎体压缩性骨折（新鲜）。

首次病程

诊疗计划：①骨科护理常规，二级护理；②完善入院理化检查：血常规、感染疾病筛查、心电图等。

病程记录

2020 年 4 月 13 日：今日查房，患者神清，精神可，自诉背部疼痛伴活动受限未见明显缓解，纳眠可，二便调。查体同前。查房后指示：患者目前背部疼痛及活动受限症状重，保守治疗效果不明显，手术指征明确，查无绝对手术禁忌证。拟于明日手术室局麻下行胸椎压缩性骨折经皮穿刺球囊扩张脊柱后凸成形术。积极完善术前各项检查，评估手术风险，积极与患者及家属沟通病情，交代手术相关风险，患者手术节段较高，出现脊髓损伤后果严重，告知患者该手术可能损伤脊髓，出现脊髓损伤症状，如双下肢乏力、无力、感觉障碍甚至下肢截瘫可能。患者及家属表示理解，同意手术，接受相关手术风险，并签署知情同意书。

术前讨论

患者目前生命体征平稳。根据患者症状、体征及辅助检查结果，该患者胸椎压缩性骨折诊断明确，可行脊柱压缩性骨折经皮穿刺球囊扩张脊柱后凸成形术，缓解症状。积极与患者及家属沟通病情，交代手术相关风险，患者手术节段较高，出现脊髓损伤后果严重，告知患者该手术可能损伤脊髓，出现脊髓损伤症状，如双下肢乏力、无力、感觉障碍甚至下肢截瘫可能。患者及家属表示理解，同意手术，接受相关手术风险，并签署知情同意书。术中操作精细，减少术中出血，避免损伤神经、血管。

术前小结

手术指征：手术指征明确，查无绝对手术禁忌证。

拟施行手术名称和方式：胸椎压缩性骨折经皮穿刺球囊扩张脊柱后凸成形术。

拟施麻醉方式：局麻。

手术要点：①穿刺部位准确；②注意保护神经、血管；③骨水泥注入适量。

术前准备和注意事项：

术前准备：①常规术前检查已完成；②已向患者及家属交代术中、术后可能出现之并发症及危险，患者及家属表示理解，同意手术，已签字；③术前禁食水、备皮、备血。

注意事项：①严格无菌操作；②操作轻柔，仔细；③避免损伤血管、神经等。

知情同意书

我理解此手术存在以下风险和并发症：①此手术目的主要为减轻疼痛和稳定脊椎，难以完全恢复椎体高度；②实施手术，椎体得到治疗后，邻近椎体继发骨折的概率增高；③手术只能改善局部症状，此类患者多合并脊柱其他病损，由其他原因造成的病变无法解决（例如，胸腰椎骨折合并腰椎管狭窄致下腰部疼痛、下肢神经症状，无法通过实施骨折部分手术使前述症状得到缓解）；④穿刺损伤脊髓、神经根导致相应后果，甚至截瘫；穿刺导致硬膜内感染，出现严重并发症；骨水泥外渗或脱出，损伤硬膜囊、神经根，出现截瘫、神经损伤后果；⑤麻醉并发症和麻醉意外，严重者可致休克，危及生命；⑥术中应用造影剂发生过敏反应、过敏性休克甚至死亡；⑦椎管内血肿形成，出现相应后果；⑧患者不能配合手术治疗，终止手术。患者签名：吴××；签名日期：2020 年 4 月 13 日。

手术记录

开始时间：2020 年 4 月 14 日 10:35。

结束时间：2020 年 4 月 14 日 11:10。

术前诊断：胸 11、12 椎体压缩性骨折（新鲜）。

术中诊断：胸 11、12 椎体压缩性骨折（新鲜）。

手术名称： 胸椎压缩性骨折经皮穿刺球囊扩张脊柱后凸成形术。

手术经过： ①患者俯卧位，透视下常规正侧位定位，皮肤标记，手术区常规消毒铺无菌单。②先行操作胸椎 11 椎体，以左侧胸 11 椎弓根外上方 2 cm 皮肤处为进针点，用 1% 利多卡因由浅入深做局部麻醉，直至小关节外上方，穿刺针从椎弓根外旁侧进入椎体，透视，穿刺针位置良好。插入导针，导针过中线约 1 cm，依次扩孔建立工作通道。同理穿刺胸 12 椎体，经椎弓根外旁侧进入椎体，透视，穿刺针位置良好。插入导针，导针过中线约 1 cm，依次扩孔建立工作通道。把球囊导管通过外鞘插入胸 11 椎体内部，透视见球囊位置良好，打入造影剂，压力逐渐加大，到 50 psi，拔除球囊导丝，使用造影剂逐步扩张球囊，球囊压力大约 100 psi，球囊复位过程中患者出现双下肢无力，感觉消失，双下肢肌力为 0 级，脐水平感觉平面出现，随即立即停止手术操作，抽出造影剂，拔除球囊，拔除穿刺导针，穿刺切口缝合后用敷料加压包扎。立即送往放射科行胸腰椎 MRI 检查，明确椎管内有无占位及脊髓损伤。

术后首次病程

2020 年 4 月 14 日 11:20。……于今日上午在手术室局麻下行胸椎压缩性骨折经皮穿刺球囊扩张脊柱后凸成形术。患者术中出现双下肢无力，感觉消失，双下肢肌力为 0 级，脐水平感觉平面出现。查体：双下肢肌力为 0 级。随即停止手术操作，拔除穿刺导针，穿刺切口缝合后用敷料加压包扎，立即将患者送往放射科行胸腰椎 MRI 检查，明确椎管内有无占位及脊髓损伤。

病程记录

2020 年 4 月 14 日 12:20。患者术中出现双下肢无力，感觉消失，双下肢肌力为 0 级，脐水平感觉平面出现。与患者及家属沟通患者病情，患者及家属表示理解，并全力支持后续一切治疗。患者行胸腰段 MRI 检查示：胸 11 椎体水平椎管内高信号，占位影，血肿可能性大。患者胸椎管内占位影像，经科内医师讨论，须行胸椎管减压、占位取出术治疗，以减少椎管内压力。积极与患者家属沟通患者情况，家属表示理解并全力配合后续治疗工作。

××市第一人民医院影像检查报告单（吴××，2020 年 4 月 14 日）载。检查项目：MRI 胸腰段椎体平扫。检查所见：……胸腰椎生理曲度存在，序列可，T11 椎体见类圆形短 T1 长 T2、STIR（压脂像）稍高信号影，T11 椎体前下缘见小片长 T1 稍长 T2 信号，STIR 呈高信号，T11 椎管内硬膜下见小片长 T1 稍长 T2 信号，STIR 呈高信号，相应脊髓受压略变扁，髓内似见斑点状长 T1 稍长 T2 信号，STIR 呈高信号。诊断所得：T11 髓外硬膜下异常信号。

2020 年 4 月 14 日 12:41。追问患者病史，患者家属诉曾患蛛网膜下腔出血病史，患者 25 年前行子宫切除术后出现切口持续渗出，切口愈合时间延长。患者家族史提示出血风险高，考虑术中突发椎体内出血，导致椎管内血肿形成。患者目前双下肢功能障碍症状重，保守治疗效果不明显，手术指征明确，查无绝对手术禁忌证。拟于今日手术室全麻下行胸椎后路椎板切除、椎管减压、占位物取出术。积极完善术前各项检查，评估手术风险，积极与患者及家属沟通病情，交代手术相关风险，患者手术节段较高，且占位物较大，脊髓压迫较重，出现脊髓损伤后果严重，告知患者该手术可能损伤脊髓，出现脊髓损伤症状，如双下肢乏力、无力、感觉障碍甚至下肢截瘫可能。术后患者可能恢复不良，双下肢功能不能恢复，出现双下肢截瘫。患者及家属表示理解，同意手术，接受相关手术风险，并签署知情同意书。余治疗同前，继续观察。

术前讨论

患者目前生命体征平稳。根据患者症状、体征及辅助检查结果，该患者胸椎管内占位物明确，椎管狭窄诊断明确，可行胸椎后路椎板切除、椎管减压、占位物取出术，缓解症状。积极与患者及家属沟通病情，交代手术相关风险，患者手术节段较高，出现脊髓损伤后果严重，告知患者该手术后可能损伤脊髓，出现脊髓损伤症状，如双下肢乏力、无力、感觉障碍无好转甚至下肢截瘫可能。患者及家属表示理解，同意手术，接受相关手术风险，并签署知情同意书。术中操作精细，减少术中出血，避免损伤神经、血管。

术前小结

手术指征：手术指征明确，查无绝对手术禁忌证。

拟施行手术名称和方式：胸椎后路椎板切开、椎管减压、占位物取出术。

拟施麻醉方式：全麻。

手术要点：①椎管内减压彻底；②注意保护神经、血管；③预防椎管内进一步出血。

术前准备和注意事项：①常规术前检查已完成；②已向患者及家属交代术中、术后可能出现之并发症及危险，患者及家属表示理解，同意手术，已签字；③术前禁食水、备皮、备血。注意事项：①严格无菌操作；②操作轻柔，仔细；③避免损伤血管、神经等。

知情同意书

我理解此手术存在以下风险和并发症：①患者存在神经压迫严重、病程长等不利因素（如手术前出现马尾综合征临床表现，手术后二便功能很难恢复），术后腰腿痛和麻木不能恢复或恢复不良。术后下肢功能恢复不良（例如感觉、运动功能）甚至死亡。②手术后引流不畅或肌肉渗血，手术区域血肿形成，导致神经脊髓受压，出现相关神经症状，需要二期行血肿清除手术。③应用内固定器械时可能出现：内固定物压迫、损伤神经、血管等周围脏器组织；固定钉的脱出、断钉，融合器移位、塌陷、固定部位的骨折等；因植入物的排异反应而产生发热等症状，必要时需将植入物取出；存在骨性融合后取出内固定物可能。④如行椎弓根钉内固定，椎弓根螺钉位置不满意，出现神经根及马尾、脊髓症状；如行单纯神经减压手术，而致复发、腰痛，需要二次手术；如实施棘突间弹性内固定，出现移位、棘突断裂、内固定失败等相关并发症；如行椎间融合器植入手术，椎间融合器移位、松动、脱出、融合失败，出现相应后果。⑤进行脊柱内固定术时可能出现相邻间隙的退变加速、椎间盘突出等继发性改变；长节段融合固定而致术后患者活动度丧失，相邻节段不稳定，出现畸形和（或）间盘退变。⑥如由于脊髓受压病程较长、神经功能受损严重，导致脊髓已变性（MRI T2上加权像见脊髓异常高信号影），减压后症状及体征改善可能不明显甚至加重。如症状不能解除，根据医师评估，可能有必要二期行腰椎前路手术。⑦植骨块骨折、移位，椎体骨折，免疫反应等致融合失败，导致假关节形成、脊柱稳定性丢失。⑧康复治疗为患者疾患治愈过程中不可缺少的治疗步骤，手术后患者需要长期康复治疗。本院无力承担相应康复任务，患者出院标准由患方完全授权医方确定，且在患者离院前患方无权收回。患方应在医方通知可以出院后无条件立即离院，自行联系康复医院或实施家庭康复。⑨内固定物可能需二期取出。内固定物二期取出困难。⑩本次手术只解决此处手术区域情况，可能存在其他病变。手术中损伤脊髓、神经根的事件不能完全避免。一旦出现将导致患者截瘫、部分神经功能丧失。⑪硬膜损伤，脑脊液漏，致颅内感染，危及生命。脑脊液漏必要时需要手术修补，造成马尾、脊髓粘连，出现截瘫后果；⑫患者于术前、术后长期卧床，发生肺部感染、尿路感染、压疮、血栓性静脉炎、深静脉血栓形成、尿路结石形成。⑬术后切口感染，切口不愈，切口裂开；椎管内感染，椎间隙感染，甚至颅内感染。⑭伤口不愈合或延迟愈合，留置尿管导致泌尿系统感染等相关并发症。⑮腰椎手术后出现顽固性腰痛、僵硬、沉重感等，无有效治疗方案。⑯神经根或马尾受压较严重，神经功能已受损；手术刺激，可能导致肢体感觉、运动障碍，肛门、膀胱括约肌功能障碍（大小便功能障碍）或性功能障碍在术后暂时加重。⑰术中失血过多致休克、死亡；可能损伤邻近血管致出血性休克。⑱手术中、手术后出现血栓、气栓、脂肪栓塞，造成重要脏器动脉栓塞，可以危及生命且抢救成功率极低。患者或其近亲属签字：吴××。

手术记录

开始时间：2020 年 4 月 14 日 14:05。

结束时间：2020 年 4 月 14 日 15:30。

术前诊断：①脊髓损伤；②胸椎管内占位（血肿?）；③胸椎管狭窄；
　　　　　④胸 11、12 椎体压缩性骨折（新鲜）。

术中诊断：①脊髓损伤；②胸椎管内占位（血肿?）；③胸椎管狭窄；
　　　　　④胸 11、12 椎体压缩性骨折（新鲜）。

手术名称：胸椎后路椎板切除、椎管减压、占位物取出术。

手术经过：①全麻成功，患者俯卧位，术区常规消毒，铺无菌单。②背部
　　　　　后正中切口，定位从胸 10 至胸 12，长约 8 cm，逐层切入，依
　　　　　次暴露胸 10 至胸 12 双侧小关节，电凝止血。③对胸 11 椎体行
　　　　　椎管减压。切除胸 11 椎体棘突，双侧椎板，保留双侧小关节，
　　　　　探查双侧胸 11 神经根，见双侧神经根及硬膜张力增高，硬膜囊
　　　　　完整无破损，无脑脊液漏出现。椎管内弥漫持续性渗血，未见
　　　　　明显血凝块形成，予止血纱布压迫止血，充分止血至术区内无
　　　　　明显出血灶。手术切除椎体后缘增生骨赘。冲洗术区，再次探
　　　　　查椎管、神经根管，见各神经根及硬膜减压彻底，无持续性出
　　　　　血灶，清点器械、敷料无误。④术区持续生理盐水冲洗，放置
　　　　　引流管 1 根另行切口引出接引流袋，逐层缝合。⑤手术顺利，
　　　　　术中出血约 250 ml，未行自体血回输，术中输液后无不良反应。

病程记录

2020 年 4 月 14 日 15:50。患者术程顺利，术中未见明显硬膜破裂及脑脊

液漏出现，椎管内减压彻底，脊髓及神经根已完全松解，手术顺利结束。术后保持气管插管状态送 ICU 稳定病情。告知患者家属术后患者可能恢复不良，双下肢功能可能出现不能恢复，出现双下肢截瘫。患者及家属表示理解，并接受手术结果。

××市第一人民医院检验科检验报告单（吴××，报告时间：2020 年 4 月 14 日 14:37）载，D—二聚体：3.14 mg/L（参考区间 0～0.55 mg/L），凝血酶原时间：13.20 s（参考区间 10～14 s）。

××市第一人民医院检验科检验报告单（吴××，报告时间：2020 年 4 月 14 日 17:45）载，D—二聚体：4.73 mg/L（参考区间 0～0.55 mg/L），凝血酶原时间：13.00 s（参考区间 10～14 s）。

会诊记录

2020 年 4 月 14 日 19:33。患者今日全麻下行"胸椎后路椎板切除、椎管减压、占位物取出术"，术后转入 ICU 行围手术期治疗，现患者全麻恢复完全，意识清醒，给予停呼吸机，拔除气管插管，刻下 ART 112/55 mmHg、SpO_2 100 %、RR 22 bpm、HR 120 bpm，查患者脐平面以下深感觉及浅感觉消失，双下肢肌力肌张力缺失，腱反射未引出，生理反射及病理反射均未引出。骨科专科会诊后印象：脊髓损伤？脊髓休克？建议：继续甲强龙激素冲击治疗 4 克泵入。艾司奥美拉唑钠静脉滴注。内科支持治疗。使用引流瓶给予负压吸引。

2020 年 4 月 14 日 23:25。患者转入普通病房，麻醉苏醒后持续存在 T10 脐平面以下深感觉及浅感觉消失，双下肢肌力肌张力消失，腱反射未引出，生理反射及病理反射均未引出，乳酸维持较高水平，考虑与脊髓损伤后外周血管扩张，出现相对低血容量改变，组织灌注不足有关，持续给予适当补液，纠酸，纠正血电解质紊乱，还原型谷胱甘肽静脉滴注清除氧自由基，甲强龙泵入减轻神经水肿，患者转入普通病房后 6 小时入量 2000 ml，尿量 400 ml，根据出入量情况给予呋塞米 20 mg 静推利尿，继续观察。

××市第一人民医院检验科检验报告单（吴××，报告时间：2020 年 4 月 15 日 07:18）载，D—二聚体：3.24 mg/L（参考区间 0 ~ 0.55 mg/L），凝血酶原时间：13.00 s（参考区间 10 ~ 14 s）。

抢救记录

2020 年 4 月 15 日 08:06。患者晨起后诉轻度口渴，左侧腰腹部摔伤处疼痛不适，查体：腹部针刺觉恢复，腹壁反射可引出，右侧 L2 大腿前中部针刺觉及位置觉减弱，左侧 L11 腹股沟与大腿前中部 1/2 针刺觉及位置觉减弱，以下皮肤感觉消失，双下肢肌力肌张力缺失，双侧跟腱反射、膝腱反射均未引出，巴宾斯基征（−）……提示：代谢性酸中毒合并呼吸性碱中毒、呼吸衰竭、低钾血症，患者呼衰，给予经鼻插管高流量吸氧，氧浓度 40 %，流速 40 L/min，低钾血症给予 15 % 氯化钾注射液 30 ml 泵入，纠正低血钾，乳酸较昨日下降，予人血白蛋白 10 g 及 5 % 葡萄糖氯化钠 500 ml 静脉滴注补液。

手术操作：动脉血气分析。

2020 年 4 月 15 日 09:29。今日查房：患者神清，精神可，自主呼吸。查体：腹部针刺觉恢复，腹壁反射可引出，右侧 L2 神经根支配大腿前中部针刺觉及位置觉减弱，左侧 L1 神经根支配腹股沟与大腿前中部 1/2 针刺觉及位置觉减弱，右侧小腿针刺觉减弱，双侧小腿水平以下皮肤感觉消失，双下肢肌力肌张力缺失，双侧跟腱反射、膝腱反射未引出，巴宾斯基征（−）……继续目前 ICU 病房治疗方案，持续观察患者下肢感觉及运动功能恢复情况，继续观察。

2020 年 4 月 15 日 16:43。患者神清，精神可……查体见满月脸，双肺呼吸音清，未闻及明显啰音，腹部柔软，心脏未见明显阳性体征。上腹部轻压痛，肠鸣音正常。四肢不肿。下肢肌力 0 级，双下肢踝以上感觉功能部分恢复，右侧较左侧恢复略好；运动功能未见恢复。双侧跟腱反射、膝腱反射未引出，巴宾斯基征（-）。舌淡红，苔微腻，脉滑……患者生命体征平稳，予拔除动脉监测；下午复查血气，乳酸下降明显，氧分压仍偏低，继续经鼻高流量吸氧。患者发热不除外和激素治疗有关，予穴位放血和物理降温等对症处理，今日继续予适当补液，并予呋塞米 40 mg 持续泵入利尿。患者昨日血钾危急值报告，今日复查较前好转，继续予氯化钾 30 ml 泵入补钾。予患者适量饮水、进流食。中医方面予神阙穴穴位贴敷促进胃肠功能恢复。持续观察患者下肢感觉和运动功能恢复情况。继续观察。

××市第一人民医院检验科检验报告单（吴××，报告时间：2020 年 4 月 16 日 07:18）载，D-二聚体：1.69 mg/L（参考区间 0~0.55 mg/L），凝血酶原时间：12.40 s（参考区间 10~14 s）。

2020 年 4 月 16 日 11:26。今日查房：患者神清，精神可，心电监护监测示心率 99 次/分，血压 139/80 mmHg，血氧 95%，呼吸 16 次/分，体温 38.2 ℃。患者诉无明显胸闷心慌，无咳嗽咳痰。查体见患者腹部针刺觉恢复，腹壁反射可引出，右侧大腿前中部针刺觉及位置觉较昨日无明显变化，左侧腹股沟与大腿前中部 1/2 针刺觉及位置觉较昨日稍见好转，右侧小腿针刺觉较昨日无明显变化，左侧小腿皮肤针刺觉较昨日稍见改善，双侧小腿水平以下皮肤感觉未见明显感知，双下肢肌力肌张力消失，双侧跟腱反射、膝腱反射未引出，巴宾斯基征（-），双下肢各项生理反射及病理反射均未引出。换药见切口清洁、干燥，少量血性渗出，缝线无开线，切口皮缘对接良好，切口处皮肤稍见红肿，未见明显皮肤破溃。引流管在位且通畅，引流液为血性，24 h 引流量：10 ml。尿管在位且通畅，尿液无混浊沉淀……查房后指示：治疗上予骨科护理常规，病重，一级护理，低盐低脂糖尿病饮食，持续心电监护、吸氧。常规换药：予甲泼尼龙 80 mg 入壶促进脊髓恢复，甘露醇 250 ml q12 h 静脉滴注消除水肿，氯化钾口服＋静脉滴注联合补充钾离子，五水头孢唑啉钠静脉输液预防感染，肝素 4000 IU 皮下注射预防深静脉血栓，奥美拉唑 40 mg 静脉滴注 qd 抑酸预防消化道出血。腺苷钴胺 1.5 mg 穴位注射营养神经治疗。患者高龄，基础体质较差，既往糖尿病史，血糖控制不佳，术后保留引流管及尿管，感染风险高，后果严重，故加用抗生素。继续观察。

2020 年 4 月 16 日 23:15。患者 21:00 测血糖 17.9 mmol/L，22:30 复测血糖 20.1 mmol/L……予胰岛素 4 U 皮下注射。观察病情变化。

××市第一人民医院检验科检验报告单（吴××，报告时间：2020 年 4 月 17 日 09:27）载，D—二聚体：1.15 mg/L（参考区间 0～0.55 mg/L），凝血酶原时间：12.50 s（参考区间 10～14 s）。

2020 年 4 月 17 日 10:17。今日查房：患者神清，精神可，心电监护监测示心率 99 次 / 分，血压 149/90 mmHg，血氧 97 %，呼吸 18 次 / 分，体温 36.6 ℃。诉无明显胸闷心慌，无咳嗽咳痰。查体见患者腹部针刺觉恢复，腹壁反射可引出。行被动直腿抬高及足背伸活动时患者诉腰部疼痛感，右侧大腿前中部针刺觉及位置觉较昨日无明显变化，左侧腹股沟与大腿前中部 1/2 针刺觉及位置觉较昨日未见明显变化，右侧小腿针刺觉较昨日无明显变化，左侧小腿皮肤针刺觉较昨日未见明显变化，双侧小腿水平以下皮肤感觉未见明显感知，双下肢肌力肌张力消失，双侧跟腱反射、膝腱反射未引出，巴宾斯基征（—），双下肢各项生理反射及病理反射均未引出。换药见切口清洁、干燥，少量血性渗出，切口处缝线无开线，切口皮缘对接良好，切口处可见红肿，皮肤未见破溃。引流管在位且通畅，引流液为血性，24 h 引流量：50 ml。尿管在位且通畅，尿液无混浊沉淀。晨起血糖 12.9 mmol/L。××主治医师查房后指示：予患者常规换药。予下肢血管检查，评估有无血栓形成。患者高龄，基础体质较差，既往糖尿病史，血糖控制不佳，术后保留引流管及尿管，感染风险高，后果严重，故加用抗生素。其余治疗同前，继续观察。

2020 年 4 月 17 日 17:53。会诊记录……①完善糖尿病相关检查，HbA1c，空腹 C 肽，餐后 2 小时 C 肽。②继续胰岛素强化治疗：门冬胰岛素三餐前 8 U、6 U、4 U，睡前甘精胰岛素 12 U。③继续监测七次血糖，必要时测凌晨 3 点血糖。

××市第一人民医院检验科检验报告单（吴××，报告时间：2020年4月18日09:16）载，D—二聚体：1.01 mg/L（参考区间0~0.55 mg/L），凝血酶原时间：11.80 s（参考区间10~14 s）。

2020年4月18日10:20。今日查房：患者神清，精神可，心电监护监测示心率89次/分，血压142/80 mmHg，血氧98%，呼吸18次/分，体温36.4℃。诉无明显胸闷心慌，无咳嗽咳痰。查体见患者腹部针刺觉恢复，腹壁反射可引出。行被动直腿抬高及足背伸活动时患者诉腰部疼痛感，右侧大腿前中部针刺觉及位置觉较昨日无明显变化，左侧腹股沟与大腿前中部1/2针刺觉及位置觉较昨日未见明显变化，右侧小腿针刺觉较昨日无明显变化，左侧小腿皮肤针刺觉较昨日未见明显变化，双侧小腿水平以下皮肤感觉未见明显感知，双下肢肌力肌张力消失，双侧跟腱反射、膝腱反射未引出，巴宾斯基征（—），双下肢各项生理反射及病理反射均未引出。换药见切口清洁、干燥，少量血性渗出，切口处缝线无开线，切口皮缘对接良好，切口处可见红肿，皮肤未见破溃。引流管在位且通畅，引流液为血性，24 h引流量20 ml。尿管在位且通畅，尿液无混浊沉淀……查房后指示：患者引流量已不多，予拔除引流管并常规换药。患者高龄，基础体质较差，既往糖尿病史，血糖控制不佳，术后保留引流管及尿管，感染风险高，后果严重，继续加用抗生素。关注患者二便情况，预防泌尿系感染。其余治疗同前，继续观察。

2020年4月19日10:00。今日查房：患者神清，精神可，心电监护监测示心率89次/分，血压142/80 mmHg，血氧98%，呼吸18次/分，体温36.4℃。诉无明显胸闷心慌，无咳嗽咳痰。查体见患者腹部针刺觉恢复，腹壁反射可引出。行被动直腿抬高及足背伸活动时患者诉腰部疼痛感，右侧大腿前中部针刺觉及位置觉较昨日无明显变化，左侧腹股沟与大腿前中部1/2针刺觉及位置觉较昨日未见明显变化，右侧小腿针刺觉较昨日无明显变化，左侧小腿皮肤针刺觉较昨日未见明显变化，双侧小腿水平以下皮肤感觉未见明显感知，双下肢肌力肌张力消失，双侧跟腱反射、膝腱反射未引出，巴宾斯基征（—），双下肢各项生理反射及病理反射均未引出。换药见切口清洁、干燥，少量血性渗出，切口处缝线无开线，切口皮缘对接良好，切口处可见皮肤发红，小块皮肤破溃。尿管在位且通畅，尿液无混浊沉淀。患者感染风险高，后果严重，继续目前抗生素抗感染治疗。患者切口处皮肤为压力性损伤，予常规换药，康复治疗，新纱布敷料敷于切口皮肤处。嘱患者勤翻身，避免长时间压迫背部切口处。继续观察。

××市第一人民医院检验科检验报告单（吴××，报告时间：2020年4月20日09:58）载，D—二聚体：1.02 mg/L（参考区间0~0.55 mg/L），凝血酶原时间：11.40 s（参考区间10~14 s）。

2020年4月20日10:03。今日查房：患者神清，精神可，心电监护监测示心率89次/分，血压122/80 mmHg，血氧98%，呼吸18次/分，体温37.2 ℃。诉无明显胸闷心慌，无咳嗽咳痰。查体见患者腹部针刺觉恢复，腹壁反射可引出。行被动直腿抬高及足背伸活动时患者诉腰部疼痛感，右侧大腿前中部针刺觉及位置觉较昨日无明显变化，左侧腹股沟与大腿前中部1/2针刺觉及位置觉较昨日未见明显变化，右侧小腿针刺觉较昨日无明显变化，左侧小腿皮肤针刺觉较昨日未见明显变化，双侧小腿水平以下皮肤感觉未见明显感知，双下肢肌力肌张力消失，双侧跟腱反射、膝腱反射未引出，巴宾斯基征（−），双下肢各项生理反射及病理反射均未引出。换药见切口清洁、干燥，无渗出，切口处缝线无开线，切口皮缘对接良好，切口处皮肤破溃较昨日好转。尿管在位且通畅，尿液可见少量沉淀……查房后指示：患者目前生命体征稳定。患者昨日发热，且尿液中伴有血尿及絮状物，考虑尿路感染不除外，抗生素改用左氧氟沙星氯化钠注射液100 ml 0.2g bid静脉滴注抗感染，加用血尿安片，更换尿袋。补充诊断：泌尿系感染。嘱患者勤翻身、拍背，预防压疮发生。继续观察。

2020年4月21日16:30会诊记录。……建议患者行康复治疗，以预防下肢深静脉血栓、压疮；维持肌肉维度及关节活动度，冷热交替刺激、针刺激，促进感觉恢复。

××市第一人民医院影像检查报告单（吴××，2020年4月21日）载。检查项目：MRI胸椎平扫。检查所见：……T11椎体见类圆形短T1长T2、STIR稍高信号影，T11椎体前下缘小片长T1、稍长T2信号，STIR呈高信号，T11椎体STIR高信号，附件部分缺如，结构显示不清，呈团片状长T1稍长T2信号影，信号不均匀，局部突入椎管，椎管变窄，前后径约0.5 cm，邻近脊髓受压变扁，髓内信号增高，并可见斑点、条状长T2信号。诊断所得：符合T11椎体术后改变、附件区局部软组织水肿，椎管狭窄、脊髓受压、水肿。

2020年4月22日08:48。今日查房：患者神清，精神可，体温36.2 ℃。诉无明显胸闷心慌，无咳嗽咳痰。查体见患者腹部针刺觉恢复，腹壁反射可引出。行被动直腿抬高及足背伸活动时患者诉腰部疼痛感，右侧大腿前中部针刺觉及位置觉较昨日无明显变化，左侧腹股沟与大腿前中部1/2针刺觉及位置觉较昨日未见明显变化，右侧小腿针刺觉较昨日无明显变化，左侧小腿皮肤针刺觉较昨日未见明显变化，双侧小腿水平以下皮肤感觉未见明显感知，双下肢肌力肌张力消失，双侧跟腱反射、膝腱反射未引出，巴宾斯基征（－），双下肢各项生理反射及病理反射均未引出。换药见切口清洁、干燥，无渗出，切口处缝线无开线，切口皮缘对接良好，切口处皮肤破溃较昨日好转。尿管在位且通畅，尿液无混浊沉淀。晨起血糖为9.5 mmol/L。辅助检查：下肢血管彩超示双侧股总静脉、股浅静脉、腘静脉和大隐静脉近心段管腔显示清楚，内为无回声，探头加压后管腔消失。CDFI显示上述静脉血流通畅，充盈良好，呈自发性血流……查房后指示：患者下肢血管B超示下肢血管无血栓形成，给予患者双下肢静脉泵治疗，促进下肢血液回流，预防血栓形成。CPM辅助下肢康复，预防下肢肌肉萎缩。患者尿液已恢复正常，呈淡黄色，无沉淀物，抗生素继续左氧氟沙星氯化钠注射液100 ml 0.2 g bid静脉滴注抗感染，加用血尿安片，更换尿袋。嘱患者勤翻身、拍背，预防压疮发生。继续观察。

2020年4月23日16:58。今日查房：患者神清，精神可，体温36.2 ℃。

诉无明显胸闷心慌，无咳嗽咳痰。查体见患者腹部针刺觉恢复，腹壁反射可引出。患者诉自觉腹部及腰部束带状疼痛，行被动直腿抬高及足背伸活动时患者诉腰部疼痛感加重，右侧大腿前中部针刺觉及位置觉较昨日无明显变化，左侧腹股沟与大腿前中部 1/2 针刺觉及位置觉较昨日未见明显变化，右侧小腿针刺觉较昨日无明显变化，左侧小腿皮肤针刺觉较昨日未见明显变化，双侧小腿水平以下皮肤感觉未见明显感知，双下肢肌力肌张力消失，双侧跟腱反射、膝腱反射未引出，巴宾斯基征（−），双下肢各项生理反射及病理反射均未引出。换药见切口清洁、干燥，无渗出，切口处缝线无开线，切口皮缘对接良好，切口处皮肤破溃较昨日好转。尿管在位且通畅，尿液无混浊沉淀。辅助检查：胸腰段 MRI（2020 年 4 月 23 日）：胸 11 椎体椎管后方高信号改变，椎管内占位，脊髓受压，脊髓高信号……经科内医师讨论，建议患者再次行胸椎后路椎管减压、占位物取出术。结合患者既往高出血风险病史，告知患者相应手术风险，术后可能出现引流不畅，血肿再次形成，再次压迫脊髓，术后患者下肢功能恢复不佳，瘫痪可能性大。患者及家属表示理解，并表示需要时间考虑是否手术，不能马上做出决定。告知患者不能立即手术的相关风险，可能导致最佳减压时间错过，脊髓功能及下肢功能不能恢复，截瘫可能性大。患者及家属表示理解并接受。

××市第一人民医院影像检查报告单（吴××，2020 年 4 月 23 日）载。检查项目：MRI 胸腰段椎体平扫。检查所见：……T11 椎体后缘旁见线条性短 T1 略长 T2、T2WI（FS）高信号影，约 2.7 cm×1.2 cm×3.3 cm，病变呈不均匀短长 T1 稍长 T2 信号影，部分向前突入椎管，椎管变窄，前后径约 0.6 cm，邻近脊髓受压前移、变扁，脊髓内见条片状略长 T2 信号，其内见斑点状短 T1、略长 T2 出血样信号及等 T1、长 T2 小囊状信号影。诊断所得：符合 T11 椎体术后改变、伴硬膜外血肿，继发椎管狭窄、脊髓受压，水肿，局部脊髓信号不均。

2020 年 4 月 24 日 08:10。今日查房：患者神清，精神可，体温 36.2 ℃。

诉无明显胸闷心慌，无咳嗽咳痰。查体见患者腹部针刺觉恢复，腹壁反射可引出。患者诉自觉腹部及腰部束带状疼痛，行被动直腿抬高及足背伸活动时患者诉腰部疼痛感加重，右侧大腿前中部针刺觉及位置觉较昨日无明显变化，左侧腹股沟与大腿前中部 1/2 针刺觉及位置觉较昨日未见明显变化，右侧小腿针刺觉较昨日无明显变化，左侧小腿皮肤针刺觉较昨日未见明显变化，双侧小腿水平以下皮肤感觉未见明显感知，双下肢肌力肌张力消失，双侧跟腱反射、膝腱反射未引出，巴宾斯基征（－），双下肢各项生理反射及病理反射均未引出。换药见切口清洁、干燥，无渗出，切口处缝线无开线，切口皮缘对接良好，切口处皮肤破溃较昨日好转。尿管在位且通畅，尿液无混浊沉淀……询问患者术中是否行椎弓根钉系统内固定治疗，患者及家属表示暂不考虑行内固定治疗，告知患者及家属不行内固定治疗的相应风险及并发症，患者及家属表示理解并接受。积极做好术前准备工作，术前常规备血，联系 ICU 病房。

2020 年 4 月 24 日 08:30 疑难病例讨论记录。患者目前生命体征平稳。根据患者症状、体征及辅助检查结果，该患者胸椎管内占位物明确，椎管狭窄诊断明确，可行胸椎后路椎管减压、占位物清除术。积极与患者及家属沟通病情，交代手术相关风险，患者手术节段较高，出现脊髓损伤后果严重，告知患者该手术后可能损伤脊髓，出现脊髓损伤症状，如双下肢乏力、无力、感觉障碍无好转甚至下肢截瘫可能。患者及家属表示理解，同意手术，接受相关手术风险，并签署知情同意书。询问患者术中是否行椎弓根钉系统内固定治疗，患者及家属表示暂不考虑行内固定治疗，告知患者及家属不行内固定治疗的相应风险及并发症，患者及家属表示理解并接受。术中操作精细，减少术中出血，避免损伤神经。与医务处沟通，上报本次手术相关情况，并做好相应记录工作。

术前讨论

患者目前生命体征平稳。根据患者症状、体征及辅助检查结果，该患者胸椎管内占位物明确，椎管狭窄诊断明确，可行胸椎后路椎管减压、占位物清除术。积极与患者及家属沟通病情，交代手术相关风险，患者手术节段较高，出现脊髓损伤后果严重，告知患者该手术后可能损伤脊髓，出现脊髓损伤症状，如双下肢乏力、无力、感觉障碍无好转甚至下肢截瘫可能。患者及家属表示理解，同意手术，接受相关手术风险，并签署知情同意书。询问患者术中是否行椎弓根钉系统内固定治疗，患者及家属表示暂不考虑行内固定治疗，告知患者及家属不行内固定治疗的相应风险及并发症，患者及家属表示理解并接受。术中操作精细，减少术中出血，避免损伤神经。

术前小结

手术指征：手术指征明确，查无绝对手术禁忌证。

拟施行手术名称和方式：胸椎后路椎管减压术、占位物清除术。

拟施麻醉方式：全麻。

手术要点：①椎管内减压彻底；②注意保护神经、血管；③预防椎管内进一步出血。

术前准备和注意事项：①常规术前检查已完成；②已向患者及家属交代术中、术后可能出现之并发症及危险，患者及家属表示理解，同意手术，已签字；③术前禁食水、备皮、备血。

注意事项：①严格无菌操作；②操作轻柔，仔细；③避免损伤血管、神经等。

知情同意书

我理解此手术存在以下风险和并发症：①患者存在神经压迫严重、病程长等不利因素（如手术前出现马尾综合征临床表现，手术后二便功能很难恢复），术后腰腿痛和麻木不能恢复或恢复不良。术后下肢功能（例如感觉、运动功能）恢复不良，甚至死亡。②手术后引流不畅或肌肉渗血，手术区域血肿形成，导致神经、脊髓受压，出现相关神经症状，需要二期行血肿清除手术。

③应用内固定器械时可能出现：内固定物压迫、损伤神经、血管等周围脏器组织。固定钉的脱出、断钉，融合器移位、塌陷、固定部位的骨折等；因植入物的排异反应而产生发热等症状，必要时需将植入物取出；存在骨性融合后取出内固定物的可能。④如行椎弓根钉内固定，椎弓根螺钉位置不满意，出现神经根及马尾、脊髓症状；如行单纯神经减压手术，而致复发、腰痛，需要二次手术；如实施棘突间弹性内固定，出现移位、棘突断裂、内固定失败等相关并发症；如行椎间融合器植入手术，椎间融合器移位、松动、脱出、融合失败，出现相应后果。⑤进行脊柱内固定术时可能出现：相邻间隙的退变加速、椎间盘突出等继发性改变、长节段融合固定而致术后患者活动度丧失，相邻节段不稳定，出现畸形和（或）椎间盘退变。⑥如由于脊髓受压病程较长、神经功能受损严重，导致脊髓已变性（MRI T2 上加权像见脊髓异常高信号影），减压后症状及体征改善可能不明显甚至加重。如症状不能解除，根据医师评估，可能有必要二期行腰椎前路手术。⑦植骨块骨折、移位，椎体骨折，免疫反应等致融合失败，导致假关节形成、脊柱稳定性丢失。⑧康复治疗为患者疾患治愈过程中不可缺少的治疗步骤，手术后患者需要长期康复治疗。本院无力承担相应康复任务，患者出院标准由患方完全授权医方确定，且在患者离院前患方无权收回。患方应在医方通知可以出院后无条件立即离院，自行联系康复医院或实施家庭康复。⑨内固定物可能需二期取出。内固定物二期取出困难。⑩本次手术只解决此处手术区域情况，可能存在其他病变。手术中损伤脊髓、神经根的事件不能完全避免。一旦出现将导致患者截瘫、部分神经功能丧失。⑪硬膜损伤，脑脊液漏，致颅内感染，危及生命。脑脊液漏于必要时需要手术修补造成马尾、脊髓粘连，出现截瘫后果。⑫患者于术前、术后长期卧床，发生肺部感染、尿路感染、压疮、血栓性静脉炎、深静脉血栓形成、尿路结石形成。⑬术后切口感染，切口不愈，切口裂开；椎管内感染，椎间隙感染，甚至颅内感染。⑭伤口不愈合或延迟愈合，留置尿管导致泌尿系统感染等相关并发症。⑮腰椎手术后出现顽固性腰痛、僵硬、沉重感，无有效治疗方案。⑯神

经根或马尾受压较严重，神经功能已受损；手术刺激，可能导致肢体感觉、运动障碍，或者肛门、膀胱括约肌功能障碍（大小便功能障碍）或性功能障碍在术后暂时加重。⑰术中失血过多致休克、死亡；可能损伤邻近血管致出血性休克。⑱手术中、手术后出现血栓、气栓、脂肪栓塞，造成重要脏器动脉栓塞，可以危及生命且抢救成功率极低。

手术记录

开始时间：2020 年 4 月 24 日 11:50。

结束时间：2020 年 4 月 24 日 12:50。

术前诊断：①胸椎管内占位；②胸椎管狭窄；③脊髓损伤；④Ⅰ型呼吸衰竭；⑤胸 11、12 椎体压缩性骨折；⑥重度骨关节病；⑦高血压 2 级；⑧2 型糖尿病；⑨窦性心动过速；⑩慢性胃炎；⑪肾小球肾炎；⑫重度骨质疏松；⑬泌尿系感染。

术中诊断：①胸椎管内占位；②胸椎管狭窄；③脊髓损伤；④Ⅰ型呼吸衰竭；⑤胸 11、12 椎体压缩性骨折；⑥重度骨关节病；⑦高血压 2 级；⑧2 型糖尿病；⑨窦性心动过速；⑩慢性胃炎；⑪肾小球肾炎；⑫重度骨质疏松；⑬泌尿系感染。

手术名称：胸椎后路椎管减压、血肿清除术。

手术经过：①全麻成功，患者俯卧位，术区常规消毒，铺无菌单。②沿原背部后正中切口，定位从胸 10 至胸 12，长约 8 cm，逐层切入，依次暴露胸 10 至胸 12 双侧小关节，电凝止血。③对胸 11 椎体行椎管减压。术区可见硬膜囊背侧一大小约 2.8 cm×2.7 cm×1.7 cm 血凝块，呈暗红色，周围伴有弥漫持续性渗血，清除血肿及周围出血灶，探查椎管，硬膜囊完整无破损，无脑脊液漏出现，硬膜原始形态恢复，充分止血至术区内无明显出血灶。手术切除椎体后缘增生骨赘。以碘伏、双氧水及生理盐水交替冲洗术区，再次探查椎管、神经根管，见各神经根及硬膜减压彻底，无持续性出血灶，清点器械、敷料无误。④术区持续生理盐水冲洗，切口两侧放置引流管2根另行切口引出接引流袋，逐层缝合。⑤手术顺利，术中出血约20 ml，未行自体血回输，术中输液后无不良反应。

病程记录

××市第一人民医院检验科检验报告单（吴××，报告时间：2020年4月25日09:56）载，D—二聚体：1.15 mg/L（参考区间0～0.55 mg/L），凝血酶原时间：12.10 s（参考区间10～14 s）。

2020年4月25日09:45。今日查房：患者神清，精神可，体温36.8 ℃。心电监护监测示心率82次/分，血压142/90 mmHg，血氧95 %。诉无明显胸闷心慌，无咳嗽咳痰，大便今日未行。查体见患者腹部针刺觉恢复，腹壁反射可引出。行被动直腿抬高及足背伸活动时患者诉腰部疼痛感已不明显，右侧大腿前中部针刺觉及位置觉较昨日无明显变化，左侧腹股沟与大腿前中部1/2针刺觉及位置觉较昨日未见明显变化，右侧小腿针刺觉较昨日无明显变化，左侧小腿皮肤针刺觉较昨日未见明显变化，双侧小腿水平以下皮肤感觉未见明显感知，双下肢肌力肌张力消失，双侧跟腱反射、膝腱反射未引出，巴宾斯基征（−），双下肢各项生理反射及病理反射均未引出。换药见切口清洁、干燥，少量血性渗出，切口处缝线无开线，切口皮缘对接良好。引流管在位且通畅，引流液为血性，24 h引流量：50 ml。尿管在位且通畅，尿液无混浊沉淀……查房后指示：治疗上予骨科护理常规，病重，一级护理，低盐低脂糖尿病饮食，持续心电监护、吸氧。常规换药；甘露醇250 ml q12 h静脉滴注消除水肿，静脉滴注氯化钾补充钾离子，甲磺酸左氧氟沙星静脉滴注抗感染，肝素4000 IU皮下注射预防深静脉血栓，奥美拉唑40 mg静脉滴注qd抑酸预防消化道出血，腺苷钴胺1.5 mg穴位注射营养神经治疗。患者高龄，基础体质较差，既往糖尿病史，血糖控制不佳，术后保留引流管及尿管，感染风险高，后果严重，故加用抗生素。经血液科会诊后给予意见，建议患者到××医院专科就诊，以评估患者凝血功能是否存在异常。继续观察。

2020年4月26日11:35。今日查房：患者神清，精神可，体温36.8 ℃。心电监护监测示心率82次/分，血压122/85 mmHg，血氧97%。诉无明显胸闷心慌，偶有咳嗽咳痰，大便今日未行。查体见患者腹部针刺觉有感知，腹壁反射可引出。行被动直腿抬高及足背伸活动时患者诉腰部疼痛感已不明显，右侧大腿前中部针刺觉及位置觉较前无明显变化，左侧腹股沟与大腿前中部1/2针刺觉及位置觉较前未见明显变化，右侧小腿针刺觉较昨日无明显变化，左侧小腿皮肤针刺觉较昨日未见明显变化，双侧小腿水平以下皮肤感觉未见明显感知，双下肢肌力肌张力消失，双侧跟腱反射、膝腱反射未引出，巴宾斯基征（－），双下肢各项生理反射及病理反射均未引出。换药见切口清洁、干燥，少量血性渗出，切口处缝线无开线，切口皮缘对接良好。引流管在位且通畅，引流液为血性，24 h引流量：90 ml。尿管在位且通畅，尿液无混浊沉淀……查房后指示：患者生命体征稳定，改为二级护理。患者血糖控制欠佳，加用胰岛素＋口服药物控制血糖。门冬胰岛素：6 U早餐前；4 U午餐前。甘精胰岛素：8 U睡前。二甲双胍片0.5 g口服tid；西格列汀片：口服1片tid。予双下肢血液循环驱动治疗预防下肢血栓，CPM治疗促进下肢康复，预防肌肉失用性萎缩，患者及家属拒绝行此两项治疗，告知患者及家属不行治疗可能出现下肢静脉血栓风险及下肢肌肉萎缩风险，患者及家属表示理解并接受。拟予患者行胸腰段椎体MRI检查，复查椎管内是否存在占位物压迫神经，患者及家属表示拒绝检查，告知患者拒绝检查可能出现椎管内占位物不能及时发现，影响后续治疗，造成下肢功能不能恢复，甚至下肢截瘫的可能，患者及家属表示理解，并接受。余治疗同前。

2020年4月27日08:26。今日查房：患者神清，精神可，体温36.2 ℃。诉背部切口处轻微疼痛，无明显胸闷心慌，无咳嗽咳痰，大便秘结。查体见患者腹部针刺觉有感知，腹壁反射可引出。行被动直腿抬高及足背伸活动时患者诉腰部疼痛感已不明显，右侧大腿前中部针刺觉及位置觉较前无明显变化，左侧腹股沟与大腿前中部 1/2 针刺觉及位置觉较前未见明显变化，右侧小腿针刺觉较昨日无明显变化，左侧小腿皮肤针刺觉较昨日未见明显变化，双侧小腿水平以下皮肤感觉未见明显感知，双下肢肌力肌张力消失，双侧跟腱反射、膝腱反射未引出，巴宾斯基征（−），双下肢各项生理反射及病理反射均未引出。换药见切口清洁、干燥，无渗出，切口处缝线无开线，切口皮损对接良好。引流管在位且通畅，引流液为血性，24 h 引流量：30 ml。尿管在位且通畅，尿液无混浊沉淀。治疗上继续予以抗感染、补钾、预防血栓、营养神经等治疗为主，继续观察。

×× 市第一人民医院检验科检验报告单（吴 ××，报告时间：2020 年 4 月 28 日 09:34）载，D−二聚体：1.12 mg/L（参考区间 0 ~ 0.55 mg/L），凝血酶原时间：11.80 s（参考区间 10 ~ 14 s）。

2020 年 4 月 28 日 08:36。今日查房：患者神清，精神可，体温 36.2 ℃。诉背部切口处轻微疼痛，无明显胸闷心慌，无咳嗽咳痰。查体见患者腹部针刺觉有感知，腹壁反射可引出。行被动直腿抬高及足背伸活动时患者诉腰部疼痛感已不明显，右侧大腿前中部针刺觉及位置觉较前无明显变化，左侧腹股沟与大腿前中部 1/2 针刺觉及位置觉较前未见明显变化，右侧小腿针刺觉较昨日无明显变化，左侧小腿皮肤针刺觉较昨日未见明显变化，双侧小腿水平以下皮肤感觉未见明显感知，双下肢肌力肌张力消失，双侧跟腱反射、膝腱反射未引出，巴宾斯基征（−），双下肢各项生理反射及病理反射均未引出。换药见切口清洁、干燥，无渗出，切口处缝线无开线，切口皮缘对接良好，切口周围皮肤少量破溃。引流管在位且通畅，引流液为血性，24 h 引流量：11 ml。尿管在位且通畅，尿液无混浊沉淀……查房后指示：治疗上继续予抗感染、补钾、预防血栓、营养神经等治疗为主。今日患者抽血外院送检，告知患者相关事宜，外院结果及治疗不能百分百指导我院治疗过程。患者昨日诉大便秘结，予四磨汤口服及开塞露肛用后有排便。患者引流量已不多，告知患者建议拔除引流管，患者及家属表示考虑再留置引流管一段时间。告知患者延长留置引流管时间可能导致感染风险增加，软组织感染、椎管内感染，甚至颅内感染风险，患者及家属表示理解。继续观察。

2020 年 4 月 29 日 10:01。今日查房：患者神清，精神可，体温 36.6 ℃。诉背部切口处轻微疼痛，无明显胸闷心慌，轻微干咳，无痰。查体见患者腹部针刺觉有感知，腹壁反射可引出。行被动直腿抬高及足背伸活动时患者诉腰部疼痛感已不明显，双下肢浅感觉、深感觉等各项感觉较前无明显变化，右侧大腿前中部针刺觉及位置觉较前无明显变化，左侧腹股沟与大腿前中部 1/2 针刺觉及位置觉较前未见明显变化，右侧小腿针刺觉较昨日无明显变化，左侧小腿皮肤针刺觉较昨日未见明显变化，双侧小腿水平以下皮肤感觉未见明显感知，双下肢肌力肌张力消失，双侧跟腱反射、膝腱反射未引出，巴宾斯基征（－），双下肢各项生理反射及病理反射均未引出。换药见切口清洁、干燥，无渗出，切口处缝线无开线，切口周围少量皮肤破溃。引流管在位且通畅，引流液为血性，24 h 引流量：10 ml。尿管在位且通畅，尿液无混浊沉淀……治疗上继续予以抗感染、补钾、预防血栓、营养神经等治疗为主。患者引流量已不多，告知患者建议拔除引流管，患者及家属表示考虑再留置引流管一段时间。告知患者延长留置引流管时间可能导致感染风险增加，软组织感染、椎管内感染，甚至颅内感染风险，患者及家属表示理解。常规换药，切口处予以莫匹罗星软膏外用，预防感染。予患者预约胸腰椎 MRI 检查，评估椎管内情况。继续观察。

2020 年 4 月 30 日 10:20。今日查房：患者神清，精神可，体温 36.0 ℃。诉背部切口处疼痛较昨日可见缓解，无明显胸闷心慌，无咳嗽咳痰。查体见患者腹部针刺觉有感知，腹壁反射可引出。行被动直腿抬高及足背伸活动时患者诉腰部疼痛感已不明显，右侧大腿前中部针刺觉及位置觉较前无明显变化，左侧腹股沟与大腿前中部 1/2 针刺觉及位置觉较前未见明显变化，右侧小腿针刺觉较昨日无明显变化，左侧小腿皮肤针刺觉较昨日未见明显变化，双侧小腿水平以下皮肤感觉未见明显感知，双下肢肌力肌张力消失，双侧跟腱反射、膝腱反射未引出，巴宾斯基征（－），双下肢各项生理反射及病理反射均未引出。换药见切口清洁、干燥，无渗出，切口处缝线无开线，切口皮缘愈合欠佳，切口周围皮肤有少量破溃及白色分泌物。引流管在位且通畅，引流液为血性，24 h 引流量：10 ml。尿管在位且通畅，尿液无混浊、沉淀。胸腰椎 MRI（2020 年 4 月 30 日）：胸腰段椎体 MRI 示椎管内无明显占位物压迫脊髓，无明显血肿形成，脊髓顺应性可，胸 11 椎体平面脊髓可见高信号影⋯⋯查房后指示：治疗上继续予抗感染、补钾、预防血栓、营养神经等治疗为主。胸腰段椎体 MRI 示：椎管内无明显占位物压迫脊髓，无明显血肿形成，加之患者引流量已不多，告知患者建议拔除引流管，患者及家属表示考虑先拔除一根引流管，另外一根引流管再留置一段时间。告知患者延长留置引流管时间可能导致感染风险增加，软组织感染、椎管内感染，甚至颅内感染风险，患者及家属表示理解并接受。予常规换药并拔除引流管一根，创口处予以莫匹罗星软膏外用。继续观察。

××市第一人民医院检验科检验报告单（吴××，报告时间：2020 年 5 月 2 日 09:17）载，D－二聚体：1.62 mg/L（参考区间 0~0.55 mg/L），凝血酶原时间：12.40 s（参考区间 10~14 s）。

2020 年 5 月 2 日 10:19。今日查房：患者神清，精神可，体温 36.0 ℃。诉背部切口处疼痛较昨日可见缓解，无明显胸闷心慌，无咳嗽咳痰。查体见患者腹部针刺觉有感知，腹壁反射可引出。行被动直腿抬高及足背伸活动时患者诉腰部疼痛感已不明显，右侧大腿前中部针刺觉及位置觉较前无明显变化，左侧腹股沟与大腿前中部 1/2 针刺觉及位置觉较前未见明显变化，右侧小腿针刺觉较昨日无明显变化，左侧小腿皮肤针刺觉较昨日未见明显变化，双侧小腿水平以下皮肤感觉未见明显感知，双下肢肌力肌张力消失，双侧跟腱反射、膝腱反射未引出，巴宾斯基征（－），双下肢各项生理反射及病理反射均未引出。换药见切口干燥，无渗出，切口处缝线无开线，切口皮缘恢复欠佳，切口周围皮肤破溃，见白色分泌物。引流管在位且通畅，引流液为血性，24 h引流量：10 ml。尿管在位且通畅，尿液无混浊、沉淀。查房后指示：治疗上继续予以抗感染、补钾、预防血栓、营养神经等治疗为主。患者引流量已不多，予拔除引流管。告知患者引流管留置时间过长，拔除引流管后仍可能导致感染，包括软组织感染、椎管内感染、甚至颅内感染风险。患者及家属表示理解接受。予常规换药并拔除引流管一根，创口处予以莫匹罗星软膏外用。继续观察。

2020年5月3日13:16。患者生命体征平稳。诉腹胀、消化不良。引流管昨日已拔除。今日针对患者不适症状给予莫沙必利分散片，口服1片，3次/日。嘱患者定期轴位翻身防止压疮，多饮水预防泌尿系感染。调整饮食加强营养。

2020年5月6日08:20。今日查房：患者神清，精神可，体温36.0 ℃。诉背部切口处疼痛已不明显，无明显胸闷心慌，无咳嗽咳痰。查体见患者腹部针刺觉有感知，腹壁反射可引出。行被动直腿抬高及足背伸活动时患者诉腰部疼痛感已不明显，右侧大腿前中部针刺觉及位置觉较前无明显变化，左侧腹股沟与大腿前中部1/2针刺觉及位置觉较前未见明显变化，右侧小腿针刺觉较昨日无明显变化，左侧小腿皮肤针刺觉较昨日未见明显变化，双侧小腿水平以下皮肤感觉未见明显感知，双下肢肌力肌张力消失，双侧跟腱反射、膝腱反射未引出，巴宾斯基征（−），双下肢各项生理反射及病理反射均未引出。换药见切口干燥，无渗出，切口处缝线无开线，切口皮缘愈合欠佳，皮缘微红肿，切口周围可见白色分泌物。尿管在位且通畅，尿液无混浊沉淀……查房后指示：治疗上继续予抗感染、补钾、预防血栓、营养神经等治疗为主。予常规换药，莫匹罗星软膏外用创口处。继续动态复查血常规、CRP、降钙素原、急查生化、血沉、血气分析、尿常规等。嘱患者定时翻身，防止压疮发生。继续观察。

2020年5月8日09:29。今日查房：患者神清，精神可，体温36.0 ℃。诉背部切口处疼痛已不明显，无明显胸闷心慌，无咳嗽咳痰。大便可。查体见患者腹部针刺觉有感知，腹壁反射可引出，行被动直腿抬高及足背伸活动时患者诉腰部疼痛感已不明显，双侧腹股沟与大腿前中部1/2针刺觉及位置觉较前好转，出现感知，右侧小腿针刺觉较昨日无明显变化，左侧小腿皮肤针刺觉较昨日未见明显变化，双侧小腿水平以下皮肤感觉未见明显感知，双下肢肌力肌张力消失，双侧跟腱反射、膝腱反射未引出，巴宾斯基征（−），双下肢各项生理反射及病理反射均未引出。换药见切口干燥，无渗出，切口处缝线无开线，切口皮缘愈合欠佳，切口皮缘微红肿，切口周围可见白色分泌物。尿管在位且通畅，尿液无混浊沉淀……查房后指示：治疗上继续予抗感染、补钾、预防血栓、营养神经等治疗为主。予以常规换药，创口处予以莫匹罗星软膏外用。嘱患者定时翻身，防止压疮发生。动态复查各项检验指标。患者血糖控制可，停用胰岛素注射，改为口服用药，继续监测血糖。康复科会诊后继续康复治疗。继续观察。

2020 年 5 月 11 日 08:34。今日查房：患者神清，精神可，体温 36.0 ℃，诉背部切口处疼痛已不明显，无明显胸闷心慌，无咳嗽咳痰。大便可。查体见患者腹部针刺觉有感知，腹壁反射可引出。行被动直腿抬高及足背伸活动时患者诉腰部疼痛感已不明显，双侧腹股沟与大腿前中部 1/2 针刺觉及位置觉部分恢复，出现感知，右侧小腿针刺觉较昨日无明显变化，左侧小腿皮肤针刺觉较昨日未见明显变化，双侧小腿水平以下皮肤感觉未见明显感知，双下肢肌力肌张力消失，双侧跟腱反射、膝腱反射未引出，巴宾斯基征（−），双下肢各项生理反射及病理反射均未引出。患者双下肢偶见不自主肌肉抽动。换药见切口干燥，无渗出，切口处缝线无开线，切口皮缘处皮肤愈合欠佳，切口皮缘微红肿，切口周围可见白色分泌物。尿管在位且通畅，尿液无混浊沉淀……查房后指示：治疗上继续予补钾、预防血栓、营养神经等治疗为主。予常规换药并拆线。嘱患者定时翻身，防止压疮发生。动态复查各项检验指标。继续监测血糖。继续目前康复治疗。继续观察。

2020 年 5 月 13 日 08:26。今日查房：患者神清，精神可，体温 36.0 ℃。诉背部切口处疼痛已不明显，无明显胸闷心慌，无咳嗽咳痰。大便可。查体见患者腹部针刺觉有感知，腹壁反射可引出。行被动直腿抬高及足背伸活动时患者诉腰部疼痛感已不明显，双侧腹股沟与大腿前中部 1/2 针刺觉及位置觉较前好转，出现感知，右侧小腿针刺觉较昨日无明显变化，左侧小腿外侧皮肤针刺觉部分恢复，较前稍见好转，左侧小腿内侧皮肤感觉未见明显好转，双侧小腿水平以下皮肤感觉未见明显感知，双下肢肌力肌张力消失，双侧跟腱反射、膝腱反射未引出，巴宾斯基征（－），双下肢各项生理反射及病理反射均未引出。患者双下肢偶见不自主肌肉抽动。换药见切口干燥，无渗出，切口处缝线无开线，切口皮缘愈合欠佳，切口皮缘微红肿，切口周围可见白色分泌物。尿管在位且通畅，尿液无混浊沉淀……查房后指示：建议患者行皮肤软组织清创缝合治疗，患者及家属表示拒绝，告知患者及家属拒绝治疗可能导致：①患者皮肤愈合缓慢甚至不能愈合出现。②患者皮肤感染风险增加，可能导致皮肤软组织感染，患者抵抗力较差，局部感染可能形成全身感染，菌血症、脓毒血症甚至死亡可能。患者及家属表示接受。治疗上继续予补钾、预防血栓、营养继续观察神经等治疗为主。予以常规换药，创口处予以莫匹罗星软膏外用。嘱患者定时翻身，防止压疮发生。明日复查各项检验指标。继续监测血糖。继续康复治疗。

××市第一人民医院检验科检验报告单（吴××，报告时间：2020 年 5 月 14 日 10:09）载，D—二聚体：0.59 mg/L（参考区间 0～0.55 mg/L），凝血酶原时间：12.90 s（参考区间 10～14 s）。

2020 年 5 月 16 日 10:21。今日查房：患者神清，精神可，体温 36.0 ℃。诉背部切口处疼痛已不明显，无明显胸闷心慌，无咳嗽咳痰。大便可。查体见患者腹部针刺觉有感知，腹壁反射可引出。行被动直腿抬高及足背伸活动时患者诉腰部疼痛感已不明显，双侧腹股沟与大腿前中部 1/2 针刺觉及位置觉较前好转，出现感知，右侧小腿针刺觉较昨日无明显变化，左侧小腿外侧皮肤针刺觉部分恢复，较前稍见好转，左侧小腿内侧皮肤感觉未见明显好转，双侧小腿水平以下皮肤感觉未见明显感知，双下肢肌力肌张力消失，双侧跟腱反射、膝腱反射未引出，巴宾斯基征（－），双下肢各项生理反射及病理反射均未引出。患者双下肢偶见不自主肌肉抽动。换药见切口干燥，无渗出，切口皮缘愈合欠佳，切口皮缘微红肿，切口周围可见白色分泌物。尿管在位且通畅，尿液无混浊沉淀。查房后指示：治疗上继续予以补钾、预防血栓、营养神经等治疗为主。予常规换药，莫匹罗星软膏外用创口处。嘱患者定时翻身，防止压疮发生。继续康复治疗。继续观察。

2020年5月19日。今日查房：患者神清，精神可，体温36.0 ℃。诉背部切口处疼痛已不明显，无明显胸闷心慌，无咳嗽咳痰。大便可。查体见患者腹部针刺觉有感知，腹壁反射可引出。行被动直腿抬高及足背伸活动时患者诉腰部疼痛感已不明显，双侧腹股沟与大腿前中部1/2针刺觉及位置觉较前好转，出现感知，右侧小腿针刺觉较昨日无明显变化，左侧小腿外侧皮肤针刺觉部分恢复，较前稍见好转，左侧小腿内侧皮肤感觉未见明显好转，双侧小腿水平以下皮肤感觉未见明显感知，双下肢肌力无明显改善，肌张力部分存在，双侧跟腱反射、膝腱反射未引出，巴宾斯基征（-），双下肢各项生理反射及病理反射均未引出。患者双下肢可见不自主肌肉抽动。查肛诊可触及患者肛门括约肌肌肉收缩。换药见切口干燥，无渗出，切口皮缘愈合较前好转，切口皮缘大部已愈合，切口皮缘未见明显红肿，皮缘肉芽新鲜，切口周围白色分泌物减少。尿管在位且通畅，尿液无混浊沉淀。辅助检查：胸部CT（2020年5月18日）：双肺下叶、左肺上叶舌段条片状影，考虑慢性炎症，建议复查；右侧叶间胸膜区斑点状高密度影，结合临床；双肺轻度间质性改变；甲状腺体积增大，建议超声检查；与2020年4月13日片比较脂肪肝较前好转。胸腰段椎体MRI（2020年5月17日）：①符合T11椎体术后改变、伴脊髓水肿，局部脊髓信号不均，与2020年4月30日片比较，脊髓受压减轻，周围软组织水肿明显减轻，请结合临床；②T11椎体骨髓水肿，前下缘异常信号，请结合临床；③考虑T12椎体新鲜轻度压缩性骨折；④考虑T8、T11椎体血管瘤；⑤胸背部及T11右侧椎板区积液，腰背部筋膜下水肿；⑥胸腰椎退行性病变；⑦骶1～2骶水平管囊肿……查房后指示：经治疗，患者目前生命体征平稳，应患者及家属要求，予出院，并转入康复医院继续后续康复治疗。嘱患者出院后避风寒，节饮食，畅情志，规律服药，定时翻身，防止压疮发生，继续康复治疗，促进下肢恢复，防止血栓形成。

出院记录

出院时间：2020 年 5 月 19 日。

出院情况：患者神清，精神可，体温36.0 ℃。诉背部切口处疼痛已不明显，无明显胸闷心慌，无咳嗽咳痰。大便可。查体见患者腹部针刺觉有感知，腹壁反射可引出。行被动直腿抬高及足背伸活动时患者诉腰部疼痛感已不明显，双侧腹股沟与大腿前中部 1/2 针刺觉及位置觉较前好转，出现感知，右侧小腿针刺觉较昨日无明显变化，左侧小腿外侧皮肤针刺觉部分恢复，较前稍见好转，左侧小腿内侧皮肤感觉未见明显好转，双侧小腿水平以下皮肤感觉未见明显感知，双下肢肌力无明显改善，肌张力部分存在，双侧跟腱反射、膝腱反射未引出，巴宾斯基征（−），双下肢各项生理反射及病理反射均未引出。患者双下肢可见不自主肌肉抽动。查肛诊，可触及患者肛门括约肌肌肉收缩。换药见切口干燥，无渗出，切口皮缘愈合较前好转，切口皮缘大部已愈合，切口皮缘未见明显红肿，皮缘肉芽新鲜，切口周围白色分泌物减少。尿管在位且通畅，尿液无混浊、沉淀。

出院诊断：①胸 11、12 椎体压缩性骨折；②胸椎管硬膜外血肿伴脊髓损伤；③高血压 2 级；④重度骨质疏松；⑤重度骨关节病；⑥2 型糖尿病；⑦窦性心动过速；⑧慢性胃炎；⑨肾小球肾炎；⑩Ⅰ型呼吸衰竭；⑪泌尿系感染；⑫低钾血症。

出院医嘱（包括中医等）：嘱患者出院后避风寒，节饮食，畅情志，规律服药，定时翻身，防止压疮发生，康复医院继续康复治疗，促进下肢恢复，防止血栓形成。

2. ××市第二人民医院住院病历

入院时间：2020 年 5 月 20 日。

出院时间：2020 年 8 月 20 日。

主　　诉：腰部外伤后排尿异常 1 月余。

现 病 史：患者于 2020 年 2 月 28 日在家中摔伤，腰背部疼痛，未予处理，二便正常。4 月时腰部疼痛加重，4 月 14 日在××市第一人民医院手术治疗，术后切口出血，引流量增多，于 4 月 24 日再次手术（手术名称不详），术后一直留尿管，排便困难，伴有双下肢无力。患者在××市第一人民医院及我院脊柱外科就诊，认为患者脊柱稳定，来我科就诊，以神经源性膀胱诊断入院。

体格检查

（前略）脊柱活动自如，双下肢肌力 0～1 级，感觉平面为腰 5 水平。背部有一 15 cm 陈旧性手术瘢痕。神经系统发育正常，生理反射正常存在，病理反射未引出。

专科检查：双肾区无膨隆，未触及包块，无压痛、叩痛；双输尿管走行区未触及条索状肿物，无压痛；耻骨膀胱区无充盈。鞍区感觉存在，肛门外括约肌张力可，直肠深感觉存在，球海绵体反射阴性。

出院记录

出院日期：2020 年 8 月 20 日。

诊疗经过及效果：入院后完善常规检查，经查房讨论，明确诊断。给予康复训练及多种治疗，患者生活自理能力有所提高。

出院诊断：泌尿系感染；脊髓损伤；胸椎骨折；糖尿病神经源性膀胱；高血压。

出院后门诊记录

2024 年 1 月 26 日尿动力检查，尿动力学印象：①充盈期逼尿肌过度活动，排尿期未见逼尿肌明显收缩，腹压排尿；②膀胱感觉存在。

2024 年 1 月 26 日盆底电生理检查报告单：①阴部神经皮层感觉诱发电位测定正常；②骶反射弧神经传导异常；③阴部神经运动传导测定异常；④鞍区皮肤交感反应测定异常；⑤肛门括约肌无自主收缩。

2024 年 2 月 2 日诊断证明书：神经源性膀胱；排尿困难；神经源性膀胱过度活动症；神经源性肠道功能障碍；便秘；脊髓损伤后遗症；神经痛；痉挛；失眠；骨质疏松；胸椎骨折。

××市第三人民医院肌电图诱发电位报告单（2024 年 2 月 7 日）：①双下肢神经源性损害（L4~L5，S1 水平）；② SEP 下肢：分别刺激左右侧胫神经、双侧腘窝（N6）、T12（N22），波形分化尚可，重复性尚可，潜伏期正常；双顶皮层（P40）波形未引出，提示 T12 以上至双顶皮层深感觉传导通路障碍；③ MEP 下肢：右侧胫骨前肌记录，右腘窝、L4、头部刺激波形未引出，提示右下肢外周段运动传导通路障碍，中枢段运动传导通路障碍不除外。

三、鉴定过程

1. 简要过程

接受鉴定委托后，我们对送检材料进行了文证审查，并于 2023 年 11 月 22 日组织鉴定所涉及的双方当事人进行线上听证及专家咨询会议，会上本案鉴定人向医患双方告知了本案鉴定人员及鉴定相关事项，医患双方分别陈述了意见，并回答了鉴定人员及临床专家的提问。并按照《法医临床检验规范》（SF/T 0111—2021）及法医临床鉴定相关仪器，于 2024 年 1 月 18 日对被鉴定人吴 ×× 进行活体检查；采用《法医临床影像学检验实施规范》（SF/T 0112—2021）对相关影像学资料进行检验。

2. 法医临床学检查

目前情况：双下肢截瘫，大小便不知。

检查：家属轮椅推入检查室，一般情况可，神清语利，查体合作，腰背部正中可见纵行 8.0 cm×1.0 cm 手术瘢痕，周围可见四处 1.0 cm×1.0 cm 点状瘢痕，尿管、尿袋在位。双下肢肌容量明显萎缩，无自主活动，肌力 0 级，双下肢肌张力不高，腱反射可引出，病理征（+）。

3. 阅片意见

腰椎 MRI 片（2020 年 4 月 10 日）示：胸 11、12 椎体轻度压缩，前窄后宽，椎体内可见高信号。胸 11 椎体下缘可见高信号，其内可见小圆形高密度影。胸 12 椎体前缘变扁。胸 11、12 椎体水平椎管内无明显狭窄，相应节段脊髓信号均匀，无异常信号表现，脊髓圆锥未见异常信号。

腰椎 MRI 片（2020 年 4 月 14 日）示：胸 11 椎体脊髓内异常信号，压脂像呈高信号。胸 11、12 椎体水平脊髓水肿，呈弥漫性高信号。

胸椎 MRI 片（2020 年 4 月 21/23 日）示：T11 椎体见类圆形短 T1、长 T2、STIR 稍高信号影，T11 椎体前下缘小片长 T1、稍长 T2 信号，STIR 呈高信号，T11 椎体 STIR 高信号，附件部分缺如，结构显示不清，邻近脊髓受压变扁，髓内信号增高，并可见斑点、条状长 T2 信号。T12 椎体轻度变扁，T12 上部终板塌陷，胸 11、12 椎体水平脊髓内异常高信号范围扩大，周围水肿明显减轻。

胸椎 MRI 片（2024 年 1 月 25 日）示：T11 椎体后路术后改变。T11 椎体水平髓内斑片状 TWI 低信号、T2WI 及 T2WI-FS 高信号影。T12 椎体变扁上缘凹陷；T8、T11 椎体内类圆形混杂信号灶，TWI/T2WI 均呈高低混杂信号、T2WI-FS 呈高信号，边界较清，T11 椎体前下缘可见条片状 T1WI 高、T2WI-FS 低信号影，边界清。所示胸腰椎体边缘骨质增生，胸、腰椎椎间隙未见明显狭窄，T2WI 上各椎间盘信号减低，胸椎椎旁软组织萎缩。

4. 鉴定意见

××市第一人民医院在对被鉴定人吴××的诊治过程中，存在告知不充分和术中操作不当致椎管硬膜外出血的过错。××市第一人民医院诊疗行为与被鉴定人吴××的损害后果之间存在因果关系，过错系主要原因。

◤ 四、分析说明

根据现有病历资料，依据诊疗常规、相关著作及文献，《医疗损害司法鉴定指南》（SF/T 0097—2021）、《人身损害与疾病因果关系判定指南》（SF/T 0095—2021）等相关标准和规范，并请有关专家会诊，现就相关问题分析如下。

（一）××市第一人民医院诊疗行为评价

1. 诊断明确、手术适应证存在

椎体压缩性骨折以椎体形态"压缩"为特征，常见于椎体前缘或整体高度丢失。影像学检查是诊断椎体压缩性骨折的主要方式。磁共振以质子成像反映骨质内部的氢原子的分布状态，在判定骨挫伤和骨水肿方面具有独特优势。磁共振常与其他影像学检查方式结合判定骨折性质。

经皮穿刺球囊扩张脊柱后凸成形术常用来治疗椎体压缩性骨折。该术式将膨胀性气囊经皮穿刺植入椎体，充气扩张后再注入骨水泥，起到复位椎体、恢复椎体强度和硬度，并矫正后凸畸形。后壁完整的疼痛性压缩性骨折或 2 个以上椎体发生塌陷者是经皮穿刺球囊扩张脊柱后凸成形术的适应证之一。

被鉴定人吴 ×× 因腰背部摔伤 1 月余于 2020 年 4 月 13 日入 ×× 市第一人民医院诊治。入院前腰椎 X 线检查（4 月 1 日）示胸 12 椎体上缘凹陷，磁共振检查（4 月 10 日）示胸 12 椎体前缘变扁，呈压缩形态，且具有高信号表现，符合新鲜压缩性骨折的影像学表现；胸 11 椎体磁共振检查示椎体下缘高信号分布，提示骨挫伤或骨水肿，且椎体形态呈压缩改变。入院专科查体示"脊柱后凸畸形，腰部活动受限。胸 11、12 棘突压痛（＋），叩击痛（＋）"，入院诊断为"胸 11、胸 12 椎体压缩性骨折（新鲜）"，诊断明确。

被鉴定人吴 ×× 胸 11、胸 12 压缩性骨折诊断明确，且具有相应水平的棘突压痛、叩击痛，以及腰部活动受限的症状和体征，符合行经皮穿刺球囊扩张脊柱后凸成形术的手术适应证。

2. 未告知替代治疗措施

医疗机构及其医务人员在诊疗过程中宜对患者的病情及拟采取的诊疗措施做出必要的告知，并取得患方的知情与对诊疗措施的同意。其中，除拟采取的诊疗措施以外，"可供选择的其他替代措施"也是需要告知的事项。

脊椎骨折一般可采用卧床休息、支具保护及肌肉训练等非手术治疗手段。对于不稳定性骨折、骨折合并脊髓损伤、保守治疗效果不佳且疼痛剧烈，以及严重影响日常生活的，可考虑手术治疗。

被鉴定人吴 ×× 伤后影像学检查可见胸 12 椎体上缘压缩，但压缩程度相对轻微，胸腰椎序列力学稳定性尚存，且无脊髓压迫或损伤征象。虽然入院查体示腰部活动受限，胸 11、12 椎骨棘突压痛、叩击痛，但尚无疼痛剧烈或严重影响日常生活的表现，提示其仍具有保守治疗恢复的可能，非手术治疗仍是可供选择的治疗方式，此时宜告知保守治疗的方式，以供患方选择。

经阅送检病史，院方在诊疗计划、术前病程、术前小结、术前讨论和知情同意书中均未见告知患方选择保守治疗的记载，存在未告知替代治疗措施的过错。

3. 术中操作不当致椎管硬膜外出血

经皮脊柱后凸成形术中，无论穿刺还是球囊置入，均应保证在椎弓根和椎体内进行手术操作，避免破坏椎弓和椎体周壁。如术区椎管骨性结构发生破坏，则可能损伤椎内静脉丛或因椎体内松质骨血液外溢致相应节段硬膜外血肿。因此，"宁上勿下、宁外勿内"等穿刺原则，以及"球囊与椎体周壁皮质或终板接触"等停止球囊扩张的指征，均是为了保证不破坏椎弓和椎体周壁完整性，从而避免出血或神经损伤等医源性损害。

被鉴定人吴××于2020年4月14日10时35分至11时10分行"经皮穿刺球囊扩张脊柱后凸成形术"。术中以左侧胸11椎弓根外上方2 cm皮肤处为进针点，经椎弓根外旁侧进入椎体，后球囊导管通过外鞘插入胸11椎体内部扩张球囊，球囊复位过程中患者出现双下肢无力，感觉消失等脊髓损伤症状。院方"考虑术中突发椎体内出血，导致椎管内血肿形成"。当日14时5分至15时30分行"胸椎后路椎板切除、椎管减压、占位物取出术"。术中切除胸11椎体棘突、双侧椎板，探查见硬膜囊完整无破损，但椎管内弥漫持续性渗血。4月24日再次行"胸椎后路椎管减压、血肿清除术"，术中可见硬膜囊背侧血凝块形成，周围伴有弥漫持续性渗血。其胸11节段硬膜外出血诊断明确。

虽然两次减压术中，院方未查见明确出血灶位置，但椎管内"弥漫持续性渗血"证实椎管内壁存在结构破坏，造成出血灶与椎管相通，导致相应节段硬膜外血肿。因此，考虑院方在"经皮穿刺球囊扩张脊柱后凸成形术"术中存在操作不当致椎管硬膜外出血的过错。

4. 术后复查和治疗未见损伤恢复改善

外源性压迫可导致脊髓肿胀并阻碍脑脊液循环，从而加重脊髓损伤。脊髓损伤后应随时观察、及时处置，避免不良预后。磁共振检查可反映髓内信号变化和范围，推断脊髓病程及预后。早期减压可防止继发性损伤加重，降低脑脊液压力，保留存活轴突并延缓胶质细胞坏死。因此，硬膜外减压是治疗脊髓压迫的首选术式。一般情况下，尽早进行减压获益越大。

被鉴定人吴××于2020年4月14日行"经皮穿刺球囊扩张脊柱后凸成形术"，术中出现脊髓损伤症状，即行磁共振检查示"T11髓外硬膜下异常信号"。院方考虑椎管内血肿形成，并于当日下午行"胸椎后路椎板切除、椎管减压、占位物取出术"。

被鉴定人吴××于2020年4月14日行"胸椎后路椎板切除、椎管减压、占位物取出术"，术中充分止血至术区内无明显出血灶，探查椎管、神经根管，见各神经根及硬膜减压彻底，无持续性出血灶。术后给予甲强龙激素等药物对症治疗。并于4月21日复查磁共振，未见新发出血表现。

2020年4月23日，院方再次给予磁共振复查，可见胸11椎体后缘高信号影，诊断为"硬膜外血肿"。经与家属沟通后于次日再次行胸椎后路椎管减压术，术中清除血肿及周围出血灶，探查椎管见硬膜原始形态恢复，充分止血至术区内无明显出血灶。

综上，院方术后复查虽及时发现新发硬膜外血肿，并给予积极治疗，但对其脊髓损伤导致运动、感觉障碍等表现无明显改善。

（二）诊疗行为与被鉴定人吴××损害后果之间的因果关系

被鉴定人吴××因胸11、12椎体压缩性骨折于2020年4月13日入××市第一人民医院诊治。4月14日行"胸椎压缩性骨折经皮穿刺球囊扩张脊柱后凸成形术"，术中出现脊髓损伤，于当日和4月24日均行椎管减压术。

术后运动、感觉障碍持续存在。后经外院治疗，症状无明显改善，现遗有脊髓损伤的损害后果。

院方在对被鉴定人吴 ×× 的诊疗过程中存在告知不充分和术中操作不当致椎管硬膜外出血的过错。该过错行为是导致不良预后的始动因素，若没有医疗过错，损害后果一般不会发生。考虑到院方诊断明确、手术适应证存在，术前亦告知了"椎管内血肿形成"的手术并发症，且术后复查和治疗得当。综合分析认为，医疗行为与患者的损害后果之间存在因果关系，过错系主要原因。

五、启示

本案例涉及患者吴 ×× 摔伤导致胸 11、12 椎体压缩性骨折，并在随后接受经皮穿刺球囊扩张脊柱后凸成形术（PVP）时遭遇医疗事故，导致双下肢瘫痪。术后尽管进行了多次减压手术，但患者的运动和感觉障碍并未得到有效改善，最终遗留有脊髓损伤的损害后果。医患双方对此产生争议，患方认为院方存在医疗过错，遂诉至法院。

医疗机构及其医务人员在诊疗过程中负有向患者说明病情及拟采取治疗措施的义务，并且应告知患者可供选择的其他替代治疗方法。然而，在本案例中，院方未向患者及其家属告知替代治疗方式，存在告知不充分的过错。根据吴 ×× 的影像学检查结果，其胸 12 椎体压缩程度较轻，胸腰椎序列力学稳定性尚存，无脊髓压迫或损伤迹象，提示其仍具有通过保守治疗恢复的可能性。在这种情况下，应向患者提供包括保守治疗在内的多种治疗选择，以便患者根据自身情况做出最适合自己的决定。

经皮椎体后凸成形术是一项复杂的技术，要求术中所有操作均应在椎弓根和椎体内进行，避免破坏椎弓和椎体周壁。然而，在本案例中，手术过程中出现了椎管内弥漫持续性渗血的现象，这表明术中操作可能破坏了椎管内壁结构，导致硬膜外出血。这种操作不当是导致患者脊髓损伤的直接原因。若术中操作得当，此类并发症通常是可以通过预防措施避免的。

吴××在接受 PVP 手术后立即出现了双下肢无力、感觉消失等症状，术后长期存在的运动和感觉障碍表明患者的脊髓已遭受不可逆的损伤。尽管院方在后续进行了多次减压手术，并采取了一系列相应的治疗措施，但患者的症状并无明显改善，显示医疗干预未能有效阻止损害后果的进一步发展。

根据法医临床学检查及阅片意见，吴××的损害后果与其在"胸椎压缩性骨折经皮穿刺球囊扩张脊柱后凸成形术"中的操作不当之间存在直接因果关系。如果术中操作得当，此类损害后果通常是不会发生的。因此，可以认定院方的医疗行为是导致患者损害后果的主要原因。

本案例中，患者吴××在进行"胸椎压缩性骨折经皮穿刺球囊扩张脊柱后凸成形术（PVP）"时遭遇了严重的术中操作不当事件，导致椎管内弥漫持续性渗血，最终引发脊髓损伤，造成了不可逆转的双下肢瘫痪。这一损害后果的严重性体现在以下几个方面。在手术过程中，患者即刻出现了双下肢无力、感觉消失等脊髓损伤的症状，这表明术中操作已经对脊髓造成了直接的损伤。尽管术后进行了多次减压手术和相关治疗措施，但患者的运动、感觉障碍并未得到有效改善，最终留下了脊髓损伤的后遗症。这意味着患者可能需要长期依赖他人的照顾，严重影响了其生活质量和社会功能。除了身体上的损害之外，此类严重的后遗症还可能导致患者经历巨大的心理创伤，包括抑郁、焦虑等情绪障碍，影响其心理健康。

规范的操作流程可以有效预防手术过程中可能发生的并发症，如本案例中的硬膜外出血，通过遵循标准的手术指南，可以极大减少对患者神经和血管结构的损伤。遵循规范的操作步骤有助于手术的顺利进行，提高手术成功率。尤其是在复杂的骨科手术中，规范操作至关重要，它有助于手术达到预期目标，减少不必要的术后并发症。严格遵守手术规范是保障患者安全的基本前提。无论是术前准备、术中操作还是术后管理，每一个环节都需要严格按照专业标准执行，以将手术风险降至最低，保护患者免受意外伤害。

对骨科诊疗实践而言，本例提示术前应进行全面的病情评估，包括详细的影像学检查（如 CT、MRI）和生理状态分析，确保手术适应证明确，并排除不适合手术的情况。详细告知患者及家属手术风险、可能出现的并发症及替代治疗方案，尊重患者的知情同意权，确保患者根据充分的信息做出自主决定。严格遵循手术指南进行操作，避免术中失误，确保手术安全，尤其是对于复杂手术如 PVP，应由经验丰富的医生执行。术后应密切监测患者恢复情况，及时发现并处理并发症，减少不良后果的发生。

司法鉴定机构在进行医疗过错鉴定时应秉持客观、公正的态度，依据医疗常规及相关法律法规进行科学判断，确保鉴定结论的公正性。鉴定过程中要认真审查医疗记录、影像学资料等证据材料，确保鉴定结论的准确性和权威性。必要时可邀请相关领域的专家参与讨论，提高鉴定结论的专业性和可信度。

患者及其家属应增强自我保护意识，了解相关医疗法规，合理维权。面对治疗方案时，患者应积极参与治疗决策过程，提出疑问并寻求解答，确保自己充分理解医疗建议。在遇到医疗纠纷时，应及时寻求专业律师的帮助，维护自身合法权益，必要时可通过法律途径解决争议。

通过本案例，我们深刻认识到在骨科手术中规范操作的重要性。它不仅关系到患者的生命安全与手术效果，更是提升医疗服务品质、构建和谐医患关系的基础。因此，每一位骨科医生都应当严格遵守手术规范，不断优化手术技巧，以确保每次手术都达到最佳的治疗效果。

案例 ❷ 尺桡骨骨折弹性钉置入不当致桡神经损伤

一、案例背景

1. 基本情况

委托单位：××市人民法院。

委托事项：××市第一人民医院对王××的医疗行为是否存在过错；若
存在过错，该过错行为与王××的损害后果之间的因果关系
及原因力大小。

鉴定材料：××市第一人民医院住院病历复印件1份；××市第二人民
医院住院病历复印件1份；××市第三人民医院住院病历复
印件1份；2023年3月5日××市第一人民医院肌电图/诱
发电位检查报告单1页；影像学片7张。

2. 案情摘要

被鉴定人王××于2021年9月17日因摔伤左前臂入××市第一人民医
院诊治，入院诊断为左尺桡骨骨折，入院后于9月20日行切开复位弹性钉内
固定术，并于9月29日出院。后因"左腕关节及各指间关节伸展不能3个月"
于2022年1月7日入××市第二人民医院诊治，入院诊断为"左侧桡神经损
伤"，入院后于1月13日行"左尺桡骨骨折内固定取出＋左侧桡神经探查术"，
术中见内固定弹性钉卡压桡神经，并于1月17日出院。出院后因"外伤术后
左手伸拇指、伸示指活动受限7个月"于2022年4月14日入××市第三人
民医院诊治，入院诊断为"桡神经损伤（左）"，入院后于4月15日行"左桡

神经探查松解修复术，对侧腓肠神经移植修复术"，并于 4 月 19 日出院。现患方认为 ×× 市第一人民医院存在医疗过错，诉至法院要求赔偿。

3. 听证意见

患方认为：2021 年 9 月 17 日，原告因摔伤后左前臂畸形伴活动受限入住被告医院，9 月 20 日被告医院对原告左尺桡骨骨折行切开复位弹性钉内固定术，在手术过程中，被告医院手术存在过错，造成原告左侧桡神经深支断裂损伤，致使原告左腕关节活动差，左手各指间关节伸展不能等表现。

医方认为：对原告的诊治过程符合临床操作规范，已尽到院方的救治义务和责任，不存在过错。

二、病史摘要

1. ×× 市第一人民医院住院病历

入院日期：2021 年 9 月 17 日。

出院日期：2021 年 9 月 29 日。

主　　诉：摔伤后左前臂疼痛畸形伴活动受限 1 小时入院。

现 病 史：患者 1 小时前玩耍时不慎摔倒，以左前臂着地，即感左前臂疼痛剧烈，左前臂肿胀明显，不敢活动。当时无昏迷，无头痛、头晕，无恶心、呕吐，无胸腹部不适，受伤后未行治疗急来我院，门诊查 X 线片后显示：左尺桡骨骨折，遂收住骨科进一步治疗。患者自受伤以来神清，无寒战、发热，无头痛、头晕，无恶心、呕吐，无胸闷、气短，无腹痛、腹胀，二便正常。

既 往 史：既往体健……

体格检查

T：36.4 ℃；P：90 次 / 分；R：22 次 / 分；BP：90/60 mmHg。

专科情况：左前臂外观畸形，左前臂中段肿胀，压痛，可及异常活动及骨擦感，左肘、腕关节主动活动受限，被动活动正常，左手无麻木，末梢血运好，各手指活动自如。余肢体未见异常。

辅助检查：DR 示左尺桡骨中段骨折，断端错位、成角畸形。

初步诊断：左尺桡骨骨折。

首次病程记录

2021 年 9 月 17 日 12:50。诊疗计划。入院后给予骨科二级护理，普食，查心电图，患肢石膏外固定，局部冷敷，静脉滴注七叶皂苷钠 5 mg 消肿、止痛等治疗。查血常规、血型、PT、APTT、肝肾功能、血糖、乙肝五项等检查，待手术，向患者家属交代病情。

病情评估：患者神清，精神好，向其交代病情，患者尺桡骨断端错位，影响前臂旋转功能，需行闭合复位内固定术，目前积极完善术前检查。

病程记录

2021 年 9 月 18 日。患者一般情况可，精神、饮食、睡眠可，二便正常。查体：心肺腹未见异常，左前臂石膏固定好，左手无麻木，末梢血运好，手指活动自如，余无异常……指示：患者诉伤处疼痛明显，必要时给予酮洛芬 0.1 g 口服。目前完善术前检查，继续给予七叶皂苷钠 5 mg 消肿等对症治疗。遵嘱。

2021 年 9 月 19 日。患者神清，一般情况好，饮食、睡眠好，二便正常，生命体征平稳。查体：心肺腹未见异常，左前臂石膏固定好，左前臂稍肿胀，左手无麻木，末梢血运好，手指活动自如，余无异常。各种检查结果无明显手术禁忌证……患肢肿胀消退，术前检查无明显手术禁忌证，向患者及家属交代病情，建议手术。患者及家属表示理解，定于明日手术。

术前讨论

手术指征：患者为儿童，左尺桡骨中段骨折，断端移位，行闭合复位内固定术，术后患肢可进行早期功能练习，减少并发症。

手术方案：闭合或切开复位内固定术。

术前诊断：左尺桡骨中段骨折。

发言记录：患者左尺桡骨中段骨折，行闭合复位内固定术，恢复断端解剖关系，术中注意保护伸指肌腱，减少医源性损伤，术中应注意无菌原则，防止感染，仔细操作。

（前略）骨折断端完全移位，若闭合复位失败需骨折断端切开复位，向患者交代清楚病情，必要时骨折断端处切开复位。

（前略）同意以上意见，左尺桡骨中段骨折，行闭合复位内固定术，恢复断端解剖关系，恢复前臂旋转功能，并可早期行患肢功能锻炼，术中仔细解剖，严格掌握无菌手术原则，尽量减少软组织损伤；术中严格止血，防止神经、血管医源性损伤。

术前小结

术前诊断：左尺桡骨骨折。诊断依据：①明显外伤史；②查体，左前臂外观畸形，左前臂中段肿胀，压痛，可触及异常活动及骨擦感，左肘、腕关节主动活动受限，被动活动正常，左手无麻木，末梢血运好，各手指活动自如，余肢体未见异常；③辅助检查，DR 示左尺桡骨中段骨折，断端错位、成角畸形。

手术指征：查体，左前臂中段肿胀、畸形，可触及异常活动及骨擦感。

DR 示左尺桡骨中段骨折，断端错位、成角畸形。保守治疗无法解剖复位，愈合后影响前臂旋转功能。

术前准备：①完善相关入院检查；②术前 6 小时禁食水；③术区备皮；④阿托品 0.2 mg，鲁米那 0.05 g，术前 30 分钟肌注。

拟施麻醉方式：全麻。

手术知情同意书

根据患者病情需实施该项手术，但此手术存在一定的风险和可能出现手术并发症及其他无法预料的意外情况，为此特别郑重向患者或委托代理人交代术中或术后可能发生的意外情况及并发症，包括但不限于：……术中损伤周围组织，重要神经、血管、脏器。患者或授权（法定）代理人意见：①理解上述内容及风险；②同意进行该项操作。签字：王××。

手术记录

手术日期：2021 年 9 月 20 日。

术前诊断：左尺桡骨骨折。

术后诊断：左尺桡骨骨折。

手术名称：切开复位弹性钉内固定术。

手术经过（术中出现的情况及处理）：麻醉成功后取仰卧位，患肢外展，于上臂近端绑扎气囊止血带，常规碘酒、酒精消毒手术区域，铺无菌单。C 型臂透视见左尺桡骨中段骨折，断端成角畸形。术中诊断：左尺桡骨中段骨折。遂决定行闭合复位弹性髓内钉固定术。驱血充气至 40 kPa；沿桡骨近端背侧行约 0.4 cm 的纵向切口，依次切开皮肤、皮下组织、筋膜及骨膜，达桡骨近端骨骺远端约 1 cm；开口器先垂直再斜行 45° 开一骨孔。根据髓腔宽度选择适合髓腔的最大宽度的髓内钉，约 2.0 mm，预弯整个弹性髓内钉，使其有轻微弧度并预计骨折复位后弧顶位于或靠近骨折断端，置入弹性钉，但弹性钉无法进入骨折近端，遂以断端为中心切开 3 cm，依次切开各层见桡骨骨折断端坎插移位，复位后置入弹性钉，见固定牢靠，透视见骨折处复位良好，检查固定可靠。髓内钉长短适宜，无松动。再行尺骨内固定，取尺骨近端背侧切口，长约 1.5 cm，开口器开口，髓内钉预弯后置入尺骨近端，到骨折断端处见无法正常进入尺骨远端，遂以尺骨断端为中心切口 3 cm，依次切开各层见尺骨骨折断端，遂扩髓后复位骨折断端，置入弹性钉，见固定牢靠，透视见骨折处复位良好，检查固定可靠。髓内钉长短适宜，无松动。松气囊止血带，庆大盐水冲洗伤口，查无出血；清点器械、敷料无误，依次缝合各层。石膏固定前臂于功能位。术毕。手术顺利，麻醉满意，术中出血约 5 ml。患者安返病房。

病程记录

2021 年 9 月 21 日。术后第一天，患者一般情况可，精神、饮食、睡眠可，二便正常。查体：心肺腹未见异常，左上肢石膏外固定良好，左前臂稍肿胀，手术切口包扎好，无渗出，左前臂皮肤感觉正常，无麻木，桡动脉可触及，末梢血运好，手指活动度好，余无异常。

2021 年 9 月 22 日。术后第二天，患者神清，一般情况好，生命体征平稳。左上肢石膏外固定良好，左前臂稍肿胀，手术切口包扎好，无渗出，左前臂皮肤感觉正常，无麻木，桡动脉可触及，末梢血运好，手指活动度好，余无异常。复查前臂 DR：左尺桡骨骨折术后，骨折处复位满意，内固定良好。

2021 年 9 月 23 日。术后第三天，患者神清，未诉不适。查体：左上肢石膏外固定良好，左前臂稍肿胀，手术切口包扎好，无渗出，左前臂皮肤感觉正常，无麻木，桡动脉可触及，末梢血运好，手指活动度好，余无异常。今日换药见切口无渗出，愈合良好，患者病情平稳，停用抗生素，继续给予静脉滴注七叶皂苷钠 5 mg 消肿等对症治疗。

2021 年 9 月 26 日。患者神清，精神可，未诉不适。查体：左上肢石膏外固定良好，左前臂肿胀明显减轻，手术切口包扎好，无渗出，左前臂皮肤感觉正常，无麻木，桡动脉可触及，末梢血运好，手指活动度好，余无异常。今日换药见切口无渗出，愈合良好，患者病情平稳，继续给予静脉滴注七叶皂苷钠5 mg 消肿等对症治疗。嘱患者行手指功能锻炼，利于消肿。

2021 年 9 月 29 日。患者神清，一般情况好，生命体征平稳。查体：左上肢石膏外固定良好，左前臂稍肿胀，手术切口包扎好，无渗出，左前臂皮肤感觉正常，无麻木，桡动脉可触及搏动，末梢血运好，手指活动度好，余无异常。换药见切口无渗出，愈合良好……今日出院，嘱其继续石膏外固定，3 天后门诊换药，术后 12 天拆线，1 月后来院复查，加强营养，有异常随诊。

出院记录

出院时间：2021 年 9 月 29 日。

出院情况：患者神清，一般情况好，生命体征平稳。查体：左上肢石膏外固定良好，左前臂稍肿胀，手术切口包扎好，无渗出，左前臂皮肤感觉正常，无麻木，桡动脉可触及，末梢血运好，手指活动度好，余无异常。

出院诊断：左尺桡骨骨折。

出院医嘱：继续石膏外固定，3 天后门诊换药，术后 12 天拆线，1 月后来院复查，加强营养，有异常随诊。

2. ××市第二人民医院住院病历

入院日期：2022 年 1 月 7 日。

出院日期：2022 年 1 月 17 日。

主　　诉：左尺桡骨骨折术后，左腕关节及各指间关节伸展不能3 个月。

现 病 史：3 个月前患儿因左尺桡骨骨折就诊于当地医院，于当地医院行左尺桡骨骨折闭合复位内固定术，手术顺利，术后发现患儿左腕关节活动差，左手各指间关节伸展不能，现为求进一步治疗，来我院门诊，行肌电图示，左侧桡神经肱桡肌肌支以下不全受损，门诊以"左侧桡神经损伤"收入院。

专科情况：……左前臂无红肿，可见陈旧手术瘢痕，愈合好，局部无压痛。左肘关节活动无受限，肘部感觉减退，左腕关节背伸受限，左手各指间关节伸展不能，尺侧及桡侧感觉减退，左侧桡动脉搏动可触及，手指活动、血运好。

辅助检查：X 线片（当地医院，未见报告单）示左尺桡骨骨折术后，骨愈合良好，内固定存在。肌电图（××医院，2022 年 1 月 6 日）示左侧桡神经肱桡肌肌支以下不全受损。

初步诊断：①左侧桡神经损伤；②左尺桡骨骨折术后。

××医院肌电图检查报告单（王××，2022 年 1 月 6 日，肌电图号：211942）载，诊断意见：左上肢肌电图检查示：左侧桡神经肱桡肌肌支以下不全受损（活动性，中度－重度）。其中拇长伸肌（C8）支、伸示指肌支完全受损表现，余呈不全受损；余被检肌及神经未见明显异常。

手术记录

手术时间：2022 年 1 月 13 日。

手术名称：左尺桡骨骨折内固定取出＋左侧桡神经探查术。

手术经过（术中出现的情况及处理）：……先取左前臂近端尺骨背侧原手术瘢痕处切口，长约 1.5 cm，依次切开皮肤、皮下组织、深筋膜，可见滑囊形成，剥离并清理滑囊壁组织后显露 1 枚弹性髓内钉钉尾，取出 1 枚弹性钉。然后在左肘部外侧纵向切口于原伤口愈合处，长约 7 cm，依次切开皮下组织、深筋膜，经肱桡肌及桡侧腕伸肌间分离显露桡神经，探查见肘关节水平桡神经总干、肌支完整，继续向远端探查，可见桡神经浅支连续性存在，桡神经深支在分叉处开始明显增粗、质韧，并转向背侧，在分叉远端 2 cm 左右，被内固定弹性钉卡压至桡骨近端侧，并终止于此，未向远端延续。探查旋后肌入口处及旋后肌管全程，及周围肌间隙，均未发现桡神经深支远端部分。仔细取出桡骨内弹性钉后，继续探查，可见桡神经深支粘连至桡骨近端桡侧骨皮质开口处，仔细分离粘连，可见桡神经深支无明显神经组织向远端延续，仅有细薄的膜性组织与之相连走向远端，其内无明显连续的轴突和神经肌支。向家长交代病情后，家长同意暂不进行进一步处理，术后观察神经功能恢复情况。清点纱布、器械无误后，生理盐水冲洗伤口，可吸收缝线逐层缝合伤口，无菌敷料包扎。术后拍片示内固定物已取出，无异物残留，手术顺利，麻醉满意，术中出血约 10 ml，手术历时约 2 小时 30 分钟，术后患儿安返病房。

出院记录

出院日期：2022 年 1 月 17 日。

出院情况： 患儿一般情况可，生命体征平稳，饮食二便基本正常，T 36.5 ℃，心肺腹（-），左前臂伤口敷料整洁，无渗出，左侧动脉搏动可及，手指活动同术前，末梢血运好。

出院诊断： ①左侧桡神经深支损伤；②左尺桡骨骨折后；③疱疹性咽峡炎。

出院医嘱： ①伤口 3 天换 1 次药，直到术后 2 周；②如伤口出现红肿、渗液、流脓，及时来院就诊；③避免外伤，术后 4 周门诊复查，有不适情况随诊。

3. ××市第三人民医院住院病历

入院日期：2022 年 4 月 14 日。

出院日期：2022 年 4 月 19 日。

主　　诉：外伤术后左手伸拇指、伸示指活动受限 7 个月。

现 病 史：缘于 2021 年 9 月 17 日摔伤后左前臂疼痛、畸形、活动受限，
就诊于××市第一人民医院，检查后诊断为"左尺桡骨骨
折"，9 月 20 日行"切开复位弹性钉内固定术"，术后发现左
手伸指活动不能。2022 年 1 月就诊于××市第二人民医院，
检查后诊断为"左桡神经深支损伤、左尺桡骨骨折术后"，1
月 13 日行"左尺桡骨骨折内固定取出＋左侧桡神经探查术"，
术后伸指活动受限无改善。为求进一步诊治，就诊于我院，检
查后诊断为"左桡神经损伤"，建议手术治疗，经患者家属同
意后收入我院。刻下症见：左手伸拇、伸指活动受限，纳可，
眠可，二便调。

专科检查情况

左前臂及肘可见多处术后瘢痕，愈合良好，肘外侧伤口瘢痕明显增生，肘
关节屈、伸活动良好，前臂旋前活动良好，旋后活动受限、可达 70°，腕关节
屈、伸活动良好、肌力正常，伸拇指、伸示指活动无，拇外展活动良好，各
指屈指活动良好，左前臂及手部皮肤浅感觉正常，各指指端颜色红润、张力正
常、毛细血管充盈试验灵敏。余查体未见明显异常。

辅助检查：B 超（2022 年 4 月 6 日）示左侧桡神经深支于旋后肌入口水
平断裂可能，前臂伸肌萎缩。

初步诊断：①桡神经损伤（左）；②尺桡骨骨折术后（左）。

手术记录

手术日期：2022 年 4 月 15 日。

手术名称：左桡神经探查松解修复术，对侧腓肠神经移植修复术。

手术经过：……切除左肘外侧增生瘢痕，逐层切开皮下组织、筋膜层，牵

开保护肱桡肌，切开部分旋后肌、显露桡神经深支，探查见桡神经深支于旋后肌处完全断裂，神经近断端处瘢痕组织增生、粘连明显，桡神经浅支连续性存在、未见神经卡压，修剪神经断端至神经乳头饱满处，神经治疗尚可，测量神经缺损约 2.5 cm。松止血带，电凝止血后创面广泛渗血，微纤维止血胶原（纱布）止血。右下肢上驱血带止血，弹性束紧套环止血（计时），于小腿后方沿腓肠神经走行远、近端分别行手术切口，探及腓肠神经内侧头，取长约 12 cm 神经，松止血套环，伤口出血活跃，给予微纤维止血胶原（粉）止血，可吸收免打结外科缝线缝合皮下组织、皮内缝合伤口。无菌敷料包扎。显微镜下修剪游离腓肠神经，将其等长切为 4 段，普理灵编织缝合成 1 股，将备用腓肠神经移植于桡神经缺损处，普理灵缝合断端，见缝合牢靠、张力适宜，猪源纤维蛋白黏合剂喷洒神经周围，可吸收医用膜覆盖神经表面、减轻粘连，可吸收线缝合皮下组织，可吸收性免打结外科缝线缝合皮下、皮内伤口，皮下放置 1 根引流皮片，无菌敷料包扎，高分子夹板固定，屈肘、前臂旋后位固定。术毕。手术后情况：术程顺利，术中出血 80 ml，待麻醉清醒后，安全返回病房。

出院记录

出院日期：2022 年 4 月 19 日。

出院情况：患者精神好，饮食、睡眠良好，大、小便正常。查体，生命体征平稳，左上肢及右下肢敷料包扎固定良好，无松脱，换药见伤口无明显渗出，周围皮肤肿胀，左手各指颜色红润、张力正常、指端毛细血管充盈试验灵敏。

出院诊断：①桡神经深支断裂（左）；②尺桡骨骨折术后（左）。

4. ××市第一人民医院肌电图／诱发电位检查报告单载

日　　期：2023 年 3 月 5 日。

结论意见：左桡神经呈不全性受损表现（波幅降低）。请结合临床，建议
　　　　定期复查。

三、鉴定过程

1. 简要过程

接受鉴定委托后，我们对送检材料进行了文证审查，我所鉴定人员于
2023 年 6 月 20 日组织召开由委托单位、患方及医方当事人共同参与的听证及
专家咨询会议，会上向医患双方告知了本案鉴定人员及鉴定相关事项，并确认
了用于此次鉴定的病历材料，医患双方分别陈述了意见，并回答了鉴定人员
及相关领域临床专家的提问。同日，鉴定人员采用《法医临床检验规范》（SF/
T 0111—2021）及法医临床鉴定相关仪器（钢直尺／卷尺等）对被鉴定人王
××进行了体格检查。并采用《法医临床影像学检验实施规范》（SF/T 0112—
2021）对相关影像学资料进行检验。鉴定期间，委托单位于 2023 年 6 月 28 日
补充相关鉴定资料，依据诊疗常规、相关著作及文献，依据《医疗损害司法
鉴定指南》（SF/T 0097—2021）、《人身损害与疾病因果关系判定指南》（SF/T
0095—2021）等相关标准和规范，经过鉴定人认真分析、讨论，各方达成一致
意见，制作本鉴定文书。

2. 法医临床学检查

被鉴定人王××于伤后 1 年 9 个月余来我所检查。

自诉目前情况：目前无明显不适。

查体：一般情况良好，步入检查室，神清语明。对答切题，查体合作。左
肘关节桡侧可见一处 10.0 cm ×（0.2 ～ 0.4）cm 的纵行手术瘢痕，该瘢痕后段约有

4.5 cm 长度的瘢痕略增生，触之未诉疼痛。左肘后可见一处 1.0 cm×0.6 cm 的手术瘢痕。左前臂远段尺侧可见一处 4.0 cm×（0.1~0.2）cm 的手术瘢痕，桡侧可见一处 2.5 cm×0.2 cm 的纵行手术瘢痕。右小腿上段至腘窝可见一处 4.0 cm×0.6 cm 的纵行手术瘢痕，下段另见一处 3.0 cm×0.2 cm 的较浅皮肤瘢痕。左手拇指背伸可，腕关节伸直状态下伸指正常。左腕背伸、掌屈正常，左手握力正常。

3. 阅片意见

左前臂 X 线片（2021 年 9 月 17 日）示：左侧尺桡骨中远端双骨折，骨折断端分离移位，并有明显成角。

左前臂 X 线片（2022 年 1 月 13 日）示：左侧尺桡骨双骨折内固定取出术术后，骨折愈合可。

4. 鉴定意见

××市第一人民医院在对被鉴定人王××的诊治过程中存在弹性钉置入不当致桡神经损伤的过错。××市第一人民医院的上述过错与被鉴定人王××的左侧桡神经损伤的损害后果之间存在因果关系，原因力以主要原因为宜。

四、分析说明

根据现有病历资料，并请相关领域专家会诊，现就委托事项分析如下。

（一）关于××市第一人民医院的诊疗行为评价

1. 诊断明确、手术适应证存在

被鉴定人王××于 2021 年 9 月 17 日因"摔伤后左前臂疼痛畸形伴活动

受限1小时"入××市第一人民医院诊治。现病史示"左前臂着地、疼痛剧烈及肿胀明显";专科情况示"左前臂中段肿胀、压痛,可及异常活动及骨擦感";辅助检查示"左尺桡骨中段骨折,断端错位、成角畸形"。初步诊断为"左尺桡骨骨折",诊断明确。

经阅送检影像学片,被鉴定人王××为左尺桡骨中远端骨折,骨折断端分离移位明显,且伴有较为严重的成角畸形。具有行手术切开复位内固定的手术适应证。

2. 弹性钉置入不当致桡神经损伤

临床实践中,弹性髓内钉是一种符合儿童骨骼发育和生物力学特点的内固定选择,具有微创、骨折愈合快等优点,常用来治疗小儿前臂骨折。弹性髓内钉内固定术术中常需将钉尾折弯埋入皮下,如处置不当,可因卡压造成肌腱或神经损伤。

经阅送检病史,被鉴定人王××于2021年9月20日行切开复位弹性钉内固定术。术中尺桡骨骨折复位后于桡骨远端置入弹性钉。之后于9月29日出院。

另据外院病史(2022年1月7日)记载"3个月前患儿因左尺桡骨骨折就诊于当地医院,于当地医院行左尺桡骨骨折闭合复位内固定术,手术顺利,术后发现患儿左腕关节活动差,左手各指间关节伸展不能,现为求进一步治疗";专科情况示"肘部感觉减退,左腕关节背伸受限,左手各指间关节伸展不能";肌电图检查(2022年1月6日)示"左侧桡神经肱桡肌肌支以下不全受损(活动性,中度-重度)。其中拇长伸肌(C8)支、伸示指肌支完全受损表现,余呈不全受损"。入院诊断为"左侧桡神经损伤;左尺桡骨骨折术后"。

2022年1月13日,被鉴定人王××经行"左尺桡骨骨折内固定取出+左侧桡神经探查术"。术中探查见"桡神经深支在分叉处开始明显增粗、质韧,并转向背侧,在分叉远端2cm左右,被内固定弹性钉卡压至桡骨近端侧,并终止于此，未向远端延续"。术中去除弹性钉后，继续探查见"桡神经深支粘连至桡骨近端桡侧骨皮质开口处"。术中分离粘连后可见"桡神经深支无明显神经组织向远端延续，仅有细薄的膜性组织与之相连走向远端，其内无明显连续的轴突和神经肌支"。

2022 年 4 月 15 日，被鉴定人王××经行"左桡神经探查松解修复术，对侧腓肠神经移植修复术"。术中探查见"桡神经深支于旋后肌处完全断裂，神经近断端处瘢痕组织增生、粘连明显"。

上述病史记载证实，被鉴定人王××经行切开复位弹性钉内固定术术中，内固定弹性钉卡压导致左侧桡神经损伤。

需要说明的是，被鉴定人王××原始损伤部位位于左侧尺桡骨中远段。外院术中证实内固定弹性钉卡压于桡骨近端，且桡神经深支于旋后肌处完全断裂。原始损伤与桡神经受损并非同一位置，提示桡神经损伤并非原始损伤导致。另外，虽然院方术后病程多次记载"手指活动良好"，但桡神经损伤的主要体征为伸腕障碍，而院方相关记载缺如，仅依据现有术后病程记载尚不能完全排除术后已出现桡神经损伤的情况。

结合现有手术史，桡神经损伤症状、体征和转归，分析认为被鉴定人王××切开复位弹性钉内固定术出现了弹性钉卡压致桡神经损伤的情况，院方在行"切开复位弹性钉内固定术"术中存在弹性钉置入不当致桡神经损伤的过错。

3. 关于诊疗行为与被鉴定人王××损害后果之间的因果关系

被鉴定人王××于 2021 年 9 月 17 日因摔伤左前臂入××市第一人民医院诊治，入院诊断为左尺桡骨骨折，入院后于 9 月 20 日行切开复位弹性钉内固定术，术后出现左侧桡神经损伤征象。后于外院分别行左侧桡神经探查术和左桡神经探查松解修复术。术中证实弹性钉卡压桡神经，以及桡神经深支完全断裂。现遗有左侧桡神经损伤修复术后改变。

如前所述，××市第一人民医院在对被鉴定人王××的诊治过程中存在弹性钉置入不当致桡神经损伤的过错。若院方在术中高度注意、合理施治，应避免发生弹性钉卡压致桡神经损伤的后果。考虑到切开复位弹性钉内固定术的适应证存在，且术前签署了关于神经损伤的知情同意书。综合分析认为：院方的医疗过错与被鉴定人王××左侧桡神经损伤的损害后果之间存在因果关系，原因力以主要原因为宜。

五、启示

在患者王××的病例中，××市第一人民医院在执行左尺桡骨骨折切开复位弹性钉内固定术时出现了明显的医疗失误。该手术过程中，由于内固定弹性钉的位置不当，患者左侧桡神经深支受到了压迫乃至损伤。根据后续外院的术中探查记录，弹性钉不仅压迫了桡神经深支，还引起了神经组织的部分断裂。尽管术前已与患者签署知情同意书，告知了手术可能引发的风险，包括神经损伤的可能性，但医院在实际操作过程中显然未能采取有效的预防措施来规避此类并发症的发生。

此次手术中的医疗失误给王××带来了严重的健康损害。术后，患者立即面临左腕关节活动范围受限以及左手各指间关节伸肌功能丧失的问题，极大地影响了其日常生活的自理能力和生活质量。尽管随后在其他两家医院接受了神经探查与修复手术，但因桡神经损伤较为严重，其神经功能恢复情况并不理想。这次事件不仅对患者的身体健康造成了显著的负面影响，还对其心理健康产生了深远的影响。

依据病历资料和相关医学专家的会诊意见，可以明确××市第一人民医院在手术过程中的医疗失误是导致患者左侧桡神经损伤的主要原因，其原因力被评定为主要因素。如果医院能够在术中保持更高的警觉性，并采取更为合理的治疗措施，那么原本可以避免或减轻桡神经受损的状况。

在进行任何手术之前，医疗机构应当进行全面的风险评估，并制订详尽的手术方案，确保每一项操作都实现最佳疗效。手术团队成员应当具备高度的职业责任感和技术水平，尤其是在处理可能危及重要神经结构的情况下，必须保持极高的警惕性与操作精确度。虽然术前签署的知情同意书涵盖了手术中可能发生的各种风险，但这不应成为忽视术中患者安全的理由。医务人员在手术过程中依然负有保障患者安全的首要责任。术后对患者恢复情况进行严密监控，并及时处理可能出现的并发症，对于促进患者康复具有至关重要的作用。

司法鉴定机构在处理医疗纠纷案件时，需要系统地收集和保存所有相关的病历资料以及其他证据，以确保鉴定结论的客观性和公正性。面对复杂的医疗争议，需要法医、临床医学专家等多学科之间的紧密合作，共同探讨医疗行为是否存在过失。在判定医疗行为与损害后果之间的因果关系时，必须综合考虑所有可能的影响因素，并基于充足的证据做出科学合理的结论。

此案例再次警示我们，即使在看似简单的手术操作中，也必须时刻保持高度的专业敏感性和责任心，严格执行标准的操作规程，以最大限度减少对患者的非必要伤害。同时，全面细致的司法鉴定，不仅可以为医疗纠纷提供科学的解决方案，还能为提高医疗质量和安全性提供宝贵的参考。

案例❸ 锁骨骨折内固定术克氏针外露致臂丛神经损伤

一、案例背景

1. 基本情况

委托单位：××市人民法院。

委托事项：××市第一人民医院的医疗行为是否存在过错；如有过错，与被鉴定人张××损害后果之间是否存在因果关系，参与度是多少。

鉴定材料：××市第一人民医院门诊病历复印件1份；××市第一人民医院住院病历复印件1份；××市第二人民医院门诊病历8册；××市第二人民医院CT检查报告单复印件1页；影像学片13张。

2. 案情摘要

据本案相关材料载：被鉴定人张××于2005年9月14日摔倒在地，致左锁骨骨折及头部软组织损伤。当日下午在××市第一人民医院行左锁骨骨折切开复位克氏针内固定术，术后出现局部肿胀、左上肢麻木、左手部分肌肉萎缩。经多家医院门诊、住院诊治，诊断为臂丛神经损伤。现患方认为：被告医院在对其行克氏针内固定时，操作不当，致克氏针头外露，导致臂丛神经损伤。故起诉至法院，要求赔偿。

3. 听证意见

患方认为：院方因医疗手术造成患者臂丛神经损伤。院方的医疗手术与患者损伤后果具有因果关系，存在过错。

医方认为：张××左臂丛神经损伤的原发性原因系摔倒，与其锁骨骨折后第一次（2005年9月14日克氏针内固定）手术没有因果关系。张××所称医院在其多次提出手术存在严重错误的情况下，仍坚持不予更正，导致其受伤神经修复新生受阻，终生残疾，与事实不符，其损伤结果系自身延误治疗导致，医院在诊疗过程中并无过错。

◤ 二、病史摘要

1. ××市第一人民医院门诊病历

就诊日期：2005年9月14日。

诊疗记录：张××，45岁，女，左肩部摔伤1小时。查体，神志清，左侧头皮肿胀、触痛，左锁骨部肿胀，左上肢活动受限。处置，左锁骨拍片。X线片示左锁骨远端不规则斜行横断骨折并见一小骨片，远断端向内下方移位，肩锁关节分离。处置，住院手术。

2. ××市第一人民医院住院病历

入院日期：2005年9月14日。

出院日期：2006年12月22日。

主　　诉：左肩摔伤伴活动受限 1 小时。

现 病 史：患者于 1 小时前，摔伤左肩部，当时无意识障碍，感头痛、头晕、恶心、未呕吐，左侧肩部疼痛明显，局部肿胀，肩关节及左上肢活动受限，即到我院就医，经临床检查及 X 线拍片，诊断为"左锁骨远端粉碎性骨折伴肩锁关节脱位"，建议手术治疗，于今日上午住院手术治疗。受伤以来，患者精神状态好，饮食睡眠尚可，无发热，大小便正常。

体格检查

T：37.4 ℃；P：80 次 / 分；R：20 次 / 分；BP：150/100 mmHg。

专科所见：左侧颜面部见 3 cm×3 cm 肿块，压痛，局部肿胀。左侧锁骨远端畸形，局部肿胀，压痛明显，左手麻木，握力下降，左肩关节及左上肢活动受限。

辅助检查：X 线片示左锁骨远端粉碎性骨折伴肩锁关节分离。

入院诊断：①左锁骨粉碎性骨折；②头部软组织挫伤。

病程记录

2005 年 9 月 14 日 首次病程记录

查　　体：……左侧锁骨远端畸形，局部肿胀，压痛明显，左手麻木，握力下降。左肩关节及左上肢活动受限。

2005 年 9 月 14 日 主任查房 + 术前讨论 + 术前小结

（前略）左侧锁骨远端畸形，局部肿胀，压痛明显，左手麻木，握力下降。左肩关节及左上肢活动受限……X 线片示左锁骨远端骨折伴肩锁关节分离……主任查房后统一诊断，安排急诊手术，并制订手术方案。

手术记录

手术日期及名称： 2005 年 9 月 14 日，左锁骨骨折内固定术。

手术步骤： 患者仰卧位手术台，麻醉成功后，皮肤常规消毒，铺巾，在锁骨外 1/3 处做横行切口，长约 5 cm，切开皮肤及皮下组织，暴露锁骨，用骨膜分离器分离骨膜，见骨折为粉碎，有 2 块小骨片，用 2 根克氏针从锁骨远端穿到近端，骨折复位后，在锁骨近端 2 cm 处打一横行贯穿孔，穿入钢丝与克氏针交叉固定，用盐水冲洗伤口，刀口放置橡皮引流条。

2005 年 9 月 15 日：患者一般情况好，体温不高，两肺呼吸音清，未闻及干湿性啰音，刀口包扎敷料有少量渗血，末梢血运好，刀口换药轻度红肿，暂不拔引流条，继续抗生素治疗，注意病情变化。

病程记录

2005 年 9 月 16 日：……仍左手皮肤感觉下降，手指活动尚可。

2005 年 10 月 1 日：……自述左肩部疼痛，特别是左上肢活动时疼痛加重，给予左肩部及左锁骨部拍片。

2005 年 10 月 4 日：……自述左肩部疼痛，特别是左上肢活动时疼痛加重，刀口局部肿胀消退，观察病情变化。

2005 年 10 月 7 日：……自述左肩部疼痛，特别是左上肢活动时疼痛加重，查体：左上肢皮肤感觉下降（痛及温存在），手指麻木，但活动尚可，上肢肌肉无明显萎缩，根据目前情况，考虑因左肩及左侧颞部摔伤致左臂丛神经损伤可能性大。

2005 年 10 月 13 日：……自述左肩部疼痛，手指麻木，抬起无力，特别是左上肢活动时疼痛加重，给予对症治疗及适当功能锻炼及理疗，并建议增强营养，能促进骨愈合。

2005 年 10 月 14 日 阶段小结

（前略）术后给予抗生素，如头孢噻肟、甲硝唑等治疗……继续抗生素及裸花紫珠片（活血化淤）治疗，并建议增强营养，能促进骨愈合。注意病情变化。

2005 年 10 月 25 日：……自述左肩部疼痛，手指麻木，抬起无力，特别是左上肢活动时疼痛加重，给予对症治疗，建议增强营养，能促进骨愈合。

2005 年 10 月 31 日：……自述左肩部疼痛，手指麻木，抬起无力，左上肢活动时疼痛加重，查风湿系列阴性结果，继续给予对症治疗。

2005 年 11 月 4 日：……自述左肩部疼痛，手指麻木，抬起无力，特别是左上肢活动时疼痛加重，给予对症治疗，特别交代注意功能锻炼。

2005 年 12 月 1 日：……自述左肩部疼痛，手指麻木，抬起无力，左上肢活动时疼痛加重，给予对症治疗，建议增强营养，能促进骨愈合。

2005 年 12 月 10 日 副主任医师查房

（前略）查体：左手呈"爪"形，鱼际、骨间肌萎缩，尺部神经痛觉减退。印象：周围神经损伤。建议理疗。

2005 年 12 月 14 日 阶段小结

印象：周围神经损伤。给予维生素 B_1、维生素 B_{12}（肌肉注射，QD），中药（接骨续筋片）及理疗（建议到康复科理疗）治疗。

2005 年 12 月 16 日：患者仍自述左锁骨部有时隐痛，手指麻木，握力下降。拍片结果：左锁骨远端陈旧性骨折，骨折线清楚，骨痂形成不明显。考虑：患者骨痂形成较慢，可能与经济困难及营养不足有关，给予对症治疗及适当功能锻炼及理疗，建议增强营养，促进骨愈合。

2005 年 12 月 19 日：……仍自述左锁骨部有时疼痛，手指麻木，握力下降……明日联系肌电图，以进一步明确症状性质。

2005 年 12 月 23 日……手指麻木，握力下降，给予对症治疗及适当功能锻炼及理疗，待肌电图结果回来后再做明确诊断。

2005 年 12 月 28 日：……肌电图示周围神经源性损伤，准备请外院专家会诊。

2005年12月31日：……患者一般情况好，自述手指麻木，握力下降，会诊查体见，肩关节外侧可触及钢针端，三角肌轻度萎缩，上臂、前臂感觉无明显改变，肩、肘、腕及手部小关节被动活动可，远端血运良好。

2006年1月6日：……手指麻木，握力下降，上肢活动受限，指示建议患者到××医院请教授高诊提供治疗方案。

2006年1月10日：考虑有臂丛神经损伤可能，建议做高压氧治疗。

2006年1月13日：自本月10日后每次查房未见患者。

2006年1月19日：患者已回，拒绝使用维生素 B_1、维生素 B_{12} 等营养神经药物，表示一切后果自负。再观察病情变化。

2006年1月27日：……骨外会诊，经骨外教授查体：左上肢活动受限，以外展、屈指、伸拇、伸腕受限加重明显，感觉尚可。前中斜角肌于锁骨旁压痛明显，X线片示骨折未愈合。建议：臂丛神经松解，去除钢针内固定，改用肩锁钩固定。

2006年2月5日：患者自述左肩部疼痛减轻，手指麻木，抬起无力，建议患者尽早行二次手术，拔除钢针，促进骨愈合，给予对症治疗及适当功能锻炼及理疗。

2006年2月8日：……给患者讲明了尽早行二次手术的好处及也可能二次手术后骨仍不愈合（原因较多），但患者说如二次手术后仍不愈合怎么办，责任谁负。只能待患者同意后再行手术，目前仍给予对症治疗及适当的功能锻炼及理疗。

2006年2月14日：……今日请省中医教授会诊查体，神志清，语言清晰，颈2、颈3椎体棘突压痛（＋），无放射痛，左锁骨上窝及前中斜角肌处压痛明显，伴左上臂前外侧放射痛，上肢肌肉普遍萎缩，肌张力下降，肩胛提肌、三角肌、肱二头肌、肱三头肌均无主动收缩，伸腕肌及屈指肌肌力2级，伸指肌肌力0级，上肢皮肤痛觉消失，肱二头肌、肱三头肌及桡骨膜反射（＋＋）。

2006年3月13日：……鉴于骨外教授会诊意见，建议臂丛神经松解，去除钢针内固定，改用肩锁钩固定。给患者讲明了尽早行二次手术并签写手术协议书，但患者暂不同意手术。

2006年3月25日：……仍感左肩部疼痛，特别感左上肢皮肤发凉，抬起无力，建议主动活动以防止患者肌肉萎缩，左锁骨拍片复查。

2006年4月9日：……我们根据患者左锁骨拍片复查情况及请省中医院教授看过2月11日X线拍片后指示可拔除钢针。已通知患者20余天，患者目前尚不同意手术。

2006年5月11日：本月9日上午省中医院教授看过患者，5月8日X线拍片示左锁骨骨折有骨痂形成。建议患者拔除钢针。我们医生及主任3月16日已通知患者拔除钢针，患者始终未明确答复是否手术，仍建议患者主动活动以防止患者肌肉萎缩及继续理疗。

2006年5月17日：……患者仍述左肩部疼痛，手指麻木，上肢不能活动，要求到外院治疗，已汇报科主任及分管院长。

2006年5月26日：……患者仍未同意手术，目前未接到院长通知患者到外院治疗。

2006年6月28日：……建议患者拔除钢针，患者仍没明确答复是否手术。建议适当自主功能锻炼及理疗。

2006年7月25日：……建议患者拔除钢针，患者仍没明确答复是否手术。建议适当自主功能锻炼及理疗。

2006年9月3日：患者已回家，患者未请假，建议患者拔除钢针，建议适当自主功能锻炼及理疗。

2006年9月13日：患者仍未回病房，建议患者拔除钢针，建议适当自主功能锻炼及理疗。

2006年10月8日：患者仍未回病房，建议患者拔除钢针，建议适当自主功能锻炼及理疗。

2006年11月12日：患者未回病房2个月余，仍联系不上或患者不接电话。建议患者拔除钢针，建议适当自主功能锻炼及理疗。

2006年11月22日：患者未回病房2个月余，仍联系不上或患者不接电话。为此，经科室研究并请示院长同意，今日自动出院。

出院记录

住院后治疗与进展：入院后即行左锁骨切开复位钢丝、钢针内固定术。术后给予抗生素及中药治疗。但患者左锁骨骨折处延期愈合，经多次拍片复查，2006年5月8日拍片显示骨折已愈合。省中医院教授看过X线片，建议拔除钢针。但患者不同意手术，于今日自动出院。

一般患者护理记录单

2005年10月21日：自述手指麻木。

2005年10月27日：自述握拳无力。

2005年11月8日：自述握拳仍无力。

2005年12月23日：自述患肢无力。

2006年1月7日：患肢血运好，仍活动无力。

放射线科检查报告书（2005年9月16日）载：左锁骨外1/3见斜行骨折线，并见钢针内固定状态，对位尚可。

放射线科检查报告书（2005年10月1日）载：左锁骨中外1/3处斜行骨折线，钢针（丝）内固定状态，无明显骨痂影。

放射线科检查报告书（2005年12月13日）载：左锁骨远端骨折内固定术后，骨折线清晰，肩锁关节略见分离征象，余（−）。与原片比较，陈旧骨折线周围骨痂形成不明显。

放射线科检查报告书（张××，2006年5月8日）载：左锁骨骨折钢针内固定术后复查，见骨折线模糊，周围有骨痂形成。

3. ××市第二人民医院门诊病历

就诊日期：2005 年 10 月 11 日。

张××，女，44 岁，左锁骨骨折在 ×× 医院手术 4 周，现左上肢直垂，左手麻木以尺侧为著，并肿。检查：左锁骨外 1/3 手术切口瘢痕，克氏针头外露。轻压颈斜角肌间隙后，上肢有麻痛感，以左尺神经为著。左 4、5 指感麻木。X 线片示：左锁骨克氏针影 2 根，一根已超出锁骨，尖端外露，患者述说伤时无此症状，术后才出现，而且与体位有关。因此考虑在影像下退出超出的克氏针观察。

就诊日期：2005 年 12 月 15 日。

神经内诊疗记录：左手活动失灵，肩关节痛。运动：左手小肌萎缩，左手指无动作。感觉：左手尺神经支配区可，桡神经支配区差。

4. ××市第二人民医院门诊病历

就诊日期：2005 年 12 月 23 日。

左肩部伤后，左肩、左上肢不能活动 3 月余。伤后当日手术，左上肢麻木，近月加重。查体：左上肢肌萎缩，不能活动，肌力 0 级，痛觉减退。自带 X 线片示：锁骨骨折克氏针、钢丝内固定。R：①肌电图。左臂丛神经损伤；②建议手术探查，松解臂丛神经损伤。诊断：①左臂丛神经损伤；②左锁骨骨折术后。

××市第二人民医院肌电图检查报告单（2005 年 12 月 23 日）：肌电印象，左臂丛神经损伤。

5. ××市第二人民医院门诊病历

就诊日期：2005 年 12 月 26 日。

左锁骨骨折后左上肢活动不灵3个月，已做锁骨固定，现左上肢已有肌肉萎缩，仍麻木。肌电图：臂丛神经损伤。查体：左肩关节、肘关节、腕关节肌力0级，左指关节肌力2级，左上肢内侧痛觉减低，左＜右。臂丛神经损伤（左）。

6. ××市第一人民医院会诊记录单

会诊时间：2005年12月31日。

会诊意见：左侧可见锁骨切口瘢痕，愈合良好。肩关节外侧可触及钢针端。三角肌轻度萎缩，上臂、前臂感觉无明显改变，肩、肘、腕及手部小关节被动活动可，远端血运良好。

7. ××市第二人民医院门诊病历

就诊日期：2006年1月10日。

现左肩外展受限，肘伸展受限，左手麻木，握力0~1级，并左臂丛神经损害。

8. ××市第一人民医院会诊记录单

会诊时间：2006年1月27日。

会诊意见：患者手术后20天起，左上肢神经症状加重。查体：左上肢活动受限，以外展、屈指、伸拇、伸腕受限加重明显，感觉尚可。前中斜角肌于锁骨旁压痛明显，X线片示骨折未愈合。建议：臂丛神经松解，去除钢针内固定，改用肩锁钩固定。

9. ××市第二人民医院门诊病历

就诊日期：2008 年 5 月 20 日。

左肩部外伤 2 年以上，左上臂活动受限。左三角肌肌力 0 级，左上肢肌力 0 级。诊断为左臂丛神经损伤。

××市第二人民医院肌电图检查报告单（2008 年 5 月 15 日）载，肌电图印象：左侧肌皮神经、腋神经、肩胛上神经轻度受损。

10. ××市第二人民医院门诊病历

就诊日期：2008 年 8 月 19 日。

查　　体：左臂丛支配肌肉及感觉无恢复。

初　　诊：左全臂丛损伤。

11. ××市第二人民医院住院病历

入院日期：2008 年 8 月 30 日。

出院日期：2008 年 9 月 18 日。

主　　诉：左肩部外伤术后左上肢功能障碍 3 年。

专科检查

左肩部外侧可见一长约 6 cm 原手术瘢痕，愈合良好；左上肢感觉稍减退，三角肌、冈上下肌、胸大肌、背阔肌、肱二头肌、肱三头肌、前臂各群肌力 0 级，左上肢末梢血运好，动脉搏动正常。左肩、肘、腕关节及手部主动活动不能，左上肢及手部肌肉较健侧稍萎缩。

实验室及其他检查：X 线片示左锁骨骨折对位、对线良好，内固定无松动。肌电图示：左臂丛神经损伤。

诊　　断：左臂丛神经损伤；左锁骨骨折术后。

手术记录

手术日期：2008 年 9 月 3 日。

手术名称：左臂丛神经探查＋内固定物取出术。

手术过程：显露两枚克氏针钢丝尾端，分别取出……显露臂丛上干及部
分中干，见上、中干色泽正常，稍变硬，上干外上方肩胛上神
经发出后上外侧有一处约 2 cm×1.5 cm 大小质硬瘤体压迫臂
丛神经纤维，锁骨下部有较多脂肪组织卡压臂丛神经，遂于
锁骨中部打断锁骨、向两侧牵开，清理脂肪组织，将质硬瘤体
完整剥离，发现其来源于臂丛上干发出一细小感觉支，为神经
瘤，向锁骨部及锁骨下部臂丛神经探查，见臂丛中、下干色泽
正常，稍硬，周围卡压已解除，将臂丛神经彻底松解，四枚螺
钉固定锁骨段……

出院情况

现患者病情稳定，神志清，精神好，手术切口愈合良好，无红肿及渗出，
患者要求出院。同意出院。

出院医嘱：继续休息，避免劳累；继续营养神经药物治疗；适当功能锻
炼；门诊复查，每月 1 次。

2008 年 9 月 6 日。××市第二人民医院病理图文诊断报告单载，肉眼观
有灰红色不规则肿物 1 个，V=2.5 cm×2 cm×1.2 cm，表面凹凸不平，切面灰
白灰红，质软。病理图片（略）。病理诊断：（左肩）纤维脂肪组织瘤样增生。
免疫组化染色结果：S-100（−），NF（−）。

2008 年 11 月 4 日。××市第二人民医院彩超诊断报告单载，超声提示：

①双侧颈总、颈内、椎动脉血流未见异常；②左锁骨下动脉上段轻度狭窄（后壁附壁血栓形成）。

12. ××市第二人民医院门诊病历

2013 年 6 月 13 日。查左上肢下垂；轻瘫、肌力 0 级，感觉迟钝。诊断：左臂丛神经损伤。

13. 肌电图检查报告单载

××市第二人民医院肌电图检查报告单（2005 年 12 月 23 日）：左臂丛神经损伤。

××市第二人民医院肌电图检查报告单（2008 年 5 月 15 日）：左侧肌皮神经、腋神经、肩胛上神经轻度受损。

××市第二人民医院肌电图报告单（2008 年 7 月 28 日）：左侧臂丛神经失用症之电生理表现。

××市第二人民医院肌电图检查报告单（2009 年 3 月 4 日）：左臂丛神经损伤。

三、鉴定过程

1. 简要过程

接受鉴定委托后，我们对送检材料进行了文证审查，组织医患双方进行听证及专家咨询会，经过鉴定人认真分析、讨论，达成一致意见，制作本鉴定文书。

2. 法医临床学检查

一般情况良好，步入检查室，神志清楚，查体合作，对答切题。左上肢躯干侧垂落，无主动活动，颈左侧至左肩部可见不规则形手术瘢痕，瘢痕长度分别为 6.5 cm×0.2 cm、14 cm×0.2 cm、4.0 cm×0.2 cm。左三角肌明显萎缩，以后部为著，左手大小鱼际肌萎缩明显，左手呈爪形指。三角肌可触及肌肉收缩。左屈肘肌力 3 级。

肌电图检查结果（2013 年 5 月 5 日）：左拇短展肌未见自主收缩电位，余肌运动单位电位募集量减少。

3. 阅片意见

肩关节 X 线片（2005 年 9 月 14 日）示：左锁骨中外段骨折，骨折断端锐利，明显分离移位。

肩关节 X 线片（2005 年 10 月 1 日）示：左锁骨克氏针内固定术后改变，断端对位、对线尚可。克氏针远、近端位于骨皮质外，远端尖部向臂丛神经走行区突出。

4. 鉴定意见

××市第一人民医院存在克氏针固定位置不佳，延误诊断和治疗臂丛神经损伤的医疗过错，上述过错与被鉴定人张 ×× 的损害后果之间存在因果关系，过错参与度考虑以 D 级（理论系数值 40 %～60 %）为宜。

四、分析说明

根据现有病历资料，并请有关专家会诊，现就相关问题分析如下。

（一）××市第一人民医院诊疗行为分析

1. 臂丛神经损伤诊断、治疗延误

臂丛神经损伤后，可出现相应的神经损伤症状，如感觉障碍、运动障碍和肌肉萎缩等。临床诊断臂丛神经损伤，应根据损伤机制、临床症状体征和特殊检查，以明确损伤部位、性质和程度。其中，神经电生理肌电图检查及神经传导速度检查，对判断有无神经损伤及程度有重要参考价值，可起到明确诊断和判断损伤程度等作用。明确臂丛神经损伤后，对常见的牵拉性臂丛神经损伤，早期以保守治疗为主，应用神经营养药物，或对损伤部位进行理疗，同时注意对患肢进行功能锻炼，以防止关节囊挛缩。但是，保守治疗的观察时期一般在3个月左右。若3个月后无任何症状恢复者，应积极行手术探查，并根据术中所见，采取神经减压松解等处置，以利功能恢复。

经阅送检资料，被鉴定人张××于2005年9月14日，因摔伤入××市第一人民医院诊治。入院查体示，"左侧头皮肿胀、触痛，左侧颜面部见3 cm×3 cm肿块"，同时存在"左锁骨部肿胀、左肩关节及左上肢活动受限"，X线检查可见"左锁骨远端粉碎性骨折伴肩锁关节分离"。入院后的症状、体征说明，其具备头肩部对撞性损伤，导致臂丛神经损伤的损伤基础。伤后的专科检查即查示"左手麻木，握力下降"，说明其在损伤后即可能存在臂丛神经损伤。

另据病史记录，被鉴定人张××于9月14日行"左锁骨骨折内固定术"，术后仍感觉"左手皮肤感觉下降"，此后左上肢感觉障碍持续存在，逐步出现"抬起无力"等运动功能障碍表现，且持续存在。院方曾于10月7日根据"左上肢皮肤感觉下降（痛及温觉存在），手指麻木"等症状，做出"考虑因左肩及左侧颞部摔伤致左臂丛神经损伤可能性大"的判断，但未进一步进行明确诊断。12月10日的病程记录记载，左手呈"爪"形，鱼际、骨间肌萎缩，尺部神经

痛觉减退，说明其已出现了明显的臂丛神经损伤的症状、体征，并且具有明确功能障碍表现。院方 12 月 19 日病史记载"明日联系肌电图，以进一步明确症状性质"，12 月 23 日病史记载"待肌电图结果回来后再做明确诊断"，说明院方在此之前一直未做出明确诊断，直至 12 月 28 日，院方才明确"周围神经源性损伤"的诊断，此时距原始损伤发生已逾 3 个月。分析认为，院方在对被鉴定人张 ×× 的诊治过程中，存在延误诊断"臂丛神经损伤"的医疗过错行为。

根据临床诊疗规范，发生闭合性臂丛损伤时，如行保守治疗 3 个月后，症状无明显改善者，应积极行手术探查。在明确诊断臂丛神经损伤后，直至 2006 年 1 月 27 日，院方会诊后方有"臂丛神经松解，去除钢针内固定，改用肩锁钩固定"的建议，2 月 5 日明确建议"患者尽早行二次手术，拔除钢针，促进骨愈合"。此时距原始损伤发生时已逾 5 个月。院方的针对性治疗或建议明显迟滞、延误。

分析认为，院方在对被鉴定人张 ×× 的诊治过程中，存在延误治疗"臂丛神经损伤"的医疗行为过错（见附表）。

附表　被鉴定人张 ×× 诊治期间症状、体征及院方处置措施摘录

时间	症状、体征	处置措施
2005-09-14（术前）	左手麻木、握力下降	
2005-09-16	仍左手皮肤感觉下降	
2005-10-07	左上肢皮肤感觉下降，手指麻木	考虑臂丛神经损伤，维生素 B_1、维生素 B_{12} 及理疗
2005-10-31	手指麻木、抬起无力	查风湿系列阴性结果
2005-12-10	左手呈"爪"形，鱼际、骨间肌萎缩，尺部神经痛觉减退	印象：周围神经损伤。建议理疗
2005-12-14	肌电诱发电位：神经元损害观察	
2005-12-19	手指麻木、握力下降	明日联系肌电图，以进一步明确症状性质
2005-12-23	手指麻木、握力下降	待肌电图结果回来后再做明确诊断

时间	症状、体征	处置措施
2005–12–28	手指麻木、握力下降	肌电图示周围神经损伤，请会诊
2005–12–31	会诊查体：肩关节外侧可触及钢针端，三角肌轻度萎缩	对症治疗、功能锻炼及理疗
2006–01–06	手指麻木、握力下降	建议外院会诊
2006–01–10		外院会诊建议高压氧疗
2006–01–27	会诊查体：左上肢活动受限，以外展、屈指、伸拇、伸腕受限加重明显，感觉尚可	会诊建议：臂丛神经松解，去除钢针内固定，改用肩锁钩固定
2006–02–14	会诊查体：左锁骨上窝及前中斜角肌处压痛明显，伴左上臂前外侧放射痛，上肢肌肉普遍萎缩，肌张力下降，肩胛提肌、三角肌、肱二头肌、肱三头肌力均无主动收缩，伸腕肌及屈指肌力 2 级，伸指肌力 0 级，上肢皮肤感觉：痛觉消失	

2. 克氏针内固定位置不当

克氏针是一种骨科常用的内固定材料，在骨折内固定中，可用于锁骨骨折内固定。行克氏针内固定术时，应注意固定位置及牢固程度。如果固定位置不佳，或发生游走，可引起严重的并发症。

被鉴定人张 × × 于 2005 年 9 月 14 日行"左锁骨骨折内固定术"。经阅术后影像学资料，克氏针近端（尖端）露于锁骨皮质之外，其尖端位于臂丛神经走行区域内。外科手术施行于人体，通过改变、恢复组织结构，促使疾病或损伤趋向治愈。虽然手术本身就是一种创伤，但在施行过程中，不应因不当操作造成额外的损伤。克氏针尖端位于臂丛神经内，可对其造成直接损伤，或因异物反应造成该区域水肿、机化，发生卡压、压迫神经等。只要术中操作细致、得当，完全可以避免上述损害。同时，2006 年 1 月 27 日专家会诊意见建议"臂丛神经松解，去除钢针内固定，改用肩锁钩内固定"，院方此后的病史中也多次建议"患者拔除钢针"，上述记载均可反映院方存在克氏针固定位置

不当。分析认为，院方在行"左锁骨骨折内固定术"时，存在克氏针内固定位置不佳的过错。（略）

（二）医院诊疗行为与被鉴定人张 ×× 损害后果之间的因果关系分析

被鉴定人张 ×× 因左肩部摔伤，左锁骨骨折。经"左锁骨骨折内固定术"，于 2005 年 12 月 28 日确诊为"周围神经源性损伤"，后于 2008 年 9 月 3 日行"左臂丛神经探查"，松解臂丛神经。其间经多次神经电生理检查，均证实"臂丛神经损伤"。结合我们查体所见，认为其现遗有"左臂丛神经损伤"的损害后果。

1. 具有臂丛神经损伤的外伤基础

臂丛神经损伤是临床常见的周围神经损伤，可并发于锁骨骨折。据国内统计资料，引起臂丛损伤最常见的病因及病理机制是牵拉性损伤。其中，头肩部撞击障碍物或地面，使头肩部呈分离趋势，臂丛神经受到牵拉而导致的损伤，是臂丛神经损伤的主要原因。

被鉴定人张 ×× 于 2005 年 9 月 14 日摔伤左肩部。临床病史记载"左侧肩部疼痛明显，局部肿胀""左侧颜面部见 3 cm×3 cm 肿块，压痛，局部肿胀"，说明其摔伤过程中，触及肩部及左侧颜面部，该损伤过程中，肩部及左侧颜面部同时受力，使臂丛神经受到牵拉，从而具有牵拉所致臂丛神经损伤的可能。另据病史记载，其伤后即表现为"左手麻木，握力下降"，说明其伤后即有臂丛神经损伤的疑似症状。结合外伤史、臂丛神经损伤机制及症状，分析认为被鉴定人张 ×× 具有臂丛神经损伤的外伤基础。

2. 现有材料不支持克氏针尖端直接造成臂丛神经损伤

臂丛神经由第 5~8 颈神经前支和第一胸神经前支大部分组成，支配上肢的运动和感觉。如异物直接碰触，或损伤臂丛神经，则反应激烈，疼痛、麻木、无力等运动、感觉障碍立现。

被鉴定人张××术后出现"左手皮肤感觉下降"，之后渐感"抬起无力"，后出现爪形手，大鱼际、骨间肌萎缩等情况。从术后出现"感觉下降"到"爪形手、肌肉萎缩"，历时约3个月，说明其臂丛神经损伤症状存在渐进过程，并不符合直接损伤特点。分析认为，根据现有材料，不支持克氏针尖端直接造成臂丛神经损伤。

3. 克氏针外露尖端可造成臂丛神经间接损伤

外来异物进入机体，并长期存留，可造成组织水肿、增生、机化，造成对周边解剖结构（血管、神经等）压迫，从而诱发、加重原有损伤。

经阅送检资料，被鉴定人张××于2008年9月3日进行"内固定物取出术"。据"内固定物取出术"术中所见"上干外上方肩胛上神经发出后上外侧有一处约2 cm×1.5 cm大小质硬瘤体压迫臂丛神经纤维，锁骨下部有较多脂肪组织卡压臂丛神经"，经病理诊断为"纤维脂肪组织瘤样增生"。这说明原克氏针尖端已造成明确的周边组织增生，并卡压臂丛神经。分析认为，克氏针外露尖端可造成臂丛神经间接损伤。

4. 医疗过错与损害后果之间存在因果关系

××市第一人民医院在对被鉴定人张××的诊治过程中存在臂丛神经诊疗延误，克氏针内固定位置不佳的医疗过错。尤其是克氏针固定位置不佳，可导致外露尖端周围组织增生、机化和包裹，卡压臂丛神经，从而加重损伤症状。经阅送检病史，院方曾于2006年1月27日建议行臂丛神经松解，去除钢针内固定，改用肩锁钩固定，后经拒绝。虽然此时距手术（2005年9月14日受伤）已近5个月，但仍应鼓励积极进行临床干预，修正原有引发并发症的术式，缓解神经卡压症状，从而有利于神经损伤的恢复。但直至2008年9月3

日，被鉴定人张××方行内固定物取出术，距院方建议已逾2年8个月，臂丛神经走行区如此长时间的异物遗留，除了足以对臂丛神经造成严重损害之外，还可造成神经支配效应器的失用性失能，而致不可逆性损伤。同时，考虑到被鉴定人张××具有臂丛神经损伤的外伤基础、原发损伤较为严重、具有手术适应证、克氏针外露尖端未直接造成臂丛神经损伤等因素，综合分析认为，××市第一人民医院的医疗过错与损害后果之间存在因果关系，过错参与度考虑以D级（理论系数值40%~60%）为宜。

五、启示

在本案例中，医疗失误主要集中在两个方面：一是克氏针的固定位置不当；二是对患者张××的臂丛神经损伤诊断与治疗的延误。作为骨科手术中常用的内固定装置，克氏针的正确植入对于预防并发症至关重要。然而，在本案例中，由于克氏针的位置选择不当，其针尖部分超出骨骼范围，接近臂丛神经区域。这种错误的位置设置最终导致针尖刺激或压迫了臂丛神经，引发了患者一系列的神经损伤症状。这一结果揭示了手术过程中医生在克氏针放置位置上的疏忽，未能充分评估针尖对周围神经结构的潜在风险。

此外，医院在张××的臂丛神经损伤诊断和治疗过程中亦存在明显迟滞。患者在出现神经损伤相关症状后，未能得到及时的诊断与适当的治疗，错过了最佳治疗窗口期，致使原本可通过早期干预减轻的症状进一步恶化，加大了后续治疗的难度。

张××因此承受了严重的健康损害，具体表现为左上肢的感觉缺失、运动功能障碍以及肌肉萎缩等问题。这些并发症不仅给患者带来了生理上的不适，也显著影响了其生活质量。更重要的是，由于治疗的延误，一些本来可以逆转的损伤转变为长期性问题，康复过程因而变得更加复杂和漫长。

尽管张××最初是因为摔伤而受伤，但在随后的治疗过程中，医疗机构显然存在一定的失误。通过对病历资料详细地回顾及影像学检查，我们确定克氏针位置不当是导致其臂丛神经症状加剧的主要原因。尽管没有直接证据表明克氏针直接导致了神经损伤，但暴露的针尖引起了局部组织的异物反应，导致组织增生，从而间接加剧了神经压迫。

为了避免类似情况再次发生，骨科医生在实施骨折内固定手术时，必须严格控制内固定装置的位置，确保其不会对邻近组织特别是神经造成压迫或刺激。对于复杂的骨折病例，应结合患者个体差异，制定个性化的治疗策略，以减少并发症的发生率。

在医疗纠纷的司法鉴定过程中，鉴定人员需详细审查医疗行为是否符合行业标准，排除其他非医疗因素的影响，并准确判断医疗行为与损害后果之间的因果关系。这不仅有助于公正地评估医疗提供者的责任，也为法律裁决提供了坚实的科学基础。

本案例进一步强调了早期识别问题并及时采取治疗措施的重要性，同时也突出了患者在医疗过程中享有的知情同意权和选择权。因此，医疗机构应致力于提升服务质量，加强与患者的沟通，及时发现并处理潜在的医疗问题，以保障患者的健康权益。

本案例提供了重要的经验教训，提示我们在医疗实践中，无论是手术操作还是后续的临床管理，均需保持高度的细致与谨慎。此外，本案例也再次证明了早期诊断与及时治疗对于改善患者预后的关键作用。在处理医患纠纷时，科学客观的司法鉴定不仅是维护双方合法权益的基础，也是促进社会公平正义的重要机制。

案例 ❹ 内固定钢板取出术操作不当致桡神经离断

▌ 一、案例背景

1. 基本情况

委托单位：××市人民法院。

委托事项：××市第一人民医院对赵××的诊疗行为是否存在过错；若存在过错，该过错行为与赵××的损害后果之间是否存在因果关系。

鉴定材料：××市第一人民医院手术记录1页；××市第一人民医院主要病历1册；××市第二人民医院住院病案1册。

2. 案情摘要

据本案相关材料载：患者赵××于2014年6月22日在××市第一人民医院行左肱骨骨折内固定术。2016年5月7日在××市第一人民医院行钢板取出术，术后出现左手腕下垂。同年8月8日××市第二人民医院诊断为"左侧上臂桡神经完全损伤"，并行桡神经移植修复术。现患方认为，被告医院的医疗行为存在过错，并给其造成损害，故起诉至法院，要求赔偿。

3. 听证意见

患方认为：××市第一人民医院在取钢板手术过程中，由于手术操作不当，造成患者左侧上臂桡神经完全损伤，给患者生活、经济、精神造成巨大伤害。

医方认为：斜形骨折在中下 1/3 处，钢板较长、延期取钢板、损伤较重等增加了取钢板的难度。本来术中臂丛麻醉，患者强烈要求全麻，增加了术中神经损伤风险。术后患者早期出院及在外地工作，对患者术后随诊不利。根据以上因素和患者知情同意情况，患者赵 ×× 也应当承担部分责任。

◢ 二、病史摘要

1. ×× 市第一人民医院手术记录

手术日期：2014 年 6 月 22 日。

手术前诊断：左肱骨骨折。

拟施手术：左肱骨固定术。

术中所见：左肱骨中下段螺旋形骨折。

手术经过：……取左上臂外侧切口长约 15 cm，人形切口，依次切开皮肤、皮下组织，止血，切开筋膜、肌肉，于肱肌、肱桡肌之间寻找桡神经，检查无损伤，加以保护……近端复位，钳夹持骨置一 6 孔钢板，分别远近端置两枚螺钉。

2. ×× 市第一人民医院住院病历

入院日期：2016 年 5 月 6 日。

出院日期：2016 年 5 月 13 日。

主　　诉：左上臂骨折术后二年。

现 病 史：两年前左上臂骨折，在我院行内固定术，愈后出院。两年来无不适感，骨折已愈合，今来我院拆除钢板，门诊以左肱骨骨折术后愈合收住。

体格检查

左上臂外侧有一处 10 cm 纵行瘢痕，无红肿。

初步诊断：*左肱骨骨折术后愈合。*

术中和术后可能出现的常见并发症和意外情况：……2. 术中血管、神经损伤。家属签字或本人签字：赵××。

手术记录

手术日期：*2016 年 5 月 8 日。*

术前诊断：*左肱骨骨折术后愈合。*

手术名称：*钢板取出术。*

手术摘要记录：*……将原切口瘢痕切除，筋膜、肌肉粘连，解剖层次不清，钝性分开肌层，达钢板，骨膜剥离子剥离，显露出钢板，取出螺钉及钢板，冲洗创面，依次缝合切口。加压包扎。*

病程记录

2016 年 5 月 9 日。术后第一天，切口稍有疼痛。查体：敷料干燥，无渗出，左手拇指背伸无力，手腕下垂，考虑桡神经损伤……严密观察病情，抗感染治疗。

2016 年 5 月 10 日。术后第二天，切口疼痛减轻，肛门已排气，嘱流质饮食，继续抗感染治疗。

2016 年 5 月 13 日。换药，切口愈合良好，甲级愈合，今日要求出院，回单位上班。同意出院。

出院记录

出院诊断：左肱骨骨折术后愈合。

出院情况：切口愈合良好未拆线。左手腕下垂无力，考虑神经损伤。

出院医嘱：①严密观察病情，电话随时联系；②11 天后拆线，当地医院
诊疗；③定期半个月至一个月复诊。

3. ××市第二人民医院住院病历

入院日期：2016 年 8 月 11 日。

出院日期：2016 年 8 月 29 日。

主　　诉：左上臂钢板取出术后左腕关节功能障碍 3 月余。

专科检查

左上臂外侧骨折术后外观，见一约 15 cm 纵向瘢痕；左手腕背伸受限，肌
力 2 级，肌张力未见异常；左手手指均背伸受限，皮肤无红肿、麻木。

初步诊断：左上臂桡神经陈旧性损伤。

手术记录

手术日期：2016 年 8 月 16 日。

术前诊断：左上臂桡神经陈旧性损伤。

术后诊断：左上臂桡神经陈旧性断裂。

手术名称：左上臂桡神经陈旧性断裂移植修复术＋右小腿腓肠神经切
取术。

术中发现：左上臂外侧可见长约 20 cm 纵向瘢痕，已愈合，左上臂桡神经
完全断裂，断端约位于左上臂中下 1/3 偏上，两断端皆包埋于

瘢痕组织中。

手术步骤：……取原切口进入，逐层切开，见切口内瘢痕增生，小心分离，暴露桡神经断端，修整断端，去除断端周围卡压瘢痕，测得桡神经缺损约 5 cm……将准备好的腓肠神经移植到左上臂桡神经缺损处，8-0 的无损伤线吻合两断端，并置于血供丰富肌肉组织床上，伤口仔细止血，清洗后，逐层关闭，置橡皮引流片 2 根，无菌敷料加压包扎。

出院记录

出院情况：目前切口愈合良好，患者要求出院，已交代相关出院注意事项，不适就诊。

××市第二人民医院肌电图／诱发电位报告

姓　　名：赵××

检查日期：2016 年 8 月 12 日。

结　　论：左上臂神经源性损害肌电图。

提　　示：左桡神经重度损害，建议结合临床。

三、鉴定过程

1. 简要过程

接受鉴定委托后，我们对送检材料进行了文证审查，于 2017 年 7 月 27 日组织鉴定所涉及的双方当事人进行听证及专家咨询会，会上本案鉴定人向医患双方告知了本案鉴定人员及鉴定相关事项，医患双方分别陈述了意见，并回答了鉴定人员及临床专家的提问。经过鉴定人认真分析、讨论，达成一致意见，制作本鉴定文书。

2. 法医临床学检查

被鉴定人赵 ×× 左上臂桡神经陈旧性断裂移植修复术后 1 年余来我所检查。

检查所见：步入诊室，神清语利。左臂外侧可见 16.0 cm×（4.0~5.0）cm 手术瘢痕，右小腿背侧可见 16.0 cm×1.5 cm 手术瘢痕。左手呈下垂状，左手大小鱼际肌、骨间肌较对侧欠丰满。左手诸指背伸不能、拇指外展不能。左前臂瘢痕处叩击疼痛反应明显。

3. 鉴定意见

×× 市第一人民医院在对被鉴定人赵 ×× 的诊疗行为中，存在桡神经离断的过错，该过错与被鉴定人左手部分肌瘫的损害后果之间具有因果关系，在损害后果中起主要作用。

四、分析说明

根据现有病历资料，并请有关专家会诊，现就相关问题分析如下。

（一）关于 ×× 市第一人民医院诊疗行为的评价

避免医源性神经损伤是骨科手术的基本原则。桡神经发自臂丛神经，由肱三头肌间穿出，沿桡神经沟紧贴肱骨走行。如果手术操作粗暴、解剖结构辨识不清、盲目切割则会造成神经的医源性损伤。因此，涉及肱骨的手术操作，要求首先辨识、保护桡神经，在确认桡神经之前，切不可盲目分离、暴露肱骨干。正是由于桡神经的解剖特点，凡是涉及肱骨干，尤其是肱骨中下段的手术操作，从始至终均是在桡神经周边进行。因此，甚至有学者提出，在涉及肱骨的手术中，应把保护桡神经置于首位，而将手术操作放在第二位。在相关医学典籍和手术图谱中，均对保护桡神经提出了明确要求。

被鉴定人赵××为拆除钢板，于2016年5月6日入××市第一人民医院诊治。于次日行"钢板取出术"。术中"钝性分开肌层，达钢板，骨膜剥离子剥离，显露出钢板，取出螺钉及钢板"，未见暴露、辨识和保护桡神经的记载。术后第一天，即出现"左手拇指背伸无力，手腕下垂"，临床考虑为桡神经损伤。5月13日出院情况载"左手腕下垂无力，考虑神经损伤"。这说明术后即出现了桡神经损伤症状且与手术时间关系紧密。

被鉴定人赵××因"左腕关节功能障碍3月余"，于2016年8月11日入××市第二人民医院诊治。入院诊断为"左上臂桡神经陈旧性损伤"。8月12日肌电图检查结果显示"左桡神经重度损害"。8月16日行"左上臂桡神经陈旧性断裂移植修复术+右小腿腓肠神经切取术"。术中见"切口内瘢痕增生，小心分离，暴露桡神经断端，修整断端，去除断端周围卡压瘢痕，测得桡神经缺损约5cm"。桡神经离断损伤明确。

复阅送检病历，被鉴定人赵××所行钢板内固定术系因"左肱骨中下段螺旋形骨折"。2014年6月22日行"左肱骨固定术"，手术经过载"切开筋膜、肌肉，于肱肌、肱桡肌之间寻找桡神经，检查无损伤，加以保护"，该记载进一步说明保护桡神经为临床常规要求，应在术中寻找、检查及保护。

综上所述，院方所行"钢板取出术"的目的是取出内固定物，桡神经离断并非手术预期，属于医源性不当损伤。分析认为，院方在行"钢板取出术"中存在桡神经离断的过错。

（二）关于过错行为与被鉴定人赵 ×× 损害后果之间的因果关系

被鉴定人赵 ×× 于 2016 年 5 月 6 日行"钢板取出术"，术中离断桡神经，后经"左上臂桡神经陈旧性断裂移植修复术 + 右小腿腓肠神经切取术"等治疗，现遗有左桡神经重度损伤的损害后果。

院方在行"钢板取出术"过程中，存在桡神经离断的过错。分离、确认并保护桡神经是临床常规要求，只要院方履行高度注意义务，术中动作轻柔、分离清晰，此类损伤可以避免。但是，就本例而言，"钢板取出术"中记载"将原切口瘢痕切除，筋膜、肌肉粘连，解剖层次不清"，说明局部瘢痕粘连、解剖层次欠清，增加手术难度，同时也增加了术中损伤桡神经的风险。另外，桡神经损伤属手术并发症，其发生具有一定的不确定性，且术前已告知。

综合分析认为，院方离断桡神经的过错与被鉴定人赵 ×× 桡神经重度损伤的损害后果之间存在因果关系，在损害后果中起主要作用。

📝 五、启示

赵 ×× 于 2014 年经历了一次左肱骨骨折，并接受了内固定手术。然而，在 2016 年进行的钢板取出手术中不幸遭遇了医疗事故，导致其桡神经受损。尽管随后进行了神经修复手术，但赵 ×× 依然面临左上肢功能受限的问题。经过医疗事故技术鉴定，确认 ×× 市第一人民医院在行钢板取出手术期间存在过失，且该过失直接导致了赵 ×× 的桡神经损伤。

从医疗失误的角度分析，该医院在实施钢板取出手术时未遵循保护桡神经的标准临床程序。手术记录中缺乏对桡神经暴露、识别及保护的具体描述，这表明手术过程中可能存在疏忽。桡神经作为连接臂丛的重要分支，沿肱骨外侧沟下行，任何对该神经的损伤都会造成严重的功能障碍。显而易见的是，在赵××的手术过程中，缺乏对神经结构的保护意识是此次医源性损伤的主要原因。

赵××在经历钢板取出手术后，不仅承受了桡神经损伤带来的生理痛苦，还必须面对后续复杂的修复治疗及长时间的康复过程。这种伤害不仅严重影响了他的生活质量，还给他带来了沉重的经济压力和心理负担。此案例凸显出即使被认为是相对简单的外科手术，如果操作不当，也可能带来严重的后果。

司法鉴定通过详尽的病历审查及专家会诊，确立了医院的过失行为与赵××桡神经损伤之间的直接因果联系。这一结论不仅为赵××的法律主张提供了强有力的证据支持，也为处理类似的医疗纠纷提供了参考标准。

此案例进一步强调了在任何外科手术中，医护人员都必须严格遵守手术指南和技术规程。特别是在涉及重要神经和血管的操作时，更需保持高度警觉，以避免不必要的损伤。这涵盖了一系列关键步骤，如术前综合评估、术中精细操作以及术后密切监控等。

对医疗过失行为进行科学系统的评估，不仅为受害者提供了坚实的法律依据，也展示了在医疗损害赔偿诉讼中科学鉴定的重要性，以及如何运用专业知识和经验来精确界定医疗责任。

本例提示，尽管骨折内固定的移除通常被视为一项较为简单的手术，但如果忽略了必要的谨慎义务，依然可能引发严重的医源性损伤。本案例提供了一个重要的警示信号，即无论是医者还是患者，都应当将安全放在首位，并通过强化风险管理及增进医患沟通，共同保障患者的最大利益。

案例 ❺ 股骨骨折切开复位内固定术操作不当致骨折延迟愈合及内固定物断裂

◢ 一、案例背景

1. 基本情况

委托单位：××市人民法院

委托事项：××市第一人民医院对赵××的诊疗行为有无过错；××市第一人民医院诊疗过错行为与赵××右股骨骨折骨不连、钢板断裂、右侧胫腓骨骨折骨不连的损害后果之间是否存在因果关系。

鉴定材料：××市第一人民医院住院病案复印件1册；××市第二人民医院住院病案复印件1册；影像学片12张。

2. 案情摘要

据本案相关材料载：2015年9月23日，患者赵××因交通事故入××市第一人民医院诊治，入院后急诊行左肘关节脱位闭合复位石膏外固定术，急诊行右胫腓骨、股骨清创缝合术；于9月24日行右侧锁骨及股骨切开复位内固定术，右侧胫腓骨骨折闭合复位外固定架固定术，术后给予抗炎药物及对症治疗；于2016年4月25日在腰硬联合麻醉下行右侧胫腓骨骨折术后切开复位内固定取髂骨植骨术，右股骨植骨术。2018年2月23日患者赵××因扭伤右下肢入××市第二人民医院诊治，入院后行股骨内固定钢板取出、骨折端清创、骨折复位内固定、取髂骨植骨术。现患方认为：××市第一人民医院的医疗行为存在过错，并给其造成损害，故起诉至法院，要求赔偿。

3. 听证意见

患方认为：钢板断裂与手术中位置不当、复位不当有直接关系。胫腓骨骨折闭合复位外固定架固定术是失败的。

医方认为：医疗行为符合诊疗常规要求，不存在过错。

二、病史摘要

1. ××市第一人民医院住院病案

入院时间：2015年9月23日。

出院时间：2016年8月1日。

主　　诉：右肩、左肘及右下肢外伤1小时。

现 病 史：患者1小时前因车祸伤及右肩、左肘部及右下肢，当时无昏迷，无一过性记忆丧失，感右肩、左肘及右下肢疼痛剧烈，活动受限，感右下肢活动性出血，未经任何处置，由救护车接入我院，急诊科拍片检查后以：①右侧锁骨骨折；②左肘关节脱位；③右股骨、胫腓骨粉碎性骨折收治入院。

专科情况

患者神清语利，右锁骨中段畸形，压痛明显，可触及骨擦感及骨异常活动，右肩关节活动受限，左肘关节畸形，关节脱位，不稳定，肘关节活动受限，双上肢末梢血运及皮肤感觉无异常，右股骨中下段畸形，可见一横向伤口，长约6.0 cm，深达股骨，活动性出血，可见股骨呈粉碎性骨折，数枚碎骨片游离，右小腿畸形，胫前可见一长约 15 cm 纵向伤口，活动性出血，胫骨前肌腱横形断裂，胫骨呈粉碎性骨折，碎骨片错位、游离，伤处均疼痛剧烈，活动受限，右侧足背动脉搏动可触及，末梢皮肤感觉无异常。

  辅助检查：右侧锁骨正位片左肘关节＋右股骨＋右胫腓骨正侧位片。
    ①右侧锁骨骨折；②右侧胫腓骨下段粉碎性骨折；右侧股骨中段粉碎性骨折；③左肘关节脱位复位后外固定改变。

  初步诊断：①右侧锁骨骨折；②右侧股骨开放性粉碎性骨折；③右侧胫腓骨开放性粉碎性骨折；④左肘关节脱位。

首次病程

  2015 年 9 月 23 日。……诊疗计划：①完善入院常规检查；②急诊行左肘关节脱位闭合复位石膏外固定术；③急诊行右胫腓骨、股骨清创缝合术，肌肉注射破伤风抗毒素 1500 单位；④给予抗炎消肿药物对症治疗；⑤嘱患肢抬高，择期行手术治疗。

手术知情同意书

  手术名称：右侧锁骨骨折、股骨骨折切开复位内固定术、右侧胫腓骨骨折闭合复位外固定架固定术。
  向患者或家属或代理人交代术中或术后可能出现的并发症及手术风险：……术后功能锻炼不当，内固定物或骨折断端有再次骨折的可能。代理人签字：赵 ××。9 月 24 日。

手术记录

  手术日期：2015 年 9 月 24 日。
  术前诊断：右锁骨骨折；右股骨骨折；右侧胫腓骨粉碎性骨折。
  术后诊断：右锁骨骨折；右股骨骨折；右侧胫腓骨粉碎性骨折。

手术名称： 右侧锁骨、股骨骨折切开复位内固定术；右侧胫腓骨骨折闭合复位外固定架固定术。

手术经过： ……取右股骨外侧切口，长约 20 cm 逐层切开皮肤、皮下组织、阔筋膜、股外侧肌，显露股骨断端，见股骨呈粉碎性骨折，有 3 枚碎骨片游离，钢丝将碎骨片固定，行复位，置入一 15 孔解剖钛板，远、近端各拧入 3 枚皮质骨螺钉固定，碎骨片 2 枚螺钉固定，查：钛板贴合满意，断端复位满意，固定牢固。C 型臂透视见：断端复位满意，钛板贴合好，螺钉长短合适。碘伏、生理盐水冲洗切口，清点器械、敷料无误后，逐层缝合，无菌敷料覆盖……右胫腓骨骨折远端紧贴关节面，由内向外平行关节面打入 1 枚斯氏针，于骨折近端（胫骨中上段）分别平行方向打入 2 枚斯氏针，组装外固定架，于骨折远端处纵向交叉打入 2 枚骨针，在 C 型臂透视下可见：力线好，位置可，无成角，将外固定架各固定螺口旋紧，再次透视见：复位较满意，外固定架牢固。包扎针孔周围，手术顺利，麻醉满意。

病程记录

2015 年 9 月 25 日。……右股骨切口无红肿及渗血，小腿外固定架固定牢固，伤口少量渗血，踝关节背伸运动受限，末梢血运及皮肤感觉无异常。

2015 年 9 月 30 日。……右股骨切口无红肿及渗血，小腿外固定架固定牢固。

2015 年 10 月 6 日。……大腿切口无红肿及渗血。

2015 年 10 月 23 日。患者一般情况好，无不适主诉。查体：生命体征平稳，心肺听诊正常，右小腿外固定架固定，伤口少量渗液，无异味，踝关节背伸活动受限，末梢血运及皮肤感觉无异常。右胫腓骨正侧位片示：右侧胫腓骨下段见骨折影，多发骨片游离，断端错位。

阶段小结

2015 年 11 月 28 日。患者一般情况好，无不适主诉。查体：生命体征平稳，心肺听诊正常，右小腿伤口皮肤缺损处肉芽组织新鲜，无渗液，外固定架针道少量渗液，末梢血运及皮肤感觉无异常，踝关节背伸运动受限。X 线片示右侧胫腓骨骨折线仍可见，无骨痂形成。

2015 年 12 月 23 日。患者一般情况好，无不适主诉。查体：生命体征平稳，心肺听诊正常，右小腿内收、短缩畸形，伤口皮肤缺损较前明显缩小，肉芽组织新鲜，无渗液，外固定架针道少量渗液，踝关节背伸活动受限，末梢血运及皮肤感觉无异常。

2016 年 1 月 27 日。患者一般情况好，无不适主诉，右小腿内收、短缩畸形，外固定架针道少量渗液，踝关节背伸活动受限，末梢血运及皮肤感觉无异常。X 线片示右锁骨、股骨骨折线模糊，右胫腓骨骨折端无明显骨痂形成。

2016 年 2 月 27 日。患者一般情况好，无不适主诉，生命体征平稳，心肺听诊正常，右小腿内收、短缩畸形，外固定架固定牢固，针道少量渗液，无异味，踝关节背伸活动受限，末梢血运及皮肤感觉无异常。复查 DR 示右锁骨、股骨、胫腓骨内固定术后，骨折线仍可见，未见有效骨痂。

手术记录

手术日期：2016 年 4 月 25 日。

术前诊断：右侧胫腓骨骨折术后，右侧股骨骨折术后。

术后诊断：右侧胫腓骨骨折术后，右侧股骨骨折术后。

手术名称：右侧胫腓骨骨折术后切开复位内固定取髂骨植骨术，右侧股骨骨折术后骨不愈合取髂骨植骨术。

手术经过

（前略）去除右下肢外固定架，取右小腿下段外侧纵向切口，长约 8 cm，逐层切开，暴露腓骨下段，见腓骨下段重叠、短缩，部分骨性连接，去除骨痂，游离断端，行复位，以 5 孔钛板固定，近端及远端分别拧入 2 枚螺钉固定，C 型臂透视见钛板贴合满意，断端固定牢固，螺钉长短合适，清点器械、敷料无误，冲洗缝合切口。

沿右小腿胫前原伤口逐层切开，显露胫骨骨折断端，骨折断端成角、重叠、短缩畸形，内有大量增生肉芽组织，部分骨皮质连续，骨性连接，清理断端纤维组织，行复位，置入 L 型钛板，近端及远端分别拧入 4 枚螺钉固定。

沿同侧髂骨做斜行切口，长约 4.0 cm，逐层切开，显露髂前上棘，骨凿取下约 2.0 cm×3.0 cm×4.0 cm 大小骨块，电刀止血，缝合切口，将取下骨块修剪成骨柴样，部分植于胫骨断端，C 型臂透视见钛板贴合满意，螺钉长短合适。查：断端固定牢固，踝关节面平整，清点器械、敷料无误，冲洗缝合切口，于右侧股骨外侧原切口逐层切开，显露骨折断端，见断端位置良好，内固定器贴合好，螺钉固定牢固，断端内有少量增生组织嵌入，部分骨性连接，清除增生组织，将剩余取髂骨块植于断端，清点器械、敷料无误，冲洗缝合切口，手术顺利，麻醉满意，无活动性出血，安返病房。

2016 年 4 月 27 日。……于 2016 年 4 月 25 日在腰硬联合麻醉下行右侧胫腓骨骨折术后切开复位内固定取同侧髂骨植骨及右侧股骨骨折术后取髂骨植骨术，术后给予抗炎等对症治疗。患者一般情况好，右下肢疼痛较前明显减轻，查体：生命体征平稳，心肺听诊正常，右下肢未见明显畸形，切口敷料包扎完好，未见渗血，右足淤血、肿胀，足背动脉搏动好，末梢感觉无异常，右下肢活动受限，双下肢等长。X 线片示断端对位、对线好。

2016 年 5 月 27 日。患者一般情况好，无不适主诉。查体：生命体征平稳，心肺听诊正常，右下肢无肿胀，切开已拆线，右小腿局部皮肤结痂，痂下无积液，足背动脉搏动好，末梢感觉无异常，右下肢活动受限。

2016年6月27日。患者一般情况好，无不适主诉。查体：生命体征平稳，心肺听诊正常，右下肢肿胀，结痂已脱落，可见红色瘢痕，足背动脉搏动好，末梢感觉无异常，右下肢活动受限。

2016年7月27日。患者一般情况好，无不适主诉。查体：生命体征平稳，心肺听诊正常，右下肢无肿胀，可见红色瘢痕，足背动脉搏动好，末梢感觉无异常，右下肢活动受限。复查右锁骨＋右股骨＋右胫腓骨DR示：右锁骨骨折线模糊，右股骨及胫腓骨骨折断端对位好，骨折线模糊，未见明显骨痂，远端骨质密度减低，骨皮质变薄。

出院记录

诊疗经过： 入院后急诊行左肘关节脱位闭合复位石膏外固定术，急诊行右胫腓骨、股骨清创缝合术，肌肉注射破伤风抗毒素1500单位，于2015年9月24日在臂丛＋腰硬联合麻醉下行右侧锁骨及股骨切口复位内固定术，右侧胫腓骨骨折闭合复位外固定架固定术，术后给予抗炎药物及对症治疗，于2016年4月25日在腰硬联合麻醉下行右侧胫腓骨骨折术后切开复位内固定取髂骨植骨术、右股骨植骨术，术后给予抗炎等对症治疗。

出院诊断： ①右侧锁骨骨折；②右侧股骨开放性粉碎性骨折；③右侧胫腓骨开放性粉碎性骨折；④左肘关节脱位。

出院情况： 患者一般情况好，无不适主诉，查：生命体征平稳，心肺听诊正常，右下肢无肿胀，可见红色瘢痕，足背动脉搏动好，末梢感觉无异常，右下肢活动受限，双下肢等长。右锁骨＋右股骨＋右胫腓骨DR示：右锁骨骨折线模糊，右股骨及胫腓骨骨折断端对位好，骨折线模糊，未见明显骨痂，远端骨质密度减低，骨皮质变薄。今日好转出院。

出院医嘱：加强功能锻炼，定期复查。

2. ××市第二人民医院住院病案

入院时间：2018年2月23日。

出院时间：2018年3月10日。

主　　诉：右股骨骨折术后大腿疼痛，活动受限2年余、加重10余天。

现 病 史：患者于2015年9月23日因车祸致右侧肢体创伤、活动受限，于当地××医院检查明确右锁骨骨折、右股骨干骨折、右胫腓骨骨折，次日行右锁骨、右股骨干切开复位内固定、右胫腓骨外固定手术治疗，并于2016年4月25日行右胫腓骨切开复位内固定手术。术后患者右上肢活动恢复，右下肢活动差，需拐杖助行。2018年2月11日患者于家中扭伤右下肢，自觉右大腿外侧疼痛、活动受限，起初未重视，仅卧床休息，至2月13日仍疼痛明显，就诊当地医院。X线片提示右股骨骨折端未愈合，内固定钢板断裂。未行特殊处理，建议转院治疗。为求进一步诊治，患者就诊于我院。

专科情况

右肩前上可见长约15 cm手术瘢痕，无压痛，右上肢无活动受限。右小腿可见长约30 cm不规则瘢痕，轻度内翻畸形，局部无压痛、踝关节活动可。右大腿外侧可见纵向长约30 cm手术瘢痕；中上段肿胀，未见皮肤破溃，无明显淤斑，局部压痛、叩痛明显，大腿滚动试验阳性；右髋及膝关节活动受限；远端血运及感觉正常。右下肢长度较健侧缩短约3 cm（右大腿短缩1 cm，右小腿短缩2 cm）。

辅助检查：××医院右下肢X线片（2018年2月23日）示右侧股骨干段、

下段骨质连续性中断，可见骨折线，金属内固定断裂。

初步诊断：①右股骨骨折骨不连，内固定钢板断裂；②右锁骨骨折术后；③右胫腓骨骨折术后。

手术记录

手术日期：2018 年 2 月 28 日。

术前诊断：右股骨骨折骨不连，内固定钢板断裂。

术后诊断：右股骨骨折骨不连，内固定钢板断裂。

手术名称：右股骨内固定钢板取出、骨折端清创、骨折复位内固定、取髂骨植骨术。

手术经过：麻醉完成后平卧位，常规消毒铺单，沿右股骨外侧原切口显露内固定钢板，见钢板近中段断裂；远、近骨折端都有部分肉芽组织，骨髓腔闭塞，近骨折端后内侧有骨质缺损，远骨折端后方有骨质缺损；中段骨折块有钢丝环扎，颜色呈蜡黄色，克氏针钻孔未见血液渗出；依次取出内固定钢板和钢丝；清理骨折端肉芽组织（送细菌培养）并打通骨髓腔，于近端骨折端逆行插入导针从股骨大粗隆引出，顺行穿入骨折远端，依次软钻扩髓达 11.5 mm，选 340 mm×10 mm 髓内钉顺行打入骨髓腔，远端三维锁定，将髓内钉回敲使骨折端加压，透视见骨折对位、对线好，内固定装置位置好；检查下肢无旋转移位，于髓内钉近端 2 枚螺钉锁定。取左髂骨骨板植骨于骨折端。活动下肢见骨折固定可靠。冲洗创面，放置引流管，关闭切口。

出院记录

治疗经过：入院后给予完善入院检查，在腰麻下行右股骨内固定钢板取出、骨折端清创、骨折复位内固定、取髂骨植骨术。术后给予消炎、止痛、抗凝对症治疗。伤口愈合好，未拆线。拍片复查骨折对位、对线好，内固定位置佳。今日患者自动要求出院，履行告知义务，其表示理解，办理出院手续。

出院诊断：①右股骨骨折骨不连，钢板断裂；②右锁骨骨折术后；③右胫腓骨骨折术后。

出院时情况：一般情况好，已可下地站立，无特殊不适。

三、鉴定过程

1. 简要过程

接受鉴定委托后，我们对送检材料进行了文证审查，于2019年3月14日组织鉴定所涉及的双方当事人进行听证及专家咨询会，会上本案鉴定人向医患双方告知了本案鉴定人员及鉴定相关事项，医患双方分别陈述了意见，并回答了鉴定人员及临床专家的提问。经过鉴定人认真分析、讨论，达成一致意见，制作本鉴定文书。

2. 法医临床学检查

检查所见：患者步入检查室，跛行，深蹲尚可。右大腿外侧可见27.0 cm×0.3 cm纵向手术瘢痕，周边可见缝针痕。右小腿可见12.0 cm×（0.2～0.5）cm手术瘢痕，周边15.0 cm×7.0 cm范围内可见皮下软组织粘连、凹陷。双髋膝关节活动度一致。右踝关节活动受限，踝关节活动度：背伸左30°、右20°；跖屈左50°、右40°。双下肢长度（脐至内踝）：左85.0 cm，右83.0 cm。

3. 阅片意见

右下肢 X 线片（2015 年 9 月 23 日）示：右股骨骨折，骨折断端分离、移位，呈粉碎状，可见游离骨块。

右下肢 X 线片（2015 年 10 月 7 日）示：右胫腓骨骨折外固定术后，外固定架在位，骨折断端对位、对线不佳。

右下肢 X 线片（2016 年 1 月 1 日）示：右股骨内固定术后，内固定物在位。骨折断端对线可，对位不佳，遗有间隙，未见有效骨痂生成。

右下肢 X 线片（2016 年 4 月 21 日）示：右下肢内固定术后，内固定物在位。骨折断端对线可，对位不佳，遗有间隙，未见有效骨痂生成，与前片比较无明显改善。

右下肢 X 线片（2016 年 4 月 27 日）示：右股骨内固定植骨术后，骨折断端仍可见间隙，未见有效骨痂。

右下肢 X 线片（2016 年 7 月 20 日）示：右股骨内固定植骨术后，骨折断端仍可见间隙，未见有效骨痂，与前片比较无明显改善。

右下肢 X 线片（2018 年 2 月 23 日）示：右股骨骨折内固定术后，内固定近端断裂、成角。

右下肢 X 线片（2018 年 8 月 21 日）示：右胫腓骨骨折内固定术后，内固定物在位，骨折断端对位、对线可，骨折线模糊，骨折断端可见骨痂生成。

右下肢 X 线片（2019 年 2 月 11 日）示：右股骨骨折髓内钉内固定术后，对位、对线可，骨折线模糊，骨折断端可见骨痂生成。

4. 鉴定意见

××市第一人民医院在对被鉴定人赵××的诊疗行为中，存在"股骨骨折切开复位内固定术"内固定不牢固、骨折断端对位不佳的过错，以及"右侧股骨骨折术后骨不愈合取髂骨植骨术"存在植骨量不够的问题。该过错与被鉴定人赵××内固定物断裂和再次切开复位内固定术的损害后果之间存在因果关系，在损害后果中起同等作用。

四、分析说明

根据现有病历资料，并请有关专家会诊，现就相关问题分析如下。

（一）诊疗行为

1. 关于股骨骨折

复位、固定和功能锻炼是骨折治疗的原则。该治疗原则的目的在于最大限度促进骨折愈合，从而恢复骨性结构的原有功能。但如果在骨折治疗中存在不当，则可影响骨折的愈合。

内固定不完善可造成骨折断端不稳定，影响血管再生和骨折愈合，从而导致骨折延迟愈合和骨不连。因此，在处理股骨骨折时，常要求内固定钢板具有足够的长度，并在骨折的近端和远端分别拧入至少4枚，甚至5枚以上的螺钉，以达到坚强固定的目的。

内固定不完善还可因骨折断端存在过大间隙，骨折断端接触不良直接影响骨折断端血供障碍，从而导致骨折不愈合。

当临床出现骨折不愈合时，常采用自体骨移植的方法治疗，但如果植骨骨量不足则可能导致手术失败，骨折不愈合情况不能得到改善。

经阅送检病史，被鉴定人赵××于2015年9月23日因交通事故入××市第一人民医院诊治，入院现病史、专科情况及辅助检查均提示"右侧股骨中段粉碎性骨折"，临床诊断明确。入院行急诊清创后，于9月24日行"股骨骨折切开复位内固定术"。术中"见股骨呈粉碎性骨折，有3枚碎骨片游离，钢丝将碎骨片固定，行复位，置入一15孔解剖钛板，远、近端各拧入3枚皮质骨螺钉固定，碎骨片2枚螺钉固定"。术后多次复查，骨折断端未见有效骨痂生成，仍可见骨折线。

复阅影像学检查片，被鉴定人赵××右侧股骨中上段粉碎性骨折，骨折断端分离、移位。术后复查片示骨折近端3枚螺钉固定、碎骨片2枚螺钉固定、骨折远端3枚螺钉固定，同时骨折断端接触不良，明显可见间隙存留。直至术后7月余（2016年4月21日），骨折断端仍无有效骨痂形成，骨折断端间隙存留状态未见改善，局部未见明显骨痂生长。

上述情况说明，院方在行"股骨骨折切开复位内固定术"存在内固定不牢固、骨折断端对位不佳等过错。

被鉴定人赵××"股骨骨折切开复位内固定术"（2015年9月24日）术后复查示存在骨折愈合不良，骨折线仍可见，骨折断端未见有效骨痂等情况，遂于2016年4月25日行"右侧股骨骨折术后骨不愈合取髂骨植骨术"。术中凿取髂前上棘骨块，植于股骨骨折断端。

复阅影像学检查片，被鉴定人赵××植骨术前（2016年4月21日）和术后（2016年4月27日）股骨骨折断端仍遗有间隙，且无明显改善。至术后3个月（2016年7月20日）骨折断端仍无有效骨痂形成，骨折断端间隙存留状态未见改善，骨折呈不愈合状态。

分析认为，院方在行"右侧股骨骨折术后骨不愈合取髂骨植骨术"存在植骨量不够的问题。

2. 关于胫腓骨骨折

严重的开放性骨折，由于软组织挫伤、血液循环障碍和细菌进入等，极易发生感染。此时，如采取内固定的方式植入金属固定物，在内固定物表面的细菌则不易控制，如继发感染，内固定物则成为与机体不再相容的"异物"，内固定物不除，感染不止，可最终导致手术失败。因此，临床实践中，严重的开放性骨折常采取外固定的方式。

经阅送检病史，被鉴定人赵××于2015年9月23日因交通事故入××市第一人民医院诊治。入院后急诊行清创后，于9月24日行"右侧胫腓骨骨折闭合复位外固定架固定术"。入院专科查体示，右小腿畸形，胫前可见一长约15 cm纵向伤口，活动性出血，胫骨前肌腱横形断裂，胫骨呈粉碎性骨折，碎骨片错位、游离。其开放性创口15 cm，骨折端外露，软组织损毁，已达三度开放性骨折程度，应采用外固定手术进行固定。院方给予"右侧胫腓骨骨折闭合复位外固定架固定术"，具有手术适应证，术式选择无误。

被鉴定人赵××"右侧胫腓骨骨折闭合复位外固定架固定术"术后复查示骨折愈合不良，遂于2016年4月25日行"右侧胫腓骨骨折术后切开复位内固定取髂骨植骨术"。术中钛板固定骨折断端，并凿取髂前上棘骨块，植于胫骨骨折断端。

复阅影像学检查片，被鉴定人赵××胫腓骨内固定植骨术后，胫腓骨骨折对位、对线尚可，膝关节至踝关节力线结构恢复。复查显示骨痂生成，基本呈骨性愈合状态。内固定植骨术具有疗效，已基本达到治疗目的。

分析认为，院方在胫腓骨开放性骨折的治疗中未见过错。

（二）关于××市第一人民医院过错行为与被鉴定人赵××损害后果之间的因果关系

被鉴定人赵××因交通事故于2015年9月23日入××市第一人民医院诊治，急诊行右胫腓骨、股骨清创缝合术。于9月24日行右侧锁骨及股骨骨折切开复位内固定术，右侧胫腓骨骨折闭合复位外固定架固定术。后于2016年4月25日在腰硬联合麻醉下行右侧胫腓骨骨折术后切开复位内固定取髂骨植骨术，右股骨植骨术。2018年2月23日因扭伤内固定钢板断裂入××市第二人民医院诊治，入院后行股骨内固定钢板取出、骨折端清创、骨折复位内固定、取髂骨植骨术。现遗有右股骨内固定钢板断裂、再次切开复位内固定术的损害后果。

"愈合"是骨折治疗的目的。凡是影响骨折愈合的因素，均可影响骨折的治疗效果，导致不良转归。影响骨折愈合的局部因素主要有血供和损伤程度等。

被鉴定人赵××于 2015 年 9 月 23 日因交通事故受伤，于 9 月 24 日行股骨切开复位内固定术，术中存在内固定不牢固，骨折断端对位不佳，致骨折断端间隙残留。后因骨折断端无有效骨痂生成，呈不愈合状态，于 2016 年 4 月 25 日行右侧胫腓骨骨折术后切开复位内固定取髂骨植骨术。但术中植骨量过少，术前、术后骨折断端间隙无明显改善，致骨折断端仍无有效骨痂生成，呈术后不愈合状态。2018 年 2 月 23 日复查示右股骨骨折骨不连，内固定钢板断裂，且断裂与近端骨折不愈合位置处于同一水平。上述情况均说明，在股骨骨折治疗中，院方内固定术和植骨术均未起到很好效果，骨折断端间隙持续残留，骨折无良好血供支持。另外，原始损伤程度也是影响骨折愈合的重要因素。损伤严重的骨折常有移位、粉碎等，可造成毗邻血管损伤或撕裂，从而影响后期骨折愈合。

××市第一人民医院在对被鉴定人赵××的诊疗过程中，存在"股骨骨折切开复位内固定术"存在内固定不牢固，骨折断端对位不佳的过错，以及"右侧股骨骨折术后骨不愈合取髂骨植骨术"存在植骨量不够的问题。该过错可影响骨折愈合，导致骨折不愈合、内固定物断裂，以及后续治疗等不利后果。但是，其原始损伤由交通事故导致，非医源性因素，而且原始损伤较为严重，即使正确施治，仍存在一定不良预后以及后期再次治疗的可能。除骨折不愈合外，内固定物断裂也与功能锻炼等因素相关。综合分析认为，××市第一人民医院的过错与被鉴定人赵××内固定物断裂和再次切开复位内固定术的损害后果之间存在因果关系，在损害后果中起同等作用。

五、启示

在对患者赵××的诊疗过程进行回顾性分析时发现，××市第一人民医院在实施"股骨骨折切开复位内固定术"时，存在内固定不稳定及骨折断端对位不良的问题。术后影像学检查显示，骨折断端存在明显的间隙，且无明显的骨痂形成迹象，这表明内固定钢板未能提供足够的生物力学稳定性以促进骨折愈合。此外，在"右侧股骨骨折术后骨不愈合取髂骨植骨术"中，尽管采取了植骨措施，但由于植骨量不足，骨折断端无法实现有效愈合，最终呈现为延迟愈合或不愈合状态。对于胫腓骨骨折的初始处理，尽管选择了外固定架固定术——这一选择是基于开放性骨折伴广泛软组织损伤的临床判断，目的是减少感染风险——但在后续的治疗过程中，患者依然经历了骨折不愈合的问题。

患者赵××在经历多次手术干预后，仍面临右股骨骨折不愈合及内固定物断裂的问题，同时右侧胫腓骨骨折亦未愈合。这些问题不仅延长了患者的康复周期，增加了治疗难度和经济负担，还对其日常生活能力和心理状态造成了显著影响。

尽管患者赵××的原发性损伤由交通事故引起，属于非医源性因素，但医疗机构在治疗过程中出现的技术失误，如内固定不稳定、骨折断端对位不良以及植骨量不足等，均对骨折愈合造成了不利影响。上述治疗中的失误与患者骨折不愈合及内固定物断裂的结果之间存在明确的因果关系。然而，需要指出的是，原发性损伤的严重性也是一个不可忽视的重要因素，即使治疗措施得当，某些复杂的损伤仍可能带来愈合困难。

在进行股骨骨折切开复位内固定术时，必须确保骨折端的精确对位和牢固固定，以防止内固定物的松动或断裂，从而为骨折愈合创造一个稳定的生物力学环境。对于开放性骨折，特别是在伴有大面积软组织损伤的情况下，应优先考虑使用外固定技术，以降低感染风险。在处理骨折不愈合时，若采用植骨术作为治疗手段，需确保植入的骨量足以支持骨折愈合，避免植骨量不足导致的二次手术。术后应定期进行影像学检查，及时发现并处理骨折愈合不良或其他并发症，这对于预防长期并发症的发生至关重要。根据每个具体病例的特点，包括骨折类型、损伤程度以及患者的个体差异，制订最适合患者的治疗方案，以提高治疗成功率。

综上所述，该案例提醒我们在骨科手术实践中，精细的操作技术、科学的治疗决策以及系统的术后管理是保障患者治疗效果和安全性的核心要素。通过这些措施可以最大限度减少并发症的发生，改善患者的预后。

案例⑥ 距下关节融合内固定术单枚螺钉固定致跟距关节未融合

一、案例背景

1. 基本情况

委托单位： ××市人民法院。

委托事项： ××市第一人民医院对陈××的诊疗行为是否存在过错；若存在过错，该过错行为与陈××的损害后果之间是否存在因果关系，以及参与度是多少。

鉴定材料： ××市第一人民医院住院病历复印件1册；××市第二人民医院住院病历复印件1册；影像学片39张。

2. 案情摘要

据本案相关材料载：患者陈××于2014年4月17日因右腿脚踝肿痛，入××市第一人民医院诊治。门诊诊断为"右踝骨关节炎"，于同年4月22日行右踝关节、距下关节融合内固定术。出院后右踝关节炎症没有得到缓解。于2015年4月9日入××市第二人民医院诊治，复查见跟距关节未融合，于同年4月13日行距下关节融合术。现患方认为：被告医院的治疗过程不仅是失败的治疗，而且存在手术方案考虑不周密，存在错误，从而导致二次手术，故起诉至法院，要求赔偿。

3. 听证意见

患方认为：被告医院的治疗过程不仅是失败的治疗，而且存在手术方案考虑不周密，存在错误，从而导致二次手术。

医方认为：疾病诊断明确、手术指征明确，治疗方案恰当、无误。不愈合是融合术后最常见的并发症，患者的距下关节未融合，主要是其疾病自身因素造成的。

◤ 二、病史摘要

1. ××市第一人民医院住院病案

入院日期：2014 年 4 月 17 日。

出院日期：2014 年 5 月 6 日。

主　　诉：右踝肿胀、疼痛 5 年。

现 病 史：患者 5 年前出现右踝关节肿胀、疼痛，行走后肿胀、疼痛加重，卧床休息、抬高患肢后可缓解，一直未特殊治疗。症状逐渐加重，日常生活受严重影响。为进一步治疗就诊于我院骨科门诊，门诊以右踝骨性关节炎收入院。

专科情况

神清语利，查体合作。右踝关节肿胀、压痛，屈伸活动较对侧减小，双足感觉、血运未见异常。

辅助检查：X 线片示右踝关节骨性关节炎。

初步诊断：右踝关节骨性关节炎。

首次病程

诊疗计划：①完善血尿常规、凝血、生化、正位胸片、心电图和心脏彩超等检查；②待完善检查后决定下一步治疗方案；③入院宣教。

病程记录

2014年4月18日10:00。患者一般精神状态可，无发热，饮食及睡眠好。右踝肿胀、疼痛5年，要求手术治疗入院。查体：右踝关节肿胀、压痛，距下关节处也有压痛，右踝关节屈伸活动范围较对侧小，右足皮肤感觉无异常，末梢血运好。X线片示：右踝关节骨质增生……病史、查体无补充。根据患者病史、查体及辅助检查，目前诊断右踝关节骨性关节炎基本明确，可考虑手术治疗，可行踝关节及跟距关节融合。该手术请××医院足踝专家做，患者及家属表示同意。完善术前常规检查，待手术。

2014年4月19日10:00。……目前诊断右踝关节骨性关节炎基本明确，患者右踝肿痛多年，保守治疗无效，可考虑手术治疗，可行踝关节及跟距关节融合，也可行踝关节置换，若做关节融合，患者上下坡会有影响，若做关节置换能保留关节活动度。患者及家属选择做关节融合。患者入院检查无明显手术禁忌证，完善术前准备，待手术。

2014年4月21日10:18。……患者入院检查无明显手术禁忌证，拟定于明日行踝关节及跟距关节融合，完善术前准备，待手术，术后注意预防下肢静脉血栓形成。

术前小结

拟行手术名称：右踝关节融合术。

手术指征：关节肿胀、疼痛，影响日常生活。

术中注意：无菌操作，避免严重医源性损伤。

手术知情同意书

（前略）特此郑重向患者或家属告知，实施本手术（操作）的术中或术后可能发生的意外情况和并发症，包括（但不限于）：……⑤截骨处不愈合或延迟愈合，必要时二次行关节融合术……⑩关节疼痛、僵硬不缓解，遗留关节功能障碍，需二次行关节融合术。患者签名：陈××。

手术记录单

手术名称：右踝关节、距下关节融合内固定术。

手术时间：2014 年 4 月 22 日 18:43 开　始，2014 年 4 月 22 日 21:10完毕。

手术经过：……右外踝纵向切口 20 cm，逐层切开皮肤、皮下及筋膜层，推开骨膜，腓骨自外踝尖约 10 cm 处截断，打开下胫腓联合、关节囊，充分显露踝关节及距下关节。见胫距关节面大量增生骨赘，关节面破坏，关节间隙消失，距下关节面间隙狭窄、僵硬，关节面不平整，彻底清除骨赘，显露关节面，去除滑膜及增生组织，并去除关节软骨，截除部分骨质，使关节面相适合，以克氏针、骨刀于胫骨、距骨、跟骨骨床打孔后对合。维持踝关节功能位，背伸 0°，轻度外翻，克氏针临时固定，C 型臂 X 线机透视，见踝关节、距下关节固定位置良好，位置固定后用 1 枚导针由跟骨后下方斜向前上打入距骨，导针位置适当，沿导针拧入 1 枚 7.3 mm 空心螺钉加压固定，胫距关节外侧以 4 孔 4.5 mm 重建钢板塑形后固定，胫骨、距骨各 2 枚螺钉固定，外踝截骨块打磨处理后 2 枚 3.5 mm 螺钉加强固定胫距关节，再自内踝向距骨 1 枚 6.5 mm 拉力螺钉固定，取自体截骨片中松质骨植于关节面中，检查见关节固定牢固，内固定稳定。冲洗切口，彻底止血，查无活动出血，清点器械、敷料无误后逐层缝合各切口。

病程记录

2014年4月22日22:10。……术后吸氧，心电监护观察生命体征变化。注意切口引流量变化，因患者高龄，且有内固定物，为易感染因素，再次头孢呋辛1.5 g预防感染治疗，正确指导术后股四头肌功能锻炼。

2014年4月23日10:00。术后第1天，患者一般精神状态可，无发热，诉手术切口处疼痛……查体：右踝前后托石膏固定，踝部手术切口敷料包扎可见渗血较多，患肢感觉无异常，末梢血运好……术后前后托石膏固定，固定时间为3个月。一般生命体征平稳，可停监护。患者切口渗血较多，给予换药，患者术后下肢静脉血栓形成中危状态，考虑患者渗血较多，今日暂不给予低分子肝素抗凝，予以气压式血液循环驱动器促进血液回流，并指导患者行股四头肌收缩功能练习，复查血常规，明日复查术后双下肢血管彩超，观察是否有静脉血栓形成……切口换药，外踝切口可见渗血，局部无明显炎性反应。

2014年4月24日10:00。术后第2天，患者一般精神状态可，发热37.6 ℃，诉手术切口处疼痛……查体：右踝前后托石膏固定，踝部手术切口敷料包扎可见少量渗血，患肢感觉无异常，末梢血运好。昨日复查血常规白细胞计数正常……为防止下肢血栓形成，今日给予低分子肝素抗凝，继续气压式血液循环驱动器促进血液回流，并指导患者行股四头肌收缩功能练习，继续输头孢呋辛1.5 g日两次预防感染……患者行关节融合术，为促进骨质愈合，加用骨肽治疗。

2014年4月25日10:00。术后第3天，患者一般精神状态可，无发热，诉手术切口处疼痛。查体：右踝前后托石膏固定，踝部手术切口敷料包扎未见新鲜渗血，患肢感觉无异常，末梢血运好。昨日复查拍片内固定物位置可，长短适当。复查下肢血管彩超未见静脉血栓形成。继续低分子肝素抗凝，气压式血液循环驱动器促进血液回流，并指导患者行股四头肌收缩功能练习，继续输头孢呋辛 1.5 g 日两次预防感染。

2014 年 4 月 28 日 10:00。患者一般精神状态可，无发热，诉手术切口处轻度疼痛。查体：右踝前后托石膏固定，踝部手术切口敷料包扎未见新鲜渗血，患肢感觉无异常，末梢血运好。今日再给手术切口换药，局部无明显渗出，无炎性反应。嘱患者可扶拐下地活动，患肢禁负重。继续低分子肝素抗凝，气压式血液循环驱动器促进血液回流，并指导患者行股四头肌收缩功能练习，继续输七叶皂苷钠消肿、骨肽促进骨质愈合治疗。

2014 年 5 月 1 日 10:00。患者一般精神状态可，无发热，未诉手术切口处疼痛。查体：右踝前后托石膏固定，踝部手术切口敷料包扎未见新鲜渗血，患肢感觉无异常，末梢血运好。今日再给手术切口换药，局部无明显渗出，无炎性反应……现可扶拐下地活动，但患肢禁负重。继续低分子肝素抗凝，气压式血液循环驱动器促进血液回流，并指导患者行股四头肌收缩功能练习，继续输骨肽促进骨质愈合治疗。

2014 年 5 月 4 日 10:00。患者一般精神状态可，无发热，未诉手术切口处疼痛。查体：右踝前后托石膏固定，踝部手术切口敷料包扎未见新鲜渗血，患肢感觉无异常，末梢血运好。继续低分子肝素抗凝，气压式血液循环驱动器促进血液回流，并指导患者行股四头肌收缩功能练习，继续输骨肽促进骨质愈合治疗。

2014 年 5 月 6 日 10:00。患者一般精神状态可，无发热，未诉手术切口处疼痛。术后 2 周，今日给予切口拆线，局部愈合可，无明显炎性反应……给患者更换石膏，仍予前后托石膏固定。固定时间 3 个月，患者要求今日出院，可以出院。1 周后门诊再给切口换药，术后 1 个月复查拍片。

出院记录

出院情况：患者一般情况好，无发热。查体：踝部切口已拆线，局部无明显炎性反应，患肢感觉无异常，末梢血运好，足趾伸屈活动正常。

出院注意事项：①继续石膏固定，扶拐下地活动，患肢禁负重；②术后 1 个月复查拍片。

2. ××市第二人民医院住院病案

入院日期：2015 年 4 月 9 日。

出院日期：2015 年 4 月 18 日。

主　　诉：右踝及足部骨关节炎术后 1 年，疼痛 3 月余。

现 病 史：患者 20 年前因外伤，右髋部骨折、右踝骨折，住院治疗后右踝部畸形，行走疼痛，1 年前因疼痛加重，于外院诊断右踝关节、距下关节骨关节炎，行右踝关节、距下关节融合内固定术。术后恢复可，但行走后仍有右足不适，复查 CT 见距下关节未融合，拟进一步治疗，收入院。

专科情况

右足可见切口瘢痕，右足无明显内外翻畸形，右踝关节无活动度，右距下关节无活动度，距下关节外侧间隙处压痛阳性，右足趾无畸形，右足跟骨无内外翻，足背动脉搏动好，远端足趾血运感觉良好。

辅助检查：××市××县医院 CT（2015 年 4 月）示右胫距跟融合术后改变。

初步诊断：距下关节炎（右，术后）；踝关节骨关节炎（右，术后）。

手术记录

手术名称：右距下关节融合术。

手术日期：2015 年 4 月 13 日。

手术经过：

（1）内固定取出。在右足跟后侧做一纵行小切口，约 3 cm。依次切开皮肤、皮下组织，剥离局部骨痂，显露空心钉钉尾，用导针插入空心钉内，用专用改锥将空心拉力螺钉取出。在内踝上做一纵向小切口，约 2 cm，局部分离，找到螺钉钉尾，用改锥拧出。在踝关节外侧作纵弧形皮肤切口，依次切开皮肤、皮下组织，骨膜下剥离，显露上次手术截取移植的腓骨段，拧出螺钉 2 枚，将腓骨段凿下。并取出固定踝关节钢板的 4 枚螺钉。

（2）距下关节融合。将腓骨下段凿除，用咬骨钳咬除局部的肉芽组织和瘢痕，显露距下关节。探查见距下关节仍有较大活动度。撑开距下关节，用骨凿将距骨下关节面和跟骨后关节面的残余软骨和瘢痕组织凿除，彻底冲洗。继续用骨凿将距下关节面凿呈鱼鳞状，并用骨钻在远近关节面钻孔，将距下关节复位，从跟骨后下结节向距骨颈穿入 3 枚导针，透视，见距下关节复位好，选择 2 枚位置较佳的导针，用空心钻扩孔，分别拧入 2 枚空心拉力螺钉。拔出另 1 枚导针，再次透视，见拉力螺钉位置满意，长度合适。

（3）植骨。将切取的腓骨段咬碎，并和人造骨混合移植到距下关节内，并填塞紧密。

（4）闭合伤口。将腓骨长短肌腱紧缩，检查器械无误后，留置引流，冲洗伤口，分层缝合，闭合伤口。无菌敷料包扎，石膏托外固定。

出院记录

出院情况：主要症状体征示伤口愈合良好，患肢维持石膏固定。

X 线检查结果及其他：X 线片示右踝术后改变，关节位置良好。

出院医嘱：①保持伤口清洁，按时换药拆线；②维持石膏固定约 3 个月；③定期复查，不适随诊。

三、鉴定过程

1. 简要过程

接受鉴定委托后，我们对送检材料进行了文证审查，于 2016 年 9 月 1 日组织鉴定所涉及的双方当事人进行听证及专家咨询会，会上本案鉴定人向医患双方告知了本案鉴定人员及鉴定相关事项，医患双方分别陈述了意见，并回答了鉴定人员及临床专家的提问。经过鉴定人认真分析、讨论，达成一致意见，制作本鉴定文书。

2. 法医临床学检查

被鉴定人陈×× 右距下关节融合术后 1 年 3 个月来我所检查。

检查：拄拐进入检查室，一般情况好，神志清楚，神清语利，查体合作。右踝较左侧肿胀，右跟骨可见马蹄形 10.0 cm×0.2 cm 手术瘢痕，右外踝可见 2.0 cm×0.2 cm 和 5.5 cm×0.2 cm 手术瘢痕。踝关节各向活动受限。

3. 阅片意见

右踝关节 X 线片（2014 年 4 月 17 日）示：胫距关节、跟距关节间隙狭窄，关节面粗糙，关节面硬化，关节边缘骨质增生。

右踝关节 X 线片（2014 年 4 月 24 日）示：踝关节、距下关节融合内固定术后，内固定物在位，可见 1 枚螺钉穿过跟距关节面。

右踝关节 X 线片（2015 年 3 月 10 日）示：踝关节、距下关节融合内固定术后，内固定物在位，胫距关节间隙消失、融合，跟距关节间隙明显。

右踝关节 X 线片（2015 年 5 月 13 日）示：踝关节、距下关节融合内固定术后，内固定物在位，胫距关节间隙消失，可见 2 枚螺钉穿过跟距关节面。

右踝关节 X 线片（2016 年 1 月 25 日）示：踝关节、距下关节融合内固定术后，内固定物在位，胫距关节间隙消失、融合，跟距关节间隙消失、融合。

4. 鉴定意见

××市第一人民医院在行"右踝关节、距下关节融合内固定术"过程中，不能排除内固定不牢固的过错。该过错与被鉴定人陈××距下关节融合术后的损害后果之间存在间接因果关系，在二次手术损害后果中起次要作用。

◤ 四、分析说明

根据现有病历资料，并请有关专家会诊，现就相关问题分析如下。

（一）关于××市第一人民医院诊疗行为的评价

1. 诊断明确、手术适应证存在

骨性关节炎为临床常见病症，存在长期、缓慢的演变过程，临床查体常见关节肿胀、压痛，影像学检查可见关节间隙狭窄、关节面不光滑、骨质硬化等表现。骨性关节炎一旦发生，一般难以自行痊愈。出于延缓病变迁延、进展、减轻症状和保持良好的关节功能的需要，常需手术治疗。当关节解剖发生改变、功能障碍明显，且疼痛加重时，具有手术适应证。由于踝关节和距下关节为联动关节，如果手术单独融合其中任何一个关节，必将加速另一关节退变。因此，临床常采取踝关节、距下关节融合内固定术处理踝关节骨性关节炎。

经阅病史资料，被鉴定人陈×× "右踝肿胀、疼痛 5 年"，入院前"症状逐渐加重，日常生活受严重影响"，入院查体示"右踝关节肿胀、压痛，屈伸

活动较对侧减小";影像学检查示右踝关节间隙狭窄、关节面粗糙、关节骨质硬化等骨性关节炎改变。这说明其具有长期关节炎演变病史,入院前右踝关节存在解剖结构异常、疼痛、功能障碍等手术适应证。入院后给予"右踝关节骨性关节炎"诊断。经与患者沟通后,决定行"右踝关节、距下关节融合内固定术"。分析认为,院方诊断明确、手术适应证存在。

2. 不能排除内固定不牢固的过错

关节融合术的固定须坚固、稳定,不但可有效保证关节融合的坚强程度,也可以减少术后功能锻炼对融合处的微动干扰,从而取得良好的预后效果。

经阅病史资料,被鉴定人陈××于2014年4月22日行"右踝关节、距下关节融合内固定术"。术中踝关节、距下关节行克氏针临时固定,透视固定位置良好后,胫距关节"以4孔4.5 mm重建钢板塑形后固定,胫骨、距骨各2枚螺钉固定,外踝截骨块打磨处理后2枚3.5 mm螺钉加强固定胫距关节,再自内踝向距骨1枚6.5 mm拉力螺钉固定"。但跟距关节仅以"1枚7.3 mm空心螺钉加压固定"。虽然临床实践中并无对内固定螺钉数量的具体要求,但与多枚螺钉固定比较,1枚螺钉所提供的抗拉强度不但弱于多枚螺钉,而且在后期功能锻炼时,不能为跟距关节的微动,尤其是旋转应力提供良好的抵抗作用,从而易发生融合面分离,导致跟距关节不融合。

另据病史记载,被鉴定人陈××因复查CT见距下关节未融合,于2015年4月9日入××市第二人民医院诊治,并于2015年4月13日行"右距下关节融合术"。术中探查见"距下关节仍有较大活动度",遂将距下关节复位,并"选择2枚位置较佳的导针,用空心钻扩孔,分别拧入2枚空心拉力螺钉"。术后复查片(2016年1月25日)见跟距关节间隙消失、关节融合。该次手术的内固定方式以及术后效果也说明,单枚螺钉固定跟距关节并非最佳选择。

分析认为,院方在行"右踝关节、距下关节融合内固定术"术中,不能排除内固定不牢固的过错。

（二）关于过错行为与被鉴定人陈××损害
后果之间的因果关系

被鉴定人陈××于2014年4月17日因右腿脚踝肿痛，入××市第一人民医院诊治，诊断为"右踝关节骨性关节炎"，于同年4月22日行"右踝关节、距下关节融合内固定术"，术后复查见跟距关节未融合。于2015年4月13日行"右距下关节融合术"。经两次手术，已达到关节融合之目的。现因二次距下关节融合术，加重经济负担与肢体痛苦的损害后果。

患者自身疾病基础，以及骨质的血运程度是关节融合的基础。如自身具有关节炎等疾病，或者融合骨质的血供条件不佳，均可影响融合的效果。另外，关节融合术成功的关键是对关节面的适当处理。术中须依据关节面的解剖形态，清除关节软骨和关节周围骨赘，保持关节的大体解剖形态，保证胫距关节和距下关节的整体性，提高关节的愈合率。另外，关节融合时还须利用松质骨进行植骨，增加关节骨质接触面积和压力，从而利于关节稳定和早期融合。

经阅送检病史，院方在行"右踝关节、距下关节融合内固定术"术中，"彻底清除骨赘，显露关节面，去除滑膜及增生组织，并去除关节软骨，截除部分骨质，使关节面相适合"，并且"取自体截骨片中松质骨植于关节面中"，术中检查关节固定位置良好，术后影像学检查也未见关节对位、对线不佳等明显不当，基本达到了关节融合的手术要求。而且在行关节融合术前，院方已明确告知"截骨处不愈合或延迟愈合，必要时二次行关节融合术"等事项，并获签字认可。同时，被鉴定人陈××具有多年右踝骨性关节炎病史。与四肢长骨比较，跟距关节血供不足，上述因素均可直接影响骨质后期愈合。

综合分析认为，院方内固定不牢固的过错与被鉴定人陈××距下关节融合术后的损害后果之间存在间接因果关系，在二次手术损害后果中起次要作用。

五、启示

本例中，医疗过错主要体现在手术过程中采用的内固定技术可能存在缺陷。具体来说，在实施跟距关节融合术时，仅使用了一枚直径为 7.3 mm 的空心螺钉作为加压固定装置。而在处理胫距关节时，应用了更多的螺钉及其他辅助固定材料。单一螺钉的固定方式相比多螺钉固定系统，在抗拉强度上存在明显劣势。此外，术后功能恢复期间，由于固定结构不足以抵御旋转应力的作用，跟距关节融合界面可能出现分离，进而导致跟距关节融合失败。

由于初次手术未能取得理想效果，陈××被迫接受了二次手术以重新尝试距下关节融合。这一系列的并发症不仅给患者带来了额外的生理痛苦，延长了康复周期，也增加了治疗过程中的不确定性，同时对其个人和家庭造成了额外的经济负担。

从因果关系的角度来看，尽管陈××长期患有骨关节炎，并且其跟距关节区域的血流供应较差，这些健康状况可能是跟距关节未能成功融合的部分原因；然而，医院在手术中选择的内固定方法稳定性不足，同样是导致不良结果的重要因素。根据专家鉴定报告，医院在此次事件中的过失虽然属于次要因素，但与损害结果之间存在间接因果关系。

在制订手术方案时，必须综合考量患者的个体差异及疾病特征。特别是在处理像跟距关节这样解剖结构复杂的部位时，应优选更为稳健可靠的固定技术，以提升手术成功的概率。

医务工作者有责任在术前全面评估并详细告知患者所有可能的风险，包括手术失败的可能性及其后续治疗的选择。这样做不仅能够帮助患者做好心理准备，还能增进其对手术过程的理解和支持。

医疗机构应建立健全质量控制系统，以定期评估并优化医疗服务标准。通过对类似个案进行深入研究，能够促使医院及时更新和完善相关政策与操作指南，避免同类错误的发生。

在执行复杂的骨科手术时，多学科团队间的信息交流与协同至关重要。任何步骤上的疏忽都可能影响整体疗效，因此，提升团队协作效率是防范医疗事故的重要手段。

该案例提示，即便是具有丰富实践经验的医疗团队，忽视任何一个小细节都有可能导致严重的不良后果。因此，在每一次诊疗活动中都应保持极端的谨慎态度，强化风险管理和医患沟通机制，这些都有助于推动骨科诊疗技术的进步。

案例 ❼ 股骨远端骨折切开复位内固定术操作不当、左膝关节内骨折未处置致左下肢功能障碍

一、案例背景

1. 基本情况

委托单位：×× 市人民法院。

委托事项：×× 市第一人民医院对王 ×× 的诊疗行为是否存在过错；若存在过错，该过错行为与王 ×× 的损害后果之间是否存在因果关系，以及参与度是多少。

鉴定材料：×× 市第一人民医院住院病历复印件 2 册；门诊病历复印件 2 页；影像学片 21 张。

2. 案情摘要

据本案相关材料载：患者王 ×× 2013 年 7 月 30 日因双下肢碾压伤，入 ×× 市第一人民医院诊治。经行"右大腿下段截肢术"。后于 9 月 2 日行"双下肢植皮取皮术"，并于 9 月 7 日行"左股骨远端骨折切开复位内固定术"。出院后左股骨伤口反复出现脓肿、渗出，于 2014 年 7 月 5 日行"左股骨钢板螺钉内固定物取出术、清创引流术、左股骨外固定术"。现患方认为：被告医院在治疗过程中，未能准确进行诊断，也未能进行规范及时的治疗，致使其左腿活动受限，至今伤口未能愈合。

3. 听证意见

患方认为：在原告治疗过程中，被告未能准确进行诊断，也未能进行规范及时的治疗，致使左腿活动受限，至今伤口未能愈合。

医方认为：患者右下肢毁损严重，选择截肢手术正确。患者未充分配合，导致康复锻炼不充分，造成左下肢关节僵直。患者术后出现伤口感染，经过二次手术，病情已经得到很好控制，出院后就诊于私人诊所，是造成伤口反复发作的主要原因。

二、病史摘要

1. ××市第一人民医院门诊病历

就诊日期：2013 年 7 月 30 日。

主　　诉：双下肢外伤半小时来院。

查　　体：神志清、精神可，痛苦表情，问答准确，查体合作，双侧瞳孔等大等圆，对光反射灵敏。血压 100/70 mmHg。头晕，无恶心、呕吐，颈胸腹无明显压痛，活动可，骨盆挤压试验 (−)。双大腿膝关节及小腿踝部疼痛难忍，肿胀明显伴畸形。右小腿皮肤毁损严重，疼痛难忍、出血不止、污染严重。左大腿二处分别长约 2 cm、3 cm 不规则伤口，边缘不齐，深达皮下。患肢末梢血运感觉差，伴活动受限。余 (−)。

CR：左股骨干及右胫骨上段粉碎性骨折，右外踝骨折，左膝关节骨折。

彩　　超：未见明显异常。

印　　象：①左股骨干及右胫骨上段粉碎性骨折；②右外踝骨折；③左膝
　　　　　关节骨折伴韧带损伤；④右小腿毁损伤。

处　　理：①对症治疗；②收入院手术。

2. ××市第一人民医院住院病案

入院日期：2013 年 7 月 31 日。

出院日期：2013 年 10 月 21 日。

手术自愿协议书

医生告知可能发生的意外情况和并发症及其他风险包括但不限于：①失血性休克，生命危险；②双大腿挫轧伤，双大腿皮肤与肌肉分离呈脱套状；③右大腿中下 1/3 截肢，术后因脱套损伤致伤口不愈合，皮瓣坏死感染，需反复换药植皮；④左股骨粉碎性骨折，股四头肌肌腱断裂，膝前交叉韧带断裂，与右侧一样呈脱套样损伤；愈后功能障碍。目前暂急诊行胫骨牵引，需待第 2 期手术；⑤左大腿伤口感染，皮肤坏死需换药植皮；⑥左大腿及膝关节均需行第 2 期手术。同意手术请签字。同意。签字：王 ××（父子）。

手术记录

手术日期：2013 年 7 月 30 日。

开始时间：2013 年 7 月 30 日 22:30。

结束时间：2013 年 7 月 31 日 1:30。

手术名称：右大腿下段截肢术。

手术经过：……以右股骨远端 1/3 为截肢平面，取大腿远端环形切口，周
　　　　　长约 30 cm，依次切开皮肤、皮下组织，依次电刀横行切断大
　　　　　腿前侧及后侧肌群，结扎股动脉及股静脉，牵拉股神经并高位

截断，切开骨膜，取骨膜剥离子向两侧骨膜下剥离，显露股骨，以线锯截断股骨，骨锉磨平股骨断端骨面，清点器械、纱布无误后，去除止血带，彻底止血，查无活动性出血，创面生理盐水冲洗，清点器械、纱布无误后，缝合前后侧筋膜及前后侧肌群，缝合皮下组织，缝合皮肤。无菌敷料包扎固定，术毕。

入院记录

主　诉：双下肢外伤后伴疼痛出血3小时。

现病史：患者于入院前3小时余不慎被机动车撞伤，碾压双下肢，当即疼痛难忍，出血，活动受限，被人送至我院。经急诊诊察，测血压：100/70 mmHg，右小腿皮肤大面积毁损严重，骨外露，大腿软组织脱套严重，部分皮肤挫伤严重，血运差，足背动脉未触及，远端无血运，活动受限，向患者家属交代截肢可能后，急入手术室行清创截肢术，手术顺利，术后收入院，入重症监护室，密切观察患者病情变化。

专科情况

右下肢截肢术后，右大腿中下1/3残端伤口出血，大部分皮肤挫伤严重，血运差，髋关节活动可，感觉可。左下肢活动受限，膝关节以上肿胀，活动受限，畸形，反常活动，骨擦音及骨擦感明显，浮髌试验（＋），抽屉试验及侧方应力试验（＋），膝上内侧皮肤挫伤严重，骨擦音及骨擦感明显，髋关节及踝关节活动可，各趾活动可，足背动脉搏动正常，感觉可，余（－）。

辅助检查：CR示左股骨下段粉碎性骨折，右胫骨粉碎性骨折，右外踝骨折。

初步诊断：①右大腿脱套伤；②右小腿碾压毁损伤；③右胫骨粉碎性开放

性骨折伴血管挫裂伤，皮肤肌肉缺损；④左股骨下段粉碎性骨折合并股四头肌断裂；⑤左大腿内侧软组织挫伤。

首次病程

诊疗计划：①完善入院检查，密切监测患者生命体征、随诊；②予以骨牵引术持续牵引左下肢，择期手术治疗；③应用抗生素预防感染，应用钙剂促进骨质生成，对症治疗，定期伤口换药；④向家属及本人交代病情，表示理解并同意上述治疗方案。

病程记录

2013年8月1日9:00。患者诉右下肢残端疼痛，麻木，皮肤挫伤严重，晨起体温38.3℃，左侧大腿及小腿疼痛，活动时加重，查心肺腹（−），骨牵引持续有效，足背动脉搏动可，各趾远端活动及感觉可……患者右下肢截肢术后，左股骨下段粉碎性骨折，诊断明确，病情平稳，应用抗生素预防感染，应用钙剂促进骨质生成，持续骨牵引，对症治疗，定期伤口换药，待完善术前检查后择期手术治疗，给予低分子肝素钙皮下注射预防静脉血栓形成，给予输同型血400 ml纠正失血性贫血，病情相对稳定后，转入普通骨科病房继续治疗，向家属及本人交代病情，表示理解并同意上述治疗方案。

2013年8月2日10:00。患者诉右下肢残端疼痛，麻木，骨牵引持续有效，足背动脉搏动可，各趾远端活动及感觉可，病情平稳，右下肢残端伤口给予更换敷料，换药时见，残端以上皮肤血运差，挫伤严重，感觉差。左膝上皮肤挫伤严重，血运差，感觉差，向患者交代皮肤坏死可能，患者及家属表示理解，继续应用抗生素预防感染，应用钙剂促进骨质生成，牵引点滴酒精，对症治疗，观察病情变化。

2013年8月3日11:00。患者诉右下肢残端疼痛，麻木……骨牵引持续有效，足背动脉搏动可，各趾远端活动及感觉可，病情平稳，右下肢残端伤口给予更换敷料，换药时见伤口渗液较多，残端以上皮肤血运差，挫伤严重，感觉差，左膝上皮肤挫伤严重，血运差，感觉差，继续应用抗生素预防感染，应用钙剂促进骨质生成，牵引处滴酒精，对症治疗，观察病情变化。

2013 年 8 月 5 日 11:00。患者诉右下肢残端疼痛，麻木……骨牵引持续有效，足背动脉搏动可，各趾远端活动及感觉可，病情平稳，右下肢残端伤口给予更换敷料，换药时见，伤口渗液较多，残端以上皮肤血运差，挫伤严重，感觉差，左膝上皮肤挫伤严重，血运差，感觉差，继续应用抗生素预防感染，应用钙剂促进骨质生成，牵引处滴酒精，对症治疗，观察病情变化。

2013 年 8 月 8 日 11:00。患者诉右下肢残端疼痛，麻木好转，左大腿疼痛……骨牵引持续有效，足背动脉搏动可，各趾远端活动及感觉可，病情平稳，右下肢残端伤口给予更换敷料，换药时见伤口渗液较多，残端以上皮肤血运差，皮肤颜色发黑，感觉差。左膝上皮肤颜色发黑，无血运，感觉差，继续应用抗生素预防感染，应用钙剂促进骨质生成，牵引处滴酒精，对症治疗，观察病情变化。

2013 年 8 月 11 日 11:00。患者诉右下肢残端疼痛，麻木好转，左大腿疼痛……骨牵引持续有效，足背动脉搏动可，各趾远端活动及感觉可，病情平稳，右下肢残端伤口给予更换敷料，换药时见伤口渗液较多，残端以上皮肤已坏死，予以伤口清创，切痂后，生肌膏换药，继续应用抗生素预防感染，应用钙剂促进骨质生成，牵引处滴酒精，对症治疗，观察病情变化。

2013 年 8 月 14 日 11:00。患者诉右下肢残端疼痛，麻木好转，左大腿疼痛……骨牵引持续有效，足背动脉搏动可，各趾远端活动及感觉可，病情平稳，右下肢残端伤口给予更换敷料，换药时见伤口部分愈合情况差，生肌膏换药部分组织肉芽新鲜，继续生肌膏换药，继续对症治疗，观察病情变化。

2013 年 8 月 18 日 11:00。患者诉右下肢幻肢痛明显，左大腿疼痛……骨牵引持续有效，足背动脉搏动可，各趾远端活动及感觉可，病情平稳，右下肢残端伤口给予更换敷料，换药时见伤口部分愈合情况差，继续生肌膏换药，继续对症治疗，观察病情变化。

2013 年 8 月 24 日 11:00。患者诉右下肢残端疼痛，麻木好转，左大腿疼痛……骨牵引持续有效，足背动脉搏动可，各趾远端活动及感觉可，病情平稳，右下肢残端伤口给予更换敷料，换药时见伤口肉芽组织新鲜，继续予以生肌膏换药等对症治疗，观察病情变化。

2013 年 9 月 1 日 11:00。患者诉右下肢残端疼痛，麻木好转，左大腿疼痛……骨牵引持续有效，足背动脉搏动可，各趾远端活动及感觉可，病情平稳。今查左膝关节 CT 示：①左股骨外侧髁骨折；②左股骨内上髁撕脱骨折；③左胫骨髁间嵴骨折。右下肢残端伤口给予更换敷料，换药时见伤口肉芽组织新鲜，鉴于伤口肉芽组织新鲜，拟定于明日行取皮植皮术，向患者及家属交代病情及手术风险后，患者及家属表示理解及同意。

手术自愿协议书

医师告知可能发生的意外情况和并发症及其他风险包括但不限于：……④术后可能发生伤口感染、延迟愈合、不愈合。⑤术后可能发生伤口瘢痕粘连愈合影响患肢功能。⑥术后可能发生植皮不成活，皮缘坏死，导致伤口不愈合或延迟愈合。患者家属签字：王××。

手术记录

手术日期：2013 年 9 月 2 日。

开始时间：2013 年 9 月 2 日 14:30。

结束时间：2013 年 9 月 2 日 17:30。

手术名称：双下肢植皮取皮术。

手术经过：……清理大腿残端及左膝上溃疡面肉芽组织，无菌敷料包扎。取双侧腹部梭形切口，各长约 15 cm，依次切开皮肤、皮下脂肪，分离至股外侧肌筋膜，切取皮肤及皮下组织，面积约为

2 cm×10 cm，将伤口逐层缝合，无菌敷料包扎固定。切取韧厚游离皮，修剪成合适大小面积并贴覆于右大腿残端及左膝上部的创面，油纱覆盖，打包固定。术毕。

病程记录

2013年9月3日9:00。患者术后第一天，诉伤口疼痛，夜间为甚……足背动脉搏动可，远端各趾活动及感觉可……植皮部加压包包扎有效，酒精点滴消毒周围组织，左下肢骨牵引持续有效，给予低分子肝素钙皮下注射预防下肢静脉血栓，继续观察病情变化。

2013年9月4日9:00。患者术后第二天，诉伤口疼痛，夜间为甚……足背动脉搏动可，远端各趾活动及感觉可……植皮部加压包包扎有效，酒精点滴消毒周围组织，左下肢骨牵引持续有效，继续观察病情变化。

2013年9月5日9:00。患者术后第三天，诉伤口疼痛，夜间为甚……足背动脉搏动可，远端各趾活动及感觉可……植皮部加压包包扎有效，酒精点滴消毒周围组织，左下肢骨牵引持续有效，继续观察病情变化。

2013年9月6日10:00。诉伤口疼痛，夜间为甚……足背动脉搏动可，远端各趾活动及感觉可……植皮部加压包包扎有效，酒精点滴消毒周围组织，左下肢骨牵引持续有效，继续对症治疗，于明日行左股骨下段骨折切开复位内固定术，向患者及家属交代病情及手术风险后，患者及家属表示理解及同意。

手术自愿协议书

医师告知可能发生的意外情况和并发症及其他风险包括但不限于：……②术中可能损伤血管、神经、肌腱，术后影响患肢功能……⑥术后可能发生伤口感染、骨髓炎、截肢；⑦术后可能发生骨不连接、延迟愈合、不愈合、畸形愈合……⑩术后可能发生压疮、肺感染、创伤性关节炎、骨化性肌炎、坠积性肺炎等并发症；⑪术后可能发生伤口皮缘坏死，患肢远端坏死，瘢痕粘连愈合影响患肢功能。患者家属签字：王××（父子）。

手术记录

手术日期：2013 年 9 月 7 日。

开始时间：2013 年 9 月 7 日 21:45。

结束时间：2013 年 9 月 8 日 2:10。

手术名称：左股骨远端骨折切开复位内固定术。

手术经过：……取右大腿外侧远端纵向切口，长约 15 cm，依次切开皮肤、皮下组织，显露股骨远端，切开骨膜，取骨膜剥离子向两侧做骨膜下剥离，显露骨折端，见骨折为粉碎性，清理创面积血及失活组织，复位近端骨折块并以持骨器固定，取电钻钻孔，攻丝，测深，旋入 1 枚皮质骨螺钉将近端骨折块固定于近端骨折端，复位骨折端，取持骨器固定，左大腿外侧取持骨器固定，取接骨板贴敷于股骨远端外侧缘，以克氏针固定钛板于股骨髁，取钻头于髁上钻孔，测深，旋入合适长度的螺钉，同法固定近端，加压螺钉将钢板于股骨近端固定，于其余钢板孔内将锁定螺钉固定于股骨上，行 X 线检查，见骨折对位、对线良好，内固定物位置良好，清点器械、纱布无误后，去除止血带，彻底止血，查无活动出血，创面生理盐水冲洗，清点器械、纱布无误后，递行缝合各层组织，无菌辅料包扎固定，术毕。

病程记录

2013 年 9 月 8 日 9:00。患者术后第一天，诉伤口疼痛，夜间为甚……足背动脉搏动可，远端各趾活动及感觉可，余未诉不适，皮肤张力及血运可，伤口有少量渗血，植皮部于今日拆除加压包，大部分皮肤已成活，小部分皮肤继续予以换药治疗，给予抗炎、补液对症治疗，应用钙剂促进骨质生成，低分子肝素钙皮下注射预防下肢静脉血栓，继续观察病情变化。

2013 年 9 月 9 日 10:00。患者术后第二天，诉伤口疼痛，夜间为甚……足背动脉搏动可，远端各趾活动及感觉可，余未诉不适，查伤肢肿胀可，皮肤血运可，伤口渗血减少，给予更换敷料，伤口无红肿及渗液，皮缘对合良好，治疗同前，继续观察病情变化。

2013 年 9 月 10 日 11:00。患者术后第三天，诉伤口疼痛有所减轻……足背动脉搏动可，远端各趾活动及感觉可，余未诉不适，查伤肢肿胀可，皮肤血运可，伤口无渗血，继续观察病情变化。

2013 年 9 月 13 日 9:00。患者诉伤口疼痛明显减轻……足背动脉搏动可，远端各趾活动及感觉可，余未诉不适，伤肢肿胀减轻，切口无渗血，植皮部给予更换敷料，拆除缝线，伤口无红肿及渗液，皮缘对合良好，部分皮肤已坏死，给予每日外用生肌膏外敷，继续观察病情变化。

2013 年 9 月 17 日 9:00。患者诉伤口无疼痛……足背动脉搏动可，远端各趾活动及感觉可，余未诉不适，小腿内侧坏死皮肤已脱落，深及肌肉层，每日外用生肌膏外敷，促进伤口肉芽组织生长，嘱膝关节及踝关节功能锻炼，继续观察病情变化。

2013 年 9 月 24 日 11:00。患者一般情况良好，诉伤口无疼痛……足背动脉搏动可，远端各趾活动及感觉可，余未诉不适，小腿内侧肉芽组织生长良好，膝关节屈曲达 0°～30°，给予每日外用生肌膏外敷，嘱继续加强膝关节及踝关节功能锻炼，继续观察病情变化。

2013 年 9 月 29 日 10:00。患者诉伤口无疼痛……足背动脉搏动可，远端各趾活动及感觉可，余未诉不适，小腿内侧肉芽组织生长良好，新生表皮覆盖创面，膝关节屈曲达 0°～45°，给予每日外用生肌膏外敷，嘱继续加强膝关节及踝关节功能锻炼，继续观察病情变化。

2013 年 10 月 4 日 9:00。患者一般情况良好，诉伤口无疼痛……足背动脉搏动可，远端各趾活动及感觉可，余未诉不适，植皮部新生表皮完全覆盖创面，膝关节屈曲达 0°～60°，嘱加强膝关节及踝关节功能锻炼，继续观察病情变化。

2013 年 10 月 16 日 11:00。患者诉伤口疼痛有所减轻……足背动脉搏动可，远端各趾活动及感觉可，余未诉不适，查伤肢肿胀可，皮肤血运可，膝关节屈曲达 0°～45°，给予每日外用生肌膏外敷，嘱继续加强膝关节及踝关节功能锻炼，继续观察病情变化。

2013 年 10 月 22 日 10:00。患者诉伤口疼痛有所减轻……足背动脉搏动可，远端各趾活动及感觉可，余未诉不适，查伤肢肿胀可，皮肤血运可，膝关节屈曲达 0°～45°，给予每日外用生肌膏外敷，嘱继续加强膝关节及踝关节功能锻炼，继续观察病情变化。

2013 年 10 月 29 日 9:00。患者诉伤口无明显疼痛，饮食及二便可，精神可，右下肢残端痛明显好转，伤口愈合情况良好；左下肢膝关节活动 0°～45°，足背动脉搏动可，远端各趾活动及感觉可，伤口无红肿及渗液，愈合情况良好。复查 X 线片示：骨折对位、对线良好，内固定物位置良好。于今日要求出院，已向本人及家属交代出院后注意事项，表示理解，于今日出院。

出院记录

出院时情况：患者诉伤口无明显疼痛，饮食及二便可，精神可，右下肢残端痛明显好转，伤口愈合情况良好，左下肢膝关节活动 0°～45°，足背动脉搏动可，远端各趾活动及感觉可，伤口无红肿及渗液，愈合情况良好。复查 X 线片示：骨折对位、对线良好，内固定物位置良好。患者于今日要求出院，已向本人及家属交代出院后注意事项，表示理解，于今日出院。

出院医嘱：①一周后门诊复查；②床上功能锻炼；③不适随诊。

3. ××市第一人民医院住院病案

入院日期：2014 年 7 月 4 日。

出院日期：2014 年 8 月 1 日。

主　　诉：左大腿骨折术后 10 个月，左大腿慢性溃疡 2 个月。

现 病 史：患者于入院前 2013 年 9 月份因左股骨干骨折在我院行左股骨
干骨折内固定术，术后伤口愈合良好，于术后 2 月左大腿中段
处红肿，经应用消炎药物好转（具体药物不详），后再次红肿，
于今年 5 月 13 日行左大腿脓肿切开，门诊换药治疗，后伤口
一直未愈合，于今日来我院检查，行 X 线检查示骨折线模糊，
仍有骨折线可见。遂收入院，准备手术取出内固定物并行外固
定治疗。

专科情况

左大腿外侧可见术后瘢痕，于大腿中段后外侧可见一慢性溃疡，面积约
2 cm×2 cm，深及股骨，可见少量渗出液，呈淡黄色，无异味，膝关节活动受
限，活动度约 0°～10°，瘢痕软化，髋关节及踝关节活动可，远端各趾活动及
感觉良好，右大腿远端缺如，余（－）。

初步诊断：①左股骨骨折术后 10 个月；②骨折不愈合；③左大腿慢性溃
疡；④左膝关节强直；⑤右大腿远端缺如。

首次病程

诊疗计划：①完善入院常规检查；②应用抗生素预防感染，应用钙剂促进
骨质生成，对症治疗；③择期手术取出内固定，创面清创引
流，外固定治疗；④向家属及本人交代病情，表示理解并同意
上述治疗方案。

手术自愿协议书

医师告知可能发生的意外情况和并发症及其他风险包括但不限于：……

②术中可能损伤血管、神经、肌腱术后影响患肢功能……⑤术后可能发生伤口感染、骨髓炎；⑥术后可能发生伤口瘢痕粘连愈合影响患肢功能；⑦术后可能发生皮缘坏死，导致伤口不愈合或延迟愈合。患者家属签字：王××。

手术记录

手术日期： 2014 年 7 月 5 日。

手术名称： 左股骨钢板螺钉内固定物取出术、清创引流术、左股骨外固定术。

手术经过： ……取左侧大腿部瘢痕处横行切口，依次切开皮肤、皮下组织，分离筋膜至钢板，骨膜剥离子向两侧剥离，显露钢板及螺钉尾端，取改锥一次取出螺钉，骨膜剥离子轻轻撬起钢板后取出，检查钢板及螺钉数目，于股骨和软组织内各见一断钉残留未能取出，钢板周围可见淡黄色组织，质地较脆，血运较差，一次给予清除钢板周围组织并送病理检查，生理盐水反复冲洗创面3次，于大腿内侧置引流管一根，另戳孔引出，于大腿近端置引流管一根，另戳孔引出，于骨折端两侧各钻孔旋入外固定器螺钉，安装外固定器，再次生理盐水冲洗创面，逆行缝合各层组织，无菌敷料包扎固定，术毕。术中出血较多，给予输同型血 400 ml，患者安返病房。

病程记录

2014 年 7 月 5 日 22:10。患者于今日在腰麻下行左股骨内固定物取出术、大腿清创术、外固定术，术程顺利，术后安返病房，应用抗生素预防感染，伤口定期换药，伤口持续冲洗引流 10 天，观察伤口愈合情况，加强护理，加强营养，观察病情变化。

2014 年 7 月 5 日 23:00。……术中出血约 2000 ml，出现失血性休克，术中血压 70/50 mmHg，术中输同型血 800 ml，休克症状稍缓解，安返病房，发现血压 120/70 mmHg，血压稍平稳，输血知情同意，患者有可能出现以下情况：①失血性休克，危及生命；②输血反应。向患者及家属交代术后风险，患者及家属同意并理解后，签字为证。签字：王××。

2014 年 7 月 6 日 9:00。……患者术后第一天，诉伤口疼痛，夜间为甚，饮食及二便可，精神可，足背动脉搏动可，远端各足趾活动及感觉可，余未诉不适，肿胀可，皮肤血运可，伤口少量渗血，引流管通畅，复查血常规血红蛋白 81 g/L，给予输同型血 400 ml，继续观察病情变化。

2014 年 7 月 7 日 10:00。……患者术后第二天，诉伤口无明显疼痛，饮食及二便可，精神可，足背动脉搏动可，远端各足趾活动及感觉可，余未诉不适，伤口少量渗液，外固定器固定良好，给予更换敷料，伤口无红肿，皮缘对合良好，复查血常规血红蛋白 85g/L，给予输同型血 400 ml，庆大霉素冲洗创面，保留引流管，余治疗同前，继续观察病情变化。

2014 年 7 月 8 日 8:30。患者术后第三天，诉伤口无明显疼痛，饮食及二便可，精神可，足背动脉搏动可，远端各足趾活动及感觉可，余未诉不适，伤口少量渗液，外固定器固定良好，病理检查报告为间质内可见大量中性粒细胞浸润伴小脓肿形成及异物巨细胞反应。给予更换敷料，伤口无红肿，皮缘对合良好，治疗同前，继续观察病情变化。

病理诊断报告书

报告日期：2014 年 7 月 8 日。

诊断意见：软组织，间质内可见大量中性粒细胞浸润伴小脓肿形成及异物巨细胞反应。结合临床可符合瘘的病理改变。

病程记录

2014 年 7 月 10 日 10:00。诉伤口无明显疼痛，饮食及二便可，精神可，足背动脉搏动可，远端各足趾活动及感觉可，余未诉不适，伤口少量渗液，外固定器固定良好，给予更换敷料，伤口无红肿，皮缘对合良好，继续庆大霉素冲洗创面，保留引流管，伤口分泌物给予细菌培养及药物敏感试验，余治疗同前，继续观察病情变化。

2014 年 7 月 12 日 8:30。诉伤口无明显疼痛，饮食及二便可，精神可，足背动脉搏动可，远端各足趾活动及感觉可，余未诉不适，伤口少量渗液，外固定器固定良好，给予更换敷料，伤口无红肿，皮缘对合良好，今日伤口分泌物细菌培养及药敏试验结果回报为阴沟肠杆菌，给予敏感药物复方磺胺甲恶唑口服（自备）治疗，治疗同前，继续观察病情变化。

2014 年 7 月 15 日 10:00。诉伤口无明显疼痛，饮食及二便可，精神可，足背动脉搏动可，远端各足趾活动及感觉可，余未诉不适，伤口少量渗液，外固定器固定良好，给予更换敷料，伤口无红肿，皮缘对合良好，引流管引流液清亮，无混浊，今日给予拔除引流管，余治疗同前，继续观察病情变化。

2014 年 7 月 21 日 10:00。诉伤口无明显疼痛，饮食及二便可，精神可，足背动脉搏动可，远端各足趾活动及感觉可，余未诉不适，伤口无明显渗液，外固定器固定良好，给予更换敷料，伤口无红肿，皮缘对合良好，缝线已拆除，治疗同前，继续观察病情变化。

2014 年 7 月 27 日 10:00。诉伤口无明显疼痛，饮食及二便可，精神可，足背动脉搏动可，远端各足趾活动及感觉可，余未诉不适，伤口无明显渗液，外固定器固定良好，给予更换敷料，伤口无红肿，皮缘对合良好，治疗同前，继续观察病情变化。

2014 年 8 月 1 日 14:00。诉伤口无明显疼痛，饮食及二便可，精神可，足背动脉搏动可，远端各足趾活动及感觉可，余未诉不适，伤口无红肿及渗液，皮缘对合良好，外固定器固定良好。患者及家属要求出院，已向本人及家属交代出院后注意事项，表示理解，于今日出院。

出院记录

出院时情况：患者一般情况良好，无不适主诉，大腿部软组织肿胀减轻，足背动脉搏动可，远端各足趾活动及感觉可，余未诉不适，伤口无红肿及渗液，皮缘对合良好，缝线已拆除。复查 X 线片示骨折对位、对线良好，外固定器固定良好。于今日要求出院，已向本人及家属交代出院后注意事项，表示理解，于今日出院。

出院医嘱：①2 周后到骨科门诊复查，每日外固定器针眼处用酒精消毒；
②伤肢进行床上功能锻炼，依据复查情况决定功能锻炼程度；
③如有不适，随时复诊。

三、鉴定过程

1. 简要过程

接受鉴定委托后，我们对送检材料进行了文证审查，于 2016 年 9 月 1 日组织鉴定所涉及的双方当事人进行听证及专家咨询会，会上本案鉴定人向医患双方告知了本案鉴定人员及鉴定相关事项，医患双方分别陈述了意见，并回答了鉴定人员及临床专家的提问。经过鉴定人认真分析、讨论，达成一致意见，制作本鉴定文书。

2. 法医临床学检查

由家人用轮椅推入检查室，神志清楚，查体合作。

右下肢截肢术后，右大腿远端缺失，残端至髂前上棘距离 36.0 cm，残端可见 14.0 cm×（3.0~7.0）cm 皮肤瘢痕，远端可见破溃。左大腿内侧下段及腘窝处可见大面积皮肤瘢痕形成，总面积约为 13.0 cm×13.0 cm，瘢痕质硬、凹陷，与皮下组织粘连。瘢痕边缘可见 2.0 cm×2.0 cm 皮肤破溃、脓性渗出。左大腿外侧至髌骨下缘可见 32.0 cm×（0.5~1.0）cm 纵向手术瘢痕，周围可见缝针痕。左膝外缘可见皮肤粘连，左小腿外侧可见 15.5 cm×（4.0~5.0）cm 和 6.5 cm×（2.0~4.0）cm 色素脱失。左膝伸展 0°，屈曲 5°。双侧腹壁分别可见 21.0 cm×（0.1~0.2）cm 和 19.0 cm×（0.1~0.2）cm 皮肤瘢痕。

3. 阅片意见

右下肢 X 线片（2013 年 7 月 30 日）示：右下肢毁损伤，右胫骨粉碎性骨折，骨折断端嵌插、移位，右小腿软组织可见毁损影像。

左下肢 X 线片（2013 年 7 月 30 日）示：左股骨下段粉碎性骨折，骨折断端分离移位。

左下肢 CT 片（2013 年 9 月 1 日）示：左股骨外侧髁骨皮质不连续，内上髁骨皮质不连续，左胫骨髁间嵴可见多个骨折碎片。

左下肢 X 线片（2013 年 9 月 8 日）示：左股骨内固定术后，钢板与骨质之间未紧密贴合，存有间隙，3 枚螺钉旋入骨质内，均未与钢板紧密锁定。

左下肢 X 线片（2013 年 9 月 26 日）示：左股骨内固定术后，钢板与骨质之间未紧密贴合，存有间隙，3 枚螺钉旋入骨质内，均未与钢板紧密锁定。

左下肢 X 线片（2013 年 12 月 16 日）示：左股骨内固定术后，骨折线清晰，断端周围可见骨痂生成，并见 2 枚螺钉断裂。

左下肢 X 线片（2014 年 5 月 13 日）示：左股骨内固定术后，仍可见骨折线，周围大量骨痂生成，可见螺钉断裂影。

左下肢 X 线片（2015 年 1 月 17 日）示：左股骨外固定术后，骨折线模糊，周围大量骨痂生成，股骨中段及软组织内可见断钉残留。

左下肢 X 线片（2015 年 1 月 17 日）示：左股骨外固定拆除术后，股骨畸形愈合，对位、对线尚可，股骨中段仍可见断钉残留。

4. 鉴定意见

　　××市第一人民医院在对被鉴定人王××的诊疗过程中存在肢体损伤评估不充分，左下肢切开复位内固定术术中操作不当、左膝关节内骨折未处置的过错。院方过错与被鉴定人王××右下肢截肢术后损害后果之间的因果关系认定为间接因果关系，具有轻微作用为宜；院方左股骨切开复位内固定术术中操作不当、左膝关节内骨折未处置的过错与被鉴定人王××左下肢功能障碍的损害后果之间存在临界型因果关系，具有同等作用。

◤ 四、分析说明

　　根据现有病历资料，并请有关专家会诊，现就相关问题分析如下。

（一）关于××市第一人民医院诊疗行为的评价

1. 肢体损伤评估不充分

　　四肢是执行人体功能的重要组成部分，当发生四肢严重毁损伤时，截肢还是保肢是临床面临的两难选择。为准确把握截肢术的手术适应证，临床已经设计了多种肢体损伤评估方法，帮助医生进行术式选择。所有这些方法均要求对皮肤、肌肉、血管、神经、骨与关节损伤、远端血运和肢体感觉运动功能等进行详细的检查和评估。

　　经阅送检病史，被鉴定人王××因双下肢碾压伤，于2013年7月30日入××市第一医院救治。急诊病历记载"右小腿皮肤毁损严重，疼痛难忍、出血不止，污染严重"，办理入院后即行"右大腿下段截肢术"，截肢术中"以右股骨远端1/3为截肢平面……依次电刀横行切断大腿前侧及后侧肌群，结扎股动脉及股静脉，牵拉骨神经并高位截断……显露股骨，以线锯截断股骨"。在急诊查体中，并未见有关血管、神经等肢体损伤的检查记录。在行截肢术时，也未见探查血管、神经损伤的记载。院方在未进行充分损伤评估的情况下，进行右下肢截肢术过于积极，截肢术适应证值得商榷。分析认为，院方存在肢体损伤评估不充分的过错。

2. 左下肢手术适应证存在，但内固定术中操作不当

牢固、坚强固定是骨折治疗的原则之一。之所以采用接骨板与螺钉的内固定方式，就是因为该方式可为骨折断端提供牢固、坚强的限制，从而保证骨折的愈合。而接骨板与螺钉的相互作用，是保证内固定效果的基础。接骨板与螺钉在内固定术中可以起到加压、支持、张力带等作用，但无论哪种作用，均需接骨板与骨质紧密贴合，螺钉与接骨板紧密衔接。如果接骨板与骨质之间存在缝隙或螺钉旋入骨质内，不仅会造成内固定松动，而且会导致功能锻炼时螺钉断裂。

经阅送检病史，被鉴定人王××2013年7月30日双下肢外伤，其左股骨下段粉碎性骨折，骨折断端分离移位，非手术不能改善，具有手术适应证。2013年9月7日行"左股骨远端骨折切开复位内固定术"术中，"取股骨远端外侧接骨板11孔L贴敷于股骨远端外侧缘……旋入合适长度的螺钉，同法固定近端加压螺钉将钢板于股骨近端固定，其余钢板孔内将锁定螺钉固定于股骨上"，虽然有"见骨折对位对线良好，内固定物位置良好"的记载，但术后X线检查（9月8日）示，钢板与骨质之间并未紧密贴合，存在明显缝隙，而且可见三枚螺钉旋入骨质内，未能与接骨板紧密衔接。说明术中操作存在不当，未达到内固定术的要求。其术后3个月X线检查（12月5日）检查示，一枚螺钉断裂，也说明内固定术固定不当，螺钉应力不均，导致断裂。分析认为，院方存在内固定术操作不当的过错。

3. 左膝关节内骨折未处置

经阅送检影像学片，被鉴定人王××2013年9月1日左下肢CT检查示"左股骨外侧髁骨皮质不连续，内上髁骨皮质不连续，髁间嵴可见多个骨折碎片"，说明其存在较为严重的左膝关节内骨折。院方9月1日的病程记录亦记载"今查左膝关节CT示：1.左股骨外侧髁骨折；2.左股骨内上髁撕脱骨折；3.左胫骨髁间嵴骨折"，说明院方在行"左股骨远端骨折切开复位内固定术"之前，已经意识到存在左膝关节内骨折的存在。但在9月7日术中记录中未见有关左膝关节内骨折处置的记录，术后影像学检查也未见相关处置的表现。分析认为，院方存在左膝关节骨折未处理的过错。

（二）关于过错行为与被鉴定人王×× 损害后果之间的因果关系

被鉴定人王×× 因双下肢碾压伤，于2013年7月30日入××市第一医院诊治。入院后行"右大腿下段截肢术"。后于9月2日行"双下肢植皮取皮术"，并于9月7日行"左股骨远端骨折切开复位内固定术"。术后左股骨伤口反复出现脓肿、渗出，于2014年7月5日行"左股骨钢板螺钉内固定物取出术、清创引流术、左股骨外固定术"。现遗有右下肢截肢术后，左下肢功能障碍和左下肢异物残留的损害后果。

院方在对被鉴定人王×× 诊治过程中存在肢体损伤评估不充分的过错。该过错不利于明确手术适应证的存在与否，截肢术过于积极。但其右下肢骨折呈粉碎性，且存在软组织毁损的影像学表现。此种情况下，即使行保肢处理，也可能面临术后多次植皮、感染、骨折不愈合等情况，导致保肢失败。其右下肢毁损伤主要由于交通事故造成，而且院方在行截肢术前已进行了告知，并获签字认可。分析认为，院方过错与右下肢截肢术后的损害后果之间的因果关系认定为间接因果关系，具有轻微作用为宜。

院方在对被鉴定人王诊治过程中存在左下肢切开复位内固定术术中操作不当、左膝关节内骨折未处置的过错。但其左下肢骨折呈多处、粉碎性，治疗存在一定困难。即使治疗得当，左下肢仍然会存在相当功能障碍，而且院方手术基本完成了对位、对线的骨折手术原则。分析认为，院方过错与左下肢功能障碍的损害后果之间存在临界型因果关系，具有同等作用。

五、启示

在本案例中，患者王×× 遭受了严重的双下肢碾压伤，并前往 ×× 市第一人民医院寻求治疗。尽管接受了紧急医疗干预，但由于右下肢损伤极其严重，最终不得不进行截肢手术。相比之下，王×× 的左下肢虽得以保留，但经历了多次创伤修复手术后，仍然未能完全恢复其功能。依据医学鉴定委员会出具的意见书，该医院在治疗过程中存在若干医疗过失，主要包括对患者肢体损伤状况的初步评估不够全面、在施行左股骨切开复位内固定术时的操作存在缺陷以及未能及时诊断和处理左膝关节内的骨折问题。

上述医疗过失直接影响了患者的康复进程。特别是针对左下肢的处理，手术操作不当，导致了一系列术后并发症，如反复发作的伤口感染和脓肿形成。这些问题迫使医疗团队不得不进行二次手术，以便彻底清除感染区域并拆除原有的内固定装置。随后，为了维持骨折段的稳定性，采用了外固定架系统。这些额外的医疗干预不仅加剧了患者的生理痛苦，也显著延长了其康复期。

在随后的治疗过程中，王×× 还面临了其他技术性难题，如内植入钢板与骨界面的不良结合以及固定螺钉的断裂等现象。这些并发症无疑进一步恶化了患者的临床状态，并可能导致长期的功能障碍，如关节僵硬和运动受限。

医学鉴定委员会认定，医院在治疗过程中的错误行为与患者的不良后果之间存在明确的因果关系。对于被鉴定人王×× 右下肢的截肢结果，医院的过失被认为起到了间接的、辅助性的作用；而对于其左下肢功能障碍的问题，医院的过失被视为直接相关的、主要的责任方。

此案例为骨科临床实践提供了深刻的反思素材。首先，当面对复杂的多发性骨折时，医务人员必须进行详尽的初始诊断评估，确保每一处潜在损伤都被准确识别并记录。其次，在手术前应精心设计手术策略，并在手术期间严格执行既定程序，以减少术中操作失误的可能性。术后，应密切监测并发症的发生，并迅速采取干预措施，以避免病情进一步恶化。最后，医护人员还需加强对患者及其家属的术后护理指导，确保其遵守医嘱，开展有效的康复训练，防止康复不当导致的功能丧失。

案例 ⑧ 全髋关节置换术假体固定不佳致再次返修和下肢短缩

一、案例背景

1. 基本情况

委托单位：××市人民法院。

委托事项：××市第一人民医院的医疗行为是否存在过错；如有过错，与被鉴定人张××损害后果之间是否存在因果关系，参与度是多少。

鉴定材料：××市第一人民医院住院病历复印件2册；××市第二人民医院住院病历复印件（病案号0621709）1册；影像学片子17张。

2. 案情摘要

据本案相关材料载：2011年9月9日，被鉴定人张××不慎摔伤右髋部，入××市第一人民医院诊治，入院诊断为右股骨颈骨折。于2011年9月14日在连硬外麻醉下行"右人工全髋关节置换术"，术后安返病房，于2011年9月29日出院。出院后一直感右髋部疼痛，遂于2011年12月29日以"右膝骨性关节炎、右侧全髋关节置换术后感染"再次收入××市第一人民医院诊治，院方给予卧床休息、对症处理。于2012年2月15日出院，出院后仍感右髋部疼痛，遂于2012年7月19日入××市第二人民医院住院，于2012年7月23日行"右髋关节翻修术"，术中见关节内周围组织充满黑色金属沉积组织及瘢痕组织，关节活动脱位困难，同时见髋臼假体螺钉松动，且真臼上方有严重腔隙性缺损，翻修术后症状明显改善。现患方认为：××市第一人民医院手术时未严格遵守无菌操作规程，术中未尽合理注意义务，导致原告术后严重感染，且螺钉松动，假体移位等一系列后果，致使原告再次手术，增加了治疗费用，延长了病程，同时也给原告造成身体和精神的巨大损害，故起诉至法院，要求赔偿。

3. 听证意见

患方认为：院方术前准备不充分；术中未尽合理注意义务，导致术后假体松动及感染；术后围手术期观察处理不仔细、不及时；二次住院后明确髋关节置换术后感染，在保守治疗效果不好时仍不建议患者转院或直接行翻修术；告知不充分。

医方认为：入院诊断明确，人工髋关节置换术术前、术中、术后诊疗措施正常；知情同意权利告知义务有效履行，其中包括感染、假体松动等术后并发症；院方对患者"右侧全髋关节置换术后感染"行抗生素联合应用治疗，是有效可行的。

二、病史摘要

1. ××市第一人民医院住院病历

入院日期：2011 年 9 月 9 日。

出院日期：2011 年 9 月 29 日。

主　　诉：摔伤右髋部疼痛，活动受限 2 小时以上。

体格检查：T 36.1 ℃；P 74 次 / 分；R 19 次 / 分；BP 155/84 mmHg。

专科情况：右髋部软组织肿胀（+），压痛（+），右下肢外旋，短缩畸形，轴向叩击痛（+），末梢血运、感觉正常。X线片示右股骨颈骨折。

初步诊断：右股骨颈骨折。

病程记录

2011 年 9 月 9 日 11:30 首次病程记录

初步诊断：右股骨颈骨折。

诊断依据：①病史，摔伤；②临床表现及查体；③X线片表现。

诊疗计划：①右胫骨结节骨牵引；②抬高患肢；③消肿、对症治疗；④完善检查后手术治疗。

2011 年 9 月 9 日 11:40 牵引记录

患者系"右股骨颈骨折"入院，在局麻下行右胫骨结节牵引术，抬高患肢于布朗架，常规消毒铺巾，碳酸利多卡因局麻后，于右胫骨结节下后各 2 cm 处由外向内锤入骨圆针（直径 3 mm）一根，置牵引砣，约 7 kg。

2011 年 9 月 10 日 8:00。患者一般情况可，生命体征平稳，诉右髋部疼痛，查：右髋部肿胀（+），压痛（+），右胫骨结节骨牵引位置可，末梢血运、感觉正常，足趾伸屈活动可，X线片示右股骨颈骨折（颈中型）。依据X线片病史，查体，目前诊断明确，嘱完善检查，准备手术治疗。

2011 年 9 月 11 日 8:00。……依据病史、临床表现及X线片检查，诊断明确，建议行人工股骨头置换或全髋关节置换术，实验室及影像学检查无明显手术禁忌，嘱与家人沟通，确定手术方法，尽快安排手术治疗。

2011 年 9 月 13 日 17:00 术前小结

拟行手术：右全髋关节置换术。

手术指征：诊断明确，无明显手术禁忌。

切口选择：右髋后外侧。

麻醉选择：连续硬膜外麻醉。

术前准备：谈话签字，备血，准备各专科器械等。

手术同意书

麻醉及术中术后可能发生的情况：麻醉意外，神经、血管损伤，血肿，出血，脂肪栓塞，感染，其他（假体松动，下沉，断裂，脱位，骨折）。如行人工关节置换术还可能出现下列情况：骨折，假体松动，疼痛，异位骨化，骨溶解，脱位。四肢骨折手术还可能发生下列情况：骨化性肌炎，创伤性关节炎，内固定器松动、断裂，关节功能受损、障碍。是否同意手术：同意手术。患者签名：张××，2011 年 9 月 14 日。

手术记录

手术日期：2011 年 9 月 14 日。

手术名称：右人工全髋关节置换术。

步　　骤：左侧卧位，常规消毒铺巾，取右髋外侧纵弧形切口长约 14 cm，切开皮肤……术中见：右股骨颈骨折，移位明显，关节腔内大量积血，处理：用取头器取出股骨头，同时切断圆韧带，将髋关节屈曲内收内旋，由股骨颈上缘与粗隆交界处到股骨颈下缘中点跟小粗隆上方 1.5 cm 左右垂直切断股骨颈，前倾 15°，外展 45°，修整髋臼窝，安装髋臼假体，并植入 2 枚螺钉。髓腔扩大器将股骨的髓腔扩大，保持前倾 10°，安装股骨柄及股骨头，送头器送至髋臼内，台上屈曲、内收，右髋关节无间隙、脱位、移动，冲洗伤口，置负压引流球 1 枚。

病程记录

2011 年 9 月 15 日 8:00。患者手术后第一天，患者一般情况可，体温

36.1 ℃。查体：伤口少许血性渗出，略肿，负压球引流血性液共 260 ml/24 h，BP 120/80 mmHg，患肢皮牵引，末梢血运可，足趾背伸活动可，嘱抬高患肢，抗炎、对症治疗。

2011 年 9 月 15 日 16:00。患者诉畏寒，体温 38 ℃，考虑：①术后吸收热；②上呼吸道感染可能。嘱多饮水，物理降温。

2011 年 9 月 15 日 20:30。患者经物理降温后查体 38.5 ℃。

2011 年 9 月 16 日 10:00。……生命体征平稳，体温 36.8 ℃，查：手术切口少许血性渗出，略肿，皮缘对合佳，负压球引流血性液共 15 ml/24 h，患肢皮牵引无不适，嘱清洁换药，抗炎补液治疗，患者近日复查片，继续观察。

2011 年 9 月 17 日 8:00。患者一般情况可，生命体温尚平，体温 37.2 ℃。伤口周围略肿，无渗出，负压球引流血性液共 15 ml/24 h，嘱抗炎、对症治疗，继续观察。

2011 年 9 月 20 日 8:00。患者一般情况可，体温 36.5 ℃，伤口略肿，无渗出，髋关节主动活动可，末梢血运、感觉正常，目前负压引流球已拔出，复查 X 线片示：假体位置良好，嘱继续患肢皮牵引，抗炎，对症治疗，另嘱抗凝药物利伐沙班片 10 mg qd，预防血栓形成，继续观察。

2011 年 9 月 23 日 8:00。患者一般情况可，无发热，伤口肿胀渐消，无渗出，末梢血运可。髋关节主被动活动可，复查 X 线片示假体位置良好，嘱抬高患肢，皮牵引。

2011 年 9 月 26 日 8:00。今晨查房，患者一般情况可，无发热，伤口干燥，无红肿、渗出等，髋关节主被动活动可，末梢血运、感觉可，嘱明日拆线，口服对症药物。

出院记录

出院日期：2011 年 9 月 29 日。

出院诊断：右股骨颈骨折（Garden Ⅲ 型）。

出院时情况：①一般情况可，生命体征平稳；②伤口Ⅰ/甲愈合，复查X
线片示假体位置佳。

出院医嘱：①继续患肢功能锻炼，1月后复查X线片；②口服对症治疗；
　　　　　③随访。

2. ××市第一人民医院住院病历

入院日期：2011年12月29日。

出院日期：2012年2月15日。

主　　诉：右髋及右膝部疼痛，活动受限20天，加重1周。

现 病 史：患者约20天前开始出现右髋部及右膝部疼痛，活动时明显，
　　　　　在当地医院给予消炎（具体不详）及口服布洛芬对症治疗，无
　　　　　好转。

体格检查：T 36.4℃；P 78次/分；R 18次/分；BP 140/100 mmHg。

专科情况：右髋后外侧见手术切口瘢痕，长约8 cm，已愈合，无红肿、
　　　　　硬结及窦管形成，右腹股沟区及右髋外侧压痛（++），髋关
　　　　　节活动因疼痛而受限，右膝部略肿，膝后外侧及髌外侧压痛
　　　　　（+），腹壁试验（−），膝关节伸屈活动可，末梢血运、感觉可。

入院诊断：右膝骨性关节炎；右侧全髋关节置换术后感染。

首次病程记录

时　　间：2011年12月29日11：30。

初步诊断：①右膝骨性关节炎；②右髋部疼痛待查；③右侧全髋关节置换
　　　　　术后。

诊断依据：①病史：右髋及右膝部疼痛20天，加重1周，于2011年9月在
　　　　　我院行人工全髋关节置换术；②临床表现及查体：右髋外侧手术

切口瘢痕，右髋及右腹股沟区压痛（＋），右膝外侧压痛。血 Rt 示：中性粒细胞百分比为 74.2%，血沉示：ESR 50 mm/h ↑。

治疗计划：①卧床休息；②抗感染，对症治疗；③完善检查，明确诊断。

2011 年 12 月 30 日 8:00。患者一般情况可，生命体征平稳。诉右髋部屈曲时疼痛，右膝部疼痛。查体：右侧腹股沟区及右髋外侧压痛（＋），右髋屈曲约 90° 时疼痛……复查 X 线片示：右人工全髋关节置换术后，位置尚可，伴骨质明显疏松。嘱尽快完成相关检查。目前予抗炎、对症治疗，下肢皮肤牵引、制动，继续观察。

2011 年 12 月 31 日 8:30。患者今日一般情况好，体温 36.8 ℃，生命体征平稳，患者诉右髋部和膝部疼痛有所缓解，卧床休息不活动时不疼，下肢伸屈及旋转时有明显疼痛。入院后复查右髋膝 X 线片提示：右全髋关节置换术后假体位置良好，假体柄与髓腔密合好，无不规则骨吸收透宽带，骨质呈疏松样改变，假体无松动下沉表现。右膝关节退行性改变明显，结合患者既往病史，实验室检查血象基本正常（ESR 50 mm/h，CRP 96 mg/L），结合病史考虑右髋部疼痛原因可能包括：①关节置换后的髋痛和大腿痛；②由于早期未规范康复治疗；③感染，即迟发性低毒性感染；④右膝骨性关节炎产生的髋部放射痛。目前治疗给予右下肢皮牵引制动，全身抗生素联合应用，必要时给予消炎镇痛药物应用。

2012 年 1 月 1 日 9:00。患者一般情况好，体温 36.6 ℃，主觉右髋部疼痛较入院时有所缓解。疼痛部位仍在大腿上段内侧及右膝部外侧区域。伸屈髋时，特别是旋转下肢时疼痛明显。追问病史，患者术后在家自行活动一直感觉较好，已能单拐步行较远。

2012 年 1 月 4 日 10:00。患者一般情况可，体温 36.5 ℃，诉右髋部疼痛好转。查体：右髋屈曲约 90° 时疼痛明显。目前治疗以抗炎、对症治疗为主，局部理疗，继续观察。

2012 年 1 月 18 日 8:00。患者一般情况可，生命体征平稳，诉右髋部酸胀不适，查体：右髋主动屈曲 90°，略酸胀，疼痛明显好转。复查肝肾功能显示：大致正常，凝血时间正常。目前抗感染治疗已满 3 周，持续治疗。

2012 年 1 月 20 日 8:00。患者诉近 2 日疼痛加重，以夜间明显。查体：右髋后外侧及大腿上段内侧轻压痛，屈髋时疼痛加重。

2012 年 1 月 23 日 8:00。患者一般情况可，生命体征平稳，诉右髋部酸痛好转，但侧屈及屈髋时仍感不适。查体：右髋后外侧及大腿上段内侧轻压痛。治疗以联合抗感染治疗为主，继续观察。复查肝肾功能正常。

2012 年 1 月 26 日 8:00。患者一般情况可，无发热。仍诉侧卧，尤其右侧卧位时，右髋部疼痛不适，另右髋关节屈曲无力。查体：神清，右髋后外侧及大腿上段内侧轻压痛（+），右髋部被动屈曲 90°，末梢血运、感觉可。嘱股四头肌功能锻炼。

2012 年 1 月 31 日 9:00。患者一般情况可，生命体征平稳，体温 36.5 ℃。目前诊断：右膝骨性关节炎，右侧全髋关节置换术后感染。治疗予抗生素联合，足量应用。另嘱复查肝肾功能、尿常规、血常规、血沉及 C 反应蛋白。继续观察。

2012 年 2 月 3 日 8:00。诉右髋及右膝疼痛好转，但侧卧时加重。复查血常规、肝肾功能、血沉、C 反应蛋白显示：大致正常。继续抗炎、对症治疗。

病史小结

2012 年 2 月 7 日 8:00。目前患者一般情况可，生命体征平稳，右髋及右膝部仍感酸痛不适，以右大腿上段内侧为重。复查：血沉示：11 mm/h，C 反应蛋白＜ 6 mg/L。查肝肾功能示：大致正常。

2012 年 2 月 14 日 10:20。患者一般情况好，生命体征平稳，自觉活动后右大腿上端内侧仍轻度疼痛，目前患者抗生素治疗 6 周，化验 ESR 及 CRP 正常，明日停用抗生素，改罗红霉素及左氧氟沙星口服治疗，患髋可适当活动。

■ **出院记录**

时　　间：2012 年 2 月 15 日。

出院时情况：一般情况可，生命体征平稳，右髋及右膝疼痛明显缓解，末梢血运可。

出院医嘱：①注意休息，口服抗生素；②患肢功能锻炼；③随诊。

出院诊断：右膝骨性关节炎；右侧全髋关节置换术后感染。

××市第一人民医院血液细胞检查报告单（2011 年 12 月 29 日）载：白细胞数目 7.73×10^9/L、中性粒细胞百分比 74.2 %、中性粒细胞数目 5.73×10^9/L。

淮南市临床检验报告单（2011 年 12 月 29 日）载：血沉 50 mm/h。

淮南市临床检验报告单（2011 年 12 月 31 日）载：CRP 96 mg/L。

3. ××市第二人民医院住院病历

入院日期：2012 年 7 月 19 日。

出院日期：2012 年 8 月 2 日。

主　　诉：右侧髋关节疼痛伴功能障碍 5 月。

现 病 史：患者 5 月前开始出现右侧髋关节疼痛，无外伤，疼痛一般，间歇性发病，活动行走时症状如常，休息卧床时症状减轻，同时伴有髋关节僵硬。近来患者髋关节有持续性疼痛，服用止痛药有效。于我院门诊就诊，X 线片提示髋关节置换术后假体松动。经药物等保守治疗无效，为进一步诊治收入院。

体格检查：T 36.4℃；P 74 次/分；R 18 次/分；BP 120/80 mmHg。

专科检查：患侧髋关节无明显畸形，局部皮肤无窦道、分泌物，髋关节压痛点位于腹股沟中段，双下肢长度相差 2 cm，髋关节活动范围下降。

手术记录

手术时间：2012 年 7 月 23 日。

手术名称：右髋关节翻修术。

手术经过：麻醉成功后，取左侧卧位，术野常规消毒铺巾。取右髋后外侧切口，切除切口边缘陈旧性瘢痕，见皮下组织与股骨粘连严重，分解粘连组织，暴露髋关节后方，沿股骨近端边缘切开假性关节囊，见关节内及周围软组织内充满黑色金属沉积组织及瘢痕组织，关节活动脱位困难。广泛清除关节周围的大量瘢痕组织，逐步增加关节活动度，脱位髋关节。进一步清理股骨近端瘢痕组织和增生的骨组织，用薄骨刀松解股骨假体和骨之间的界面，连接打拔器，取出股骨假体。将股骨近端牵向前方，暴露髋臼。见髋臼假体螺钉松动，取出内衬，拧出松动的螺钉，取出金属臼杯，清除髋臼内大量黑色金属沉积组织，见原髋臼假体安装于真臼上方，局部骨缺损，并造成真臼上方严重腔隙性缺损，用髓臼挫在真臼水平打磨髋臼，挫磨至 62 mm 直径，见髋臼前后壁尚完整，髋臼假体试模稳定。术中选用相应大小的髋臼假体。屈曲内收内旋位暴露股骨，打通髓腔，清理髓腔内假膜组织，髓腔绞刀逐号扩髓至 13 mm，然后髓腔挫扩髓至远端直径至 13 mm，试标准颈试头，复位关节，见肢体仍有短缩但关节周围组织较紧张，活动稳定无脱位，脱位髋关节，取出试模及挫，打入远端直径 13.5 mm 的 Solution（股骨柄）翻修股骨假体，见假体稳定，安装标准颈陶瓷股骨头，复位关节，冲洗，逐层关闭切口。

出院记录

住院过程：患者入院后完善各项术前检查，于 2012 年 7 月 23 日在全麻下
　　　　行右髋关节翻修术。术顺，术中出血 2000 ml，输悬浮红细胞
　　　　8 个单位及血浆 200 ml，输血过程顺利，患者无发热、皮疹等
　　　　输血不良反应。术毕安返病房，围手术期予以抗生素预防感
　　　　染、低分子肝素预防深静脉栓塞、术后抑酸剂预防应激性溃疡
　　　　发生、骨化三醇促进人工关节骨长入，止痛及对症支持治疗，
　　　　患肢功能锻炼，术后恢复良好，现予以出院。

出院情况：患者诉伤口略有疼痛，体温正常，生命体征平稳。手术切口敷
　　　　料干洁，愈合良好，髋关节活动度改善。

三、鉴定过程

1. 简要过程

接受鉴定委托后，我们对送检材料进行了文证审查，组织医患双方进行
听证及专家咨询会，经过鉴定人认真分析、讨论，达成一致意见，制作本鉴定
文书。

2. 法医临床学检查

查体：一般情况良好，步入检查室，步态稍跛，神志清楚，查体合作，对
答切题。右髋外侧可见两处弧形瘢痕：16.0 cm、17.0 cm。右下肢短缩，双下
肢长度（髂前上棘至内踝）相差 2 cm，双髋关节活动度基本一致。双下肢肌
力 5 级，腱反射对称引出，病理征未引出。其他常规检查未见明显异常。

3. 阅片意见

右髋关节 X 线片（2011 年 9 月 9 日）示：右股骨颈骨折。

右髋关节 X 线片（2011 年 9 月 20 日）示：右髋关节置换术后，臼假体与髋臼位置不佳，臼假体进深不够，中心化不够，臼假体与髋臼之间有明显间隙。

二次术后片（2012 年 8 月 1 日）示：右髋人工关节置换术后，位置可，关节在位，髋臼处局部骨质密度减低。

复查片（2013 年 3 月 26 日）示：右髋人工关节置换术后改变。

4. 鉴定意见

×× 市第一人民医院在对被鉴定人张 ×× 诊疗过程中存在假体固定不佳的过错。此过错增加了被鉴定人张 ×× 的躯体痛苦及经济负担，同时使二次手术不可避免。过错参与度考虑以 E 级（参考范围 60%~90%）为宜。

◢ 四、分析说明

根据现有病历资料，并请有关专家会诊，现就相关问题分析如下。

（一）×× 市第一人民医院诊疗行为分析

1. "右股骨颈骨折"诊断明确，行"右人工全髋关节置换术"手术适应证存在

被鉴定人张 ×× 因摔伤右髋于 2011 年 9 月 9 日入 ×× 市第一人民医院诊治。入院专科查体示：右髋部软组织肿胀（+），压痛（+），右下肢外旋，

短缩畸形，轴向叩击痛（+）。X线片检查示：右股骨颈骨折。院方根据外伤史、症状、体征及影像学检查，"右股骨颈骨折"诊断明确。

经阅送检影像学片，被鉴定人张××右侧股骨头骨折线呈斜行，骨折断端移位明显。此类骨折难以自行愈合、复位，即使复位良好，术后亦容易发生股骨头坏死，复位后关节稳定性亦差。因而具有行"人工全髋关节置换术"的手术适应证。（略）

2. "人工全髋关节置换术"术中存在假体固定不佳的过错

临床实践中，行"全髋关节置换术"时，假体安装应以严谨和稳定为原则，如假体固定不牢或固定角度失当，导致置臼不稳，可造成假体松动。发生假体松动后，可因置换术后患者负重状态下活动量的增加，骨与假体界面发生磨损，从而产生大量金属磨屑进入假体和髋臼界面，并导致胶原纤维组织增生，造成疼痛、运动障碍等症状。如症状持续，需行髋关节翻修术，纠正原有手术不当，改善症状。

被鉴定人张××明确诊断及手术适应证后，于2011年9月14日行"右人工全髋关节置换术"，术中安装髋臼假体、股骨柄及股骨头。其术后3月余，因右髋及右膝部疼痛再次入院××市第一人民医院，入院后持续存在右髋外侧压痛、右髋关节活动受限等体征。

经阅送检影像学资料，其术后X线片（2011年9月20日）示，臼假体与髋臼固定位置不佳，臼假体进深及中心化程度均未达满意程度，臼假体与髋臼之间留有明显间隙。提示存在假体固定不牢固的情况。术后X线片（2012年5月5日）示，与前片比较，臼假体与髋臼之间的间隙明显增大，且臼缘上方磨损严重，呈严重腔隙性缺损样改变。臼假体位置发生明显改变。这说明假体因固定不佳，已发生位移，并在持续运动状态下，造成臼缘严重磨损，可导致疼痛、髋关节运动障碍等不良预后。××市第二人民医院行"右髋关节翻修术"，术后X线片（2012年8月1日）示，与前片比较，臼假体进深及中心化程度均好，臼假体与髋臼紧密匹配，未见间隙或透亮带。

另据 ×× 市第二人民医院"右髋关节翻修术"术中记载："沿股骨近端边缘切开假性关节囊，见关节内及周围软组织内充满黑色金属沉积组织及瘢痕组织……见髋臼假体螺钉松动，取出内衬，拧出松动的螺钉，取出金属臼杯，清除髋臼内大量黑色金属沉积组织，见原髋臼假体安装于真臼上方，局部骨缺损，并造成真臼上方严重腔隙性缺损。"上述记载亦充分说明了原假体存在固定位置不佳、松动等情况，造成大量金属磨屑进入假体和髋臼界面，并导致胶原纤维组织增生。

另据病史记载，被鉴定人张 ×× 经"右髋关节翻修术"后，髋关节活动度改善，结合我们查体（2013 年 7 月 23 日）所见"双髋关节活动度基本一致"，说明"右髋关节翻修术"中的假体位置固定良好，未再发生松动所致的运动受限等体征。这也说明原"右人工全髋关节置换术"术中存在假体固定不当的情况。

依据现有送检材料，综合分析认为，×× 市第一人民医院在对被鉴定人张 ×× 行"右人工全髋关节置换术"术中，存在假体固定不佳的过错。

3. "右人工全髋关节置换术"术后感染的证据欠充分

被鉴定人张 ×× 于 2011 年 9 月 14 日行"右人工全髋关节置换术"，术后第一天出现体温增高，临床病史记载为 38 ℃（9 月 15 日 16 时）和 38.5 ℃（9 月 15 日 8 时 30 分），此后体温下降，直至出院前（9 月 26 日）无发热表现。术后体温升高为一过性，可用术后吸收热解释，说明并无术后急性感染的情况。

被鉴定人张 ×× 因"右髋及右膝部疼痛"，于 2011 年 12 月 29 日再次入住 ×× 市第一人民医院诊治。其入院后生化检查示：ESR 50 mm/h（参考值 0 ~ 20 mm/h），CRP 96 mg/L（参考值 ≤ 10 mg/L），但白细胞数目 7.73×10^9/L（参考值 4.00 ~ 10.00 $\times 10^9$/L）、中性粒细胞百分比 74.2 %（参考值

50.0％~70.0％）、中性粒细胞数目 5.73×10⁹/L［参考值（2.00~7.00）×10⁹/L］，自其联合应用抗生素之前，体温正常（36.4 ℃）。ESR 和 CRP 是炎症反应的标志物，但血沉为感染的非特异性指标，血沉增高亦可见于生理性升高、金属磨屑、组织损伤和坏死等非感染因素，CRP 增高除了见于急性炎症外，也可发生于创伤和组织损伤等。虽然血沉、CRP 等指标有所增高，但结合白细胞、中性粒细胞百分比、中性粒细胞数目及体温等阴性表现，认为支持感染的证据欠充分。考虑到被鉴定人张 ×× 在此之前已开始负重行动，在存在髋关节假体固定不当、松动致髋臼磨损的情况下，倾向认为 ESR 和 CRP 增高的原因在于组织损伤，而非感染。

（二）×× 市第一人民医院诊疗行为
与被鉴定人张 ×× 损害后果之间的因果关系分析

被鉴定人张 ×× 摔伤后，确诊为"右股骨颈骨折"，于 2011 年 9 月 14 日在 ×× 市第一人民医院行"右人工全髋关节置换术"，术后出现右髋关节疼痛、活动受限，且症状持续无改善。后于 2012 年 7 月 23 日在 ×× 市第二人民医院行"右髋关节翻修术"，右髋关节活动度得到改善。现遗留有右髋关节翻修术后、右下肢短缩的损害后果。

1.×× 市第一人民医院诊疗行为与右髋关节翻修术的因果关系

×× 市第一人民医院在对被鉴定人张 ×× 行"右人工全髋关节置换术"中，存在假体固定不佳的过错。该过错导致假体松动、位置发生改变、臼缘磨损严重，造成术后疼痛、髋关节活动受限，非行"髋关节翻修术"不能改善。虽然在手术知情同意书中，院方已有"假体松动"的告知。但是，"紧密压配、稳定固定"是全髋关节置换术的首要原则，只有在达到上述手术要求之后，随着时日延长，假体发生不可避免的磨损所导致的假体松动，才是知情同意书的免责范围。据临床资料统计，髋关节置换术后 10 年，经 X 线片证实的假体松动也仅有 12.7 %。被鉴定人张 ×× 自行"右人工髋关节置换术"后（2011 年 9 月 14 日），至行"右髋关节翻修术"（2012 年 7 月 23 日），历时尚不足 1 年，且症状、体征、影像学表现和髋关节翻修术中所见均支持假体固定存在不当。因此，无法将上述告知视为院方免责因素。同时，考虑到被鉴定人张 ×× 具有股骨颈骨折的外伤基础、原发损伤较为严重且具有明确手术适应证，综合分析认为，×× 市第一人民医院的医疗过错与被鉴定人张 ×× 的右髋关节翻修术之间存在因果关系，此过错增加了被鉴定人张 ×× 的躯体痛苦及经济负担，同时使二次手术不可避免。过错参与度考虑以 E 级（参考范围 60 % ~ 90 %）为宜。

2. ×× 市第一人民医院诊疗行为与右下肢短缩的因果关系

送检病史资料及我们查体显示，被鉴定人张 ×× 现遗留有右下肢短缩 2 cm 的损害后果。髋关节严重外伤后，由于解剖结构的破坏，常伴有下肢短缩等伤后体征，虽行手术，但并不能完全改善。目前临床医学对人工髋关节疗效评价标准认为，术后肢体短缩小于 3.2 cm 被视为可接受的范围。

五、启示

被鉴定人张 ×× 因摔伤右髋部，经影像学检查确诊为右股骨颈骨折。2011 年 9 月 14 日，张 ×× 在 ×× 市第一人民医院接受了"右人工全髋关节置换术"。然而，术后不久，张 ×× 即出现了持续性右髋疼痛以及髋关节活动受限等症状，严重影响了其日常生活质量。鉴于原手术效果不佳，张 ×× 被迫前往另一家医院接受"右髋关节翻修术"，以期改善症状并恢复关节功能。

根据调查结果及术后影像学资料，×× 市第一人民医院在实施"右人工全髋关节置换术"时，存在明显的假体固定不当问题。术后 X 线片显示，假体与髋臼间存在明显间隙，表明假体未被正确植入。进一步的检查显示，假体不仅未能与宿主骨骼实现良好结合，反而出现了松动、位置偏移及臼缘磨损等并发症，这些问题皆可追溯至初次手术中的假体固定失误。

由于假体固定不当，张××在术后经历了长期的髋关节疼痛和活动受限，这对患者的生理健康和心理健康均产生了不利影响。为了纠正上述问题，张××不得不接受翻修手术。此外，张××还出现了右下肢短缩2cm的情况，尽管在一定范围内肢体长度差异可以接受，但这仍给患者带来了额外的生活不便。

从现有证据来看，××市第一人民医院在对张××实施手术过程中存在的假体固定不当，直接导致了其后续经历的一系列问题。尽管术前已向患者说明了假体松动的风险，但此类并发症通常在术后多年才会显现，张××却在短期内就出现了相关并发症。因此，可以明确的是，医院的医疗过错与患者的损害后果之间存在直接的因果关系。

本例提示，在进行髋关节置换手术前，应对患者进行全面评估，确保手术适应证明确，并尽可能减少不必要的手术风险。手术过程中，特别是在假体固定环节，应严格遵循操作规范，确保假体准确植入，避免假体松动等并发症的发生。术后应密切监测患者的康复进展，一旦发现任何可能的并发症迹象，如固定不良导致的疼痛或运动障碍，应立即采取措施予以处理，以保障患者的安全和手术效果。同时加强对患者的术前教育，使其了解手术可能带来的各种风险及预防措施，增强患者对治疗过程的理解与配合度。

案例⑨ 微创腱鞘囊肿抽吸术后加压包扎不当致左足坏疽

一、案例背景

1. 基本情况

委托单位：××市人民法院。

委托事项：××市第一人民医院对李××的诊疗行为是否存在过错；若存在过错，该过错行为与李××的损害后果之间是否存在因果关系及参与度。

鉴定材料：××市第一人民医院门诊病历手册1本；××市第二人民医院诊断证明书复印件1页；××市第二人民医院超声科检查报告单1页；××市第三人民医院住院病历复印件1份；影像学片7张。

2. 案情摘要

据本案相关材料载：患者李××因治疗其左足背部一2cm×2cm囊肿就诊于××市第一人民医院，诊断为腱鞘囊肿，并进行腱鞘囊肿抽吸术，术后对其进行了相关血液化验，未发现异常，术后加压包扎、抗感染、消炎、止痛、活血等治疗，后诉麻木、发凉、疼痛等症状。后经其他医院诊断为：急性左下肢足背动脉栓塞，左足第一至第四趾干性坏疽伴感染。现患方认为：由于被告××市第一人民医院在对其诊治过程中存在明显过错，其左足出现了干性坏疽，故起诉至法院，要求赔偿。

3. 听证意见

患方认为：院方对其腱鞘囊肿手术草率，手术失败后未查清病因，错误诊断，术后在病情恶化情况下错误治疗及用药，延误治疗时机，造成脚部残疾严重后果。

医方认为：对患者进行腱鞘囊肿抽吸术，完全符合医疗规程；门诊部不存在延误治疗动脉栓塞的情况；治疗腱鞘囊肿与动脉栓塞之间不存在因果关系。

二、病史摘要

1. ××市第一人民医院门诊病历

就诊日期：2013 年 3 月 3 日。

左足背部长一肿物 3 年有余，穿鞋有压迫感，麻木，曾在 ×× 医院诊断为腱鞘囊肿。

就诊日期：2013 年 3 月 4 日。

0.9％盐水 250 ml，头孢哌酮 4.0 g，替硝唑注射液 0.4g∶100 ml，静脉滴注。

就诊日期：2013 年 3 月 5 日。

输液用药。给予治疗痔疮的用药：金玄痔科熏洗散，外用，一天 2 次，一次 1 袋；云南白药痔疮膏，肛注，一天 2 次。

检　　查：左足背部长一肿物约 2 cm×2 cm 凸起，无波动，无压痛，硬，不活动，按之不缩小。

既 往 史：有头晕史，有双下肢静脉曲张史，有痔疮史。

拟　　诊：左足背腱鞘囊肿。

　　R：微创腱鞘囊肿抽吸术。

2013 年 3 月 5 日行微创腱鞘囊肿抽吸术。

手术记录：局麻，常规消毒 1 % 利多卡因局麻，用 5 ml 注射器穿刺抽出
　　　　　淡黄黏液 3 ml 以上，保留针头，用生理盐水冲洗。术后加压
　　　　　包紧。因痔疮术后继用 0.9 % 盐水 250 ml，头孢哌酮 4.0 g，
　　　　　替硝唑注射液 0.4 g：100 ml，静脉滴注。

就诊日期：2013 年 3 月 6 日。

自述左蹬趾局部疼痛，给予氨酚待因片，痛时服每次 1~2 片。

就诊日期：2013 年 3 月 7 日。

复诊痔疮已基本康复。左足内侧肿胀，疼痛。考虑足部炎症所致，给予
0.9 % 盐水 250 ml，头孢吡肟 0.5 g×3 支（皮试），地塞米松 10 mg；5 % 葡萄
糖 250 ml，来比林 0.9 g 1 支。静脉滴注。每日一次。

就诊日期：2013 年 3 月 11 日。

疼痛减轻，足部仍肿胀，足趾末端有淤血，考虑血管痉挛导致末梢血液循
环差，加用香丹注射液 2 支（20 ml），5 % 葡萄糖 250 ml，静脉滴注。

就诊日期：2013 年 3 月 13 日。

5 % 葡萄糖 250 ml，香丹注射液 2 支（20 ml），0.9 % 盐水 250 ml，头孢
吡肟 0.5 g×3 支，静脉滴注。氨酚待因片，痛时服一片。

就诊日期：2013 年 3 月 15 日。

输液、换药。0.9 % 盐水 250 ml，头孢吡肟 0.5g×3 支，地塞米松 10 mg；
5 % 葡萄糖 250 ml，香丹注射液 2 支（20 ml）；红光治疗 30 分钟。

就诊日期：2013 年 3 月 16 日。

疼痛明显减轻。0.9 % 盐水 250 ml，头孢吡肟 0.5 g×3 支；5 % 葡萄糖
250 ml，香丹注射液 2 支（20 ml）；5 % 葡萄糖 100 ml，来比林 0.9 g 1 支。静
脉滴注。

就诊日期：2013 年 3 月 17 日。

0.9 % 盐水 250 ml，头孢吡肟 0.5 g×3 支；5 % 葡萄糖 250 ml，香丹注射液 2 支（20 ml）；5 % 葡萄糖 100 ml，来比林 0.9 g 1 支，静脉滴注。

就诊日期：2013 年 3 月 19 日。

复诊因述疼痛轻微，双下肢静脉曲张基本消失，终止输液。地奥司明片，一天 2 次，一次 2 片。山莨菪碱 5 mg，一天 2 次，一次 10 mg。复方丹参滴丸，一天 2 次，一次 10 粒。

2. ××市第二人民医院超声科检查报告单

李××，登记时间：2013 年 3 月 20 日。

左侧股总动脉、股浅动脉、股深动脉、腘动脉、胫前动脉、胫后动脉内中膜不光滑、不厚，管腔内未见明显血栓回声，管径未见明显狭窄。CDFI：血流充盈好，未见充盈缺损区，血流速度及频谱正常范围。左下肢静脉（股静脉、腘静脉及小腿肌间静脉）内径正常，血管走向正常，内膜纤细、光滑，内未见血栓回声。CDFI：彩色血流充盈良好。

3. ××市第二人民医院诊断证明书

2013 年 3 月 21 日。

诊断及建议：左小腿急性动脉栓塞（腘动脉）。

4. ××市第三人民医院住院病历

入院日期：2013 年 3 月 21 日。

出院日期：2013 年 4 月 7 日。

主　诉：左足腱鞘囊肿穿刺抽吸术后16天，左足疼痛、发黑6天。

现病史：患者16天前因左足腱鞘囊肿于当地医院行左足腱鞘囊肿穿刺抽吸术，6天前左足末端麻木、发凉、疼痛，左足第一至第四足趾逐渐变黑，疼痛明显。

专科情况

右侧股动脉、腘动脉、足背动脉、胫后动脉搏动良好，左侧股动脉、腘动脉、胫后动脉搏动可触及，左足背动脉近踝关节处搏动可触及，左足背动脉远端未触及搏动，左足第一至第四足趾呈黑紫色，左足前段呈暗红色，左足皮温明显减低，左足感觉功能减退，运动受限。

初步诊断：急性左下肢足背动脉栓塞；左足第一至第四足趾干性坏疽伴感染；左足腱鞘囊肿穿刺抽吸术后。

出院总结

诊疗经过：入院后完善辅助检查，给予抗炎、抗凝、爱通立溶栓、扩张血管治疗，目前患者左足第一至第四足趾呈稳定干性坏疽，左足背动脉搏动恢复，病情平稳，可以出院。

出院诊断：急性左下肢足背动脉栓塞；左足第一至第四足趾干性坏疽伴感染；左足腱鞘囊肿穿刺抽吸术后。

建　议：①出院后口服扩张血管、抗血小板药物治疗；②待坏死界限清楚后再次入院考虑截趾手术；③随诊。

××市第三人民医院医学影像科CTA影像诊断报告（李××，检查日期：2013年4月2日）载：双侧髂总动脉、髂内/外动脉纤细，管壁未见增厚及斑块，管腔未见狭窄。双侧股动脉管壁未见增厚及斑块，造影剂充盈良好，管腔未见狭窄。双侧腘动脉可见造影充盈，管壁未见增厚及斑块，管腔未见狭窄。双侧股深动脉未见明显狭窄。双侧胫前、胫后动脉及腓动脉管壁未见增厚及斑块，增强扫描造影剂充盈良好，管腔未见狭窄。左侧足背动脉充盈尚可，随后发出第一跖背动脉管腔造影剂充盈欠佳，远端管腔未见明确显示，左侧足底深支显影尚可。右侧足背动脉及其终支、足底动脉显影可。

印　　象：左足第一跖背动脉管腔显影不充分，考虑闭塞可能大，请结合临床。余肢体动脉未见明确动脉粥样硬化征象，请结合临床。

三、鉴定过程

1. 简要过程

接受鉴定委托后，我们对送检材料进行了文证审查，组织医患双方进行听证及专家咨询会，经过鉴定人认真分析、讨论，达成一致意见，制作本鉴定文书。

2. 法医临床学检查

查体：一般情况良好，步入检查室，步态跛行，神志清楚，查体合作，对答切题。左足明显肿胀，左足前段呈暗红色。左足第一足趾，第二足趾、第三足趾末节内侧，第四足趾末端均可见黑紫色坏死区，坏死病变界限清晰，坏死区域局部干燥、皱缩，左足背前段 3.0 cm×（0.3~2.0）cm 区域内可见皮肤破溃，破溃表面有脓性液体渗出，可闻及恶臭。左足皮温明显减低。左足感觉减退。左足诸趾运动受限。

3. 阅片意见

下肢 CTA 片（2013 年 4 月 2 日）示：左足第一跖背动脉显影不充分，远端管腔未见明显显示。余肢体深浅动脉未见明显异常。

4. 鉴定意见

××市第一医院在对被鉴定人王××的诊疗过程中存在加压包扎时间过长、肢端早期缺血症状处置不利的过错；该过错行为与被鉴定人王××的损害后果之间存在直接因果关系。

■ 四、分析说明

根据现有病历资料，并请有关专家会诊，现就相关问题分析如下。

（一）××市第一人民医院诊疗行为分析

被鉴定人李××因左足背腱膜囊肿，于2013年3月3日在××市第一人民医院门诊部治疗。并于3月5日行微创腱鞘囊肿抽吸术，术后加压包扎，之后出现左足肿胀、疼痛、淤血等症状。

临床实践中，加压包扎属制止出血的常用包扎方法，但由于包扎紧密、包扎时间过长或部位不当，常可造成血流障碍，从而发生肢端缺血，甚至坏死等症状。因此，在行加压包扎后，常需在第二天即行复诊，查看是否存在肢端缺血等体征，若发现疼痛等缺血表现，则应立即打开、减压。

经阅送检病史，被鉴定人李××于2013年3月5日行"微创腱鞘囊肿抽吸术"，术中穿刺抽出淡黄黏液约3 ml以上，术后加压包紧。此后直至3月15日方有"换药"的记载，其间均未见针对肢端缺血的复诊记录，也未见任何有关解除加压包扎的记载，加压包扎时间长达10余天。加压包扎后第二天（3月6日），被鉴定人李××即出现左足踇趾局部疼痛，3月7日出现左足内侧肿胀、疼痛，3月11日足部仍肿胀，且足趾末端出现淤血征象，说明其已经出现了动脉血流受阻的早期症状。此时，医方应积极考虑动脉受阻的原因，重点排除加压包扎致动脉受阻的可能，并尝试解除动脉受阻的因素。但医方仅将上述症状的原因考虑为"足部炎症所致"和"血管痉挛末梢血液循环差"，并未进行针对性的判断和减压处置，也未进行任何转院诊治的建议，上述行为不利于解除肢端早期缺血症状。

综合分析认为，××市第一人民医院在对被鉴定人李××的诊治过程中存在加压包扎时间过长、肢端早期缺血症状处置不力的过错。

（二）××市第一人民医院与被鉴定人李××损害后果之间的因果关系分析

被鉴定人李××于2013年3月21日入××市第三人民医院就诊，诊断为"急性左下肢足背动脉栓塞，左足第一至第四足趾干性坏疽伴感染，左足腱鞘囊肿穿刺抽吸术后"。现遗留有左足第一至第四足趾干性坏疽，足背皮肤破溃等损害后果。

干性坏疽则是肢端组织缺血性坏死的一种表现，多见于四肢末端。其始动因素在于动脉受阻，任何造成动脉血供受阻的原因，如动脉粥样硬化、血栓闭塞性脉管炎和长时间机械性卡压等，均可使动脉供血区域发生缺血性坏死。早期干性坏疽的症状为患处表面发白、肿胀、感觉钝痛和寒冷。此时若动脉受阻状况持续得不到改善，则可发生不可逆性坏死，患处皮肤逐渐干枯、变黑和皱缩。

经阅××市第三人民医院病史，被鉴定人李××入院查体示"左足背动脉远端未触及搏动，左足第一至第四足趾黑紫色，左足前段暗红色，左足皮温明显减低，左足感觉功能减退，运动受限"，影像学检查示"左足第一跖背动脉显影不充分"，说明其已经发生了明确的、不可逆转的干性坏疽症状。据此病史记载，被鉴定人李××因"左足疼痛、发黑6天"于3月21日就诊，其左足皮肤色泽发生改变的时间应发生于3月15日左右，结合××市第一人民医院的病史记录，其于3月5日加压包扎后，逐步出现疼痛、肿胀、淤血、皮肤颜色改变等症状，直至明确干性坏疽的临床症状，该病史进展过程符合加压包扎致动脉供血受阻导致干性坏疽的发生、演变机制。

另据病史记载，被鉴定人李××为中年女性，其初诊病因仅为"左足背腱鞘囊肿"，并无任何有关肢端血运障碍的记载。北京××市第二人民医院超声检查、××市第三人民医院的影像学检查结果也显示除左足第一跖背动脉外，其余深浅动、静脉均未见异常表现，说明其并不存在动脉粥样硬化等致动脉闭塞的疾病基础。

分析认为，××市第一人民医院在对被鉴定人李××诊治过程中存在加压包扎时间过长、肢端早期缺血症状处置不力的过错，该过错与其损害后果之间具有直接因果关系。

五、启示

在李××的病例中，××市第一人民医院采用了微创抽吸术来治疗腱鞘囊肿，并在手术后应用了加压包扎以防止出血。然而，术后管理中存在缺陷，未能按期安排复诊，且未有效监测远端血液循环情况，导致加压包扎的时间过长，这显然违背了现行的临床指导原则。

在加压包扎期间，患者出现了一系列症状，包括左足踇趾（即大脚趾）的疼痛、足内侧的肿胀及疼痛，以及足趾末端的淤血，这些都是动脉血流受阻的典型征象。遗憾的是，医疗团队未能正确解读这些症状，未认识到这些可能是动脉供血不足导致的组织缺血和坏死，反而将其误认为是局部炎症反应或是血管痉挛。因此，没有及时解除加压包扎，也未进行进一步诊断以明确病因。更为遗憾的是，在此期间，医院并没有考虑将患者转诊到具备更高技术水平的医疗机构接受进一步的专业治疗。

最终，上述原因导致了患者李××左足第一至第四足趾发生干性坏疽。

干性坏疽是由动脉血流显著减少或完全阻断引起的，导致受影响区域的组织逐渐丧失活力直至坏死。值得注意的是，该患者的动脉阻塞并非由动脉粥样硬化、血栓闭塞性脉管炎或其他固有的循环系统疾病引起，而是医疗操作上的失误所致。

通过对李××的病历资料及影像学检查结果的回顾分析，可以明确，腱鞘囊肿抽吸术后的不当加压包扎是造成动脉血流受限，并最终导致干性坏疽发生的直接原因。虽然加压包扎作为一种止血手段在很多情况下是有效的，但如果缺乏严密监控和适时调整，则有可能引发严重的并发症。

此案例凸显出即便是看似简单的外科操作，如加压包扎，同样需要在术后进行严格的管理和密切的观察。尤其是在涉及血液循环的问题上，医务人员必须保持高度警觉，定期评估患者的状况，并随时准备根据实际情况调整治疗策略。对于所有接受外科手术的患者，尤其是那些手术可能影响血液循环的情况下，加强对手术部位的监测尤为重要，以便及时发现并处理任何可能出现的并发症。

第四章

术后处置不当
导致骨科医疗损害

骨科手术作为现代医学领域的一项重要治疗手段，广泛用于处理从创伤修复到退行性疾病的各种骨骼、关节及关联软组织的损伤与病变。随着微创技术和生物材料科学的发展，骨科手术的疗效显著提升。然而，手术的成功不只取决于术中的技术水平，更依赖术后的一系列处置措施。术后处置不仅是手术过程的延续，更是确保手术效果和促进患者全面康复的关键步骤。

术后处置的核心在于保障患者的安全与健康。这一阶段的工作主要包括但不限于感染预防、生命体征监测以及并发症的早期识别与处理。为预防手术部位感染，临床实践中应严格执行无菌操作规程，定期更换敷料，并根据微生物学检测结果指导抗生素的应用。此外，动态观察患者的体温、脉搏、血压等指标的变化，可及时发现潜在的并发症信号，如深静脉血栓形成（DVT）或急性失血性休克等，从而采取针对性的干预措施。

术后护理的有效性直接关系到患者的预后。特别是在如全髋关节置换术或膝关节置换术这类复杂手术之后，科学合理的康复计划对于加速伤口愈合、预防肌肉萎缩及关节僵硬至关重要。物理治疗师将依据患者的具体情况制订个性化的训练方案，旨在逐步恢复关节活动范围、增强肌肉力量，并减轻疼痛感，从而提高患者的生活自理能力。

手术后的康复是一个漫长且充满挑战的过程，其间患者可能发生从身体不适到情绪波动等一系列反应。医护人员应当给予患者必要的心理支持，通过沟通交流了解其内心感受，给予正面鼓励，并适时引入心理健康服务。同时，应当开展患者教育活动，普及术后康复知识，帮助他们正确期待、理解自身状况及其恢复进程，从而增强自我管理能力和信心，促进身心健康同步恢复。

标准化的术后处置流程不仅有助于巩固手术成果，还能有效规避处置疏忽造成的不良后果。医院应建立健全术后处置准则，强化团队协作意识，确保每一位参与人员都熟悉并遵守相关规范，以降低人为错误的概率，减少医患纠纷。高标准的术后处置不仅彰显了医疗机构的专业水准，更体现了以人为本的服务理念，为构建和谐医患关系奠定了坚实基础。

轻视术后处置的重要性，轻则延误康复进程，重则引发严重并发症。以感染为例，一旦手术切口遭受病原菌侵袭，不仅会延长患者的住院期限，增加治疗费用，还有可能迫使医生采取清创手术或其他补救措施。另外，像骨折复位不佳、内固定物失效等问题若没有得到及时纠正，则可能导致功能障碍，影响患者日后的生活质量。长期的精神压力与财务负担亦会对患者及其家庭造成深远的影响。

左肱骨髁上骨折闭合复位克氏针内固定术术后并发症处置不当致骨－筋膜室综合征

一、案例背景

1. 基本情况

委托单位：××市人民法院。

委托事项：××市第一人民医院对刘××实施的诊疗行为有无过错；诊疗行为与损害后果之间是否存在因果关系，以及原因力的大小。

鉴定材料：××市第一人民医院病历 1 册；××市第二人民医院病历 1 册；××市第三人民医院病历 1 册；××市司法鉴定中心司法鉴定意见书 1 份。

2. 案情摘要

据本案相关材料载：原告刘××因摔伤左肘，于 2021 年 3 月 31 日入××市第一人民医院。入院诊断：左肱骨髁上骨折。入院后给予复位后石膏外固定处置。4 月 2 日查房见左肘内侧张力性水疱、左肘及左前臂肿胀、压痛、桡动脉搏动减弱，予松解绷带、穿刺张力性水疱等处置。4 月 6 日行左肱骨髁上骨折闭合复位克氏针内固定术。术后左上肢肿胀，主动活动检查，桡动脉搏动减弱。4 月 12 日转至××市第二人民医院。4 月 14 日转至××市第三人民医院，诊断为骨－筋膜室综合征，给予松解、清创、骨折切开复位内固定术等处置。现患方认为：被告医院在对其诊疗过程中存在过错，故诉至法院，要求赔偿损失。

3. 听证意见

患方认为：关于2021年4月12日的病程记录明显是互相矛盾的，假如患者在××市第一人民医院确诊骨－筋膜室综合征，为什么不在××市第一人民医院切开解压，还需要去外地做手术？据患者了解，二级医院完全有切开解压的能力。所以只能有一点可能，医生根本不知道什么病情，患者才去外地检查，严重地耽误了患者的治疗，造成不可逆的残疾后果。患者手臂之所以会缺血性坏死，就是因为××市第一人民医院的放任、没有尽到高度注意义务且手术出现错误。综上，患者认为其好端端的一个人，一个摔跤造成的骨折手术，就因为××市第一人民医院的高度不负责任，给患者本人及其家属造成了一生难以磨灭的伤痛。患者请求鉴定机构如实公正地对本案进行鉴定，还患者一个客观、公平、公正的鉴定。

医方认为：2021年4月12日上午科内讨论，考虑骨-筋膜室综合征或血管、神经损伤，建议转上级医院就诊，明确诊断，进一步完善治疗方案。故我科医师于2021年4月12日晚上专车送刘××至××市第二人民医院就诊。该院儿童骨科主任考虑骨－筋膜室综合征，建议2021年4月12日晚间立即切开减压术，尽快松解血管、神经、肌肉卡压，防止神经、肌肉坏死。刘××父亲拒绝在××市第二人民医院手术，要刘××赶往上海治疗。我科医师告知刘××家长，赴外地治疗需要长途奔波，耽误救治时间，且外地就医流程复杂，不能尽早手术，会延误治疗。刘××父亲考虑再三，自行决定带刘××第二天前往外地治疗。

二、病史摘要

1. ××市第一人民医院住院病历

入院日期：2021 年 3 月 31 日。

出院日期：2021 年 4 月 12 日。

主　　诉：摔伤左肘部后疼痛、活动受限 2 小时。

现 病 史：患者于 2021 年 3 月 31 日 14:30 左右不慎摔倒，摔左肘部，当即感伤处疼痛、活动受限，无皮肤破裂、出血，继而肿胀，无昏迷史，无恶心、呕吐，无胸闷、气促，左上肢无麻木。伤后未行特殊处理，急由家人送来我院就诊，急行左肘关节正侧位片：左肱骨远端骨折，请随诊复查，急诊以"左肱骨髁上骨折"收入住院治疗。

专科检查：左肘部肿胀、压痛明显，左肘关节活动受限，手指活动尚可，左上肢肢端血运及感觉尚可；其余肢体未见明显异常。

辅助检查：左肘关节正侧位片示左肱骨远端骨折。

入院诊断：左肱骨髁上骨折。

长期医嘱单

石膏托外固定；悬吊患肢，起始：3 月 31 日 16:01，停止：4 月 6 日 08:41。

石膏托外固定；悬吊患肢，起始：4 月 6 日 14:14，停止：4 月 12 日 19:49。

临时医嘱

骨折手法整复术，执行时间：3 月 31 日 16:08。

病程记录

2021 年 3 月 31 日 16:10。

初步诊断：左肱骨髁上骨折。

诊断依据：①摔伤左肘部后疼痛、活动受限 2 小时；②左肘部肿胀、压痛明显，左肘关节活动受限，手指活动尚可，左上肢肢端血运及感觉尚可；其余肢体未见明显异常；③左肘关节正侧位片示左肱骨远端骨折，请随诊复查。

鉴别诊断：①左肱骨病理性骨折：患者有明确外伤史，左肘部肿胀、压痛明显，左肘关节活动受限，故考虑，但患者 X 线片检查未见明显骨质破坏，故可与病理性骨折相鉴别；②左上臂骨－筋膜室综合征：患者有明确外伤史，左肘部肿胀、压痛明显，左肘关节活动受限，故可能出现骨－筋膜室综合征，密切观察患者患肢血运情况，必要时切开减压；③骨折伴血管、神经损伤：血管、神经损伤是骨折常见的并发症，表现为肢体血供障碍、感觉障碍和运动障碍等，患者与此不符，故可基本排除之，查体可以进一步鉴别诊断之。

诊疗计划：①按骨科常规护理，二级护理，普食；②骨折手法复位石膏外固定，左上肢中立位悬吊，加强手指活动；③完善血常规、凝血功能、感染三项、小生化等相关检查；④给予补液、甘露醇注射液消肿等治疗，治疗周期约 1 周；⑤限期行左肱骨髁上骨折复位内固定术；⑥替代方案：保守治疗、骨折切开复位外固定架外固定术。

2021年4月1日08:57。患者诉伤处疼痛……左肘部肿胀、压痛，左肘关节活动受限，手指活动尚可，左上肢肢端血运及感觉尚可，其余肢体未见明显异常……左前臂骨－筋膜室综合征：患者有明确外伤史，左肘部肿胀、压痛明显，左肘关节活动受限，故可能出现骨－筋膜室综合征，密切观察患者患肢血运情况，必要时切开减压……嘱：①按骨科常规护理，二级护理，普食；②继续左肘部石膏外固定；左上肢中立位悬吊，加强手指活动；③给予补液、甘露醇注射液消肿等治疗；④复查左肘关节正侧位片，完善胸部平片检查；⑤限期行左肱骨髁上骨折复位内固定术；⑥继续观察病情。

2021年4月2日08:36。患者诉伤处疼痛……左肘部石膏外固定良好，左肘内侧见3 cm×4 cm张力性水疱，左肘部和左前臂肿胀、压痛，左肘关节活动受限，左手被动活动尚可，主动活动差，左侧桡动脉搏动较弱，左上肢肢端感觉尚可；其余肢体未见明显异常……继续左肘部石膏外固定，左上肢中立位悬吊，加强手指活动……今日予松解绷带，并穿刺张力性水疱。

2021年4月3日08:21。患者诉伤处疼痛稍微减轻……左肘部石膏外固定良好，左肘内侧张力性水疱减小，左肘部和左前臂肿胀、压痛稍微减轻，左肘关节活动受限，左手被动活动尚可，主动活动差，左侧桡动脉搏动较弱，左上肢肢端感觉尚可；其余肢体未见明显异常。嘱：①按骨科常规护理，二级护理，普食；②继续左肘部石膏外固定，左上肢中立位悬吊，加强手指活动；③给予补液、甘露醇注射液消肿等治疗；④继续观察病情。

术前讨论

讨论日期：2021年4月4日14:20。

患者诊断明确，左肱骨髁上骨折手术指征明确，各项术前检查无明显手术禁忌证，可拟明日手术，术前备钢板、克氏针，术中、术后可能出现……骨－筋膜室综合征、关节功能障碍、长期疼痛、关节僵硬、创伤性骨关节炎、肘内翻或外翻畸形；术后需行二次手术，取出内固定；术中根据实际情况有改变手术方案可能；其他难以预料的情况发生。术中充分显露，仔细操作，注意解剖，避免损伤重要血管、神经组织，术中透视，正确安置内固定，尽量骨折解剖复位。术后注意切口护理，注意手术后伤口渗血及肿胀情况。

术前小结

手术时间：2021 年 4 月 4 日 14:38。

拟行手术：左肱骨髁上骨折闭合复位克氏针内固定术。

麻醉方式：全身麻醉。

注意事项：术前禁食、补液，麻醉前静脉滴注抗生素。术中备内固定装置。术中根据病情变化调整手术细节。术中注意仔细分离周围组织，减少出血，保护好神经、血管，骨折解剖复位，正确安置内固定装置。已向患者及家长交代病情，讲明手术的必要性和风险性、替代的治疗方案，患者及家长同意手术，对可能出现的风险表示理解，已签署手术知情同意书、植入手术治疗知情同意书。手术定于 2021 年 4 月 6 日 08:00 进行。

2021 年 4 月 4 日 15:30。患者一般情况可……左肘部石膏外固定良好，左肘内侧张力性水疱减小，左肘部肿胀、压痛减轻，左肘关节活动受限，左手被动活动尚可，主动活动差，左侧桡动脉搏动较弱，左上肢肢端感觉尚可，其余肢体未见明显异常。根据患者病史、体格检查及辅助检查结果，支持术前诊断。手术替代方案：保守治疗、骨折切开复位外固定架外固定术，患者及家长选择手术治疗。各项术前检查无明显手术禁忌，准备 4 月 6 日上午在全身麻醉下行左肱骨髁上骨折闭合复位克氏针内固定术。

2021 年 4 月 4 日 17:10。术者已向患者及家长交代病情，术前诊断为左肱骨髁上骨折。拟全身麻醉下行左肱骨髁上骨折闭合复位克氏针内固定术，讲明手术的必要性和风险性、替代的治疗方案。手术指征：①左肱骨髁上骨折对位、对线差；②保守治疗患者耐受困难，效果差。替代的治疗方案：保守治疗、骨折切开复位外固定架外固定术。术中根据病情变化调整手术细节。术中注意仔细分离周围组织，减少出血，保护好神经、血管，骨折解剖复位；正确安置内固定装置。患者及家属同意手术，对可能出现的风险表示理解，已签署手术知情同意书。

手术知情同意书

术前诊断：左肱骨髁上骨折。

拟定手术方式：左肱骨髁上骨折闭合复位克氏针内固定术。

（前略）现告知如下：……术中可能会损伤神经、血管及邻近器官……在现有医学科学技术条件下，发生无法预料或者不能防范的不良后果；因患者原因延误诊疗导致的不良后果……替代的治疗方案：保守治疗、骨折切开复位外固定架固定术……

患者/法定监护人/委托代理人/签名：刘××，日期：2021年4月4日。

2021年4月5日15:56。患者一般情况可……左肘部石膏外固定良好，左肘内侧张力性水疱减小，左肘部肿胀、压痛减轻，左肘关节活动受限，左手被动活动尚可，主动活动差，左侧桡动脉搏动较弱，左上肢肢端感觉尚可；其余肢体未见明显异常。手术指征：①左肱骨髁上骨折对位、对线差；②保守治疗患者耐受困难，效果差。根据患者病史、体格检查及辅助检查结果，支持术前诊断手术替代方案，即保守治疗、骨折切开复位外固定架外固定术，患者及家属选择手术治疗。各项术前检查无明显手术禁忌，准备明日上午在全身麻醉下行左肱骨髁上骨折闭合复位克氏针内固定术。

手术记录

手术日期：2021年4月6日。

手术名称：左肱骨髁上骨折闭合复位克氏针内固定术。

手术经过：①麻醉成功后，患者取仰卧位，常规消毒、铺巾。②先闭合复位左侧肱骨髁上骨折，于肱骨内上髁钻入 1 枚直径 2.0 mm 克氏针，于肱骨外上髁钻入 3 枚直径 2.0 mm 克氏针，C 型臂机透视显示骨折复位良好，克氏针在位，清点器械、敷料无误后，无菌敷料加压包扎，左上肢屈曲 80° 石膏外固定。③术中麻醉满意，手术顺利，出血 15 ml，术中未输血，术后患者生命体征平稳，患者安全返回病房。

病程记录

2021 年 4 月 7 日 08:26。术后第一天，患者自诉克氏针口疼痛，无畏寒发热……左肘部石膏托外固定良好，左肘部敷料包扎中，克氏针口稍红肿，敷料少许血液浸润，左上肢肿胀，左手被动活动尚可，主动活动差，左侧桡动脉搏动较弱，余肢末端感觉尚可……继续观察患者克氏针口渗血、肢端血运及感觉等病情。

2021 年 4 月 8 日 08:35。术后第二天，患者自诉克氏针口疼痛，无畏寒发热……左肘部石膏外固定良好，左肘部敷料包扎中，敷料外观干燥，左上肢肿胀，左手被动活动尚可，主动活动差、左侧桡动脉搏动较弱，伤肢末端感觉尚可……继续患肢石膏托外固定，悬吊患肢；明日予克氏针口换药，继续患肢功能锻炼……继续观察患者克氏针口渗血、肢端血运及感觉等病情。

2021 年 4 月 9 日 08:25。术后第三天，患者自诉克氏针口疼痛，无畏寒发热……左肘部石膏外固定良好，左肘部敷料包扎中，敷料外观干燥，左上肢肿胀，左手被动活动尚可，主动活动差，左侧桡动脉搏动较弱，伤肢末端感觉尚可……继续患肢石膏托外固定，悬吊患肢；今日予克氏针口换药，继续患肢功能锻炼……继续观察患者克氏针口渗血、肢端血运及感觉等病情。

2021 年 4 月 12 日 08:30。患者自诉克氏针口疼痛减轻，无畏寒发热……左肘部石膏外固定良好，左肘部敷料包扎中，敷料外观干燥，左上肢肿胀，左手被动活动尚可，主动活动差，左侧桡动脉搏动较弱，伤肢末端感觉尚可……

继续患肢石膏托外固定，悬吊患肢；明日予克氏针口换药，继续患肢功能锻炼……今日科内讨论，明确进一步治疗方案；继续观察患者克氏针口渗血、肢端血运及感觉等病情。

彩色多普勒检查报告单（刘××，报告时间：2021年4月12日09:36）。超声所见：在上肢肱动脉内径约2.4 mm，桡动脉内径约1.5 mm，尺动脉内径约1.8 mm，管壁连续，层次结构清晰，内见血流信号。超声提示：左上肢肱动脉、桡动脉、尺动脉未见明显异常。

科室讨论记录

时　　间：2021年4月12日10:25。

患者目前左上肢肿胀，左手被动活动尚可，主动活动差，左侧桡动脉搏动较弱，伤肢末端感觉尚可。考虑骨–筋膜室综合征或血管、神经损伤，建议转上级医院就诊，进一步明确病情，进一步完善治疗。

科主任查房记录

时　　间：2021年4月12日19:40。

患者自诉克氏针口疼痛减轻，无畏寒发热……肘部石膏托外固定良好，左肘部敷料包扎中，敷料外观干燥，左上肢肿胀，左手被动活动尚可，主动活动差，左侧桡动脉搏动较弱，伤肢末端感觉尚可。患者今日转上级医院治疗。

出院记录

出院时间：2021年4月12日19:40。

出院诊断：①左肱骨髁上骨折；②骨–筋膜室综合征。

出院情况：患者自诉克氏针口疼痛减轻，无畏寒发热……左肘部石膏托外固定良好，左肘部敷料包扎中，敷料外观干燥，左上肢肿胀，左手被动活动尚可，主动活动差，左侧桡动脉搏动较弱，伤肢末端感觉尚可。

出院医嘱：①注意休息，合理饮食；②克氏针口换药 2 天一次；③注意转院路途安全。

2. ××市第二人民医院超声诊断报告单

预约日期：2021 年 4 月 12 日，预约时段：16:00～17:00。

超声所见：左侧上肢腋静脉、肱静脉、桡静脉、尺静脉内血流通畅，管腔内未见明显异常回声，探头压之管腔完全变扁。CDFI：各静脉管腔内血流均通畅。左侧上肢腋动脉、肱动脉、尺动脉、桡动脉内径正常，管壁光滑，内中膜不厚，管腔内未见明显异常回声。CDFI：内血流均通畅。尺动脉流速：27 cm/s（右侧 52 cm/s），桡动脉流速：24 cm/s（右侧 44 cm/s），肱动脉流速：43 cm/s，腋动脉流速：81 cm/s。超声诊断：左侧上肢动脉及静脉血流通畅，动脉流速较右侧偏低，请结合临床。

3. ××市第三人民医院住院病历

入院日期：2021 年 4 月 14 日。

出院日期：2021 年 5 月 5 日。

主　　诉：左肘骨折术后左手感觉异常 7 天。

现 病 史：患儿 10 余天前不慎自行摔伤左上肢，当时即感左肘疼痛，并逐渐肿胀、活动受限，当时无昏迷、呕吐，遂至外院急诊就诊，X 线片示：左肱骨髁上骨折。急诊予以石膏托外固定。于入院 7 天前在外院行"左肱骨髁上骨折闭合复位克氏针内固定术"，术后患儿左手感觉异常，手指不能分、并指，拇指不能对掌，遂来我院就诊，故门诊拟"左侧肱骨髁上骨折术后，左侧桡神经、尺神经、正中神经损伤，骨－筋膜室综合征可能"予收入院。

专科情况： 左侧上肢石膏托固定中，肘关节肿胀，手指不能分、并指，拇指不能对掌，桡动脉搏动良好，手指血供良好，毛细血管搏动好。

辅助检查： X线片示左肱骨髁上骨折术后。

手术记录 1

手术时间： 2021 年 4 月 14 日 18:30。

手术名称： 左侧肱骨髁上骨折切开复位内固定术＋左侧桡神经，尺神经，正中神经松解术＋左上肢筋膜室切开术。

手术经过： ……取左肘横纹上 8 cm，双 S 形切口切开前臂掌面至腕横纹下 2 cm，逐层切开皮肤及皮下组织，见脂肪及前臂屈肌，前臂伸肌皆呈暗灰色，肌张力高，充盈明显，组织水肿明显，切开前臂掌侧浅筋膜，见淡黄色液体渗出，拉开正中神经及屈指浅肌腱，切开深筋膜，见深层屈肌呈暗灰色，活力差，探查正中神经及伴行动静脉，于肱骨髁上骨折处见正中神经及伴行静脉被骨折断端卡压，肱动脉被挛缩组织卡压变形，拔除原 4 枚克氏针后，将神经及静脉小心剥离，正中神经及血管连续性完整，卡压处外膜血肿明显；清理骨折端，清除血肿及嵌入组织，骨折复位，自肱骨远端打入 3 枚直径 2.0 mm 克氏针，松解内侧尺神经及外侧桡神经，神经完整未见卡压；电透视下见骨折对位好，内固定好；冲洗伤口，止血材料止血，可吸收材料防粘连，部分关闭切口，覆盖暴露的血管、神经，伤口外敷 VSD 负压敷料；伤口加压包扎，石膏固定；术顺，安返。

手术记录2

手术时间：2021 年 4 月 26 日。

手术名称：左前臂清创缝合术。

手术经过：……去除左前臂上覆盖的 VSD，取细菌培养，双氧水、碘伏、
大量生理盐水冲洗伤口后，再次取细菌培养，去除前臂屈肌群
颜色暗灰、失活肌肉组织，予以筋膜广泛切开、充分松解；严
密止血，冲洗伤口，逐层关闭伤口；石膏托外固定，末梢血运
良好；术顺，安返。

出院记录

出院诊断：①骨－筋膜室综合征；②左侧肱骨髁上骨折；③左侧桡神经损
害；④左侧尺神经损害；⑤左侧正中神经麻痹。

出院时间：2021 年 5 月 5 日。

出院情况：患者生命体征平稳，神清，反应可，心肺无殊，伤口愈合良
好，肢端活动较前好转，血循环正常。

4. ××市司法鉴定中心司法鉴定意见书

受理日期：2021 年 12 月 16 日。

被鉴定人：刘 ××。

分析说明：……医方诊断明确，具有手术适应证，手术方案符合一般诊疗
常规，但左肱骨髁上骨折的手术治疗方式除闭合复位经皮穿刺
内固定外，还可行切开复位内固定，由手术同意书可知，医方
虽告知相关手术风险及并发症，但未告知患者家属手术治疗的

替代方案（切开复位外固定术），告知欠充分，存在过错……*
患者术前即 4 月 2 日因左肘内侧出现张力性水疱，医方予重新
松解绷带及穿刺水疱，此时查体其左肘部和左前臂肿胀、压痛，
左手主动活动差，左侧桡动脉搏动较弱。多数肱骨髁上骨折相
当不稳定，外伤或复位后可伴发血管、神经并发症，故若检查
发现出现患肢肿胀明显、张力大、桡动脉搏动减弱及手部血运
异常，正中神经或桡神经支配区运动或感觉障碍等异常情况时，
应警惕损伤是否累及血管、神经，而医方未重视患者患肢的异
常体征，未高度警惕血管及神经损伤可能而及时仔细查体（患
侧手的神经功能、循环状况）及予以血管彩超、神经肌电图等
检查，进一步明确或排外损伤可能，未尽到高度的注意义务，
存在过错……直至术后患者始终左上肢肿胀，左手主动活动差，
左侧桡动脉搏动较弱，于 4 月 12 日医方才考虑患者血管、神经
损伤或骨－筋膜室综合征的可能，建议患者转往上级医院进一
步诊治。根据患者上肢血管彩超（4 月 12 日）所示左侧上肢动
脉通畅，动脉流速较右侧偏低，可排除骨折及手术直接损伤血
管的可能。4 月 14 日患者至外院行手术治疗见其前臂伸肌、深
层屈肌严重缺血性坏死，肱骨髁上骨折处正中神经及伴行静脉
被骨折断端卡压，肱动脉被挛缩组织卡压变形。结合影像片资
料（术后肱骨内侧断端仍向前突出，对位不良），综合分析考
虑其前臂软组织缺血性坏死、神经损害系左侧肱骨髁上骨折后
并发生 Volkmann 缺血性肌挛缩，其除了可由骨折原发损伤、肌
肉继发出血肿胀压迫小血管导致外，亦不排外医方手法复位石
膏外固定及骨折闭合复位不当致压迫、刺激肱动脉造成组织灌

---

* 此处系该鉴定意见书中的错误，实际上院方告知了患者家属相关内容，此处按原文进行摘录。

注不足加重缺血程度可能。此外，医方复位不当致骨折断端卡压损伤正中神经，医方复位操作欠细致，未尽到高度注意义务，存在过错。

本例患者左肱骨髁上骨折诊断明确，具有手术适应证，医方手术方案未违反诊疗原则，后患者前臂软组织缺血性坏死、神经损害系发生 Volkmann 缺血性肌挛缩所致，为左肱骨髁上骨折并发症之一，除了可由骨折原发损伤、肌肉继发出血肿胀压迫小血管导致外，亦不排外医方手法复位石膏外固定及骨折闭合复位不当致压迫、刺激肱动脉造成组织灌注不足从而加重缺血程度的可能，患者出院后未能尽早至上级医院手术治疗在一定程度上也延长了组织低灌注及神经卡压时间。而医方对患者石膏固定后手部运动功能等出现异常体征未高度警惕、仔细查体及行相关检查，明确或排外血运异常、神经损伤可能。此外，医方复位不当致骨折断端卡压损伤正中神经，医方复位操作欠细致，存在过错。医方过错与患者损害后果存在因果关系，系同等原因（建议过错参与度为 45% ~ 55%）。

◤ 三、鉴定过程

1. 简要过程

受鉴定委托后，我们对送检材料进行了文证审查，并于 2022 年 11 月 23 日同委托法院组织鉴定所涉及的双方当事人进行线上听证及专家咨询会议，会上本案鉴定人向医患双方告知了本案鉴定人员及鉴定相关事项，医患双方分别陈述了意见，并回答了鉴定人员及临床专家的提问。

2. 法医临床学检查

被鉴定人刘 ×× 于 2022 年 11 月 23 日在我所检查。

自诉目前情况：爪形手，手指不能分、并指，拇指对掌稍可。

检查所见：左前臂伸展上举较为困难，与右前臂对比明显。拇指、中指、小指均有痛觉，虎口无感觉；爪形手，手指不能分、并指，拇指对掌稍可。

3. 鉴定意见

××市第一人民医院在对被鉴定人刘××的诊治过程中，存在治疗骨折并发症未尽高度注意义务的过错；××市第一人民医院诊疗行为与被鉴定人刘××左前臂以远肌群萎缩明显，爪形手，手指不能分、并指，拇指对掌稍可的损害后果之间存在因果关系，过错系主要原因。

四、分析说明

根据现有病历资料，并请有关专家会诊，现就相关问题分析如下。

（一）关于××市第一人民医院诊疗行为评价

1. 诊断结论无误，术前手法复位石膏外固定及后续处置未见不当

肱骨髁上骨折是儿童肘部最常见的骨折。肱骨髁上骨折的临床表现包括外伤后局部疼痛肿胀伴功能障碍，应根据受伤史、症状、体征及X线片综合考虑诊断。若骨折无移位或部分移位，可选择手法整复、石膏制动。肱骨髁上骨折早期出现的并发症包括血管损伤及骨-筋膜室综合征，其中血管损伤的早期临床表现为桡动脉搏动减弱，骨-筋膜室综合征的早期症状为肿胀或张力性水疱，立即松解过紧的外固定石膏及绷带对二者都有一定缓解作用。

经查阅送检资料，医方于3月31日根据患者自述、患者临床表现和左肘关节正侧位片诊断患者为左肱骨髁上骨折，行手法复位石膏外固定，4月1日

与4月2日病历均显示患者诉伤处疼痛……左肘部肿胀、压痛，其中4月2日还出现左前臂肿胀、压痛，并出现张力性水疱，医方的处置措施为予以松解绷带，并穿刺张力性水疱。4月3日至4月5日患者左肘部肿胀、压痛减弱，桡动脉搏动较弱。4月6日行左肱骨髁上骨折闭合复位克氏针内固定术。

分析认为，院方诊断无误，术前手法复位、石膏外固定，适应证明确，后续处置未见不当。

2. 手术适应证明确，术式选择无误

左肱骨髁上骨折闭合复位克氏针内固定术手术适应证包括：①肱骨髁上骨折手法复位失败，特别是远尺段有尺偏移位者；②肱骨髁上骨折已有2周者，有肘内翻畸形，不能用手法复位和鹰嘴牵引复位者。近年来临床上为防止肘内翻畸形而逐步采用经皮穿针固定结合石膏制动的方法代替手法整复方法。绝大多数儿童肱骨骨折可采用非手术治疗，闭合复位现为国内外小儿骨科医生推荐的治疗方式。新鲜肱骨髁上骨折，只有10%的肱骨髁上骨折需要切开复位。切开复位不可避免地会给受伤的肢体带来额外的损伤，必须严格遵循手术指征。手术适应证包括：①手术复位失败，或者虽能手法复位但难以维持的骨折；②骨折断端之间有软组织嵌入，手法不能解除，闭合复位未能奏效者；③关节内骨折，特别是有移位者；④严重移位的撕脱骨折，难以手法复位和外固定维持复位者；⑤合并需要手术探查和修复的主要血管或神经损伤的骨折；⑥有严重移位的骨骺分离或骨折，不予正确复位、紧密对合、牢固固定不能愈合者；⑦开放性骨折等。

患者于3月31日入院，行手法复位石膏外固定，4月1日至4月2日患肢肿胀，说明手法复位未完全成功，4月3日患肢肿胀减轻，医方4月5日病历记载："各项术前检查无明显手术禁忌，准备明日上午在全身麻醉下行左肱骨髁上骨折闭合复位克氏针内固定术……手术指征：①左肱骨髁上骨折对位、对线差；②保守治疗患者耐受困难，效果差。"其间无明确的血管、神经损伤，

具备行闭合复位克氏针内固定术的手术适应证。分析认为，医方诊断明确，手术方案符合一般诊疗常规。

3. 术后继续治疗过程中消极处置

肱骨髁上骨折疑有血液循环障碍或骨－筋膜室综合征者，遵循以下治疗原则：①首先将患者置于严密观察下；②立即解开包扎的敷料，放大肘关节的伸展角度；③解除内部压力，包括立即正确复位，用床旁尺骨鹰嘴骨牵引维持复位，但须放大伸肘角度；④将患肢置于心脏水平面；⑤用臂丛神经阻滞或用血管扩张剂，解除肱动、静脉痉挛；⑥如经上述措施，血液循环仍未改善，或前臂组织压与舒张压之差持续在 2.67 kPa（20 mmHg）以下者，则有紧急手术的适应证；⑦手术包括肱动、静脉探查术，肱骨髁上骨折合并神经损伤者不多见。此外，当患者出现血液循环障碍症状时，采取的一般检查包括血压测量，血、尿常规检查等，特殊检查包括多普勒超声检查和激光多普勒检查等。同时，骨－筋膜室综合征的一项体征为患肢被动牵拉痛，被动牵拉应作为疑有骨－筋膜室综合征者的一项检查内容。

经查阅送检资料，被鉴定人刘××在 2021 年 4 月 7 日、4 月 8 日、4 月 9 日和 4 月 12 日均出现左侧桡动脉搏动较弱，说明在行肱骨骨折闭合复位克氏针内固定术后，刘××的桡动脉搏动较弱体征仍未改善。但是，4 月 8 日、4 月 9 日和 4 月 12 日的病历记载："继续患肢石膏托外固定，悬吊患肢。"这说明在 4 月 7 日至 4 月 11 日这 5 天中，医方对刘××桡动脉搏动异常体征的处置是继续石膏托外固定，而不是采取严密观察、立即解开包扎的敷料、血压测量、予以多普勒超声检查和被动牵拉等措施。直至 4 月 12 日，根据病历记载，院方使用了多普勒超声对刘××桡动脉搏动异常体征开展检查，在未见明显异常后采取了转院处置。

分析认为，4 月 7 日至 4 月 11 日，医方未重视患者患肢桡动脉搏动较弱这一异常体征，未高度警惕血管及神经损伤可能，没有及时对患者严密观察（患侧手的神经功能、循环状况）及予以多普勒超声检查、被动牵拉等检查进一步明确或排外损伤可能，未尽到高度的注意义务，对刘××的桡动脉搏动较弱症状存在消极处置。

4. 关于诊疗行为与被鉴定人刘×× 损害后果之间的因果关系

本例患者左肱骨髁上骨折诊断明确，具有手术适应证，医方术前及手术行为未违反诊疗原则。后患者前臂软组织缺血性坏死、神经损害，为左肱骨髁上骨折并发症之一。医方在术后对患者桡动脉搏动较弱等异常体征未高度警惕，没有及时对患者严密观察（患侧手的神经功能、循环状况）及予以多普勒超声检查、被动牵拉等检查进一步明确或排除损伤可能，未尽到高度的注意义务，存在过错。

此外，关于患方在 4 月 12 日至 4 月 14 日的转院行为，一定程度上也延长了组织低灌注及神经卡压时间，与患者的损害后果有一定关联。虽然从 ×× 市第三人民医院的手术解剖可见患儿发生了缺血性肌挛缩，且有可能是骨－筋膜室综合征造成的（原始的骨折端卡压静脉和神经，导致静脉压增加而使毛细血管的渗透性增强，之后渗出的组织液，如手术中可见的黄色液体，进入骨筋膜致使骨－筋膜室内压力增高），但骨筋膜室发生的时间并不能简单通过动脉搏动减弱去判定，且依据 ×× 市第一人民医院的病历，并没有出现骨－筋膜室综合征的"5P"或"3A"症状。因此，骨－筋膜室综合征肌挛缩发生的时间有可能是 4 月 12 日以后，患方家属的拖延行为与损害后果具有一定的因果关系。

综合分析认为，医方对患者的诊疗行为存在医疗过错，医方过错与损害后果之间存在因果关系，原因力大小为同等因果关系。（建议过错参与度为50％）。

五、启示

在刘××的案例中,尽管医方在术前的诊断、手法复位以及石膏外固定处理上均无明显不当之处,但术后管理存在显著的医疗过失。特别值得注意的是,医方在术后未能及时识别并重视患者桡动脉搏动减弱及肢体肿胀等警示性体征的变化,也未采取必要的辅助检查手段(如多普勒超声检查和被动牵拉试验)来进一步明确或排除可能存在的血管及神经损伤情况。这些疏忽导致患者在术后未能获得及时有效的治疗,进而使病情恶化。

由于上述医疗过失,刘××在术后经历了严重的并发症——骨-筋膜室综合征,最终导致前臂软组织缺血性坏死及神经损伤,表现为不可逆的爪形手症状,具体表现为手指无法正常分开或并拢,以及拇指对掌功能受限。这些损害不仅严重影响了患者的生活质量,还对其心理健康造成了巨大冲击。

根据现有的病历资料,医方在术后对患者桡动脉搏动减弱及其他异常体征未予以高度警惕,缺乏必要的检查和处理措施,存在明显的医疗过失。医方的消极处置行为与患者最终出现的骨-筋膜室综合征及其不可逆性损害后果之间存在直接的因果联系,过错参与度约为45%~55%。此外,患者家属在转院过程中存在的延迟治疗行为也在一定程度上加剧了患者的损害程度。

本案例凸显了术后监护的重要性,尤其是对于可能出现严重并发症的症状(如桡动脉搏动减弱),医务人员必须保持高度警觉,并及时采取必要的诊断和干预措施。在手术方案的选择过程中,医务人员有责任向患者及其家属详细说明所有可行的治疗方案及其可能带来的风险和益处,以帮助他们做出明智的决定。

本案例展示了司法鉴定在医疗纠纷处理中的重要作用。通过细致审查病历资料,并全面听取医患双方的意见,司法鉴定机构客观公正地评估医疗行为与损害结果之间的因果关系,为患者维权提供科学依据。

左膝关节镜探查清理术术后感染
控制不力致左下肢截肢

一、案例背景

1. 基本情况

委托单位：×× 市人民法院。

委托事项：×× 市第一人民医院对吴 ×× 实施的诊疗行为有无过错；
×× 市第一人民医院诊疗行为与吴 ×× 左大腿截肢的损害后
果之间是否存在因果关系，以及原因力的大小。

鉴定材料：×× 市第一人民医院病历 1 册；片子 12 张。

2. 案情摘要

据本案相关材料载：原告吴 ×× 因左膝关节疼痛、肿胀 1 年余，于 2020 年
4 月 10 日入住 ×× 市第一人民医院关节外科，门诊诊断为左膝关节滑膜炎、
左膝腘窝脂肪瘤、左膝骨性关节炎，建议住院治疗。4 月 13 日被告 ×× 市第
一人民医院为原告行"左膝关节镜探查清理术"。因术后感染，4 月 23 日行
"左腘窝肿物切除术"。未见好转且感染加重。5 月 7 日行"左膝清创 VSD 引
流术"。5 月 20 日行"左膝关节清创缝合，任意皮瓣成形术"。5 月 26 日出院。
2021 年 6 月 29 日 15 时再次入住 ×× 市第一人民医院创伤骨科，门诊诊断为
左膝关节术后感染、左腓总神经损伤、冠脉支架植入术后、冠心病。7 月 12
日行"左大腿截肢术"。现患方认为：×× 市第一人民医院的诊疗（手术）行
为存在明显过错，致使原告由首次入院的左膝关节滑膜炎到二次入院被迫行左

腿截肢手术，以保全生命，该医疗过错行为与原告左腿被截肢的损害之间存在明显因果关系。故诉至法院，要求赔偿。

3. 听证意见

患方认为：滑膜炎手术最终导致截肢的严重后果，滑膜炎手术后一直关节肿胀疼痛，破溃流水，医方存在医疗过错。

医方认为：左膝肿物性质复杂，容易复发，我们在术前已明确告知患者及家属。患方也签署知情同意书，进行多次手术是针对疾病进展情况做出的相应处理措施；我院作为区域性的三甲医院，根据患者的病情，在诊疗过程中尽到了高度审慎注意义务，且在截肢之前，患者与我院已经发生了医疗纠纷，虽然不符合截肢的指征，在患者的强烈要求下，我们履行了相关告知程序和签字程序，我们尊重患者的选择，为患者行截肢术。

二、病史摘要

1. ××市第一人民医院住院病历*

入院日期：2017 年 8 月 2 日。

出院日期：2017 年 11 月 8 日。

入院情况：患者于 1 年多前无明显诱因出现左膝关节疼痛，活动后疼痛加重，就诊于外院，考虑色素沉着绒毛结节性滑膜炎，建议手术治疗。2 月前患者左膝关节疼痛加重，伴肿胀，行走困难。

---

* 此处病历是本案手术之前的就诊记录。

为求进一步治疗，就诊我院。MRI 示：左膝关节滑膜囊病变，考虑色素沉着绒毛结节性滑膜炎，左膝关节骨髓水肿；左股骨内髁关节软骨病损伴滑膜下假囊形成；左膝半月板损伤；左膝关节积液。以"左膝色素沉着绒毛结节性滑膜炎"收入院。

入院诊断： 左膝关节滑膜炎；左膝腘窝脂肪瘤。

诊疗经过： 入院后给予完善相关检查，于 2017 年 8 月 4 日行左膝关节镜检查、滑膜切除、腘窝脂肪瘤切除术，术后给予消肿止痛等治疗。

出院情况： 患者神志清楚，精神、食欲好，睡眠好，无不适主诉。查体：生命体征平稳，心肺腹未见明显异常，左膝关节伤口敷料清洁，无渗出，左膝主动屈伸活动已恢复。左膝、足趾活动正常，双侧足背动脉可触及搏动，远端血运及皮肤浅感觉正常。患者已正常下地行走。

出院诊断： 左膝关节滑膜炎；左膝腘窝脂肪瘤。

2. ××市第一人民医院住院病历

入院日期： 2020 年 4 月 10 日。

出院日期： 2020 年 5 月 26 日。

主　　诉： 左膝关节疼痛、肿胀 1 年有余，加重 2 月。

现 病 史： 患者于 1 年多前无明显诱因出现左膝关节疼痛，活动后疼痛加重，口服消肿止痛药物等治疗，效果一般。2 月前患者左膝关节疼痛加重，伴肿胀，行走困难。为求进一步治疗，就诊我院。MRI 示：左膝关节滑膜囊病变，左膝关节骨髓水肿；左股骨内髁关节软骨病损伴滑膜下假囊形成；左膝半月板损伤；左膝关节积液。以"左膝滑膜炎、左膝骨性关节炎"收入院。

患者自发病以来，精神好，食欲好，大小便正常，睡眠一般，体重无明显变化。

既往史：患者于 2 年多前因左膝色素沉着绒毛结节性滑膜炎，就诊于我院，行关节镜清理及腘窝脂肪瘤切除术，术后恢复好，按时换药后出院。

体格检查：体温：36.5 ℃；脉搏：78 次 / 分；呼吸：18 次 / 分；血压：161/102 mmHg。

专科检查：左膝关节肿胀明显，皮肤完整色泽暗红，腘窝后方可见手术瘢痕，可触及多个皮下结节，质韧，活动度差，压痛阳性，皮温略高，髌骨研磨试验（+），浮髌试验（+），关节周围压痛（++），以内外侧间隙压痛显著，侧方应力试验（−），拉赫曼试验（−），关节活动受限，左膝 5°～90°，髋、踝关节活动正常，双下肢皮肤浅感觉正常，足背动脉搏动良好，末梢血运正常。

辅助检查：MRI 示左膝关节滑膜囊病变，左膝关节骨髓水肿；左股骨内髁关节软骨病损伴滑膜下假囊形成；左膝半月板损伤；左膝关节积液。

首次病程记录

（前略）拟诊讨论：

初步诊断：左膝关节滑膜炎，左膝骨性关节炎，高血压病。

诊断依据：左膝关节肿胀明显，皮肤完整色泽暗红，腘窝后方可见手术瘢痕，可触及多个皮下结节，质韧，活动度差，压痛阳性，皮温略高，髌骨研磨试验（+），浮髌试验（+），关节周围压痛（++），以内外侧间隙压痛显著，侧方应力试验（−），拉赫曼试验（−），关节活动受限，左膝 5°～90°，髋、踝关节活动正常，双下肢皮肤浅感觉正常，足背动脉搏动良好，末梢血运正常。

鉴别诊断：①化脓性关节炎：全身发热，中毒症状，局部皮温升高，活动疼痛、肿胀明显。②风湿性关节炎：好发于青少年，病前常有急性扁桃体炎或咽喉炎，主要表现游走性四肢大关节疼痛，无关节畸形，血清 ASO 增高，水杨酸制剂疗效显著。③半月板囊肿源于内侧半月板的囊肿，通常比外侧大，内侧半月板囊肿，做屈膝动作，膝内侧韧带的压力可使膝内侧肿块消失，自腘窝部凸显出来。④腘窝动脉瘤：腘窝部大范围内能扣得与脉搏一致的波动，发现震颤与杂音，可明确诊断。

诊疗计划：①完善各项检查，行三大常规检查，左膝正侧位片，彩超等检查；②患者有跌倒高危因素，积极向患者及家属交代风险，向上级医生汇报病情；③监控血压，择期行手术治疗。

医患沟通记录

（前略）③目前病情及治疗情况：左膝关节疼痛、肿胀明显，严重影响日常生活。给予完善各项检查择期行手术。④可能的预后：……血管、神经损伤，周围骨折，骨水泥反应等；术后骨质疏松关节假体松动，关节内感染，长期卧床并发症（深静脉血栓、压疮、肺炎）；心脑血管意外，术前、术中和术后可能发生脑出血、脑梗死、心肌梗死，严重时可危及生命；术后膝关节疼痛畸形不能缓解或缓解不满意；术后患肢功能恢复不理想；术中及术后发生脂肪栓塞、肺栓塞危及生命；肢体短缩畸形不能完全纠正；伤口感染、关节腔内感染、伤口不愈合或延迟愈合；其他难以预料的危险及并发症等。⑤下一步治疗方案：择期在腰硬联合麻醉下行左膝关节镜清理术，术后给予消肿止痛、功能康复锻炼等对症治疗。

患者或其近亲属签名：吴××。日期：2020 年 4 月 10 日。

病程记录

2020 年 4 月 11 日：今日查房，患者主诉"左膝关节疼痛、肿胀 1 年有余，加重 2 月"。入院，专科查体：左膝关节肿胀明显，皮肤完整色泽暗红，腘窝后方可见手术瘢痕，可触及多个皮下结节，皮温略高，髌骨研磨试验（＋），浮髌试验（＋），关节周围压痛（＋＋），以内外侧间隙压痛显著，侧方应力试验（－），拉赫曼试验（－），关节活动受限，左膝 5°～90°，髋、踝关节活动正常，双下肢皮肤浅感觉正常，足背动脉搏动良好，末梢血运正常。双下肢肌力 5 级。辅助检查：左膝关节正侧位片示左膝关节骨性增生，胫骨关节、髌骨关节增生明显，考虑左膝退行性骨关节病。血沉：红细胞沉降率：53 mm/h ↑；C 反应蛋白：28.12 mg/L ↑……结合病史、临床症状及体征和辅助检查，诊断明确，初步诊断为：左膝关节滑膜炎，左膝骨性关节炎，高血压病。患者炎症指标较高，感染不能排除，积极完善相关检查，择期手术治疗。

术前讨论

时　　间：2020 年 4 月 12 日。

患者目前诊断明确，术前检查无手术禁忌证。手术指征：患者左侧膝关节疼痛、肿胀，活动受限，长期保守治疗无效，严重影响站立及行走，且影像学表现比较严重，有明确手术适应证。

拟施手术名称和方式：左膝关节镜清理术。

拟施麻醉方式：腰硬联合麻醉。

（前略）患者为老年男性，患者诊断明确，手术指征明确，同意行左膝关节镜清理术，术后预防卧床并发症及注意功能锻炼。

（前略）患者术后需卧床休息，床上下肢功能锻炼，下地功能锻炼注意防止跌倒，预防深静脉血栓形成、压疮等，注意饮食以易于消化为主，禁食油腻食物。

（前略）综上所述，患者目前诊断明确，术前检查无手术禁忌证，有明确的手术适应证。手术指征：患者左膝关节疼痛、活动受限，长期保守治疗无效，严重影响站立及行走，患者及其家属同意此手术方案。拟施手术名称和方式：左膝关节镜清理术。拟施麻醉方式：腰硬联合麻醉。告知手术风险。

术前小结

时　　间：2020 年 4 月 12 日。

术前诊断：左膝关节滑膜炎；左膝骨性关节炎；高血压病。

手术指征：左膝关节行走困难，患肢疼痛肿胀，影响生活。

拟施手术名称和方式：左膝关节镜清理术。

拟施麻醉方式：腰硬联合。

注意事项：①术前准备：入院后各项检查结果基本正常，胸片及心电图未见明显异常，已向患者及其家属详细交代术中及术后可能出现的意外及并发症，患者及其家属理解手术风险及术后并发症，并签字同意手术。②术中注意：术中仔细操作，避免损伤血管、神经。③术后处理：给予消肿、止痛、抗凝预防血栓形成对症治疗，加强功能锻炼。

手术者术前查看患者相关情况：×××副主任看过患者，目前患者诊断为左膝关节滑膜炎，左膝骨性关节炎，高血压病。有明确手术指征。入院后各项检查结果未见明显手术禁忌，进一步完善术前准备，明日手术。

手术知情同意书

术前疾病诊断：左膝骨性关节炎；左膝关节滑膜炎；高血压病。

拟行手术方式：左膝关节镜探查清理术。

拟行麻醉方式：腰硬联合麻醉。

拟行手术时间：2020 年 4 月 13 日。

手术可能发生的并发症及危险：……⑤术后伤口、创面出血、感染或不愈合，关节腔积血，切口渗血、肿胀，皮下大量淤斑。

同意手术签字人：吴××，同意手术签字时间：2020年4月12日。

手术记录

术前诊断：左膝关节滑膜炎；左膝骨性关节炎；高血压病。

术中诊断：左膝关节滑膜炎；左膝骨性关节炎；高血压病。

手术名称：左膝关节镜探查清理术。

手术时间：2020年4月13日。

手术经过：麻醉生效后，患者取仰卧位，患肢覆止血带，左下肢碘伏消毒三遍，铺无菌手术单。手术开始：左下肢止血带45 kPa下手术，建立膝前内、前外侧通道，关节镜检查见：髌骨上极软骨局部Ⅳ度退变，关节滑膜明显增生，髌上囊、内外侧间沟及髁间窝均可见大量瘢痕组织增生，股骨内侧髁关节软骨局部Ⅱ～Ⅲ度退变，内外侧半月板退变，前交叉韧带轻度退变、后交叉韧带结构正常，张力及连续性良好，股骨外侧髁及胫骨平台软骨退变不显著，行增生滑膜清理术。后方通道建立：建立内后方通道，显露腓肠肌内侧头，将后关节囊反折区滑膜扩大切除，伸直膝关节清除囊肿组织。术中体表触摸膝关节后方肿块消失。再次检查并冲洗关节腔，屈伸活动膝关节无弹响及绞锁，缝合伤口，无菌敷料包扎。手术顺利，安返病房。

××市第一人民医院病理标本检查报告单（吴××，病理号：20006183，申请日期：2020年4月14日）载，肉眼所见：（滑膜组织）灰白碎组织一堆，总体积2.2 cm×2 cm×1.8 cm。病理诊断：（滑膜组织）送检滑膜组织急慢性炎症，局灶伴坏死，见纤维化及多核巨细胞反应，并见少量横纹肌组织。

病程记录

2020 年 4 月 14 日。患者术后第一天，患者一般情况好，饮食可，诉手术伤口疼痛，左下肢麻木不适，给予拆除绷带后缓解，左膝关节周围轻度肿胀，末梢血运良好。查体：生命体征平稳，体温正常，伤口无明显渗出，左膝关节手术区轻度疼痛，床上屈伸活动良好。今日查房，听取汇报，查过患者，指示：①患者属左膝骨性关节炎，左膝肿胀疼痛，给予膝关节镜检查、滑膜切除术，手术顺利，术后症状应该完全纠正；②虽然关节镜手术为微创手术，但还应交代患者，术后需要一定时间的制动，组织修复过程中会伴随不同程度的创伤炎症反应，需配合医生行早期关节功能锻炼，避免过度、过早活动影响功能恢复；③鉴于术中见关节退变明显，关节镜手术只能限于一定时间的姑息性手术，若病情进展，可能后期需行关节置换术。遵嘱执行。

2020 年 4 月 15 日。今日查房，患者术后第二天，神志清楚，精神、食欲好，睡眠好，诉患肢疼痛减轻，左足麻木，伴踝关节背伸受限。查体：生命体征平稳，心肺腹未见明显异常，左膝关节伤口敷料清洁，无渗出，左膝主动屈伸活动基本恢复。左踝、足趾感觉异常，背伸受限，双侧足背动脉可触及搏动，远端血运正常。查房后指示：①患者为关节镜术后第二天，左踝及左第一足趾背伸受限，可能为腰 5 神经根损伤所致，给予甲钴胺胶囊营养神经等治疗，可指导患者积极主动及被动活动左踝关节，保持背伸位，防止足下垂；②遵嘱，继续给予对症治疗，观察关节功能恢复情况。

2020 年 4 月 16 日。今日查房，患者术后第三天，神志清楚，精神、食欲好，睡眠好，主诉左腘窝肿胀不适，左足麻木，伴踝关节背伸受限。查体：生命体征平稳，心肺腹未见明显异常，左膝关节伤口敷料清洁，无渗出，左膝周边肿胀，左腘窝皮肤色素暗红，皮下可触及硬结，左踝、足趾感觉异常，背伸受限，双侧足背动脉可触及搏动，远端血运正常。今日给予伤口换药，见伤口愈合好，无红肿，无异常分泌物，常规消毒后无菌敷料包扎，继续给予左下肢

适当功能锻炼，主动抬高患肢，主动或被动伸直、屈曲踝关节。继续消肿、止痛、营养神经等治疗，密切观察皮肤及左踝关节恢复情况。

2020年4月19日。今日查房，患者神志清楚，精神、食欲好，睡眠好，主诉左腘窝肿胀疼痛，左踝关节背伸受限。查体：生命体征平稳，心肺腹未见明显异常，左膝周边肿胀，左腘窝后方皮肤暗红，触及硬结，左膝活动受限。左踝、足趾感觉异常，背伸受限，双侧足背动脉可触及搏动，远端血运正常。今日给予腘窝常规消毒后无菌敷料包扎，密切观察皮肤恢复情况，必要时再次手术治疗。

2020年4月20日。今日查房，患者神志清楚，精神、食欲一般，夜间睡眠差，主诉左腘窝肿胀不适，左足麻木，伴踝关节背伸受限。查体：生命体征平稳，心肺腹未见明显异常，左膝关节伤口敷料清洁，无渗出，左膝周边肿胀，左腘窝皮肤色素暗红，皮下可触及硬结，局部可见皮肤破溃，伴少量渗出，左踝、足趾感觉异常，背伸受限，双侧足背动脉可触及搏动，远端血运正常。治疗上继续消肿、止痛营养神经等治疗，考虑患者腘窝皮下肿物性质待诊及皮肤破溃，积极考虑二次切开行肿物切除术。

术前小结

时　　间：2020年4月22日。

（前略）术前诊断：左下肢肿物性质待诊，可能为左膝滑膜炎或脂肪瘤。左膝骨性关节炎、腰5神经损伤。

手术指征：左侧腘窝肿物伴皮肤破溃。

拟施手术名称和方式：左侧腘窝肿物切除术。

拟施麻醉方式：全麻。

注意事项：①术前准备：入院后各项检查结果基本正常，胸片及心电图未见明显异常，已向患者及其家属详细交代术中及术后可能出现的意外及并发症，患者及其家属理解手术风险及术后并发症，并签字同意手术；②术中注意：术中仔细操作，避免损伤血管、神经；③术后处理：给予消肿、止痛、抗凝预防血栓形成对症治疗，加强功能锻炼。

手术者术前查看患者相关情况：×××副主任看过患者，目前患者诊断为左下肢肿物性质待诊，可能为左膝滑膜炎或左膝脂肪瘤。左膝骨性关节炎、腰5神经损伤，有明确手术指征。入院后各项检查结果未见明显手术禁忌，进一步完善术前准备，明日手术。

手术知情同意书

术前疾病诊断：左下肢肿物性质待诊，可能为左膝滑膜炎或左脂肪瘤。左膝骨性关节炎、腰5神经损伤。

拟行手术方式：左腘窝肿物切除术。

拟行麻醉方式：全麻。

拟行手术时间：2020年4月23日。

手术可能发生的并发症及危险：……⑤术后伤口、创面出血、感染或不愈合，关节腔积血，切口渗血、肿胀，皮下大量淤斑。

患者的受托人：吴××，同意手术签字时间：2020年4月23日。

手术记录

术前诊断：左下肢肿物性质待诊，可能为左膝滑膜炎或左脂肪瘤。左膝骨性关节炎、腰5神经损伤。

术中诊断：左膝蔓状血管瘤、左膝骨性关节炎、腰5神经损伤、腓总神经损伤。

手术名称：左腘窝肿物切除术。

手术时间：2020年4月23日。

麻醉方式：全麻。

手术经过：麻醉生效后，患者取俯卧位，患肢覆止血带，左下肢碘伏消毒三遍，铺无菌手术单。左下肢止血带45 kPa下手术，取腓肠肌内侧头外侧环形切口（以皮肤溃疡肿物为中心）长约10 cm，依次切开皮肤、皮下，有少量淡黄色液体渗出，切除溃疡肿物，充分显露皮下组织，可触及多个肿物，质韧，色暗红。探查见：腓总神经损伤，腘窝后方可触及大小约为5 cm×4 cm×3 cm脂肪组织，包裹后方血管，术中请血管外科会诊，考虑蔓状血管瘤，患者皮下肿物与之相关，取部分脂肪组织、皮下肿物组织送检后，分离结扎相关血管瘤分支，松止血带，彻底止血，放置负压引流管1根，清点器械、敷料如数，依次缝合各层，无菌敷料包扎。手术顺利，安返病房。

××市第一人民医院病理标本检查报告单（吴××，病理号：20006619，申请日期：2020年4月23日）载，肉眼所见：（腘窝肿物）淡黄暗红组织一堆，总体积4.5 cm×4 cm×1.5 cm；（腘窝肿物皮肤）皮肤组织一块，大小3 cm×2 cm×1 cm；（腘窝肿物脂肪）淡黄组织两块，大小3 cm×2 cm×1.3 cm，脂肪组织中找见肿物一个，大小2 cm×1.3 cm×1 cm。病理诊断：（腘窝肿物）送检组织急慢性炎症伴坏死，肉芽组织增生。（腘窝肿物皮肤）送检皮肤组织下方见大量急慢性炎症表现，出血坏死显著。（腘窝肿物脂肪）送检见淋巴结1枚，呈肉芽肿性病变伴多核巨细胞反应。

病程记录

2020年4月24日。患者术后第一天，患者一般情况好，饮食可，诉手术伤口疼痛可忍，左下肢麻木不适，伴踝关节背伸受限，左膝关节周围轻度肿胀，末梢血运良好。查体：生命体征平稳，体温正常，伤口无明显渗出，弹力绷带包扎好，伤口引流管通畅，引流出极少量血性积液，左膝关节手术区疼痛，左膝周边肿胀，左腘窝皮肤色素暗红，较术前缓解，皮下硬结消失，左踝、足趾感觉异常，背伸受限，双侧足背动脉可触及搏动，远端血运正常。今日×××副主任查房，听取汇报，查过患者，指示：患者属左膝骨性关节炎，左膝腘窝肿物，结合术中血管外科意见考虑蔓状血管瘤，应给予患者交代，术后需要一定时间的制动，组织修复过程中会伴随不同程度的创伤炎症反应，需配合医生行早期关节功能锻炼，避免过度、过早活动，影响功能恢复。

2020年4月25日。今日查房，患者术后第二天，神志清楚，精神、食欲一般，睡眠差，诉左下肢疼痛麻木不适，伴皮肤烧灼感。查体：生命体征平稳，体温正常，伤口无明显渗出，弹力绷带包扎好，伤口引流管通畅，引流出极少量血性积液，左膝关节手术区疼痛，左膝周边肿胀，左窝皮肤色素暗红，较术前缓解，皮下硬结消失，左踝、足趾感觉异常，背伸受限，双侧足背动脉可触及搏动，远端血运正常。今日给予伤口换药，见伤口愈合好，无红肿，无异常分泌物，给予拔除引流管后常规消毒后无菌敷料包扎。查房后指示：生命体征平稳，左下肢皮肤烧灼感考虑神经损伤后皮肤感觉敏感所致，给予继续甲钴胺胶囊营养神经、甘露醇消肿、氨酚羟考酮止痛等，下肢适当功能活动。治疗上继续进行消肿、预防血栓、止痛等对症治疗。

2020年4月26日。今日查房，患者术后第三天，神志清楚，精神、食欲好，睡眠较前日好转，主诉左下肢麻木疼痛。查体：生命体征平稳，体温正常，伤口敷料少量渗出，左膝关节手术区疼痛，左膝周边肿胀，腘窝皮肤色素暗红，较术前明显缓解，皮下硬结消失，左踝、足趾感觉异常，背伸受限，双侧足背动脉可触及搏动，远端血运正常。今日给予伤口换药，见伤口局部愈合一般，挤压后有少量淡红色积液渗出，常规消毒后无菌敷料包扎，继续给予左下肢主动抬高，避免过度屈曲膝关节。治疗上继续消肿、预防感染、营养神经等治疗。

2020年4月28日。今日查房，患者神志清楚，精神、食欲一般，睡眠差，诉左下肢疼痛麻木不适，伴皮肤烧灼感。查体：生命体征平稳，体温正常，伤口敷料少量渗出，左腘窝皮肤色素暗红，较术前缓解，皮下硬结消失，左踝、足趾感觉异常，背伸受限，双侧足背动脉可触及搏动，远端血运正常。

今日给予伤口换药，见伤口少量淡红色渗出，给予充分挤压引流，常规消毒后无菌敷料包扎。抽血化验示：C 反应蛋白：34.31 mg/L↑；红细胞沉降率测定（ESR）（仪器法）：红细胞沉降率：50 mm/h↑；血细胞分析（五分类）：红细胞计数：3.67×10^{12}/L↓；血红蛋白：106 g/L↓；红细胞比容：32.6%↓；炎症指标仍高，考虑术后反应。余治疗同前。

2020 年 5 月 1 日。今日查房，患者神志清楚，精神、食欲一般，睡眠差，诉左下肢疼痛麻木不适，伴皮肤烧灼感。查体：生命体征平稳，体温正常，伤口敷料少量渗出，左腘窝皮肤色素暗红，较术前缓解，皮下硬结消失，左踝、足趾感觉异常，背伸受限，双侧足背动脉可触及搏动，远端血运正常。今日给予伤口换药，见伤口少量淡红色渗出，给予充分挤压引流，常规消毒后无菌敷料包扎。查房后指示：患者局部伤口愈合差，有少量渗出，积极术前准备，择期行手术清创 VSD 引流治疗。

2020 年 5 月 4 日。今日查房，患者神志清楚，精神、食欲一般，睡眠较前日好转，诉左下肢疼痛麻木不适，伴皮肤烧灼感。查体：生命体征平稳，体温正常，伤口敷料少量渗出，左腘窝皮肤色素暗红，较术前缓解，皮下硬结消失，左足趾感觉异常，背伸受限，双侧足背动脉可触及搏动，远端血运正常。今日给予伤口换药，见伤口少量淡红色渗出，给予充分挤压引流，常规消毒后无菌敷料包扎。积极向患者及家属交代病情，近期行清创引流手术。

术前小结

时　　间：2020 年 5 月 6 日。

（前略）术前诊断：左膝肿物切除术后、左膝蔓状血管瘤、左膝滑膜炎、左膝骨性关节炎、腰 5 神经损伤、腓总神经损伤。

手术指征：伤口局部愈合差，有少量渗出，多次换药后仍愈合不良。

拟施手术名称和方式：左膝关节清创 VSD 引流术。

拟施麻醉方式：腰硬联合。

注意事项：①术前准备：入院后各项检查结果基本正常，胸片及心电图未见明显异常，已向患者及其家属详细交代术中及术后可能出现的意外及并发症，患者及其家属理解手术风险及术后并发症，并签字同意手术；②术中注意：术中仔细操作，避免损伤血管、神经；③术后处理：给予消肿、止痛、抗凝预防血栓形成对症治疗，加强功能锻炼。

手术者术前查看患者相关情况：×××副主任看过患者，目前患者诊断为左膝肿物切除术后、左膝蔓状血管瘤、左膝滑膜炎、左膝骨性关节炎、腰5神经损伤、腓总神经损伤，有明确手术指征。入院后各项检查结果未见明显手术禁忌，进一步完善术前准备，明日手术。

手术知情同意书

术前疾病诊断：左膝肿物切除术后、左膝蔓状血管瘤、左膝滑膜炎、左膝骨性关节炎、腰5神经损伤、腓总神经损伤。

拟行手术方式：左膝清创VSD引流术。

拟行麻醉方式：腰硬联合/局麻/全麻。

拟行手术时间：2020年5月7日。

手术可能发生的并发症及危险：……⑤术后伤口、创面出血、感染或不愈合……术中可能损伤术野部位邻近重要血管，邻近重要神经，损伤术野周围重要软组织，导致肢体瘫痪、缺血坏死等严重并发症，甚至截肢等，术后伤口感染，切口脂肪液化致切口裂开，皮缘坏死，切口延迟愈合不愈合。术后VSD负压引流约1周，其间患肢制动，可导致压疮等，如术后伤口愈合仍差，可能需再次或者多次行VSD引流术，待局部肉芽组织生长良好后，行缝合术，住院时间延长，费用增加，术后患者过早活动、剧烈运动再次伤口撕裂。

同意手术签字：吴××（患者本人），同意手术签字时间：2020年5月7日。

手术记录

术前诊断： 左膝肿物切除术后、左膝蔓状血管瘤、左膝滑膜炎、左膝骨性关节炎、腰 5 神经损伤、腓总神经损伤。

术中诊断： 左膝肿物切除术后、左膝蔓状血管瘤、左膝滑膜炎、左膝骨性关节炎、腰 5 神经损伤、腓总神经损伤。

手术名称： 左膝清创 VSD 引流术。

手术时间： 2020 年 5 月 7 日。

手术经过： 麻醉生效后，患者取俯卧位，左下肢碘伏消毒三遍，铺无菌手术单。手术开始：沿原切口，拆除局部愈合不良部位缝线，修整皮肤切口边缘，长约 10 cm，有少量淡红色液体渗出，充分清理皮下坏死组织，大量双氧水、生理盐水、碘伏冲洗伤口。见创面大小约 7 cm×4 cm。将 VSD 按创面大小和形状裁剪，使其泡沫置入创面后充分接触，再将其边缘与周围正常皮肤缝合固定，用半透膜将 VSD 引流管和周围皮肤一起覆盖，引流管接负压引流装置。手术顺利，安返病房。

病程记录

2020 年 5 月 8 日。患者术后第一天，患者一般情况好，神志清楚，精神、食欲好，睡眠一般，诉左下肢疼痛麻木不适，伴皮肤烧灼感。查体：生命体征平稳，体温正常，伤口 VSD 负压引流通畅，无漏气，共引流出暗红色引流液 30 ml。今日查房，听取汇报，查过患者，指示：患者术中充分清创，VSD 负压放置良好，术后密切观察负压引流情况。遵嘱执行。

2020 年 5 月 9 日。今日查房，患者术后第二天，神志清楚，精神、食欲好，睡眠一般，诉左下肢疼痛麻木不适，伴皮肤烧灼感。查体：生命体征平稳，心肺腹未见明显异常，伤口 VSD 负压引流通畅，无漏气，共引流出暗红色引流液 30 ml。左踝、足趾感觉异常，背伸受限，双侧足背动脉可触及搏动，远端血运正常。查房后指示：患者为术后第二天，左膝关节周围轻度肿胀，可能为手术后组织反应，密切观察伤口引流情况及 VSD 渗漏情况。

2020 年 5 月 13 日。患者一般情况好，神志清楚，精神、食欲一般，睡眠差，诉左下肢疼痛麻木不适。查体：生命体征平稳，心肺腹未见明显异常，伤口 VSD 负压引流通畅，无漏气，共引流出暗红色引流液 10 ml。左踝、足趾感觉异常，背伸受限，双侧足背动脉可触及搏动，远端血运正常。密切观察伤口引流情况，择期行清创缝合术。

××市第一人民医院检验报告单（2020 年 5 月 14 日）载，C 反应蛋白：10.10 mg/L↑（0～6 mg/L）；红细胞沉降率：50 mm/h↑（0～15 mm/h）。

2020 年 5 月 16 日。今日查房，患者神志清楚，精神、食欲好，睡眠一般，诉左下肢疼痛麻木不适，皮肤烧灼感明显缓解。查体：生命体征平稳，心肺腹未见明显异常，伤口 VSD 负压引流通畅，无漏气，共引流出暗红色引流液 10 ml。左踝、足趾感觉异常，背伸受限，双侧足背动脉可触及搏动，远端血运正常。查房后指示：患者下肢麻木不适较前日缓解，引流量减少，术后恢复良好，积极行术前准备。

术前小结

时　　间：2020 年 5 月 19 日。

（前略）术前诊断：左膝清创 VSD 引流术后、左膝蔓状血管瘤、左膝滑膜炎、左膝骨性关节炎、腰 5 神经损伤、腓总神经损伤。

手术指征：伤口引流出极少量暗红色积液，创面皮缘色泽正常，肿胀基本消退。

拟施手术名称和方式：左膝清创缝合术。

拟施麻醉方式：全麻。

注意事项：①术前准备：入院后各项检查结果基本正常，胸片及心电图未见明显异常，已向患者及其家属详细交代术中及术后可能出现的意外及并发症，患者及其家属理解手术风险及术后并发症，并签字同意手术；②术中注意：术中仔细操作，避免损伤血管、神经；③术后处理：给予消肿、止痛、抗凝预防血栓形成对症治疗，加强功能锻炼。

手术者术前查看患者相关情况：×××副主任看过患者，目前患者诊断为左膝清创 VSD 引流术后、左膝蔓状血管瘤、左膝滑膜炎、左膝骨性关节炎、腰 5 神经损伤、腓总神经损伤，有明确手术指征。入院后各项检查结果未见明显手术禁忌，进一步完善术前准备，明日手术。

手术知情同意书

术前疾病诊断：左膝清创 VSD 引流术后、左膝蔓状血管瘤、左膝滑膜炎、左膝骨性关节炎、腰 5 神经损伤、腓总神经损伤。

拟行手术方式：左膝清创缝合并备皮瓣。

拟行麻醉方式：腰硬联合麻醉。

拟行手术时间：2020 年 5 月 20 日。

手术可能发生的并发症及危险：……⑤术后伤口、创面出血、感染或不愈合……术中根据具体情况决定具体手术方式，先行清创术，如皮缘质量较好，则行缝合术，如皮肤缺损较大，则需行皮瓣转移缝合术，术中可能损伤术野部位邻近重要血管，临近重要神经，损伤术野周围重要软组织。术后伤口感染，切口脂肪液化致切口裂开，皮缘坏死，切口延迟愈合不愈合。

同意手术签字：吴××（患者本人），同意手术签字时间：2020 年 5 月 20 日。

手术记录

术前诊断：左膝清创 VSD 引流术后、左膝蔓状血管瘤、左膝滑膜炎、左膝骨性关节炎、腰 5 神经损伤、腓总神经损伤。

术中诊断：左膝清创 VSD 引流术后、左膝蔓状血管瘤、左膝滑膜炎、左膝骨性关节炎、腰 5 神经损伤、腓总神经损伤。

手术名称：左膝关节清创缝合术，任意皮瓣成形术。

手术时间：2020 年 5 月 20 日。

手术经过：麻醉生效后，患者取俯卧位，患肢覆止血带，去除 VSD 引流管，左下肢碘伏消毒三遍，铺无菌手术单。手术开始：左下肢止血带 45 kPa 下手术，拆除 VSD 泡沫，见新鲜肉芽组织生长良好，再次清理坏死组织游离皮缘，创面大小为 5 cm×4 cm，直接缝合张力较大，遂于创面近端，依据创面大小设计一定长宽比的任意皮瓣，转位覆盖创面，松止血带，彻底止血，放置负压引流管 1 根，清点器械、敷料如数，依次缝合各层，无菌敷料包扎。长腿石膏屈曲 30° 固定。手术顺利，安返病房。

病程记录

2020 年 5 月 21 日。患者术后第一天，患者一般情况好，饮食可，诉手术伤口疼痛可忍，左下肢麻木不适，伴踝关节背伸受限，左膝关节周围轻度肿胀，末梢血运良好。查体：生命体征平稳，体温正常，伤口无明显渗出，石膏固定牢靠，伤口引流管通畅，引流出极少量血性积液，左膝关节手术区疼痛，左膝周边肿胀，左踝、足趾感觉异常，背伸受限，双侧足背动脉可触及搏动，远端血运正常。今日查房，听取汇报，查过患者，指示：患者属蔓状血管瘤，给予清创缝合，任意皮瓣形成术，应给予患者交代，术后需要一定时间的制动，组织修复过程中会伴随不同程度的创伤炎症反应，需配合医生行早期关节功能锻炼，避免过度、过早活动，影响功能恢复。今日给予伤口换药，见伤口愈合好，无红肿，无异常分泌物，给予常规消毒后无菌敷料包扎。

2020 年 5 月 22 日。今日查房，患者术后第二天，神志清楚，精神、食欲一般，睡眠差，诉左下肢疼痛麻木不适，伴皮肤烧灼感。查体：生命体征平稳，体温正常，伤口无明显渗出，石膏固定牢靠，伤口引流管通畅，引流出极少量血性积液，左膝关节手术区疼痛，左膝周边肿胀，左踝、足趾感觉异常，背伸受限，双侧足背动脉可触及搏动，远端血运正常。今日给予伤口换药，见伤口愈合好，无红肿，无异常分泌物，给予拔除引流管，常规消毒后无菌敷料包扎。查房后指示：生命体征平稳，左下肢皮肤烧灼感考虑神经损伤后皮肤感觉敏感所致，继续给予甲钴胺胶囊营养神经，七叶皂苷钠消肿，氟吡洛芬酯、氨酚羟考酮止痛，盐酸罂粟碱扩张血管等，下肢继续支具固定。治疗上继续消肿、预防血栓、止痛、营养神经、预防感染等对症治疗。

2020 年 5 月 23 日。今日查房，患者术后第三天，神志清楚，精神、食欲好，睡眠较前日好转，主诉左下肢麻木疼痛缓解。查体：生命体征平稳，体温正常，石膏固定牢靠，伤口敷料少量渗出，左膝关节手术区疼痛，左膝周边肿胀，左腘窝皮肤色素暗红，较术前明显缓解，皮下硬结消失，左踝、足趾感觉异常，背伸受限，双侧足背动脉可触及搏动，远端血运正常。今日给予伤口换药，见伤口愈合良好，无红肿无渗出，皮瓣成活好，常规消毒后无菌敷料包扎，继续给予左下肢石膏固定、主动抬高，避免过度屈曲膝关节。治疗上继续消肿、预防感染、营养神经、止痛等治疗。

2020 年 5 月 25 日。今日查房，患者神志清楚，精神、食欲好，睡眠一般，无特殊不适主诉。查体：生命体征平稳，体温正常，石膏固定牢靠，伤口敷料干燥、无渗出，左膝关节手术区疼痛，左膝周边肿胀，左腘窝皮瓣成活好，左踝、足趾感觉异常，背伸受限，双侧足背动脉可触及搏动，远端血运正常。今日给予伤口换药，见伤口愈合良好，无红肿、无渗出，常规消毒后无菌敷料包扎，继续给予左下肢石膏固定、主动抬高，避免过度屈曲膝关节。治疗上继续消肿、预防感染、营养神经、止痛等治疗。患者及家属要求出院，鉴于患者术后恢复好，允许明日出院。嘱患者出院后：①遵健康教育处方，继续伤口换药，术后 2 周拆线；②患肢适当功能活动，避免过早负重；③注意休息，加强营养；④2周后复查，不适随诊。

出院记录

出院情况：患者神志清楚，精神、食欲好，睡眠好，无不适主诉。查体：生命体征平稳，体温正常，石膏固定牢靠，伤口敷料少量渗出，左膝关节手术区疼痛，左膝周边肿胀，左腘窝皮肤色素暗红，较术前明显缓解，皮下硬结消失，左踝、足趾感觉异常，背伸受限，双侧足背动脉可触及搏动，远端血运正常。

出院诊断：左膝蔓状血管瘤、左膝滑膜炎、左膝骨性关节炎、腰5神经损伤、腓总神经损伤。

出院医嘱：①遵健康教育处方，继续伤口换药，术后2周拆线；②患肢适当功能活动，避免过早负重；③注意休息，加强营养；④2周后复查，不适随诊。

××市第一人民医院检验报告单（检查项目：血常规，报告时间：2020年4月11日）载，白细胞计数 $8.3 \times 10^9/L$ ［参考范围（3.5 ~ 9.5）× $10^9/L$］。

××市第一人民医院检验报告单（检查项目：ESR，报告时间：2020年4月11日）载，红细胞沉降率53 mm/h ↑（参考范围0 ~ 15 mm/h）。

××市第一人民医院检验报告单（检查项目：关节腔积液培养加药敏，接收时间：2020年4月13日，报告时间：2020年4月17日）载，结果：培养3天无菌生长。

××市第一人民医院检验报告单（检查项目：血细胞分析，报告时间：2020年4月28日）载，白细胞计数 $9.0 \times 10^9/L$ ［参考范围（3.5 ~ 9.5）× $10^9/L$］；中性粒细胞计数 $6.35 \times 10^9/L$ ↑ ［参考范围（1.8 ~ 6.3）× $10^9/L$］。

××市第一人民医院检验报告单（检查项目：ESR，报告时间：2020年4月28日）载，红细胞沉降率50 mm/h ↑（参考范围0 ~ 15 mm/h）。

××市第一人民医院检验报告单（检查项目：CRP，报告时间：2020年

4 月 28 日）载，C 反应蛋白 34.31 mg/L ↑（参考范围 0～6 mg/L）。

××市第一人民医院检验报告单（检查项目：血细胞分析，报告时间：2020 年 5 月 6 日）载，白细胞计数 6.0×10⁹/L［参考范围（3.5～9.5）×10⁹/L］；中性粒细胞计数 4.00（参考范围 1.8～6.3）。

××市第一人民医院检验报告单（检查项目：CRP，报告时间：2020 年 5 月 6 日）载，C 反应蛋白 16.62 mg/L ↑（参考范围 0～6 mg/L）。

××市第一人民医院检验报告单（检查项目：ESR，报告时间：2020 年 5 月 6 日）载，红细胞沉降率 29 mm/h ↑（参考范围 0～15 mm/h）。

××市第一人民医院检验报告单（检查项目：血细胞分析，报告时间：2020 年 5 月 14 日）载，白细胞计数 6.0×10⁹/L［参考范围（3.5～9.5）×10⁹/L］；中性粒细胞计数 3.58（参考范围 1.8～6.3）。

××市第一人民医院检验报告单（检查项目：ESR，报告时间：2020 年 5 月 14 日）载，红细胞沉降率 27 mm/h ↑（参考范围 0～15 mm/h）。

××市第一人民医院检验报告单（检查项目：CRP，报告时间：2020 年 5 月 14 日）载，C 反应蛋白 10.10 mg/L ↑（参考范围 0～6 mg/L）。

3. ××市第一人民医院住院病历

入院日期：2021 年 6 月 29 日。

出院日期：2021 年 7 月 26 日。

主　　诉：左膝术后感染 1 年有余，加重 1 月。

现 病 史：患者于 2017 年 8 月 4 日在我院关节外科行"左膝关节镜检查、滑膜切除、腘窝脂肪瘤切除术"，自诉恢复可。于 2020 年 4 月发现左腘窝肿物复发，致使左腘窝疼痛、行走稍有受限，再次收住于关节外科，2020 年 4 月 13 日行"左膝关节镜探查清理术＋后侧囊肿切除术"，术后即出现左踝、左足各趾背伸受限、左足皮肤感觉麻木、烧灼感等症状，术后第 3 天出现左侧腘窝血疱并可触及皮下硬结，数天后血疱破溃，2020 年 4 月 23 日行"左腘窝肿物切除术"，术后伤口愈合差，2020 年 5 月 7 日行"左膝清创 VSD 引流术"，2020 年 5 月 20 日行"左膝关节清创缝合术，任意皮瓣成形术"，术后出现左下肢不能负重，伤口愈合后出院。2020 年 11 月发现左膝后侧伤口瘢痕处破溃，大量脓性分泌物流出，就诊于××医院，予以换药等治疗。1 月前曾就诊于××医院，当地医师建议其行左膝关节清创、融合术，患者及家属拒绝接受该术式，于今日就诊我科门诊，以"左膝关节术后感染、左腓总神经损伤、冠脉支架植入术后、冠心病"收住我科。患者自发病以来，间断发热，最高可达 39 ℃，畏寒，精神、食欲差，大小便正常。

专科检查： ……左膝敷料固定妥，打开可闻及恶臭，左膝外上方可见一长约 1 cm 窦道口，左腘窝可见 3 个长约 1 cm 窦道口，分别挤压四周可见大量黄白色黏稠脓性分泌物流出。左膝周围皮肤温度高，局部压痛阳性，左膝关节活动不能，主被动活动均引起剧痛，左足下垂畸形，左踝、左足各趾背伸不能，左下肢皮肤感觉麻木，左足背动脉可触及。其他肢体未见明显异常。

初步诊断： 左膝关节术后感染；左腓总神经损伤。

首次病程记录

（前略）诊疗计划：①患者为门诊患者，目前病情尚平稳。②予以伤口换药、留取分泌物培养＋药敏、抗感染、退热等对症治疗；积极完善各项检查，明确有无手术禁忌。③向上级医师汇报病历，向患者家属交代病情。

病程记录

2021年6月30日。入院第一日，患者神志清，精神差，自诉左大腿远端疼痛，可耐受，食欲、睡眠欠佳，大小便正常。查体：生命体征平稳，心肺腹未及异常，脊柱正常生理弯曲存在，各棘突无压痛及纵向叩击痛。左膝敷料固定妥，打开可闻及恶臭，左膝外上方可见一长约1 cm窦道口，左腘窝可见3个长约1 cm窦道口，分别挤压四周，可见大量黄白色黏稠脓性分泌物流出。左膝周围皮肤温度高，局部压痛阳性，左膝关节活动不能，主被动活动均引起剧痛，左足下垂畸形，左踝、左足各趾背伸不能，左下肢皮肤感觉麻木，左足背动脉可触及。余肢体未见明显异常。病情分析：患者目前左大腿远端感染诊断明确，患者已多次行清创术，效果欠佳，患者及家属目前要求行左大腿截肢手术，向患者详细讲明病情，继续完善相关检查，评估截肢必要性及截肢风险，择期手术治疗，继续观察病情变化。

医患沟通记录

（前略）③目前病情及治疗情况：患者目前诊断明确，完善分泌物培养，明确感染细菌，应用敏感抗生素。积极完善相关化验及功能检查，明确有无手术禁忌。④可能的预后：感染控制欠佳，多次手术可能，必要时需行截肢术；损伤周围重要血管、神经，双下肢深静脉血栓形成，致肺梗、脑梗等，危及生命。⑤下一步治疗方案：予以伤口换药、留取分泌物培养＋药敏、抗感染、退热等对症治疗；积极完善各项检查，明确有无手术禁忌；行手术治疗。……⑦患者及近亲属对医护工作的意见：了解病情，同意治疗。

患者或其近亲属签名：吴××，日期：2021年6月30日。

2021年7月1日。入院第二日，患者神志清，精神差，自诉左大腿远端疼痛，可耐受，食欲睡眠欠佳，大小便正常。查体：生命体征平稳，心肺腹未及异常，骨科查体同前，××副主任医师查房后指示：患者目前左大腿远端感染诊断明确，患者已多次行清创术，效果欠佳，可考虑行左大腿截肢术，向患者及家属讲明病情，患者及家属要求行截肢手术，患者既往冠心病史，口服替格瑞洛片，需停药 7~10 天，待病情平稳，择期行手术治疗，余继续同前治疗，遵嘱执行。

2021 年 7 月 2 日。入院第三日，患者神志清，精神可，自诉左大腿远端疼痛，可耐受，食欲、睡眠欠佳，大小便正常。查体：生命体征平稳，心肺腹未及异常，骨科查体同前……医师查房后指示：遵各科会诊建议，执行医嘱，患者目前左大腿远端感染诊断明确，目前行多次手术病情未见好转，患者合并左腓总神经损伤，左下肢活动及感觉差，患者及家属多次要求行截肢手术，目前评估病情，可考虑行截肢手术，继续完善相关检查，待病情平稳后，择期手术治疗，遵医嘱执行。

2021 年 7 月 5 日。今日查房，患者神志清，精神可，自诉左大腿远端疼痛，可耐受，食欲、睡眠可，大小便正常。查体：生命体征平稳，心肺腹未及异常，骨科查体同前。病情分析：患者目前病情平稳，目前继续停药替格瑞洛片，待病情平稳，择期手术治疗，余继续同前治疗，继续密切观察病情变化。

2021 年 7 月 8 日。今日查房，患者神志清，精神可，自诉左大腿远端疼痛，可耐受，食欲、睡眠欠佳，大小便正常。查体：生命体征平稳，心肺腹未及异常，骨科查体同前，×× 副主任医师查房后指示：患者目前病情平稳，目前继续停药替格瑞洛片，待病情平稳，择期手术治疗，余继续同前治疗，继续密切观察病情变化。

2021 年 7 月 11 日。今日查房，患者神志清，精神可，自诉左大腿远端疼痛，可耐受，食欲、睡眠欠佳，大小便正常。查体：生命体征平稳，心肺腹未及异常，骨科查体同前，×× 主任医师查房后指示：患者目前替格瑞洛片已停药 7 天，各项检查基本完善，无绝对手术禁忌证，患者及家属要求手术，可暂定于明日行"左大腿截肢术"，积极做好术前准备，遵嘱执行。

术前小结

时　　间：2021 年 7 月 9 日。

（前略）手术指征：左膝关节术后感染，要求截肢手术。

拟施手术名称和方式：左大腿截肢术。

拟施麻醉方式：腰麻。

注意事项：①术前准备：已向患者及其家属详细交代术中及术后可能出现的意外及并发症，患者及其家属同意手术，并签字同意手术。②术中注意：术中仔细操作。③术后处理：给予预防感染、对症治疗，预防血栓形成。

手术者术前查看患者相关情况：术前 ×× 主任、×× 副主任看过患者，患者一般情况好，有手术指征，需行手术治疗。

术前讨论

时　　间：2021 年 7 月 11 日。

（前略）患者病史、体征明确，结合辅助检查，患者诊断明确。左膝关节术后感染、左腓总神经损伤，多处手术病情未见好转，患者要求行截肢手术，手术指征明确，手术考虑行左大腿截肢术……同意以上医师意见，患者诊断明确，左膝关节术后感染、左腓总神经损伤，手术指征明确，患者要求行截肢手术，已向医务科提交重大致残手术申请书，手术考虑行左大腿截肢术。术中注意仔细操作，封闭神经，阻断血管……同意以上意见，患者目前左膝关节术后感染，左腓总神经损伤，可见左大腿远端窦道形成，拆开敷料可闻及恶臭，患者要求行手术治疗，已向医务科提交重大致残手术申请书，同意左大腿截肢术，术前联系重症医学科，必要时术后回重症医学科进一步观察。

手术知情同意书

拟行手术方式：左大腿中段开放截肢+VSD安置术。

拟行麻醉方式：腰麻。

拟行手术时间：2021年7月12日。

手术可能发生的并发症及危险：①大量出血；②误伤组织器官；③病灶无法切除和不能全部切除；④术中因解剖位置及关系变异更改术式；⑤术后伤口、创面出血，感染或不愈合；⑥由于手术创伤引起其他脏器功能不全，甚至危及生命；⑦必要时请相关科室协助；⑧危重患者术后需转入ICU监护治疗；⑨其他特殊问题（包括应用自费药品、自费医疗耗材等）；⑩感染病灶难以清除，有复发可能，需二次手术向上调整截肢平面；⑪伤口感染、骨髓炎；⑫左大腿截肢，残疾；⑬肌肉、骨质外露，感染、组织坏死，骨髓炎可能，后期需进一步手术治疗；⑭下肢深静脉血栓形成，血栓掉落形成肺栓塞，危及生命；⑮幻肢痛，不能缓解可能；⑯本次手术为开放截肢，术后1周拆除VSD负压装置，若残端软组织无细菌生长，可行二次清创缝合手术；⑰替代疗法：保守治疗，可以规避上述风险，以及左膝关节感染难以控制、病情迁延难以恢复、卧床并发症、致死性肺炎等。鉴于目前医学发展水平的限制，除上述意外与并发症外，仍有可能发生某些不可预测的并发症。

同意手术签字：吴××（患者本人），同意手术签字时间：2020年7月9日。

手术记录

术前诊断：左膝关节术后感染、左腓总神经损伤、冠脉支架植入术后、冠心病、肾囊肿。

术中诊断：左膝关节术后感染、左腓总神经损伤、冠脉支架植入术后、冠心病、肾囊肿。

手术名称：左大腿截肢术。

手术时间：2021 年 7 月 12 日。

手术经过：麻醉起效后，患者仰卧于手术台上，0.5％碘伏消毒左下肢皮
肤，铺设无菌手术单，于左大腿中段设计鱼嘴样皮瓣，依次切
开皮肤、皮下，切断股外侧肌、股直肌及股中间肌，切开骨膜
显露股骨干，于大腿中段截骨，寻见股动脉、静脉和股神经、
坐骨神经，双重结扎股动脉，结扎股静脉，2％利多卡因封闭
神经，轻轻牵拉，用锐利刀片切断，任其回缩。切断后群及内
侧肌肉，大量生理盐水冲洗，彻底止血后，放置引流，逐层缝
合伤口，术毕，手术顺利，麻醉效果满意，术中出血 200 ml，
术后清醒，安返病房。

病程记录

2021 年 7 月 13 日。术后第一日，患者神志清，精神差，自诉左大腿疼
痛，可耐受，食欲、睡眠欠佳，留置尿管引流通畅，尿液清亮，已大便，余无
特殊不适。查体：生命体征平稳，双肺呼吸音清，未闻及干湿啰音及异常呼吸
音，心律齐，未闻及杂音，腹部平软无压痛，肠鸣音正常。左大腿处无菌敷料
包扎完整，表面少量血性液体渗透。今日各项检查结果回报示：C 反应蛋白：
48.93 mg/L ↑；红细胞沉降率：88 mm/h ↑；白细胞计数：138×10^9/L ↑；
中性粒细胞百分比：85.0％。×× 主任医师查房后指示：患者目前"左大腿
截肢术"术后第一日，生命体征平稳，向患者家属交代手术情况，各项炎性
指标较高，积极抗炎抗感染治疗，复查并动态观察；目前主要治疗为：①加
强营养，促进伤口及骨折愈合；②抗炎止痛、消肿及预防血栓治疗；③嘱患者
行功能锻炼；⑤及时复查各项炎性指标，密切观察手术切口愈合情况，遵嘱
执行。

2021 年 7 月 14 日。术后第二日，患者神志清，精神较前好转，自诉左大

腿处疼痛，食欲、睡眠可，可自行排尿，大便正常。查体：生命体征平稳，双肺呼吸音清，未闻及干湿啰音及异常呼吸音，心律齐，未闻及杂音，腹部平软无压痛，肠鸣音正常。左大腿处无菌敷料包扎完整，表面少量血性液体渗透。今日换药见：左大腿截肢处切口干燥，对合良好，无渗出。××副主任医师查房，仔细查体分析：患者目前病情平稳，继续给予抗炎、抗凝、止痛、改善骨质、补液对症支持治疗，继续复查各项炎性指标并密切观察伤口愈合情况；指导患者进行肢体主被动功能锻炼，预防下肢深静脉血栓形成，遵医嘱执行。

2021年7月15日。今日查房，患者神志清，精神较前好转，自诉左大腿处疼痛，食欲、睡眠可，可自行排尿，大便正常。查体：生命体征平稳，双肺呼吸音清，未闻及干湿啰音及异常呼吸音，心律齐，未闻及杂音，腹部平软无压痛，肠鸣音正常。左大腿处无菌敷料包扎完整，表面干燥、无渗出。病情分析：患者目前生命体征平稳，继续目前治疗，继续密切观察切口愈合情况，继续观察病情变化。

2021年7月18日。今日查房，患者神志清，精神较前好转，自诉左大腿处疼痛，食欲、睡眠可，可自行排尿，大便正常。查体：生命体征平稳，双肺呼吸音清，未闻及干湿啰音及异常呼吸音，心律齐，未闻及杂音，腹部平软无压痛，肠鸣音正常。左大腿处无菌敷料包扎完整，表面干燥、无渗出。××副主任医师查房，仔细查体分析：患者目前病情平稳，继续给予抗炎、抗凝、止痛、改善骨质、补液对症支持治疗，继续复查各项炎性指标并密切观察伤口愈合情况；指导患者进行肢体主被动功能锻炼，预防下肢深静脉血栓形成，遵医嘱执行。

2021年7月21日。今日查房，患者神志清，精神较前好转，自诉左大腿处疼痛，食欲、睡眠可，可自行排尿，大便正常。查体：生命体征平稳，双肺呼吸音清，未闻及干湿啰音及异常呼吸音，心律齐，未闻及杂音，腹部平软无压痛，肠鸣音正常。左大腿处无菌敷料包扎完整，表面干燥、无渗出。病情分析：患者目前生命体征平稳，继续密切观察切口愈合情况，余继续同前治疗，继续密切观察病情变化。

2021 年 7 月 24 日。今日查房，患者神志清，精神较前好转，自诉左大腿处疼痛，食欲、睡眠可，大小便正常。查体：生命体征平稳，双肺呼吸音清，未闻及干湿啰音及异常呼吸音，心律齐，未闻及杂音，腹部平软无压痛，肠鸣音正常。左大腿处无菌敷料包扎完整，表面干燥、无渗出。今日换药见：左大腿截肢处切口干燥，对合整齐，无渗出，今日拆线。××副主任医师查房，仔细查体分析患者目前病情平稳，继续给予抗炎、抗凝、止痛、改善骨质、补液对症支持治疗，继续复查各项炎性指标并密切观察伤口愈合情况；嘱患者加强患肢髋关节屈伸活动功能锻炼，余继续同前治疗，遵医嘱执行。

2021 年 7 月 26 日。今日查房，患者神志清，精神可，自诉左大腿处疼痛，食欲、睡眠可，大小便正常。查体：生命体征平稳，双肺呼吸音清，未闻及干湿啰音及异常呼吸音，心律齐，未闻及杂音，腹部平软无压痛，肠鸣音正常。左大腿处无菌敷料包扎完整，表面干燥、无渗出。××主任医师查房，患者及家属要求出院，患者目前生命体征平稳，切口愈合良好，可签署自动离院同意书后，办理今日出院，出院医嘱：①遵健康教育处方；②半年内复查免疫系列；③出院后 1、3、6 个月后（周三创伤骨科门诊）拍片复查，根据骨病情决定下一步治疗计划；④继续加强营养，注意保暖，避免着凉；⑤继续改善骨质、口服利伐沙班抗凝（1 次／天，10 mg／次）至术后 35 天；⑥加强肺部管理，加强翻身拍背，加强肢体主被动功能锻炼，预防下肢深静脉血栓形成；⑦心血管内科、肾内科及我科随诊。遵嘱执行。

出院记录

出院情况：患者神志清，生命体征平稳，双肺呼吸音清，未闻及干湿啰音及异常呼吸音，心律齐，未闻及杂音，腹部平软无压痛，肠鸣音正常。左大腿处无菌敷料包扎完整，表面干燥无渗出。

出院诊断：左膝关节术后感染；左腓总神经损伤。

出院医嘱：①遵健康教育处方；②半年内复查免疫系列；③出院后1、3、6个月后（周三创伤骨科门诊）拍片复查，根据骨病情决定下一步治疗计划；④继续加强营养，注意保暖，避免着凉：⑤继续改善骨质、口服利伐沙班抗凝（1次/天，10 mg/次）至术后35天；⑥加强肺部管理、加强翻身拍背、加强肢体主被动功能锻炼，预防下肢深静脉血栓形成；⑦心血管内科、肾内科及我科随诊。

三、鉴定过程

1. 简要过程

接受鉴定委托后，我们对送检材料进行了文证审查，并按照《法医临床检验规范》（SF/T 0111—2021）及法医临床鉴定相关仪器对被鉴定人吴××进行活体检查；采用《法医临床影像学检验实施规范》（SF/T 0112-2021）对相关影像学资料进行检验。会上本案鉴定人向医患双方告知了本案鉴定人员及鉴定相关事项，医患双方分别陈述了意见，并回答了鉴定人员及临床专家的提问。

2. 法医临床学检查

被鉴定人吴××于2022年8月5日在我所检查。

自诉目前情况：左下肢大腿中段以远缺失。

检查所见：一般情况良好，步入检查室，步态跛行，左下肢佩戴假肢，神志清，查体合作，对答切题。左大腿中段以远缺失，可见瘢痕，左大腿表面干燥、无渗出。左髋关节活动尚可。余常规检查未见明显异常。

3. 阅片意见

左膝 MRI 片（2020 年 4 月 8 日）示：左膝关节各骨质结构完整，股骨及胫骨内见片状稍长 T2 稍长 T1 信号，边界欠清，前、后交叉韧带信号及内、外侧副韧带信号走行完整，信号未见明显增高征象，关节间隙变窄，内外侧半月板向关节外挤出，形态显示欠佳，关节腔见少许积液信号，滑膜增厚，髌上囊偏右侧及关节后方偏左侧见较大结节形成，周围软组织肿胀。髌下脂肪垫信号增高，呈稍长 T2 信号。

复查 MRI 片（2021 年 7 月 1 日）示：左膝关节各构成骨质完整，可见骨质增生。左髌骨、股骨及胫腓关节面下方见多发小片状长 T1 长 T2 异常信号影。左膝关节滑膜增厚，可见片状长 T1 长 T2 信号影。内外侧半月板显示欠清，可见片状长 T2 信号影，累及关节面。前交叉韧带肿胀，信号增高，后交叉韧带及内、外侧副韧带走行信号均未见明显异常。左膝关节周围软组织肿胀，信号增高。

4. 鉴定意见

××市第一人民医院在对被鉴定人吴××的诊治过程中，存在抗感染治疗不力的过错。××市第一人民医院诊疗行为与被鉴定人吴××左下肢大腿中段以远缺失损害后果之间存在因果关系，过错系主要原因。

四、分析说明

根据现有病历资料，并请有关专家会诊，现就相关问题分析如下。

（一）关于 ×× 市第一人民医院诊疗行为评价

1. 骨性关节炎诊断明确、手术适应证存在

骨性关节炎是以关节软骨损害为主，累及关节组织的关节疾病。常伴有反复膝关节疼痛，影像学检查可示关节软骨异常及囊性改变。当保守治疗无法改善症状时，可考虑手术治疗。目前临床常应用关节镜手术治疗骨性关节炎。

被鉴定人吴 ×× 既往诊断为"左膝关节滑膜炎"，于 2020 年 4 月 10 日因左膝关节疼痛、肿胀 1 年有余，加重 2 月，入 ×× 市第一人民医院诊治。现病史示"1 年多前无明显诱因出现左膝关节疼痛，活动后疼痛加重，口服消肿止痛药物等治疗，效果一般。2 月前患者左膝关节疼痛加重，伴肿胀，行走困难"；体格检查可扪及腘窝皮下散发结节，可查见左膝关节肿胀、关节周围压痛、活动受限等体征；影像学检查示左膝关节滑膜囊病变和左股骨内髁关节软骨病损等改变。院方诊断为"左膝关节滑膜炎，左膝骨性关节炎"，并拟行"左膝关节镜探查清理术"。

分析认为，院方诊断明确，手术适应证存在。

2. 左膝关节镜探查清理术操作不当，致腓总神经损伤

腓总神经沿股二头肌内侧缘斜向外下方，穿过腘窝外上方，与膝关节关节囊贴伏。膝关节伸直时，腓总神经紧贴后外侧关节囊。关节镜清理术中对后外侧关节囊区操作不当可致腓总神经损伤。

被鉴定人吴 ×× 入院查体示"踝关节活动正常"，亦未见腓总神经损伤的相关主诉。行"左膝关节镜探查清理术"术前无腓总神经损伤。

院方于 2020 年 4 月 13 日行"左膝关节镜探查清理术"，术中建立内后方通道，将后关节囊反折区滑膜扩大切除，并伸直膝关节清除囊肿组织。术后第一天诉左下肢麻木不适，第二天查见"左踝及左第一足趾背伸受限"，术后第

三天查见"左踝、足趾感觉异常，背伸受限"。此后左足麻木伴踝关节背伸受限持续存在，提示术后腓总神经损伤。4月23日，院方行"左腘窝肿物切除术"，术中探查见腓总神经损伤，证实腓总神经损伤。此后左踝、足趾感觉异常，背伸受限等腓总神经损伤症状和体征持续存在。

分析认为，院方在行左膝关节镜探查清理术时，术中存在操作不当，致腓总神经损伤的过错。

3. 感染处置不力

外科手术后的感染常发生在手术之后，与体表皮肤和黏膜完整性的破坏紧密关联。临床手术切口感染常发生在术后30日内，当出现疼痛或压痛、局部肿胀或红肿、深部切口自行裂开，或者经再次手术检查、组织病理学发现感染证据时，即可确定感染。术后感染大多不能自愈，常需抗菌药物应用和外科处置。急性外科感染的抗生素治疗一般是在尚未获得细菌培养和药敏试验结果的情况下开始，属预防性用药。一旦获得细菌培养及药敏试验结果，即应开始进行目标（针对性）治疗。通常在感染症状、体征消失后，方具有停药指征。

（1）术前未进行预防性用药

被鉴定人吴××于2020年4月10日入院治疗，拟于4月13日行左膝关节镜探查清理术。术前检查（4月11日）示血沉：红细胞沉降率：53 mm/h↑；C反应蛋白：28.12 mg/L↑，提示炎症和感染。院方于4月11日的病程记录中亦记载"患者炎症指标较高，感染不能排除"，说明院方注意到了术前即存在感染的可能。此种情况下，院方应给予经验性预防用药，控制炎症、防止术后感染的发生。

经阅送检病史，未见院方术前应用抗感染药物的记载。院方在术前炎症指标明确的情况下并未预防性用药，不利于预防感染，增加了术后感染的可能性。

（2）术后未明确感染诊断

被鉴定人吴××于 2020 年 4 月 13 日行左膝关节镜探查清理术。术后第一天即出现左膝关节肿胀疼痛。术后第三天查体示"左膝周边肿胀，左腘窝皮肤色素暗红，皮下可触及硬结"。除上述情况外，4 月 20 日查体可见局部皮肤破溃，并伴少量渗出。此种情况高度提示术后感染。

院方于 4 月 23 日行"左腘窝肿物切除术"，术中见淡黄色液体渗出、溃疡肿物。术后病理诊断"（腘窝肿物）送检组织急慢性炎症伴坏死，肉芽组织增生。（腘窝肿物皮肤）送检皮肤组织下方见大量急慢性炎症表现，出血坏死显著"。虽然院方考虑蔓状血管瘤，但术后感染已臻明确。

院方行"左腘窝肿物切除术"后，患者术区肿胀、疼痛、烧灼感、肤色暗红、切口愈合不佳、渗出持续存在。至 5 月 26 日出院时，伤口敷料仍可见少量渗出，左膝关节手术区疼痛，左膝周边肿胀，左腘窝皮肤色泽暗红，说明感染情况持续存在。同时，院方分别于术后 4 月 27 日、5 月 5 日和 5 月 13 日进行过红细胞沉降率和 C 反应蛋白检测，检测结果均高于参考范围，上述检测结果也高度提示术后感染的诊断。但是，经阅送检病史，始终未见院方"术后感染"的相关明确诊断。

（3）抗感染治疗不及时、效果不佳

被鉴定人吴××于 4 月 23 日行"左腘窝肿物切除术"，其术前表现、术中所见，以及术后病理检查结果均提示感染。此种情况下，院方应进行细菌培养及药敏试验，并依据检验结果开展针对性用药，控制感染的进一步发展。

经阅送检病史，院方曾于 4 月 13 日行"左膝关节镜探查清理术"，术后进行过关节腔积液培养加药敏试验，检测结果为阴性。但此次检测阴性结果不能反映后续的感染情况。此后，在术区出现肿胀、疼痛、切口裂开、渗出，术中可见渗出、溃疡，尤其是病理检查证实急慢性炎症后，始终未见院方再次行关节腔积液培养加药敏试验的记载。这导致临床无法获得病原微生物信息，无法针对性合理应用抗生素，亦不能及时针对性治疗感染。

另据病史记载，院方曾于 4 月 23 日行"左腘窝肿物切除术"，术前给予头孢唑林钠应用。之后于 5 月 20 日至 24 日给予头孢唑林钠注射。上述药物虽然具有一定的抗感染作用，但仍属于非针对性用药，不利于防止感染。

院方分别于术后 4 月 27 日、5 月 5 日和 5 月 13 日进行过红细胞沉降率和 C 反应蛋白检测，检测结果均高于参考范围，说明院方 4 月 22 日的术前抗生素应用效果不佳。另外，在 5 月 20 日至 24 日给予头孢唑林钠应用后，并无相关再次检测炎症指标的记载，无法从临床检测结果方面明确抗感染治疗效果。

虽然无法从红细胞沉降率等临床生化检测方面评估院方后期抗感染治疗效果。但在院方行"左膝关节镜探查清理术"术后的诊治过程中，术区肿胀、疼痛、烧灼感、肤色暗红、切口愈合不佳、渗出持续存在。出院时伤口敷料仍可见术区渗出、疼痛、肿胀、肤色暗红等感染表现，提示感染症状、体征仍未消失。这说明院方抗感染治疗效果不佳。

分析认为，院方术前未行预防性用药，术后未明确感染诊断，抗感染治疗不及时、效果不佳，存在抗感染治疗不力的过错。

（二）关于诊疗行为与被鉴定人吴 ×× 损害后果之间的因果关系

根据被鉴定人吴 ×× 的病史及临床经过，其目前存在的主要损害后果为左下肢大腿中段以远缺失。

复阅送检病史，被鉴定人吴 ×× 于 2020 年 4 月 10 日入 ×× 市第一人民医院诊治，4 月 13 日行"左膝关节镜探查清理术"，术后出现腓总神经损伤、感染和切口破溃；4 月 23 日行"左腘窝肿物切除术"，术后感染持续存在，分别行左膝清创 VSD 引流术（5 月 7 日）和左膝关节清创缝合术、任意皮瓣成形术（5 月 20 日），于 5 月 26 日出院，出院查体术区敷料仍可见渗出，同时存在疼痛、肿胀、皮肤暗红等感染征象。同年 11 月，术区切口破溃，大量脓性分泌物流出，外院临床换药处置。2021 年 5 月就诊外院，建议行左膝关节清创、融合术。同年 6 月 29 日再次入 ×× 市第一人民医院诊治，门诊诊断为"左膝关节术后感染、左腓总神经损伤"；入院专科检查示"闻及恶臭，左膝外上方可见一长约 1 cm 窦道口，左腘窝可见 3 个长约 1 cm 窦道口，分别挤压四周可见大量黄白色黏稠脓性分泌物流出。左膝周围皮肤温度高，局部压痛阳性，左膝关节活动不能，主被动活动均引起剧痛，左足下垂畸形，左踝、左足各趾背伸不能，左下肢皮肤感觉麻木"，初步诊断"左膝关节术后感染、左腓总神经损伤"；入院后病情分析认为患者目前左大腿远端感染诊断明确，患者已多次行清创术，效果欠佳，考虑行左大腿截肢术；后于 7 月 12 日行左大腿截肢术。

上述病程说明，被鉴定人吴 ×× 在 2020 年 4 月 13 日行"左膝关节镜探查清理术"，术后出现术区感染征象，此后切口感染控制不佳、长期迁延不愈，最终恶化致术区闻及恶臭、可见多处窦道、大量黄白色黏稠脓性渗出、关节活动不能、剧痛、皮温高等严重不良结局，非截肢不能改善。

临床实践中，关节内镜检查一般情况下很少发生感染，但感染一旦发生即可引起化脓性关节炎，导致关节功能不同程度障碍等严重后果。术后应用抗生素和严格无菌操作是预防感染的关键。关节镜检查术后感染导致截肢严重后果的情况罕见。

×× 市第一人民医院在对被鉴定人吴 ×× 的诊治过程中，术前未行预防性用药，术后未明确感染诊断，抗感染治疗不及时、效果不佳，存在抗感染治疗不力的过错。考虑到"左膝关节镜探查清理术"的手术适应证存在，即使严格执行无菌术和积极抗感染治疗，仍然具有一定的术后感染发生率。综合分析认为，医方医疗过错行为是导致患者损害后果的主要原因，患者病情特点等因素只起次要作用，若无上述过错，截肢的损害后果一般不会发生。×× 市第一人民医院的过错行为与被鉴定人吴 ×× 左下肢大腿中段以远缺失的损害后果之间存在因果关系，过错系主要原因。

五、启示

本案例详述了患者吴××在××市第一人民医院接受左膝关节镜探查清理手术后，因医院在感染控制方面的疏漏，其左下肢大腿中段以远部分不得不进行截肢的严重医疗差错。根据医疗损害司法鉴定意见，医院在抗感染管理上存在显著过失，这种过失与吴××的截肢结果之间存在直接因果联系，并且是导致这一不幸结局的关键因素。

术前血液检测显示吴××的炎症标志物水平升高，提示存在潜在的感染风险。尽管医院在其病程记录中对此有所记载，但在手术前并未给予预防性抗生素治疗，这直接增加了术后感染的风险。术后吴××很快表现出感染体征，包括局部肿胀、疼痛增加和皮肤颜色变化等。然而，医院未能及时确诊术后感染，并延误了及时有效的治疗干预。

尽管医院在治疗过程中使用了抗生素，但未按照具体情况实施细菌培养及药敏试验，导致未能制订最有效的治疗策略，抗生素的选择也不够精准，这使得感染无法得到有效控制。随着感染的持续扩散，吴××最终需接受左大腿高位截肢术，表明感染已进展至不可逆阶段，给患者带来了严重的功能障碍和生活质量下降。

通过系统回顾吴××的病史及临床进程，可以看出医院在多个诊疗环节中存在的失误是导致其最终截肢的主要原因。尽管任何外科手术都有其内在风险，但若无上述医疗失误，吴××的截肢结果原本是可以避免的。

此案例凸显了在进行任何形式的手术，尤其是关节镜手术这类微创手术时，全面评估患者术前状态的重要性。在必要时，应实施预防性抗生素治疗，以降低感染风险。医疗团队需密切监控术后可能出现的感染迹象，并迅速采取诊断和处理措施，以确保感染得以及时控制。抗感染治疗策略应基于准确的细菌培养结果及药敏试验来制订，确保所选抗生素的有效性。此外，在整个治疗过程中，与患者及其家属保持开放而透明的沟通极为重要，以确保他们对手术风险及相关并发症有充分的理解。

该案例为医疗行业敲响了警钟，尤其是在骨科手术中，从术前准备到术后护理的每一步骤都至关重要。医疗机构和医务人员应当从中汲取经验教训，持续优化诊疗流程，提高医疗服务质量，以维护患者的生命安全和健康权益。

骨折切开复位内固定术术后对下肢血液循环障碍处置不当致骨－筋膜室综合征

一、案例背景

1. 基本情况

委托单位：××市人民法院。

委托事项：××市第一人民医院对刘××的诊疗行为是否存在过错；若存在过错，该过错行为与刘××右小腿被截肢的损害后果之间是否存在因果关系，以及参与度是多少。

鉴定材料：××市第一人民医院住院病历复印件1册；××市第二人民医院住院病历复印件2册；××市第三人民医院24小时内入出院记录1页；影像学照片6张。

2. 案情摘要

据本案相关材料载：患者刘××因外伤于2013年8月7日入住被告××市第一人民医院，入院诊断为"右侧胫骨平台开放性粉碎性骨折，膝关节脱位伴血管、神经损伤；右侧腓骨近端骨折"，入院后超声检查提示"右下胫前动脉及静脉未见明显异常"，于同年8月8日行"右胫骨平台开放性粉碎性骨折清创、骨折切开复位内固定术"。术后行超声检查提示"右下肢胫前动脉未见血流频谱"，术后右腿无知觉、肿胀，症状持续加重无缓解。于同年8月21日转入××市第二人民医院诊治，诊断为"骨－筋膜室综合征"，遂行"截肢术"。

现患方认为：被告××市第一人民医院在对患者刘××进行的手术过程中存

在过错，导致骨－筋膜室综合征，并持续超过 48 小时缓解期，最终导致右下肢坏死，以及截肢的损害后果。故起诉至法院，要求赔偿。

3. 听证意见

患方认为：被告方医务人员违反诊疗常规，严重失职，引发原告右下肢骨－筋膜室综合征，在超声检查及原告反映病情后，未得到被告的重视，延误了原告宝贵的治疗时间，从而直接导致了原告截肢的后果。

医方认为：院方对患方诊断正确，治疗原则及治疗策略无误，治疗措施得当，诊治不存在过错。

二、病史摘要

1. ××市第一人民医院住院病案

入院日期：2013 年 8 月 7 日。

出院日期：2013 年 8 月 10 日。

入院记录

主　　诉：右下肢外伤伴疼痛、出血 1 小时。

现 病 史：源于 2013 年 8 月 7 日 23 时 20 分左右，患者不慎摔伤右下肢，当时伤后无昏迷，自觉右下肢处剧烈疼痛，伤口活动性出血，不能自行站立及行走，未经任何处理急救入院，急诊行伤口加压包扎。

体格检查：T 36.6 ℃；P 84 次 / 分；R 20 次 / 分；BP 110/80 mmHg。

外科情况：……右侧小腿上段前外侧胫骨结节下 3 cm 水平有不规则伤口，约 3 cm，边缘不齐，活动出血，有脂肪滴溢出，深及骨质，局部触痛，有骨擦感。右下肢纵向叩击痛阳性，右小腿外侧下段及右足背皮肤麻木，感觉减退，足背及胫后动脉未触及，右足较左侧皮温低，皮肤发绀，足趾及踝关节活动自如。

辅助检查：CR 示右侧胫骨平台粉碎性骨折，伴右膝关节脱位，右侧腓骨近端骨折……彩超示右下肢胫前动脉及静脉未见明显异常。

入院诊断：①右侧胫骨平台开放性粉碎性骨折，膝关节脱位伴血管、神经损伤；②右侧腓骨近端骨折。

病程记录

2013 年 8 月 8 日 0:35。患者神清，表情痛苦。诉右下肢伤处剧烈疼痛，右小腿及右足皮肤麻木。查体：……右足皮温较对侧略低，皮肤自感麻木，足背动脉及胫后动脉搏动未触及，末梢血运差，右踝及足趾活动自如。定于 1:00 在连硬麻醉下行右侧胫骨平台开放性粉碎性骨折清创＋骨折切开复位内固定术。

术前讨论

讨论日期：2013 年 8 月 8 日。

手术指征：右侧胫骨平台开放性粉碎性骨折，膝关节脱位伴血管、神经损伤。

手术方案：右侧胫骨平台开放性粉碎性骨折清创＋切开复位内固定术。

可能出现的意外及防范措施：……患者右下肢剥离创伤导致右侧胫骨平台粉碎性骨折并移位，伴有开放性伤口，且右侧小腿及足背皮肤麻木、感觉减退，皮温较对侧低，足背、胫后动脉搏动未触及。诊断为右侧胫骨平台粉碎性骨折，膝关节脱位伴血管、神经损伤，右腓骨近端骨折。彩超检查显示：右侧胫前动脉及静脉未见明显异常。属急症行骨折切开复位、清创内固定术，以减轻脱位对血管、神经的损伤。……患者右下肢皮温低，感觉及足背、胫后动脉搏动均异常，脱位对血管、神经损伤明确。清创＋骨折复位内固定可减轻进一步损伤。切口取弧形，切口绕开开放处。……及时清创，术中严格无菌操作，牢固固定，术后密切注意末梢血运及足趾活动，对症应用有效抗生素、活血化淤药、扩血管药、消肿剂、神经营养药，彩超动态观察血管情况。

术前小结

拟施手术名称和方式：清创＋骨折切开复位内固定术。

注意事项：右膝关节脱位伴血管、神经损伤，足背及胫后动脉未触及，末梢血运欠佳，右足皮温较对侧略低，彩超查右下肢血管示：右下胫前动脉及静脉未见明显异常。

手术同意书

向患者或家属或代理人交代术中或术后可能出现的并发症及手术风险：……术后伤口感染、骨髓炎、化脓性关节炎；术后内固定物松动、断裂；术后骨折不愈合、延迟愈合；术后患肢功能活动障碍、患肢缺血性坏死；术后伤口不愈合。代理人签字：李××。代理人与患者的关系：夫妻。时间：2013 年 8 月 7 日。

手术记录

手术日期：2013 年 8 月 8 日。

手术名称：右胫骨平台开放性粉碎性骨折清创＋骨折切开复位内固定术。

手术经过：……右侧膝下方 3 cm 处有不规则伤口 3 cm 左右。患肢以肥皂水清洗伤口周围皮肤，双氧水及生理盐水冲洗并 0.1 % 碘伏溶液冲洗。右大腿中上段扎气囊止血带，以碘酒、酒精消毒手术区域皮肤，铺无菌巾。右膝下方伤口切除皮肤失活组织，见伤口内软组织严重挫伤，有骨质外露，内无明显异物，清创缝合伤口。手术区域贴无菌贴膜，于右膝髌骨外侧缘弧形向胫前至骨嵴方向向胫骨粗隆下 5 cm 处，全长约 18 cm，切口绕开开放伤口，切开皮肤、皮下组织及筋膜层，显露骨折为粉碎性骨折。关节腔有淤血 80 ml 左右，见外侧副韧带于腓骨小头处撕断，创缘不齐，膝关节脱位，将骨折端淤血及软组织清创后用生理盐水冲洗，牵引患肢使骨折复位，持骨器固定，以 2 枚直径 2 mm 骨圆针将骨折两端固定，检查固定良好。C 型臂下透视：骨折对位良好，胫骨平台关节面平整，于胫骨近端前外侧置 5 孔解剖钢板固定，电钻钻孔拧入螺钉，并于胫骨外侧髁前外侧关节面下方 1 cm 处以 2 枚拉力钉固定，检查固定牢固，被动活动可，生理盐水冲洗伤口。修复撕裂的外侧副韧带，创口内置引流管 1 根……术毕右足背动脉及胫后动脉搏动未触及，末梢血运差，皮温较对侧略低。手术顺利，麻醉满意，术中出血约 200 ml。于 5:40 术毕回病房。

病程记录

2013 年 8 月 8 日 9:00。患者诉右下肢疼痛，右足麻木……右侧膝部刀口包扎好，无渗血，局部明显肿胀，右侧腘窝及膝外侧皮肤明显青紫，引流管通畅，引流物为少量暗红色血液。患肢抬高固定。右足皮温较对侧略低，足背、足底及踝部皮肤麻木，深浅感觉均减退。足背及胫后动脉搏动未触及，末梢血运欠佳。足趾及踝关节活动自如……对症应用抗生素、消肿止痛、活血化淤、扩张血管等药物，密切观察末梢血运，并再次复查右下肢血管彩超，以明确膝关节脱位后血管损伤程度及病情变化，以便及时处理。已执行。

病情交代谈话记录

谈话时间：2013 年 8 月 8 日 9 时 40 分。

谈话记录：患者右下肢外伤入院。右胫骨平台开放性粉碎性骨折，右腓骨近端骨折，右膝关节脱位。查体：右足末梢血运欠佳，足背动脉及胫后动脉搏动未触及，右足皮温较对侧略低，发绀。查右侧下肢血管彩超示：右胫前动脉及足背动脉未探及明显血流频谱，右下肢胫后动脉、静脉、胫前静脉管壁光滑，血流充盈可，未见异常回声，频谱正常。密切观察患肢血运，对症应用活血化淤、扩血管药物等治疗。

2013 年 8 月 8 日 9:45。患者病情同前，无明显变化。右下肢血管彩超回报示：右侧胫前动脉及足背动脉未探及明显血流频谱，右下肢胫后动脉、静脉、颈前静脉管壁光滑，血流充盈可，未见异常回声，频谱正常。继续密切观察患肢血运，对症应用活血化淤、扩张血管药物。向家属交代病情，表示理解，同意目前治疗。

2013 年 8 月 8 日 16:00。患者右下肢抬高，弹力绷带包扎固定好，肢端血运欠佳，足背动脉未触及，足趾不能活动，伤口负压引流通畅。右小腿轻度肿胀，程度与术前相当，按之不硬，患肢活动欠佳。考虑神经水肿或体位压迫所致，给予调整体位并继续脱水药物治疗。患肢无张力性水疱，触之有弹性，足趾被动活动时患者疼痛可接受，故不考虑骨－筋膜室综合征的可能，继续抗炎、消肿、对症治疗。严密观察右下肢血运及感觉运动情况。

2013 年 8 月 9 日 10:00。患者诉右膝疼痛，右足麻木，活动障碍……右膝部刀口包扎好，无渗出。引流通畅，引流液为暗红色，约 70 ml。腘窝皮肤 6 cm×10 cm 大小，青紫，右膝略肿胀，小腿轻度肿胀，张力较术前相当。患肢持续抬高，未见张力性水疱。足趾被动牵拉试验阴性。足背及胫后动脉搏动未触及，皮温不低，无明显末梢发绀，足趾及踝关节活动障碍……指示：患肢术后皮肤麻木，踝及足趾活动自如，现右足及踝关节活动障碍，分析：患肢膝及小腿轻度肿胀，张力与术前相当，按之不硬，无张力性水疱形成，足趾被动牵拉试验阴性，加之家属自诉有患肢外展位休息，考虑：①患肢神经水肿；②患肢体位压迫，不能除外患肢骨 – 筋膜室综合征的可能。治疗：应用活血化淤、扩血管、神经营养及脱水等药物，密切注意末梢血运。已执行。

病情交代谈话记录

谈话时间：2013 年 8 月 9 日 17 时。

（前略）术后 8 月 8 日上午患肢足及踝均活动自如，但皮肤麻木感觉减退。下午右膝外侧因压迫出现右足皮肤麻木加重，足趾及踝关节活动障碍，考虑为右侧腓总神经压迫所致。给予对症应用活血化淤及神经营养药物治疗。先密切注意病情变化，并及时进一步处理。

2013 年 8 月 10 日 5:45。患者已自动离院，未见患者。

出院记录

出院情况：患者于 8 月 10 日 5:45 自动离院，未见患者。

××市第一人民医院超声检查报告单（姓名：刘××，打印时间：2013年 8 月 8 日 01:33，超声号：491）载，超声所见：右下肢胫前动脉及静脉壁光滑，血流充盈可，腔内未见明显异常回声。血流频谱形态及各项参数未见明显异常。超声提示：右下胫前动脉及静脉未见明显异常。

××市第一人民医院超声检查报告单（姓名：刘××，打印时间：2013年 8 月 8 日 09:41，超声号：494）载，超声所见：右下肢胫前动脉及足背动脉未探及明显血流频谱。右下肢胫后动脉及静脉、胫前静脉管壁光滑，血流充盈可，腔内未见明显异常回声，血流频谱形态及各项参数未见明显异常。超声提示：右下肢胫前动脉未见血流频谱。

2. ××市第二人民医院住院病历

入院日期：2013 年 8 月 10 日。

出院日期：2013 年 8 月 20 日。

入院情况：……右侧小腿近端前外侧可见一长约 20 cm 的术后缝合伤口，伤口稍红，少量渗出，皮缘对合可。右小腿肿胀严重，红白反应慢，感觉迟钝，足趾背伸牵拉痛，足背、胫后动脉搏动未触及。切开减张处组织颜色暗红，局部青黑色坏死，肿胀严重。

入院记录

主　　诉：右胫腓骨骨折内固定术后，右下肢活动受限 2 天。

现 病 史：患者源于 2 天前外伤致右胫腓骨骨折，即到 ×× 医院就诊，行"右胫骨切开内固定术"手术，其他治疗不详。术后患肢肿胀、活动受限，为求进一步诊治，今特来我院，门诊以"右胫腓骨骨折内固定术后"收入院。

体格检查：体温 36.7 ℃；脉搏 76 次 / 分；呼吸 19 次 / 分；血压 120/70 mmHg。

专科情况

（前略）右侧小腿近端前外侧可见长约 20 cm 术后缝合伤口，伤口稍红，少量渗出，皮缘对合可。右下腿肿胀严重，红白反应慢，感觉迟钝，足趾背伸牵拉痛，足背、胫后动脉搏动未触及。

入院诊断：右胫腓骨骨折内固定术后，骨 – 筋膜室综合征。

辅助检查：X 线片（×× 医院，2013 年 8 月 7 日）示右胫腓骨骨折。

初步诊断：右胫腓骨骨折内固定术后，骨 – 筋膜室综合征。

操作记录

操作日期：2013 年 8 月 10 日。

操作名称：右小腿骨 – 筋膜室综合征切开减张术。

操作经过：暴露患侧小腿，沿腓骨小头于外踝连线切开右小腿外侧皮肤，长约 30 cm，一次切开皮肤、皮下组织、深筋膜，分离骨 – 筋膜减轻张力；内侧于胫骨缘后 2 cm 切开，依次切开皮肤、皮下组织、深筋膜，减张，长约 35 cm，凡士林覆盖，无菌敷料包扎。术毕，查患者末梢血运差，患足各趾活动不能，感觉迟钝。

病程记录

2013 年 8 月 11 日。……伤口敷料包扎，大量渗出，切开减张处组织颜色暗红，局部青黑色坏死，未见明显感染迹象，右小腿肿胀严重，红白反应慢，感觉迟钝，足趾背伸牵拉痛，足背、胫后动脉搏动未触及。

2013 年 8 月 12 日。……伤口敷料包扎，大量渗出，切开减张处组织颜色暗红，未见明显感染迹象，右小腿肿胀严重，红白反应慢，感觉迟钝，足趾背伸牵拉痛，足背、胫后动脉搏动未触及。

2013 年 8 月 15 日。……伤口敷料包扎，大量渗出，切开减张处组织颜色暗红，未见明显感染迹象，右小腿肿胀严重，红白反应慢，感觉迟钝，足趾背伸牵拉痛，足背、胫后动脉搏动未触及。

2013 年 8 月 17 日。……伤口敷料包扎，大量渗出，切开减张处组织颜色暗红，未见明显感染迹象，肿胀严重，红白反应慢，感觉迟钝，足趾背伸牵拉痛，足背、胫后动脉搏动未触及。向患者及家属交代病情，明日给予清创处理，清除坏死组织。

手术记录

手术日期：2013 年 8 月 18 日。

手术名称：右小腿扩创术。

手术经过：……新洁尔灭（苯扎溴铵）浸泡伤口 5 分钟，生理盐水冲洗，新洁尔灭 – 生理盐水 – 双氧水反复冲洗伤口，可见右小腿内外侧伤口均开放，外侧创面内胫前肌肉大部分坏死，呈鱼肉样改变，去除坏死组织，彻底止血，生理盐水冲洗，清点器械、敷料无误，凡士林覆盖创面，无菌敷料包扎，术毕。

病程记录

2013 年 8 月 19 日。患者术后第一天，一般情况可，诉手术切口处疼痛。查体：体温最高 39 ℃，伤口敷料包扎，大量渗出，切开减张处组织颜色暗红，肿胀严重，红白反应慢，感觉迟钝，足趾背伸牵拉痛，足背、胫后动脉搏动未触及。血常规：WBC 14.23×10^9/L。

2013 年 8 月 20 日。患者术后第二天，查体：体温最高 39 ℃，伤口敷料包扎，术后缝合切口渗出明显减少，切开减张处组织颜色暗红，肿胀严重，红白反应慢，感觉迟钝，足趾背伸牵拉痛，足趾各趾红白反应慢，感觉迟钝，足背、胫后动脉搏动未触及。遵医嘱给予地塞米松 10 mg 入壶。患者家属要求转往 ×× 市第三人民医院，请示主任后，指示给予出院指导。

出院记录

出院情况：……查体：体温 37.5 ℃，伤口敷料渗出较多，右足血运差，中足以远皮温低，皮肤颜色发暗，痛觉过敏，患者家属要求转往 ×× 市第三人民医院。

出院医嘱：①保持伤口清洁干燥，定期换药；②必要时手术截肢；③1 周后复查，不适随诊。

××市第二人民医院彩色超声影像检查报告单（姓名：刘××，报告日期：2013年8月10日，超声号：ZY00023458）载，影像描述：……右侧胫前动脉、足背动脉频谱低平……超声提示：右侧胫前动脉、足背动脉频谱异常。

××市第二人民医院彩色超声影像检查报告单（姓名：刘××，报告日期：2013年8月12日，超声号：ZY201300028802）载，影像描述：……右侧足背动脉频谱低平……超声提示：右侧足背动脉频谱异常。

3. ××市第三人民医院24小时内入出院记录

入院时间：2013年8月20日。

出院时间：2013年8月21日。

主　　诉：右胫腓骨内固定术后、右下肢活动受限并软组织坏死13天。

入院时情况：患者源于入院前13天外伤致右胫腓骨骨折，即到××市第一人民医院就诊，行"右胫骨平台骨折切开复位内固定"手术，其他治疗不详，术后患肢肿胀、活动受限，于术后第二天转××市第二人民医院就诊，给予切开减张、应用抗生素、消肿等治疗，右小腿软组织坏死情况无明显好转。院方认为右小腿软组织已经大部分坏死，保肢无望，建议截肢，遂来我院求住，经急诊检查后以"右小腿骨－筋膜室综合征"收入院治疗。骨科情况见：右小腿轻度肿胀，有足背侧呈花斑状，右小腿外侧及内后侧均可见长约25.0 cm的皮肤切口，切口内肌肉组织向外膨隆，肌肉组织大部呈鱼肉样，无弹性及明显出血；右小腿近端前外侧可见长约20 cm的手术切口，拆开缝合线后可见暗红色分泌物流出，伤口内皮下软组织均已呈鱼肉样坏死，胫骨外露，足部皮温较低，足趾红白反应不明显，足部皮肤感觉迟钝，不能正确定位，足趾牵拉痛，足背、胫后动脉均未触及……

入院诊断：右胫骨平台骨折术后；骨–筋膜室综合征。

诊疗经过：患者入院后立即给予右下肢血管造影、伤口换药、输液治疗并观察病情。

出院情况：患者一般情况可，体温较高，诉右小腿疼痛不适，右足部皮温较低，足趾红白反应不明显，足部皮肤感觉迟钝，不能正确定位，足趾牵拉痛，足背、胫后动脉均未触及。

出院医嘱：转上级医院进一步治疗。

4. ××市第二人民医院住院病历

入院时间：2013 年 8 月 21 日。

出院时间：2013 年 9 月 28 日。

入院记录

主　诉：右小腿外伤术后 14 天，伤口感染，软组织坏死。

现 病 史：……今伤口感染，软组织坏死，多方诊治无效后来我院就诊，门诊以"右小腿外伤术后"收入院。

体格检查：体温 36.2 ℃；脉搏 88 次 / 分；呼吸 22 次 / 分；血压 108/69 mmHg。

专科情况：……右侧小腿近端前外侧可见两处长约 5 cm 未愈合术后伤口，伤口深达骨质，内固定钢板裸露，脓性分泌物渗出伴恶臭，皮温高，皮缘血运差，感觉迟钝。中段内外侧各有 1 处长约 15 cm 减张后伤口，未缝合，肌肉裸露，部分肌肉颜色暗红，脓性分泌物渗出，皮温高，感觉稍迟钝。胫前肌足背动脉未触及，足背皮下淤斑，感觉过敏，其余各趾血运差，皮温低，感觉迟钝。

初步诊断：右小腿外伤术后；伤口感染；软组织坏死。

手术记录 1

手术日期：2013 年 8 月 25 日。

手术名称：开放截肢术。

手术经过：……探见右小腿肿胀，切开减张处有坏死组织流出，小腿肌肉内、后、外侧肌群呈鱼肉样变，肿胀液化性坏死，右小腿中下三分之一以远出现淤斑，足端麻木，红白反应消失，创面及切口有大量脓性分泌物，鉴于创面坏死组织较多，界限模糊，感染较重，先行右膝关节离断，处理好腘动脉、腘静脉，用锐刀截断胫神经及腓总神经，清除坏死失活组织，保留膝关节平面下 7 cm 皮肤及筋膜。包扎，术毕，手术顺利，安返病房。

手术记录 2

手术日期：2013 年 9 月 1 日。

手术名称：右小腿扩创术。

手术经过：……打开伤口敷料，见右下肢残端软组织外露，无明显活动性出血，皮肤、肌肉部分坏死，中度污染，脓性渗出。常规碘伏消毒，铺无菌巾。大量生理盐水、双氧水反复冲洗后，彻底止血。清点器械、纱布无误，减张缝合，缩小创面。

手术记录 3

手术日期：2013 年 9 月 6 日。

手术名称：右下肢残端清创缝合术。

手术经过：……见右膝关节残端无骨质外露，无明显活动性出血，部分肌肉外露。常规碘伏消毒，铺无菌巾。大量生理盐水、双氧水反复冲洗，去除皮缘 2 mm，去除坏死无活性的肌肉、软组织。大量新洁尔灭、生理盐水浸泡冲洗后，彻底止血。清点器械、纱布无误，缝合创面，皮下置引流条。

出院记录

出院情况：……右膝关节处有一长约 25 cm 截肢后缝合伤口，伤口敷料清洁、干燥、无渗出，皮缘对合可，无红肿，血运可，感觉稍迟钝。

出院医嘱：①保持伤口敷料清洁、干燥；②积极进行康复锻炼；③1 周后复查；④不适随诊。

三、鉴定过程

1. 简要过程

接受鉴定委托后，我们对送检材料进行了文证审查，于 2015 年 4 月 10 日组织鉴定所涉及的双方当事人进行听证及专家咨询会，会上本案鉴定人向医患双方告知了本案鉴定人员及鉴定相关事项，医患双方分别陈述了意见，并回答了鉴定人员及临床专家的提问。经过鉴定人认真分析、讨论，达成一致意见，制作本鉴定文书。

2. 法医临床学检查

被鉴定人刘 ×× 截肢术后 1 年 8 个月来我所检查。

自诉目前情况：右下肢截肢术后。

检查：跛行步态，右下肢佩戴假肢。右下肢膝离断，仅余残端，残端可见长 21.0 cm×0.2 cm 瘢痕。右大腿肌容量明显减低。双下肢长度：右（脐至残端）59.0 cm，左（脐至内踝）92.0 cm。

3. 阅片意见

右膝关节 X 线片（2013 年 8 月 7 日）示：右侧胫骨平台粉碎性骨折，右膝关节脱位，右腓骨上段骨折。

右膝关节 X 线片（2013 年 8 月 10 日）示：右胫骨平台骨折内固定术后，内固定物在位，骨折断端对位、对线可，右膝关节内外间隙可。

右膝关节 X 线片（2013 年 9 月 9 日）示：右膝关节截肢术后，右胫骨远端以远缺如。

4. 鉴定意见

××市第一人民医院对被鉴定人刘××的诊疗行为中存在对出现的下肢血液循环障碍重视程度不够，未采取积极救治措施的过错。××市第一人民医院的医疗过错在被鉴定人刘××右小腿被截肢的损害后果中起主要作用（参考值 75%）。

四、分析说明

根据现有病历资料，并请有关专家会诊，现就相关问题分析如下。

（一）关于××市第一人民医院的诊疗行为评价

1. 骨折合并血管损伤诊断明确

被鉴定人刘××因外伤于 2013 年 8 月 7 日入××市第一人民医院诊

治。入院外科情况示"右侧小腿上段前外侧胫骨结节下 3 cm 水平有不规则伤口，长约 3 cm，边缘不齐，活动出血，有脂肪滴溢出，深及骨质，局部触痛，有骨擦感。右下肢纵向叩击痛阳性，右小腿外侧下段及右足背皮肤麻木，感觉减退，足背及胫后动脉未触及，右足较左侧皮温低，皮肤发绀"，辅助检查示"右侧胫骨平台粉碎性骨折，伴右膝关节脱位，右侧腓骨近端骨折"。其入院后自觉"剧烈疼痛"，皮肤发绀、感觉减退、皮肤麻木，并且足背及胫后动脉未触及，说明其存在明确的下肢血液循环障碍。入院诊断为"右侧胫骨平台开放性粉碎性骨折，膝关节脱位伴血管、神经损伤；右侧腓骨近端骨折"。骨折合并血管损伤诊断明确。

2. 院方存在对下肢血液循环障碍重视程度不够，未采取积极救治措施的过错

临床实践中，胫腓骨骨折移位合并血管损伤时，常可造成胫前、胫后动脉损伤。早期诊断或高度怀疑有血管损伤时，应毫不迟疑地进行手术探查。修复血管、重建血液循环以保存肢体、恢复功能是治疗此类损伤的原则。

被鉴定人刘××入院症状、体征提示存在明确的血管损伤。同时，院方术前讨论示"诊断为右侧胫骨平台粉碎性骨折，膝关节脱位伴血管、神经损伤，右腓骨近端骨折……患者右下肢皮温低，感觉及足背、胫后动脉搏动均异常，脱位对血管、神经损伤影响明确"，说明院方术前已经意识到血管损伤的情况。

被鉴定人刘××于 8 月 8 日凌晨行"清创＋骨折切开复位内固定术"，5:40 术毕，手术经过示"创口内置引流管 1 根……术毕右足背动脉及胫后动脉搏动未触及，末梢血运差，皮温较对侧略低"；术后当日上午 9:00 查体示"右侧腘窝及膝外侧皮肤明显青紫，引流管通畅，引流物为少量暗红色血液……足背、足底及踝部皮肤麻木，深浅感觉均减退。足背及胫后动脉搏动未触及，末梢血运欠佳"；术后当日上午 9:45 右下肢血管彩超回报示"右侧胫前动脉及足背动脉未探及明显血流频谱";术后当日 16:00 查体示"肢端血运欠佳,足背动脉未触及,足趾不能活动";术后第二天 10:00 查体示"膝疼痛,右足麻木,活动障碍……引流液为暗红色,约 70 ml,腘窝皮肤 6 cm×10 cm 大小,青紫,右膝略肿胀,小腿轻度肿胀"。这说明其术后一直存在血管损伤表现,且呈逐步加重趋势。但是,经阅送检资料,院方在术前明确存在血管损伤表现后,并未在术中行手术探查,以明确血管损伤的具体位置和程度。在术后持续存在血管损伤表现且持续加重的情况下,直至 8 月 10 日 5:45 患者自动离院前,也未见进行血管损伤的临床干预、会诊或转诊等处置的记录。

分析认为,院方存在对出现的下肢血液循环障碍重视程度不够,未采取积极救治措施的过错。

(二)关于过错行为与右小腿截肢损害后果之间的因果关系

被鉴定人刘××自 2013 年 8 月 10 日自动离院后,于当日入××市第二人民医院诊治。入院诊断:右胫腓骨骨折内固定术后,骨-筋膜室综合征。后虽经"右小腿骨-筋膜室综合征切开减张术""右小腿扩创术"等治疗,但最终保肢无望,于 8 月 25 日行右小腿"开放截肢术",现遗留有右小腿截肢的损害后果。

临床实践中,骨-筋膜室综合征和血管损伤是胫腓骨骨折最主要的并发症,是临床急症之一,多由骨折所致的动脉损伤导致。临床表现为疼痛、肿胀、局部压痛、感觉异常、无脉和牵拉痛等。处理骨-筋膜室综合征切忌以消除肿胀为目的的保守治疗,如绑带加压包扎、抬高患肢和局部物理降温等。早期减压是唯一正确的处置方法,一般需在临床症状出现后 12 小时内手术,否则会造成肌肉、神经不可逆的损害结果。

被鉴定人刘××伤后即有血管损伤的临床表现,术前、术后均存在"皮肤麻木,感觉减退"等感觉异常,以及"足背动脉及胫后动脉搏动未触及"的无脉表现。其右小腿肿胀、疼痛、压痛,足趾被动活动时疼痛等症状持续存在。此时院方应高度怀疑骨－筋膜室综合征的可能，尽早进行切开减压，或转院治疗等临床处置。但院方并未明确其血管损伤的部位和程度，未对血管损伤进行及时处置，也未及时明确骨－筋膜室综合征诊断，未进行相应切开处理，而是进行右下肢抬高、弹力绷带包扎、消肿止痛等治疗。直至离院，骨－筋膜室综合征等临床表现已逾2天。

被鉴定人刘××入××市第二人民医院诊治后，入院即给予"骨－筋膜室综合征"的诊断，并行"右小腿骨－筋膜室综合征切开减张术"处置，但其"末梢血运差，患足各趾活动不能，感觉迟钝……切开减张处组织颜色暗红，局部青黑色坏死，肿胀严重，红白反应慢，感觉迟钝，足趾背伸牵拉痛，足背、胫后动脉搏动未触及"，后虽经"右小腿扩创术"，其"外侧创面内胫前肌肉大部分坏死，呈鱼肉样改变"，保肢无望。这说明其伤后骨－筋膜室综合征表现明确，且症状不可逆转。

经阅送检资料，××市第一人民医院在对被鉴定人刘××的诊治过程中，虽然骨折合并血管损伤诊断明确，但存在对出现的下肢血液循环障碍重视程度不够，未采取积极救治措施的过错。该过错可使后期出现的骨－筋膜室综合征持续加重不可逆转，导致右小腿截肢的损害后果。但考虑到其原始损伤为胫腓骨双骨折，骨折呈开放性、粉碎性，膝关节脱位伴血管损伤。原始损伤较为严重，是血管损伤和骨－筋膜室综合征的始动因素，在最终的损害后果中亦有少部分参与。

分析认为，××市第一人民医院的医疗过错在被鉴定人刘××右小腿被截肢的损害后果中起主要作用（参考值75%）。

◢ 五、启示

骨－筋膜室综合征是一种潜在威胁生命的紧急状况，主要影响四肢的肌肉间隔区。在人体解剖结构中，肌肉及相关的神经血管束被坚韧且无弹性纤维组成的筋膜鞘包裹，形成了特定的封闭空间，称为筋膜室。当筋膜室内受创伤或其他因素导致出血或水肿而产生内压升高时，可压迫该区域的血管，进而阻碍血液循环，导致缺血、缺氧及代谢废物堆积，最终引发细胞毒性水肿和组织缺血性坏死。

若未能得到及时有效的治疗，骨－筋膜室综合征将导致不可逆的肌肉坏死、神经功能障碍及继发性器官损害，特别是肾功能不全，严重情况下甚至可导致肢体功能丧失或迫不得已进行截肢。此外，长期缺血可引发肌红蛋白尿，进一步加重肾功能负担。

鉴于骨－筋膜室综合征的严重后果及其进展速度，早期识别其典型症状，包括剧烈疼痛、感觉异常、肌肉僵硬、麻痹和皮肤色泽改变，即所谓的"5P"征象，并迅速采取相应的医疗干预措施至关重要。临床实践中，一旦高度怀疑本病，应立即准备行骨－筋膜室切开减压术，以缓解筋膜室内高压状态，挽救受累组织，防止病情进一步恶化。同时，密切监测患者的生命体征及实验室指标，提供必要的支持性治疗也是不可或缺的环节。

本案例涉及患者刘××，其右下肢遭受外伤，导致右侧胫骨平台开放性粉碎性骨折、膝关节脱位伴血管、神经损伤，以及右侧腓骨近端骨折。患者于××市第一人民医院接受了手术治疗，但术后出现了血液循环障碍，并进一步恶化为骨－筋膜室综合征，最终不得不接受右小腿截肢手术。

在对患者刘××的诊疗过程中，××市第一人民医院存在以下问题：尽管患者入院时，医院对其病情进行了明确诊断，并确认了骨折合并血管损伤的存在，但术前所认识到的可能存在血管损伤，在实际手术过程中未对血管损伤进行详细的探查及处理。术后患者持续表现出血液循环障碍的症状，如足背动脉搏动消失、足趾不能活动等。然而，医院未能及时识别这些症状的重要性和紧迫性，也未采取必要的紧急处理措施来缓解或解决血液循环障碍的问题。

患者刘××由于骨－筋膜室综合征的发展，最终不得不接受右小腿截肢手术，面临严重的身体残疾。从医学角度来看，患者所遭受的损害后果与其初始的外伤性损伤及随后的医疗处置不当之间存在直接关联。尽管初始损伤较为严重，但医院在处理过程中的疏忽，特别是未能及时识别和处理血液循环障碍，成为其最终截肢的关键因素。如果能够及时识别并处理血液循环障碍，则有可能避免或减少截肢的风险。

对于开放性骨折，尤其是伴有血管、神经损伤的患者，医务人员必须高度警惕血液循环障碍的可能性，并迅速采取相应的诊断和治疗措施。一旦怀疑存在血管损伤，应立即进行手术探查，并尽快实施血管修复术，恢复血液循环。术后应密切监测患者的末梢血液循环情况，一旦发现任何异常迹象，应立即采取相应的干预措施，必要时应及时将患者转诊至具备相应处理能力的医疗机构。医疗机构应当加强对骨－筋膜室综合征这一急症的认识，确保快速识别并有效处理，从而避免不可逆的组织损伤。建立并严格执行针对此类急症的标准化诊疗流程，确保每个诊疗环节都有明确的责任人，以减少人为因素造成的医疗失误。

案例 ❹ 未放置引流、未行细菌培养及药敏试验致植皮皮瓣坏死

一、案例背景

1. 基本情况

委托单位：×× 市人民法院。

委托事项：×× 市第一人民医院对刘 ×× 的诊疗行为是否存在过错；若存在过错，该过错行为与刘 ×× 的损害后果之间是否存在因果关系及责任程度。

鉴定材料：×× 市第一人民医院住院病历复印件 1 册；×× 市第二人民医院住院病历手册 1 册；影像学照片 11 张。

2. 案情摘要

据本案相关材料载：患者刘 ×× 因摔伤于 2013 年 5 月 11 日入住被告 ×× 市第一人民医院，入院诊断为"右胫骨远端粉碎性骨折；右腓骨上段斜行骨折"，入院经骨折切开复位内固定术，术后出现皮瓣缺损、肉芽组织生长一般等体征。后于 6 月 25 日转至 ×× 市第二人民医院继续诊治，诊断为"右小腿慢性溃疡伴感染；胫骨前肌腱坏死；踇长伸肌腱坏死；趾长伸肌腱坏死"，经清创、皮瓣修复、植皮等处置。现患方认为：被告 ×× 市第一人民医院在对患者刘 ×× 进行诊疗过程中存在过错，造成患者溃疡、肌腱坏死等后果，故起诉至法院，要求赔偿损失。

3. 听证意见

患方认为：院方术前未制定完整手术方案，对术中和术后可能出现的并发症评估不足，术前准备不够充分；手术入路选择不当；术中未放置引流管，促进皮瓣缺血性坏死；出现皮瓣坏死、肌腱外露后未及时处理；未予输血；未做分泌物培养及药敏试验。

医方认为：医疗行为严格按照医疗常规进行，不存在医疗过失行为。

二、病史摘要

1. ××市第一人民医院住院病历

住院日期：2013 年 5 月 11 日。

出院日期：2013 年 6 月 23 日。

入院记录

主 诉：不慎从高处摔倒，致右小腿肿痛、畸形、活动障碍 2 天。

现 病 史：患者于 2 天前修理家中屋顶时不慎从约 2 m 高的高处摔倒，致伤右小腿，伤后右小腿肿痛、畸形，活动受限，不能站立行走，当时无昏迷，无面色苍白、肢体麻木，无趾端湿冷，无胸闷及气促，无腹胀及腹痛，无四肢抽搐，伤后未做任何处理，遂来我院就诊，急诊予行相关检查后，拟诊"右胫骨下部粉碎性骨折；右腓骨上部斜行骨折"，收住我科。致伤以来，患者神清，精神可，饮食可，睡眠可，大小便正常。

体格检查：体温 36.2 ℃；脉搏 85 次 / 分；呼吸 20 次 / 分；血压 130/

80 mmHg。

专科情况

右小腿肿胀，淤血，畸形，右足各足趾末梢血运良好，可触及骨擦感，压痛及叩击痛，异常活动，患肢短缩约 2 cm，小腿部周径增大，牵趾试验（−）。

辅助检查：右侧胫腓骨正侧位片示右胫骨下部粉碎性骨折，右腓骨上部斜行骨折。

初步诊断：①右胫骨远端粉碎性骨折；②右腓骨上段斜行骨折。

首次病程记录

诊疗计划：①完善相关检查；②予补液、消肿等对症支持治疗；③择期手术治疗。

病程记录

2013 年 5 月 11 日。患者一般情况可……完善相关检查，择期手术治疗，现予补液、消肿等对症支持治疗，目前就患者病情及预后，向患者及家属交代清楚，患者及家属表示理解，并签字为证。

2013 年 5 月 13 日。……复查血生化钾 3.13 mmol/L，择期手术治疗……目前就患者病情及预后，向患者及家属交代清楚，患者及家属表示理解，并签字为证。

2013 年 5 月 15 日。患者一般情况可，诉患肢稍肿胀……右小腿稍肿胀，畸形，淤血，压痛，可触及骨擦感，异常活动，患肢短缩约 2 cm，患肢周径增大，右足各足趾末梢血运良好，牵趾试验（−），目前急需予补液、消肿等对症支持治疗，待右小腿消肿后，择期手术治疗，密切观察病情变化。

2013 年 5 月 18 日。患者一般情况可，诉患肢肿胀，疼痛较前明显好转……右小腿及足背肿胀较前明显消退，畸形，淤血，压痛，可触及骨擦感，异常活动……患者目前病情尚平稳，待右小腿消肿后，择期手术治疗，密切观察病情变化。

2013 年 5 月 20 日。患者一般情况可，诉患肢肿胀，疼痛较前明显好转……右小腿及足背皮肤皱褶、畸形、淤血、压痛，可触及骨擦感，异常活动……患者目前病情尚平稳，可行手术治疗，密切观察病情变化。

术前小结

时　　间：2013 年 5 月 20 日。

手术指征：①右胫骨下部粉碎性骨折；②右腓骨上部斜行骨折。

拟行手术名称与术式：右胫骨远端粉碎性骨折及腓骨上段斜行骨折切开复位内固定术＋植骨术。

麻醉方式：腰硬联合麻醉。

注意事项：术前积极完善各项检查，禁食水，备皮，更衣，术中避免损伤神经、血管、肌腱等软组织，术后避免切口感染、骨髓炎、骨折不愈合、急性愈合、关节活动障碍以及创伤性关节炎等。

手术知情同意书

拟施手术名称：切开复位内固定术＋植骨术。

手术可能产生的风险及医生的对策：伤口并发症，如出血、血肿、浆液肿、感染、裂开、不愈合、瘘管及窦道形成……再次手术；……术中复位困难，骨折端对位不良；术后骨髓炎、骨折不愈合、畸形愈合；术后内固定物松动、折断；术后创伤性关节炎、行走疼痛、活动障碍。

签　　名：刘××。日期：2013 年 5 月 20 日。

手术记录

手术日期：2013 年 5 月 21 日。

手术名称： 右胫骨 Pillon 骨折、右腓骨上段斜行骨折切开复位内固定术＋植骨术。

手术经过： 麻醉生效后取患者仰卧位，常规消毒，铺巾。以腓骨骨折端为中心，沿着腓骨轴线做一切口约 10 cm，切开皮肤、皮下组织、深筋膜层，由腓骨短肌外侧缘钝性分离进入骨折端，可见腓骨上段斜行骨折，骨折端分离、移位、成角畸形。清除骨折端血肿和软组织，直视下复位骨折块和骨折端，检查骨折端对位、对线良好。用一钛质骨板置于腓骨外侧并夹持固定骨折端，钻孔，拧入螺钉固定牢固。点数无误，逐层缝合切口。距离胫骨脊外侧约 1 cm，沿着胫骨轴线做一跨过膝关节的纵向切口长约 20 cm，切开皮肤、皮下组织、深筋膜层，纵行切开伸肌支持带和关节囊，由胫前肌内侧缘钝性分离进入骨折端。可见胫骨下段呈粉碎性骨折，外侧有一个骨碎块，前侧有两个骨碎块，后内侧有两个骨碎块，各骨碎块均累及关节面，导致关节面不平整，中前部关节面凹陷，形成的关节面阶梯大于 4 mm。清除骨折端血肿和软组织，直视下复位骨折块，撬起凹陷的关节面，检查骨折块对位良好，关节面平整，胫骨的力线和长度正常。用克氏针临时固定骨折块，用一胫骨远端前外侧钛质锁定板置于胫骨前外侧夹持固定骨折块，钻孔，拧入螺钉固定牢固，拔除临时固定的克氏针，取双侧髂骨充分植骨。点数无误，修补伸肌支持带和关节囊，逐层缝合切口。术程顺利，术中出血少。术毕，安返病房。

病程记录

2013 年 5 月 22 日。患者今为术后第 1 天，一般情况可，诉切口疼痛，能忍受，伴有低热，最高达 38.2 ℃……切口敷料渗血，水肿，皮瓣稍有发黑，患肢无麻木感……考虑出现皮瓣坏死，给予甘露醇消肿，预防感染，促进骨折愈合等对症治疗，必要时再调整治疗方案。因患者有长期吸烟，可引起皮瓣坏死及骨折不愈合等并发症，已劝说无效，严密观察切口皮瓣变化情况。

2013 年 5 月 23 日。患者今为术后第 2 天，一般情况可，诉切口疼痛，能忍受，伴有低热，最高达 38.0 ℃……切口敷料渗血，水肿，皮瓣稍有发黑，患肢无麻木感……考虑出现皮瓣坏死，给予甘露醇消肿，预防感染，促进骨折愈合等对症治疗，必要时再调整治疗方案。已将病情、预后向其家属交代清楚，其家属表示理解，并签名。嘱严密观察切口愈合情况。

2013 年 5 月 25 日。患者今为术后第 4 天，一般情况可，诉切口疼痛较前明显减轻，无发烧及畏寒，无患肢麻木感……切口敷料渗液，水肿，皮瓣部分发黑，足背及小腿皮肤皱褶，已消肿，患者无麻木感。复查血常规提示白细胞 $11.63 \times 10^9/L$，血红蛋白 62 g/L，C 反应蛋白 86.9 mg/L。该患者考虑出现皮瓣坏死并感染，中度贫血，今给予停用甘露醇消肿治疗，继续给予新血宝胶囊纠正贫血、促进骨折愈合等对症治疗，必要时再调整治疗方案。再次将其病情、预后情况向其家属交代清楚，其家属表示理解，并签名。嘱严密观察切口愈合情况。

2013 年 5 月 28 日。患者今为术后第 7 天，一般情况可，诉切口疼痛不剧烈，无发烧及畏寒，无患肢麻木感……切口敷料渗液，水肿，皮瓣部分发黑，苍白……再次将其病情、预后情况向其家属交代清楚，其家属表示理解，并签名。嘱严密观察切口愈合情况。

2013 年 6 月 1 日。患者今为术后第 11 天，一般情况可，诉切口疼痛，不剧，无发烧及畏寒，无患肢麻木感……切口敷料渗液，水肿，皮瓣部分发黑，苍白，诊断为切口皮瓣坏死，今给予清除坏死皮瓣……并将其病情、预后情况向其家属交代清楚，其家属表示理解。嘱严密观察切口愈合情况。

2013 年 6 月 3 日。患者一般情况可，诉伤口稍有疼痛，无发烧，无患肢麻木感。查体：右小腿前侧有一大小约 4.0 cm×8.0 cm 皮肤缺损，胫前肌腱外露，苍白，钢板外露，有少许肉芽组织生长，有少许脓性分泌物……考虑胫前肌腱坏死以及骨髓炎的发生，为尽快让肉芽组织覆盖，建议行右小腿皮瓣缺损VSD覆盖术，并将其病情、预后情况以及术中、术后并发症向其家属交代清楚，其家属表示理解，并签名。

手术知情同意书

拟施手术名称：右胫腓骨骨折术后感染清创 VSD 覆盖术。

手术可能产生的风险及医生的对策：伤口并发症，如出血、血肿、浆液肿、感染、裂开、不愈合、瘘管及窦道形成……再次手术；……术后漏气、手术失败，再次手术；术后肉芽组织不良，需再次手术；术后肌腱缺血性坏死。签名：刘××。日期：2013 年 6 月 6 日。

手术记录

手术日期：2013 年 6 月 7 日。

手术名称：右胫骨 Pillon 骨折术后皮瓣坏死并感染清创 VSD 覆盖术。

手术经过：麻醉成功后，取患者平卧位，上止血带，发现为右小腿前侧有一大小约 4.0 cm×8.0 cm 皮肤缺损，胫前肌腱外露，苍白，钢板外露，有少许肉芽组织生长，有少许脓性分泌物，先取双氧水、生理盐水反复冲洗伤口，常规消毒，铺巾，修剪伤口边缘感染，再次取双氧水、生理盐水以及安尔碘反复冲洗伤口，干净后，取一块医用 PVA 绵修剪成大小约 4.0 cm×8.0 cm 覆盖皮肤缺损处并缝合固定，再取一个吸盘及生物半透膜覆盖，连接引流管，检查未漏气。术程顺利，术后生命体征平稳，安返病房。

病程记录

2013 年 6 月 8 日。患者一般情况可，诉伤口偶有疼痛，无发烧，无患肢麻木感。查体：封闭负压引流管通畅，未见漏气……该患者术后病情尚平稳，治疗上给予抗炎、止痛等对症治疗，必要时再调整治疗方案，并将其病情、预后情况向其家属交代清楚，其家属表示理解，并签名。

2013 年 6 月 9 日。患者一般情况可，诉伤口偶有疼痛，无发烧，无患肢麻木感。查体：封闭负压引流管通畅，未见漏气……该患者术后病情尚平稳，治疗上给予抗炎、止痛等对症治疗，必要时再调整治疗方案，并将其病情、预后情况向其家属交代清楚，其家属表示理解，并签名。

2013 年 6 月 12 日。患者一般情况可，诉伤口偶有疼痛，无发烧，无患肢麻木感。查体：封闭负压引流管通畅，未见漏气。该患者术后病情尚平稳，治疗上给予继续灌注封闭负压引流，必要时再调整治疗方案，并将其病情、可能出现肌腱坏死及骨髓炎向其家属交代清楚，其家属表示理解，并签名。

2013 年 6 月 16 日。患者一般情况可，诉伤口偶有疼痛，无发烧，无患肢麻木感。查体：封闭负压引流管通畅，未见漏气。该患者术后病情尚平稳，今灌注封闭负压引流有 9 天时间，可以停用……认为该患者出现肌腱坏死以及骨髓炎，建议给予生肌膏换药，促进肉芽组织生长，并再次将其病情、预后情况向其家属交代清楚，其家属表示理解，并签名。

2013 年 6 月 20 日。患者一般情况可，诉伤口偶有疼痛，无发烧，无患肢麻木感。查体：右小腿前侧可见一长约 3.5 cm × 8.0 cm 皮瓣缺损，胫前肌外露，苍白，肉芽组织生长一般，有少许脓苔。该患者出现胫前肌腱、皮瓣缺损，建议转上级医院进一步诊治，其家属考虑后再决定，继续给予换药处理，继续观察。

2013 年 6 月 23 日。患者一般情况可，诉伤口偶有疼痛，无发烧，无患肢麻木感。查体：右小腿前侧可见一长约 3.5 cm × 8.0 cm 皮瓣缺损，胫前肌外露，苍白，肉芽组织生长一般，有少许脓苔。该患者出现胫前肌腱、皮瓣缺损，建议转上级医院进一步诊治，其家属表示同意，给予办理出院手续。

出院记录

出院时情况：患者一般情况可，患者无发烧，无头痛及头晕，无恶心及呕吐，无患肢麻木感。查体：右小腿前侧可见一长约 3.5 cm×8.0 cm 皮瓣缺损，胫前肌外露，苍白，肉芽组织生长一般，有少许脓苔。

出院诊断：①右胫骨下部粉碎性骨折；②右腓骨上部斜行骨折。

出院医嘱：①随访；②如有不适感随时就诊；③定期复查 X 线检查（1 个月后和 3 个月后）；④加强功能锻炼；⑤建议转上级医院就诊。

2. ××市第二人民医院住院病历

住院日期：2013 年 6 月 25 日。

出院日期：2013 年 7 月 29 日。

入院记录

主　　诉：右小腿溃烂 1 个月。

现 病 史：缘于 1 个月前，患者右小腿创口渗液，在当地医院治疗（具体治疗不详），创面未见好转，逐渐加深、变大，创面出现分泌物，为求进一步治疗，来我院就诊，门诊以"右小腿溃疡并感染"收住院。

体格检查：体温 36.5 ℃；脉搏 78 次 / 分；呼吸 20 次 / 分；血压 133/88 mmHg。

专科检查

右小腿近踝关节处可见 6 cm×12 cm 大小创面，创面可见外露胫骨前肌肌腱、蹞长伸肌及其腱性组织和趾长伸肌腱，肌腱呈蜡黄色、失活，部分腱性组织溶解，可见外露骨质和钢板，创面存在分泌物和坏死组织，创周组织红肿，局部皮温高。

初步诊断：①右小腿慢性溃疡伴感染；②胫骨前肌腱坏死；③蹞长伸肌腱坏死；④趾长伸肌腱坏死；⑤右胫骨下部粉碎性骨折内固定术后；⑥右腓骨上部斜行骨折内固定术后。

手术记录单

手术日期：2013 年 7 月 9 日。

手术名称：右小腿创面清创，带蒂皮瓣修复，供瓣区植皮，同侧大腿取皮及踝关节背伸位石膏托外固定术。

术中发现：右小腿存在 5 cm×12 cm 大小创面，大部分创面为鲜红肉芽组织覆盖，其余创面基底为外露胫骨和钢板。

手术经过：麻醉成功后，常规消毒铺巾，右下肢驱血带驱血，大腿上 1/3 上止血带。清除创缘 2 mm 皮肤和皮下组织，刮除创面水肿肉芽组织，分别予双氧水、Ⅲ型安尔碘及生理盐水冲洗创面。依据创面大小于小腿内侧设计 6 cm×14 cm 大小皮瓣，蒂长 3 cm，沿设计线分层切开皮肤，皮下浅深筋膜至肌膜浅面。沿蒂部正中线切开皮肤，游离皮肤和皮下组织，蒂宽约 5 cm。于皮瓣远端从深筋膜和肌膜间隙分离皮瓣和蒂部筋膜组织。松止血带（扎止血带历时 40 分钟）后彻底止血，将所取皮瓣移植于创面，留置 12 号引流球 1 个，皮瓣蒂部留置引流片 1 条。依据供瓣区大小于同侧大腿用气动刀取刃厚皮移植于皮瓣供区创面，打包包扎。右大腿供皮区内层覆盖，外层纱布加压包扎。右踝关节背伸位石膏托外固定。

出院记录

出院情况：溃疡创面愈合，按治愈出院办理。

三、鉴定过程

1. 简要过程

接受鉴定委托后，我们对送检材料进行了文证审查，于2015年3月30日组织鉴定所涉及的双方当事人进行听证及专家咨询会，会上本案鉴定人向医患双方告知了本案鉴定人员及鉴定相关事项，医患双方分别陈述了意见，并回答了鉴定人员及临床专家的提问。经过鉴定人认真分析、讨论，达成一致意见，制作本鉴定文书。

2. 法医临床学检查

被鉴定人刘××伤后2年有余来我所检查。

自诉目前情况：右踝活动不便。

检查：跛行步态。右大腿内侧可见17.5 cm×（8.0～16.5）cm取皮瘢痕。右小腿内侧可见椭圆形13.0 cm×9.0 cm瘢痕，右踝关节前上方可见11.0 cm×8.5 cm瘢痕，瘢痕质硬，与皮下组织粘连紧密。双小腿周径（髌下10.0 cm）：右33.0 cm，左36.0 cm。右踝关节明显肿胀，踝关节活动度：背伸，右5°，左20°；跖屈，右5°，左40°；内翻，右0°，左30°；外翻，右0°，左20°。

3. 阅片意见

右下肢 X 线片（2013 年 5 月 10 日）示：右胫腓骨骨折，胫骨下段骨折呈粉碎性、断端可见嵌插移位。

右下肢 X 线片（2014 年 1 月 21 日）示：右胫腓骨骨折内固定术后，内固定在位，骨折对位、对线可。

4. 鉴定意见

××市第一人民医院对刘××的诊疗行为中，存在内固定术后未放置引流的不当，以及未做细菌培养及药敏试验的不足。该过错行为在被鉴定人刘××右踝关节活动障碍的损伤后果中承担少部分责任。

◢ 四、分析说明

根据现有病历资料，并请有关专家会诊，现就相关问题分析如下。

（一）关于 ×× 市第一人民医院的诊疗行为评价

1. 诊断明确、手术适应证存在

被鉴定人刘××因外伤 2 天后，入××市第一人民医院诊治。现病史示"患者于 2 天前修理家中屋顶时不慎从约 2 m 高的高处摔倒，致伤右小腿，伤后右小腿肿痛、畸形，活动受限，不能站立行走"。入院专科检查示"右小腿肿胀，淤血，畸形，……可触及骨擦感，压痛及叩击痛，异常活动，患肢短缩约 2 cm，小腿部周径增大"。右侧胫腓骨正侧位 X 线片示"右胫骨下部粉碎性骨折、右腓骨上部斜行骨折"。院方给予"右胫骨下部粉碎性骨折、右腓骨

上部斜行骨折",诊断明确。该骨折呈粉碎性,非手术干预不能改善,存在手术适应证。

2. 术式选择正确,术前、术后告知明确

被鉴定人刘××右胫腓骨骨折呈粉碎性,骨折端分离、移位、成角畸形,且涉及关节面。出于纠正畸形愈合及治疗不愈合角度考虑,此种损伤应行切开复位及植骨处理。院方选择"切开复位内固定术+植骨术",术式选择正确。

经阅送检病史资料,被鉴定人刘××于2013年5月11日入院,入院后院方即就"目前就患者病情及预后,向患者及家属交代清楚",并于5月13日再次"目前就患者病情及预后,向患者及家属交代清楚"。5月20日签署手术知情同意书,就"出血、血肿、浆液肿、感染、裂开、不愈合、瘘管及窦道形成……再次手术"等并发症进行了告知,并获签字认可。骨折切开复位内固定术术后第一天,就有皮瓣稍发黑等情况,进行了"考虑皮瓣坏死"的预判,并对患者长期吸烟可能引起皮瓣坏死及骨折不愈合等并发症进行了劝说。此后多次"将病情、预后向其家属交代清楚"。在行"右胫骨 Pillon 骨折术后皮瓣坏死并感染清创 VSD 覆盖术"前,院方就"出血、血肿、浆液肿、感染、裂开、不愈合、瘘管及窦道形成……再次手术"等并发症进行了告知,并获签字认可。此后多次就"可能出现肌腱坏死及骨髓炎"等预后情况向其家属交代清楚。

分析认为,院方术式选择正确,术前、术后告知明确。

3. 存在内固定术后未放置引流的不当

引流是在机体的某一部分与机体其他部分间或与外界间建立开放通道,以达到治疗目的的外科手段。临床引流可及时排出体腔或组织中的脓性积液、坏死组织、异物和异常积聚的血液等,预防或治疗有害物质积聚对机体造成的损害,降低局部压力,控制感染,从而保证有创组织的良好愈合。在严重创伤或

复杂手术情况下，创伤部位及周围软组织受损严重，术后预期有较多渗血或渗出时，有必要置放引流以避免血肿、积液和继发感染。

经阅送检病史资料，被鉴定人刘××于2013年5月21日行"右胫骨Pillon骨折、右腓骨近端粉碎性骨折切开复位内固定术"，术中进行了清创、复位、固定等操作，但未见放置引流的记录。此举不利于术后积血、积液的排除，不利于预防和控制感染的发生及发展。

分析认为，院方存在内固定术后未放置引流的不当。

4. 院方存在未做细菌培养及药敏试验的不足

临床实践中，细菌培养和药敏试验旨在了解病原微生物对各种抗生素的敏感或耐受程度，以指导临床合理选用抗生素药物。虽然临床可以在未获得细菌培养和药敏试验结果的情况下进行经验性抗生素治疗，但在感染迁延不愈或有充分时间和条件的情况下应进行细菌培养和药敏试验，以明确用药方向。一旦获得细菌培养及药敏试验结果，应重新审视原有用药方案，从而进行针对性治疗。

经阅送检病史资料，被鉴定人刘××于2013年5月21日行骨折切开复位内固定术，术后即出现皮瓣发黑等坏死并感染征象，切口敷料持续渗液、水肿，并在后期出现脓性分泌物。院方于6月7日行"皮瓣坏死并感染清创VSD覆盖术"，术后胫前肌外露，苍白，肉芽组织生长一般，并有少许脓苔。这说明术后出现了较为严重的感染和坏死，在整个治疗期间，院方有时间和条件进行细菌培养和药敏试验，以明确抗生素的应用。但院方并未行细菌培养和药敏试验，此举不利于明确临床针对性用药，也不利于控制感染。

分析认为，院方存在未做细菌培养及药敏试验的不足。

（二）关于过错行为与损害后果之间的因果关系分析

被鉴定人刘××于2013年5月11日，因"右胫骨下部粉碎性骨折、右腓骨上部斜行骨折"入××市第一人民医院诊治，于5月21日行"右胫骨Pillon骨折、右腓骨近端粉碎性骨折切开复位内固定术"，术后出现皮瓣感染、坏死。于6月7日行"右胫骨Pillon骨折术后皮瓣坏死并感染清创VSD覆盖术"，症状未改善，并出现胫前肌外露。后于7月9日在××市第二人民医院行"右小腿创面清创，带蒂皮瓣修复，供瓣区植皮，同侧大腿取皮及踝关节背伸位石膏托外固定术"。现遗留有植皮瘢痕致右踝关节活动障碍的损害后果。

临床实践中，机体防御功能降低是外科感染发生、发展的主要原因。机体防御功能的完善与否，取决于组织结构的完整性、血液供应情况和创伤的严重程度。如果组织结构破坏严重、血液供应障碍，以及创伤巨大，则可造成局部血管栓塞、血肿、水肿、局部缺血缺氧、大面积组织坏死等易感环境，从而导致感染的发生和发展。

经阅送检病史资料，被鉴定人刘××右侧胫腓骨骨折呈粉碎性，断端嵌插、分离移位，原始骨折及软组织损伤复杂、严重。另外，其受伤后2天才入院诊治，入院前并未及时制动、固定等处置，此种情况下，原骨折及软组织损伤将更为严重。分析认为，其严重的原始损伤是后期皮瓣坏死的始动因素，即使进行及时充分的引流，以及针对性用药，亦难保证皮瓣完全存活。××市第一人民医院在对被鉴定人刘××的诊治过程中，诊断明确、手术适应证存在，术式选择正确，术前、术后告知明确，手术治疗已达到骨折复位的基本要求，但存在内固定术后未放置引流的不当，以及未做细菌培养及药敏试验的不足。虽然该过错及不足不利于控制感染的发生和进展，一定程度上参与了皮瓣坏死的进程，但参与程度相对轻微。

分析认为，××市第一人民医院的过错及不足在被鉴定人刘××右踝关节活动障碍的损伤后果中存在少部分责任。

五、启示

患者刘××意外摔伤导致右胫骨远端粉碎性骨折合并右腓骨上段骨折，入院后接受了切开复位内固定术。术后患者出现了皮瓣缺损和肉芽组织生长不良等并发症，并且由于局部组织愈合不良，患者随后转至另一家医疗机构继续治疗。最终，患者被诊断为右小腿慢性溃疡伴感染以及多处肌腱坏死，并接受了包括清创、皮瓣修复和皮肤移植在内的后续治疗。

在本例手术过程中，未按照标准操作规程放置引流管，导致术后积血和积液无法及时排出，从而为继发感染提供了温床。临床研究表明，在复杂的骨折修复手术中，尤其是在伴有广泛软组织损伤的情况下，合理采取引流措施可以显著减少血肿形成、积液滞留及继发感染的风险。此外，在处理此类复杂感染时，及时获取病原微生物的信息及其抗药性谱，对于制定精确的治疗方案至关重要。未能及时开展这些检测，无疑影响了抗生素使用的针对性，降低了治疗的效果。

患者的最终损害结果包括了皮瓣坏死、肌腱坏死以及右踝关节功能障碍。这些并发症不仅严重影响了患者的功能恢复和生活质量，还促使患者采取法律手段以维护自身权益。

尽管患者原始创伤严重，且延迟就医增加了治疗难度，但医疗机构在处理过程中所犯的错误确实对治疗效果产生了不利影响。虽然这些错误并不是造成损害结果的唯一因素，但其在损害结果中承担了一定的责任。

本案例提示，在处理涉及广泛软组织损伤的复杂骨折修复手术时，术后引流措施是必不可少的，其目的是预防血肿形成和积液滞留，降低继发感染的概率。一旦观察到感染迹象，应立即启动细菌学检查流程，包括但不限于细菌培养和药敏测试，以便迅速确定感染源，并指导抗生素的合理使用。

此外，针对复杂骨折病例，术前必须进行全面细致的评估，预见到可能发生的并发症，并据此制定详尽的手术方案和应急预案。术前应向患者及其家属详细说明手术风险及潜在并发症，术后亦应定期通报病情进展，确保患者及其家属充分了解治疗过程及其可能面临的挑战。开放透明的沟通模式有助于建立医患之间的信任，减少不必要的误解和焦虑。

案例❺ 骨折内固定术清除坏死组织不力及未留置引流管致术后感染

⬛ 一、案例背景

1. 基本情况

委托单位：×× 市人民法院。

委托事项：×× 市第一人民医院对赵 ×× 的诊疗行为是否存在过错；若存在过错，该过错行为与赵 ×× 的损害后果之间是否存在因果关系，以及参与度是多少。

鉴定材料：×× 市第一人民医院住院病历复印件 1 册；×× 市第二人民医院住院病历复印件 1 册；影像学照片 31 张。

2. 案情摘要

据本案相关材料载：患者赵 ×× 因交通事故于 2011 年 8 月 18 日入住被告 ×× 市第一人民医院，入院诊断为"左股骨远端、髁间开放性骨折，左髌骨骨折"，入院后行"骨折开放性复位内固定"和"左股外侧切口感染扩创＋灌洗引流术"。于同年 10 月 20 日出院。出院后手术部位持续红肿、发炎、溃烂，导致无法行走。于 2012 年 2 月 27 日入住 ×× 市第二人民医院，入院诊断为"手术后伤口感染"，同年 3 月 1 日行"左股骨髁上骨折内固定取出＋冲洗引流＋外固定架固定术"，于同年 4 月 10 日出院。出院后"腿仍然没有明显好转，每天靠拄着拐棍行走"。现患方认为：被告 ×× 市第一人民医院在对患者赵 ×× 进行的治疗、手术等医疗行为中存在过错，导致患者不能及时恢复身体健康，故起诉至法院，要求赔偿损失。

3. 听证意见

患方认为：院方在手术过程中未严格执行无菌操作，未按常规内置引流管；手术切口感染后，院方未给予足够重视，也未实施有效的治疗手段；感染扩创＋灌洗引流手术效果不佳。

医方认为：治疗过程符合诊疗规范、诊断明确、治疗及时得当；开放性骨折伤口感染是临床最为常见的并发症；患方未遵医嘱来院复诊，导致本院无法对其进行后续治疗。

二，病史摘要

1. ××市第一人民医院住院病历

入院日期：2011年8月18日。

出院日期：2011年10月20日。

入院记录

主　　诉：车祸致左大腿疼痛2小时。

现 病 史：患者于2小时前因车祸致左大腿疼痛，伴有头部疼痛，流血不止……局部皮肤破裂、出血。由120人员予夹板固定大腿，急送入院，至我院急诊就诊，急诊查体示左大腿肿痛，活动受限，可及异常活动。摄片示多发伤：左股骨远端、髁间开放性骨折，左髌骨骨折。

体格检查：T 36.5℃；P 70次/分；R 18次/分；BP 120/70 mmHg。

专科检查：神志清，精神萎靡。脊柱生理弯曲存在，诸棘突无压痛，头面部皮肤擦伤，两肺呼吸音清，胸廓无压痛，腹软、无压痛及反跳痛，骨盆分离试验阴性，左髋无明显压痛，左大腿中上段肿胀，压痛阳性，可及骨擦音、骨擦感，左下肢纵向叩击痛阳性，左足趾感觉活动正常，血运存在。

辅助检查：X 线片（2011 年 8 月 18 日）示左股骨干下段骨折。CT（2011 年 8 月 18 日）示左股骨远端、髁间开放性骨折，左髌骨骨折。

初步诊断：多发伤，包括头部外伤、颅底骨折、左股骨远端及髁间开放性骨折、左髌骨骨折。

病程首次记录

诊　　断：①右内踝骨折；②右距骨骨折；③右踝关节脱位多发伤，头部外伤，颅底骨折；④左股骨远端、髁间开放性骨折，左髌骨骨折。

诊断依据：……左大腿中上段肿胀，压痛阳性，可及骨擦音、骨擦感，左下肢纵向叩击痛阳性……X 线片示左股骨干下段骨折。

诊疗计划：①完善检查，排除手术禁忌；②清创＋骨折切开复位内固定术。

病程记录

2011 年 8 月 18 日 2:30。患者左大腿中下段肿胀、压痛，活动受限……完善相关检查，急诊行手术治疗。

术前小结

手术指征：开放性骨折，患肢功能受限。

拟手术方式和名称：骨折闭合复位空心螺钉内固定术。

手术知情同意书

手术风险及并发症：……术后可能发生刀口不愈、局部或全身感染等并发症……患者或委托代理人签名：李××。与患者关系：朋友。

植入器械及费用负担知情同意书

植入器械可能发生下列反应和并发症：植入物与人体发生排异反应，刀口长期渗出，愈合不良，植入物外露……代理人签名：李××。与患者关系：朋友。记录日期：2011 年 8 月 18 日。

手术记录

手术日期：2011 年 8 月 18 日。

手术名称：骨折闭合复位空心螺钉内固定术。

手术步骤：①探查所见：左股骨前侧皮肤可见一 5 cm 皮肤裂口，股骨远端骨折端骨质外露，左股骨髁间及髁上骨折。②具体步骤：左股部伤口常规清创后消毒、铺巾，取左股骨远端外侧切口 8 cm，显露股骨髁及股骨远端，见左股骨髁间骨折，复位后以拉力螺钉固定，再复位髁上骨折，斯式钉及克氏针帮助复位，植入人工骨，预做外侧皮下隧道，插入 7 孔股骨远端解剖锁定钢板，C 型臂透视下调整钢板位置至适宜，远端 4 枚锁定螺钉，近端 4 枚锁定钉固定，活动患肢骨折端稳定，冲洗创面，逐层关闭切口。

术后首次病程记录

2011 年 8 月 19 日。患者术后第一天，诉切口疼痛，今晨体温 37.8 ℃，无患肢感觉麻木。入院辅检：血细胞分析（2011 年 8 月 18 日）示白细胞计数

$16.02 \times 10^9/L$、中性粒细胞绝对数 $14.26 \times 10^9/L$、中性粒细胞百分率 89.0 %、血小板计数 $266.0 \times 10^9/L$、红细胞计数 $4.41 \times 10^{12}/L$、血红蛋白 136.0 g/L……结合患者病史、查体、辅检及术中所见，诊断基本明确，需注意开放性骨折患者感染风险较大，合并其他部位损伤可能。

  诊疗意见：①同意目前治疗方案；②继续抗炎补液对症支持治疗；③换药，患肢功能锻炼；④术后复查。

  注意事项：①注意患者体温；②注意患肢感觉运动情况。

  2011 年 8 月 20 日。患者术后第二天，今晨体温 37.8 ℃，诉伤口疼痛缓解，无明显感觉麻木……左大腿肿胀，压痛，切口对合整齐，少量渗血渗液……继续抗炎、补液、止痛对症治疗，加强伤口换药，嘱患肢积极功能锻炼。

  2011 年 8 月 21 日。患者术后第三天，今晨体温 37.4 ℃，诉伤口仍有疼痛，无明显感觉麻木……左大腿肿胀，压痛，切口对合整齐，少量渗血渗液……患者术后反复低热，昨日下午最高体温 38.4 ℃，结合患者开放性骨折病史，今日停用头孢硫脒抗感染治疗，改用头孢噻肟钠加强抗感染治疗。

  2011 年 8 月 24 日。患者仍有发热症状，今晨体温 38.0 ℃，伤口仍有疼痛，无明显感觉麻木……左大腿肿胀，局部皮温较高，骨折端皮肤裂口化脓，大量脓液流出……血细胞分析（2011 年 8 月 23 日）示白细胞计数 $10.21 \times 10^9/$ L……患者术后持续发热，血象较高，目前血培养已抽。换药发现：骨折端皮肤裂口化脓破溃，大量脓液。结合患者开放性骨折病史，考虑伤口感染，予拆线，伤口暴露，换药及纱条引流，脓液送检培养，继续加强抗感染治疗，注意患肢皮温及患者体温情况，加强伤口换药。

  2011 年 8 月 27 日。患者经积极伤口敞开换药后无明显发热……C 反应蛋白 88 mg/L，中性粒细胞百分率 76.5 %，白细胞计数 $14.42 \times 10^9/L$；脓液培养（2011 年 8 月 26 日）检出肺炎克雷伯菌及阴沟肠杆菌。患者血常规提示 CRP、白细胞计数及中性粒细胞百分率较高，目前仍有伤口感染。继续头孢噻肟钠抗感染治疗，根据药敏结果停用万古霉素，加用奥硝唑联合抗伤口厌氧菌感染，注意抗生素不良反应。继续加强伤口换药，充分引流，对症支持。

2011年8月29日。患者目前无明显发热，关节肿痛缓解……左大腿肿胀缓解，无皮温升高，敞开伤口纱条引流，无脓液流出，手术切口无明显疼痛……患者创面恢复可，无脓液流出，今日予创面缝合。关节囊有波动感，注射器抽取5 ml左右血性液体，送培养检查。继续加强抗感染治疗，加强患肢功能锻炼。

2011年9月2日。患者体温平稳，关节无明显红肿胀痛，感觉活动可，无明显感觉麻木……左大腿肿胀缓解，无皮温升高，切口少量液体流出，手术切口无明显疼痛……厌氧菌培养（2011年8月29日）无细菌生长；血培养（2011年8月29日）无细菌生长；关节液培养（2011年8月30日）无细菌生长。患者体温平稳，复查血常规了解抗感染治疗后情况。切口液体予完善细菌培养检查。继续抗感染治疗，嘱患者积极功能锻炼，继续观察。

2011年9月4日。患者体温38.5 ℃……左大腿肿胀缓解，无明显皮温升高，髌上切口少量液体流出，侧方未见明显异常，手术切口无明显疼痛……脓液培养（2011年9月3日）检出肺炎克雷伯菌、阴沟肠杆菌，均对环丙沙星敏感。患者目前患处脓液培养见肺炎克雷伯菌、阴沟肠杆菌，予以加用环丙沙星抗感染，停用其他抗生素。注意患处局部变化，继续观察。

2011年9月6日。患者昨日最高体温36.9 ℃，今晨体温36.5 ℃。左下肢疼痛好转……左膝前及外侧皮肤裂口，少许淡血性液体渗出。左膝关节活动受限，屈曲范围减小。手术切口无明显疼痛……更换抗生素后患者体温下降，治疗有效，予继续目前治疗。伤口内肉芽组织新鲜，予继续伤口内换药，待感染控制后再进一步处理。

2011年9月10日。患者无特殊不适主诉，无发热，左下肢无疼痛……左膝前及外侧皮肤裂口，仍有少许淡血性液体渗出……手术切口无明显疼痛……患者为开放性骨折患者，术后出现开放性伤口低毒感染，更换抗生素后症状明显改善，局部症状改善，仍存留有伤口内窦道，予取大腿外侧伤口内液体行细菌学检查及药敏试验。

2011 年 9 月 12 日。患者一般情况可，无特殊不适主诉，无发热……左膝前皮肤裂口少许渗出，伤口较前缩小。左大腿外侧皮肤裂口，多量淡血性渗出……手术切口无明显疼痛……患者膝前伤口较前好转。予左大腿外侧清洁换药，探查伤口见一窦口，拆掉深筋膜缝线后，大量黏稠液体涌出，挤出渗液后探查窦内，可触及股骨及外侧钢板。予以双氧水及碘伏清洗空腔，纱布抹拭干净后，纱条填塞引流，继续观察。

2011 年 9 月 14 日。患者无发热……左膝前皮肤裂口少许渗出，窦道封闭仅留 1.5 cm×0.8 cm 皮肤缺损。左大腿外侧伤口内可触及股骨及钢板，有脓液渗出……脓液培养（2011 年 9 月 13 日）检出肺炎克雷伯菌。予继续伤口内清洁引流换药，根据药敏使用阿米卡星，防止感染扩散。患者内固定术后，如发生骨性感染，后果严重，告知患者病情，并严密观察，必要时行切开清创、引流术。

2011 年 9 月 20 日。患者无发热……左膝前皮肤裂口少许渗出，窦道封闭仅留 0.8 cm×0.8 cm 皮肤缺损。左大腿外侧伤口内深及股骨及钢板，有脓液流出……中性粒细胞百分率 66.0 %，白细胞计数 $8.25×10^9$/L……患者目前病情无明显改善，复查血常规等无明显异常。复片见骨折对位好，内固定在位。予继续目前治疗。

2011 年 9 月 26 日。患者一般情况可，昨日体温 38.2 ℃，今晨 37.0 ℃……左大腿外侧伤口内深及股骨及钢板，有脓液渗出……脓液培养（2011 年 9 月 24 日）检出金黄色葡萄球菌、肺炎克雷伯菌。患者病情无明显变化，细菌学检出致病菌，予口服环丙沙星及头孢克洛治疗，并对症处理。

2011 年 9 月 28 日。患者一般情况可……左大腿外侧伤口内可触及股骨及钢板，有脓液渗出……患者伤口感染控制欠佳，予行左股骨清创＋灌洗引流术。完善术前谈话及签字工作。

术前讨论

手术方案、选择该手术方案的依据、手术适应证：清创＋灌洗引流术。

手术中的关注点：彻底清创，引流通畅。

术前准备情况：术前各项 X 线片已完善，心电图已完善，备皮已完善，已充分告知。

讨论意见：……患者术后切口感染，保守治疗无效果，需行手术治疗……患者局部感染严重，需扩创，术中探查感染范围及感染程度。

术前小结

手术指征：患者术后切口感染，保守治疗无效果，需行手术治疗。

拟手术方式和名称：扩创＋灌洗引流术。

手术知情同意书

手术风险及并发症：……术后仍可能发生刀口不愈、局部或全身感染等并发症，必要时有取出内固定物之可能……术后病情反复，可发生慢性骨髓炎，需行二次手术。患者或委托代理人签名：赵××。签名日期：2011 年 9 月 29 日。

手术记录

手术日期：2011 年 9 月 30 日。

手术名称：左股外侧切口感染扩创＋灌洗引流术。

手术步骤：①探查所见：见左股外下方切口有一 2 cm×1 cm×3 cm 窦道，深达左股骨远端骨折钢板固定处，窦道内有少量脓性分泌物，较多的炎性肉芽及瘢痕组织。②具体步骤：自左股外侧原切口上下切开皮肤约 6 cm，切除窦道内炎性瘢痕组织，大量生理盐水冲洗，稀释碘伏溶液浸泡10分钟后，再以生理盐水冲洗，切口内置二根引流管作灌洗引流，逐层缝合皮肤。手术顺利，麻醉术后患者安返病房。接负压引流灌洗，灌洗液为阿米卡星生理盐水溶液。

病程记录

2011年10月1日。术后第一天，患者无发热，诉左大腿疼痛，伤口灌洗引流通畅，引流出淡血性液体……左大腿肿胀明显，压痛，左大腿外侧手术切口对合好……患者术后病情平稳，引流通畅，予抗感染、消肿、止痛对症处理治疗。

2011年10月2日。术后第二天，患者无发热，诉左大腿疼痛较前减轻，伤口灌洗引流处通畅，引流出淡血性液体……左大腿肿胀明显，压痛，左大腿外侧手术切口对合良好，无渗出……患者伤口感染行清创，目前灌洗引流中，引流液清亮。伤口感染，且有内植物，需长期灌洗，观察灌洗液性状。注意患者体温变化。

2011年10月3日。术后第三天，患者无发热。伤口灌洗引流处通畅，引流出清亮液体……左大腿肿胀，较前略减轻，压痛，左大腿外侧手术切口对合好，无渗出……术后病情平稳，引流通畅，无发热，予继续抗感染治疗。

2011年10月9日。患者无特殊不适主诉，无发热……左大腿肿胀，压痛，左大腿外侧手术切口对合好，无渗出……病情平稳，无发热，继续灌洗，继续观察。

2011年10月14日。患者一般情况可，无发热……左大腿肿胀，压痛，左大腿外侧手术切口对合好，无渗出……予拔除灌洗管，保留引流管，观察局部症状。

2011年10月18日。患者一般情况可，无发热……左大腿略肿胀，轻压痛，左大腿外侧手术切口对合好，无渗出……患者拔除引流管后无发热，局部伤口愈合好，予膝关节内穿刺引流，未引出液体，予继续目前治疗，继续观察，注意体温变化。

2011年10月19日。患者无发热……左大腿略肿胀，轻压痛，左大腿外侧手术切口对合好，无渗出……伤口培养（2011年10月19日）检出鲍曼不动杆菌……患者目前病情平稳，局部伤口愈合好，无红肿热痛。告知患者，伤口培养检出鲍曼不动杆菌，但目前伤口无红肿热痛，目前无特殊治疗，可离院回家继续观察，如发生局部伤口红肿，体温升高，及时就诊。

出院记录

病程与治疗结果：患者因"车祸致全身多处外伤2小时余"入院。患者入院后完善相关检查，急诊行清创＋骨折切开复位内固定术。术后抗炎消肿，定期换药治疗。治疗中患者出现伤口感染，细菌培养出多重耐药菌：肺炎克雷伯菌。予抗感染治疗后，效果欠佳，于2011年9月30日行"扩创＋伤口灌洗引流术"，术后病情平稳，伤口愈合好，无发热。

出院时情况：……左大腿略肿胀，轻压痛，左大腿外侧手术切口对合良好，无渗出。左膝肿胀消退，活动受限。

出院医嘱：①注意休息；②定期半月复查，不适随诊。

出院后用药及建议：①健康教育，功能锻炼，患者禁负重，两周后门诊复查，视检查结果决定下一步治疗。②带药：美洛昔康40片，2片/天。

附表　术后感染诊治经过简表

时间	症状、体征及检查结果	处置
2011-08-18	左大腿中下段肿胀、压痛，活动受限	骨折闭合复位空心螺钉内固定
2011-08-19	37.8 ℃；白细胞计数 $16.02 \times 10^9/L$，中性粒细胞绝对数 $14.26 \times 10^9/L$，中性粒细胞百分率 89.0 %	抗炎补液对症治疗；换药
2011-08-20	37.8 ℃	抗炎补液止痛对症治疗；换药
2011-08-21	37.4 ℃	头孢噻肟钠

时间	症状、体征及检查结果	处置
2011-08-24	38.0 ℃；骨折端皮肤裂口化脓，大量脓液流出；白细胞计数 $10.21 \times 10^9/L$	拆线、暴露伤口、纱条引流
2011-08-27	脓液培养：检出肺炎克雷伯菌及阴沟肠杆菌	根据药敏结果停用万古霉素，加用奥硝唑联合抗伤口厌氧菌感染
2011-09-04	脓液培养：检出肺炎克雷伯菌、阴沟肠杆菌	加用环丙沙星抗感染
2011-09-12	左股外侧清洁换药，探查伤口见一窦口，拆掉深筋膜缝线后，大量黏稠液体涌出，挤出渗液后探查窦内，可触及股骨及外侧钢板	予以双氧水及碘伏清洗空腔，纱布抹拭干净后，纱条填塞引流
2011-09-14	脓液培养：检出肺炎克雷伯菌	根据药敏使用阿米卡星防止感染扩散
2011-09-26	脓液培养：检出金黄色葡萄球菌、肺炎克雷伯菌	口服环丙沙星及头孢克洛治疗，并对症处理
2011-09-30		左股外侧切口感染扩创＋灌洗引流术
2011-10-01	伤口灌洗引流通畅，左大腿外侧手术切口对合良好	予以抗感染、消肿、止痛对症处理
2011-10-09	左大腿外侧手术切口对合良好，无渗出及发热	继续灌洗，继续观察
2011-10-14	患者一般情况可，无发热	予以拔除灌洗管，保留引流管，观察局部症状
2011-10-19	无发热，左大腿外侧手术切口对合良好，无渗出	
2011-10-20	出院	

2. ××市第二人民医院住院病历

入院日期：2012 年 2 月 27 日。

出院日期：2012 年 4 月 10 日。

入院记录

主　　诉：左股骨开放性骨折术后皮肤红、肿、热、痛，伴伤口间断性破溃流脓半年。

现 病 史：患者自述于 2011 年 8 月 18 日骑电动车时摔伤致大腿疼痛、流血、活动障碍，急诊于 ×× 市第一人民医院，诊断为：左股骨远端、髁间开放性骨折，左髌骨骨折。急诊行"骨折闭合复位钢板螺钉内固定术"，术中植入人工骨，无输血，手术顺利。术后出现伤口感染（肺炎克雷伯菌），2011 年 9 月 30 日行"扩创＋伤口灌洗引流术"，术后病情平稳，伤口愈合后于 2011 年 10 月 20 日出院。2012 年 1 月初手术切口出现脓包，破溃流脓。2012 年 1 月 18 日就诊于 ×× 市中医二院，诊断为术后感染（金黄色葡萄球菌），给予切开置管引流，2012 年 2 月 3 日病情好转，拔除引流，伤口愈合良好，血液检查显示炎性指标高。为求进一步诊治，今日前来我院门诊就诊，门诊检查后以"左股骨髁上骨折术后感染"收入我科。

体格检查：体温 36.3 ℃；脉搏 72 次 / 分；呼吸 17 次 / 分；血压 110/70 mmHg。

专科情况：……左大腿下端前侧可见横行陈旧性伤口瘢痕长约 6 cm，外侧下端可见长约 25 cm 的纵行陈旧手术瘢痕。伤口及手术切口周围皮肤色红，局部软组织肿胀明显，无明显破溃、流脓现象，局部压痛不明显。左膝局部软组织肿胀明显，浮髌试验（＋），关节僵硬，活动度 0°～10°。

辅助检查：2012 年 2 月 27 日，白细胞计数 7.87×10^9/L，C 反应蛋白 36 mg/L。2012 年 2 月 28 日，X 线片示原为左股骨骨折，内固定术后骨折复位良好，内固定器完整在位。

初步诊断：左股骨髁上骨折术后感染。

首次病程记录

初步诊断：左股骨髁上骨折术后感染。

鉴别诊断：根据病史、查体及相关检查，诊断明确。

诊疗计划：……积极完善相关术前检查，查明感染病因、感染病原体，药敏试验明确敏感抗生素等。如查无手术禁忌，术前准备充分后择日于腰硬联合麻醉下行骨折内固定取出＋清创＋冲洗引流＋外固定架固定术。术后给予抗感染、消肿止痛等相关治疗。

手术知情同意书

手术潜在风险和对策：……伤口并发症，如出血、血肿、裂开、不愈合、感染、瘘管及窦道形成；各种原因伤口不能一期闭合，需植皮皮瓣移植或延迟关闭等；术后伤口感染，骨髓炎。患者本人签名：赵××。时间：2012年2月29日。

手术记录

手术日期：2012年3月1日。

手术名称：左股骨髁上骨折内固定取出＋清创＋冲洗引流＋外固定架固定术。

手术经过：……去左大腿外侧原手术切口，长约20 cm，全层切开至股骨固定钢板，有大量脓液涌出，取标本。见软组织层次不清，瘢痕组织形成，皮下至股骨之间软组织有窦道形成，内固定钢板浸泡在脓性液体及大量炎性坏死组织中，依次旋出8枚固定螺钉，取下钢板，后于股骨外髁处旋出2枚空心拉力钉。彻底清除炎性坏死组织，切除窦道，以大量双氧水、1∶1000洗必泰（氯己定）、生理盐水浸泡、冲洗切口约30分钟。后于骨折两端各钻入2枚外固定架螺钉，以横杆牢固连接。C型臂透视见骨折对位、对线良好。再次冲洗切口，放置冲洗、引流管各1枚，全层关闭切口，无菌敷料包扎。术毕。

病程记录

2012年3月1日。……术后先给予头孢美唑钠粉针 2.0 g 静脉滴注 2 次 / 日，硫酸依替米星氯化钠注射液 0.15 g 静脉滴注 2 次 / 日抗感染；注射液血栓通 250 mg 静脉滴注 1 次 / 日、低分子量肝素钠注射液 0.4 ml 皮下注射预防血栓；骨瓜提取物注射液 100 mg 静脉滴注 1 次 / 日促进骨创愈合等相关治疗。待细菌培养 + 药敏试验结果回示后再进一步调整治疗方案。

2012年3月2日。术后第一天……患者病情稳定，一般情况好，体温正常。自述手术部位疼痛明显减轻。查体：手术切口敷料可见少量陈旧性渗血，予以换药，见手术切口皮缘对合良好，未见红肿、渗液等明显感染迹象。手术冲洗引流通畅，引出洗肉水样液体……患者为左股骨髁上骨折术后感染，行骨折内固定术 + 清创 + 冲洗引流 + 外固定架固定术后第一天。术中取标本送细菌培养 + 药敏结果待回示，现予以头孢美唑钠粉针 + 硫酸依替米星氯化钠注射液抗感染。注意活动伤肢足踝关节，继续当前治疗，观察病情变化，待检测结果回示后调整进一步治疗方案。

2012年3月4日。术后第三天……患者病情稳定，一般情况好，体温正常。自述手术部位疼痛微弱……手术切口敷料清洁、干燥，换药见手术切口皮缘对合好，未见红肿、渗液等明显感染迹象。手术切口冲洗引流通畅，引出清澈液体……经验性用药给予头孢美唑钠粉针 + 硫酸依替米星氯化钠注射液抗感染，冲洗引流通畅，冲洗液清澈，处置妥当。下一步治疗依据细菌培养 + 药敏试验结果来确定方案。

2012年3月6日。……患者当前病情稳定。术中已取标本送细菌培养 + 药敏试验结果回示。针对肺炎克雷伯菌感染继续用硫酸依替米星氯化钠 0.15 g 静脉滴注 2 次 / 日。停头孢美唑钠粉针。针对金黄色葡萄球菌感染用注射用盐酸万古霉素 100wu 静脉滴注 2 次 / 日。手术切口继续用生理盐水冲洗引流。

2012年3月12日。……手术切口灌洗液细菌培养结果回示：无细菌生长……万古霉素及硫酸依替米星氯化钠注射液使用期限已到，改用盐酸左氧氟沙星 0.2 g 静脉滴注 2 次 / 日。继续巩固当前疗效。

2012 年 3 月 15 日。患者体温 38.5 ℃。自述左大腿远端内侧感疼痛。查体：左股骨手术切口冲洗引流通畅。左股骨远端内侧压痛（＋），皮肤色红，局部温度较高。检测 C 反应蛋白为 76 mg/L，α-酸性糖蛋白为 1.51 g/L，ESR 61 mm/L，均远高于正常值……患者体温升高，炎性因子及血沉检测值均异常，且体温升高，为感染未有效控制迹象。停盐酸左氧氟沙星 0.2 g 静脉滴注 2 次 / 日，行头孢美唑钠粉针 2.0 g 静脉滴注 2 次 / 日，硫酸依替米星氯化钠注射液 0.15 g 静脉滴注 2 次 / 日，继续抗感染治疗。

2012 年 3 月 21 日。患者病情稳定，一般情况好，体温 36.6 ℃……患者体温已恢复正常，局部炎性症状明显改善，相关指标接近正常，充分显示当前抗感染治疗效果确切。继续延长当前抗感染治疗，从体温恢复正常计，满两周停抗生素。复查灌洗液细菌培养。

2012 年 3 月 27 日。灌洗液细菌培养结果回示：豚鼠气单胞菌生长……患者体温已恢复正常，停切口冲洗，改为负压吸引。针对灌洗液培养结果，停头孢美唑钠粉针、硫酸依替米星氯化钠注射液，改为阿米卡星注射液 0.2 g 静脉滴注 1 次 /12 小时，抗感染。

2012 年 4 月 3 日。……细菌培养＋药敏试验已回示：金黄色葡萄球菌生长……伤口培养结果有金黄色葡萄球菌生长，停呋喃妥因肠溶胶囊，依据培养及药敏结果应用盐酸左氧氟沙星氯化钠注射液 100 ml 静脉滴注 2 次 / 日，抗感染。

2012 年 4 月 9 日。……患者当前病情平稳，针对金黄色葡萄球菌应用盐酸左氧氟沙星已满一周，患者体温正常，伤口局部情况明显好转，停用抗生素。引流口缝合处已闭，缝合线予以拆除。患者要求出院，交代出院注意事项，安排明日出院，不适随诊。

出院记录

出院诊断：左股骨髁上骨折术后感染。

出院情况：患者病情稳定，一般情况好，体温正常。查体：左大腿远端皮肤色正常，皮温正常，局部压痛阴性。给予换药见：左大腿原冲洗缝闭口处渐变干燥，已无明显渗出。膝关节活动度仍在 $0° \sim 10°$ 之间。左下肢皮肤感觉及末梢血运正常。针对金黄色葡萄球菌应用盐酸左氧氟沙星已满一周，患者体温正常，伤口局部情况明显好转，停用抗生素。引流口缝合处已闭，缝合线予以拆除。患者本人及其父亲要求出院。

出院医嘱：①注意休息，合理饮食；②伤口继续换药至痊愈，外固定架钉眼定期滴酒精；③伤肢循序渐进功能锻炼；④一个月后来院复查；⑤不适门诊随诊。

◤ 三、鉴定过程

1. 简要过程

接受鉴定委托后，我们对送检材料进行了文证审查，于 2014 年 10 月 8 日组织鉴定所涉及的双方当事人进行听证及专家咨询会，会上本案鉴定人向医患双方告知了本案鉴定人员及鉴定相关事项，医患双方分别陈述了意见，并回答了鉴定人员及临床专家的提问。经过鉴定人认真分析、讨论，达成一致意见，制作本鉴定文书。

2. 法医临床学检查

目前情况：左膝关节屈曲受限，屈膝时可听到摩擦音。

检查记录：患者跛行进入诊室，神清语利。左膝关节肿胀。左膝关节上方可见 6.0 cm ×（1.0～3.0）cm 皮肤瘢痕，左大腿下段经膝关节可见 23.0 cm × 0.2 cm 手术瘢痕，左膝关节外下方可见斜行 14.0 cm × 0.2 cm 手术瘢痕，左膝关节外上方 8.0 cm ×（3.0～5.0）cm 范围内肌容量减低。左膝关节被动屈曲 60°、伸直 0°，左膝关节屈伸时可闻及弹响。右膝关节屈曲 130°、伸直 0°。双下肢肌力可。

3. 阅片意见

左膝关节 CT 片（2011 年 8 月 8 日）示：左股骨下段、髁间及髌骨骨折，股骨骨折断端呈粉碎性，可见多个碎裂骨块，骨折断端明显移位。

左下肢 X 线片（2011 年 8 月 23 日）示：左股骨下段骨折内固定术后，骨折断端对位、对线可。

左下肢 X 线片（2014 年 3 月 24 日）示：左股骨下段骨折内固定拆除后，可见股骨下段骨痂增生。

4. 鉴定意见

××市第一人民医院对赵××的诊疗行为存在清除坏死组织不力，以及未留置引流管的不当医疗行为。该不当医疗行为在被鉴定人赵××的损害中起同等作用。

◢ 四、分析说明

根据现有病历资料，并请有关专家会诊，现就相关问题分析如下。

（一）关于 ×× 市第一人民医院的诊疗行为评价

1. 诊断明确，具有手术适应证，术前告知明确

被鉴定人赵 ×× 因交通事故致伤，于 2011 年 8 月 18 日入 ×× 市第一人民医院诊治。入院检查示"左大腿疼痛伴有头部疼痛，流血不止……局部皮肤破裂、出血……左大腿中上段肿胀，压痛阳性，可及骨擦音、骨擦感，左下肢纵向叩击痛阳性"，探查见"左股骨前侧皮肤可见一 5 cm 皮肤裂口，股骨远端骨折端骨质外露"。X 线检查及 CT 检查示"左股骨干干下段骨折，左股骨远端、髁间开放性骨折，左髌骨骨折"。院方给予"左股骨远端、髁间开放性骨折，左髌骨骨折"，诊断明确。临床实践中，股骨远端开放骨折是行手术治疗的适应证之一。经阅送检资料，院方在拟行"骨折闭合复位空心螺钉内固定"术前，就"术后可能发生刀口不愈、局部或全身感染等并发症"的手术风险及并发症向患方进行了告知，并获得患方签字认可。分析认为，院方诊断明确，手术适应证具备，术前告知明确。

2. 存在清除坏死组织不力，以及未留置引流管的不当医疗行为

临床实践中，股骨开放性粉碎性骨折原始损伤严重，强大暴力使骨折断端穿破体表，可造成创口创缘严重挫灭，骨膜严重剥离，周围肌肉、软组织严重损伤，从而使术后感染概率增加。因此，在严重的开放性骨折时，尤其伤口存在污染的情况下，临床应行彻底的清创处置。同时，由于术后组织分离、创面较大，术后可能渗出较多，也需将组织裂隙内的液体引离、排出体外，留置引

流管，以促进创口愈合，预防感染。

经阅送检资料，被鉴定人赵××伤后，股骨断端外露，体表创口污染，骨折断端移位明显，原始损伤较重。手术时应进行彻底的清创处置，同时应留置引流管，引出渗出物，以预防感染。但病史中，并没有相关记载。结合术后感染的结果分析认为，院方存在清除坏死组织不力，以及未留置引流管的不当医疗行为。

3. 术后抗感染积极、有效

被鉴定人赵××于8月18日行"骨折闭合复位空心螺钉内固定术"手术，术后院方给予抗炎补液对症、常规换药处置，并给予头孢噻肟钠抗感染治疗。8月24日，出现"骨折端皮肤裂口化脓，大量脓液流出"，白细胞计数 $10.21 \times 10^9/L$，说明其出现了明确的术后感染征象。院方即行脓液培养，并"根据药敏结果停用万古霉素，加用奥硝唑联合抗伤口厌氧菌感染"。此后进行多次脓液培养，分别给予"加用环丙沙星""使用阿米卡星""口服环丙沙星及头孢克洛"等抗感染治疗。并行"左股外侧切口感染扩创＋灌洗引流术"，此后继续灌洗、对症处理。之后病史记载示"伤口灌洗引流通畅，左大腿外侧手术切口对合好""无渗出及发热"等，出院时"左大腿外侧手术切口对合良好，无渗出"，说明感染得到有效控制。

分析认为，院方术后抗感染积极、有效。

（二）关于被鉴定人赵××不良后果分析

被鉴定人赵××因交通事故于2011年8月18日入住被告××市第一人民医院，入院诊断为"左股骨远端、髁间开放性骨折，左髌骨骨折"，入院后行"骨折闭合复位空心螺钉内固定术"和"左股外侧切口感染扩创＋灌洗引流术"。术后出现感染，经抗炎、扩创、灌洗等对症治疗后出院。于2012年2月27日入住××市第二人民医院，入院诊断为"左股骨髁上骨折术后感染"，同年 3 月 1 日行"左股骨髁上骨折内固定取出＋清创＋冲洗引流＋外固定架固定术"，于同年 4 月 10 日出院。现遗留有左膝关节活动受限等损害后果。

经阅送检资料，××市第一人民医院在对被鉴定人赵××的诊治过程中，诊断明确，具有手术适应证，术前告知明确，术后抗感染积极、有效。术后影像学片显示骨折断端对位、对线可，手术已基本达到恢复解剖位置的要求。但是，分析存在清除坏死组织不力，以及未留置引流管的不当医疗行为。该不当医疗行为不利于预防和控制术后感染的发生发展。由于临床实践中，开放性骨折原始损伤严重，对骨质、周边肌肉、软组织及体表具有很大创伤，临床即使彻底清创、有效控制骨折断端后，仍可能发生感染。

综合分析认为，××市第一人民医院的诊疗行为过失在被鉴定人赵××的损害后果中起同等作用。

五、启示

在患者赵××的治疗过程中，××市第一人民医院在处理其开放性骨折时出现了一些医疗失误。具体而言，在清创手术期间，没有完全清除坏死组织，残留的坏死组织不仅增加了感染的可能性，还可能阻碍伤口愈合，导致愈合延迟或愈合质量差。另外，在开放性骨折的标准手术流程中，未能正确安置引流管，这使得术后血液和体液积聚无法有效排除，从而为感染创造了条件。

患者赵××遭受了术后持续感染的困扰，导致了左膝关节活动范围受限以及左侧大腿外侧切口愈合不良等问题。这些问题不仅严重影响了患者的生活质量和心理健康，还可能引发长期的功能障碍。

尽管患者原本的伤情较为严重，且入院时间较晚，增加了治疗难度，但医疗机构在上述治疗过程中的失误确实对最终的治疗效果产生了不利影响。虽然这些失误并非造成所有负面后果的唯一因素，但它们在某种程度上加剧了患者的痛苦。

对于开放性骨折等复杂骨折案例，术后感染控制至关重要。合理安置引流管可以帮助减少血肿和积液的形成，从而降低感染风险。同时，彻底清除坏死组织也是防止感染的关键步骤。

一旦观察到感染迹象，应迅速启动包括细菌培养和药敏测试在内的微生物检测程序，以快速识别感染源，并指导抗生素的选用。这有助于选择最合适的抗生素来对抗感染，提升治疗成功率。

对于复杂骨折病例，术前应进行全面细致的评估，预测可能出现的并发症，并根据评估结果制定详尽的手术方案及应急措施。此外，术前应对患者及其家属充分说明手术风险及潜在并发症，术后也应定期通报病情进展，确保患者及其家属了解治疗进程及可能面临的后续挑战。

第五章

术后康复不当
导致骨科医疗损害

　　随着现代医学技术的不断进步，骨科手术已发展成为治疗多种骨骼疾病的有效手段。然而，手术仅是整个治疗过程中的一环，术后的康复同样至关重要。规范化的术后康复程序不仅有助于巩固手术成果，促进患者快速恢复，还能显著提升患者的生活质量。

　　术后康复是连接手术与患者恢复正常生活之间的重要桥梁。特别是在骨科领域，恰当的康复流程能加速受损组织的修复，预防关节僵硬，减少并发症的发生，从而确保手术效果最大化。例如，在膝关节置换术后，通过有计划的功能锻炼，逐步增加关节活动范围，可以辅助患者恢复正常的步态和活动能力，这对改善患者的生活质量具有直接而深远的影响。

　　从患者安全的角度来看，制定并执行一套规范的术后康复方案，可以有效降低再入院率和再次手术的风险。此外，合理的康复指导与支持还有助于患者理解并适应自身身体状况的变化，减轻其心理负担，提高治疗的依从性，从而进一步提高康复效果。

　　术后康复不仅是治疗过程的一个组成部分，更是医疗服务质量与水平的体现。标准化的康复流程不仅能减少因操作不当引起的医疗纠纷，保护患者的合法权益，而且良好的康复结果有利于提升医疗机构的社会声誉，吸引更多患者前来就诊。

如果康复操作不当，则可能带来严重的后果。例如，在髌骨骨折术后，若患者未遵循专业指导，过早或过度进行功能锻炼，可能导致内固定装置的松动或断裂，甚至造成骨折复位失败，最终需要进行二次手术。这种情况下，不仅增加了患者的生理痛苦，延长了康复周期，还可能增加医疗费用，给患者及其家庭带来额外的经济压力。

骨科术后康复的规范操作对于患者的整体康复具有不可替代的重要性。为此，医疗机构应当高度重视康复流程的设计与实施，确保每位患者都能接受科学合理的康复指导。同时，患者亦需积极配合康复训练，严格遵循医嘱，以求达到最佳康复效果。唯有医患双方共同努力，才能有效规避康复过程中的不当操作，最大限度保障患者的健康权益。

案例① 术后功能锻炼不当致髌骨内固定术后再次骨折

一、案例背景

1. 基本情况

委托单位：××市人民法院。

委托事项：××市第一人民医院对王××的诊疗行为是否存在过错；若存在过错，该过错行为与王××的损害后果之间是否存在因果关系，以及参与度是多少。

鉴定材料：××市第一人民医院住院病历复印件2册；××市第一人民医院门诊病历手册1册；影像学照片6张。

2. 案情摘要

据本案相关材料载：患者王××因摔伤于2013年4月26日入住被告××市第一人民医院，入院诊断为"左髌骨粉碎性骨折"，入院经内固定和石膏外固定治疗后，恢复较好。同年7月2日复查时，原骨折处再次骨折，并于7月3日行髌骨骨折内固定术，术后恢复不佳。现患方认为：被告××市第一人民医院在对患者王××进行复查过程中存在过错，导致患者再次发生骨折，出现走路和下蹲严重受限等后果，故起诉至法院，要求赔偿损失。

3. 听证意见

患方认为：院方在复查过程中违反常规，直接掰断内固定。

医方认为：患方术后左膝关节屈伸活动受限是患方拒绝膝关节功能练习造成的。

二、病史及笔录摘要

1. ××市第一人民医院住院病历

住院日期：2013 年 4 月 26 日。

出院日期：2013 年 4 月 30 日。

入院记录

主　　诉：高处坠落致伤左膝部 2 小时。

现 病 史：患者自诉于入院前 2 小时在干活时从高约 2 m 处摔下，伤及左膝部，伤后患肢疼痛，活动障碍。来院就诊，门诊医师收入院治疗。

体格检查：体温 36.7 ℃；脉搏 78 次 / 分；呼吸 20 次 / 分；血压 110/70 mmHg。

骨科情况：脊柱无畸形，无压痛及叩击痛。骨盆挤压分离试验阴性，双上肢及右下肢感觉、运动正常，左膝部肿胀明显，压痛，左膝关节浮髌试验阳性，抽屉试验无法检查，左膝关节外翻试验阴性，左足背动脉搏动正常，患肢末梢血运正常。

X 线 片：左膝关节 X 线片可见左髌多条骨折线影，骨折分离移位明显。

印象诊断：左髌骨粉碎性骨折。

首次病程记录

诊疗计划：查血尿便常规；查生化、凝血、梅毒、肝炎标记物、心电图、血型、HIV；准备急症入手术室在腰麻下行左髌骨骨折切开复位张力带内固定。

病程记录

2013 年 4 月 26 日。……患者左髌骨粉碎性骨折，骨折分离移位明显，需手术治疗，恢复关节面正常关系，嘱积极查体，准备急症行左髌骨粉碎性骨折切开复位张力带内固定，遵嘱执行。

术前讨论

讨论目的：患者疾病的诊断、治疗及预后。

（前略）左膝关节 X 线片可见左髌多条骨折线影，骨折分离移位明显。需手术治疗……左髌骨骨折诊断明确，如果保守治疗，患者骨折不愈合……患者目前诊断为左髌骨骨折，骨折分离移位，保守治疗，骨折不愈合，需手术治疗，术后要早期练功，减少患者并发症。

术前小结

手术指征：左髌骨骨折，骨折分离移位明显，保守治疗，骨折不愈合。

拟施术式及名称：左髌骨骨折切开复位张力带内固定。

术前准备：术前备皮，术前禁食水。术前留置尿管。

手术可能出现的情况及防范措施：①麻醉意外危及患者生命；②伤口感染；③伤口延期愈合甚至不愈合，需二次手术缝合；④患肢功能障碍。

术者术前查看患者情况：术者术前看过患者，患者左髌骨骨折，患者目前神清，精神正常，心肺正常，无手术禁忌证，可以手术治疗。

拟手术日期：2013 年 4 月 26 日。

手术同意书

（前略）术中和术后可能发生意外和并发症，严重者甚至导致死亡。现告知如下，包括但不限于：麻醉并发症；术中、术后大出血，严重者可致休克，危及生命安全；术中可能会损伤神经、血管及邻近器官；伤口并发症，如出血、血肿、浆液肿、感染、裂开、不愈合、瘘管及窦道形成；骨折为粉碎性，可能出现骨折对位不良；骨折延迟愈合或不愈合需再次手术解决；内植物断裂或松动使内固定失效需再次手术解决；骨折愈合后需再次手术取内固定物；术后患肢关节功能障碍影响生活质量；可出现骨髓炎经久不愈并影响患肢功能。患者 / 家属 / 单位负责人签名：王 × ×。

手术记录

手术时间：2013 年 4 月 26 日。

手术经过：……于左髌骨前侧纵向切口长约 12 cm，分离皮下组织，暴露髌骨，可见骨折为粉碎性，有多个骨折碎块，安装电钻及克氏针，直视下复位，用 2 枚克氏针自下向上水平固定骨折，用 1 根钢丝环绕加压固定于张力带，查骨折对位满意且稳定，修剪针尾，折弯埋于骨面，冲洗伤口，查伤口无活动性出血，清点纱布、器械齐，逐层缝合伤口，用无菌敷料包扎。术程顺利。

病程记录

2013 年 4 月 27 日。……患者左髌骨粉碎性骨折术后，伤口换药时给予抽取关节内积血，预防关节粘连，遵嘱执行。

2013 年 4 月 28 日。……左膝关节伤口换药，伤口无新的血性渗出……术后 4 周练习膝关节屈伸活动，遵嘱执行。

2013 年 4 月 29 日。……患肢左膝关节伤口敷料干燥，无渗出，左足背动脉搏动正常，患肢末梢血运正常，嘱患者练习踝关节屈伸活动，促进患肢肿胀消退。

出院小结

时　　间：2013 年 4 月 30 日。

（前略）术后给予患者小牛血去蛋白提取物输液治疗，伤口定期换药。患者今日神清，精神正常，心肺正常，腹软、无压痛，左膝关节伤口换药，伤口敷料干燥，无渗出，给予患肢石膏固定后患者自动出院。患者出院后一周门诊复查，伤口术后两周拆线，继续卧床，何时负重视复查结果再定。骨折愈合后取内固定。

出院记录

出院情况：患者今日神清，精神正常，心肺正常，腹软、无压痛，左膝关节伤口换药，伤口敷料干燥，无渗出，给予患肢石膏固定后患者自动出院。

出院医嘱：患者出院后一周门诊复查，伤口术后两周拆线，继续卧床，何时负重视复查结果再定。骨折愈合后取内固定。

2. ××市第一人民医院住院病历

住院日期：2013 年 7 月 3 日。

出院日期：2013 年 7 月 17 日。

入院记录

主　　诉：左膝部外伤 1 天。

现 病 史：患者自诉于入院前1天，左膝关节行功能练习后疼痛，活动障碍。来院就诊，门诊医师收入院治疗。

体格检查：体温36.7 ℃；脉搏78次/分；呼吸20次/分；血压130/80 mmHg。

骨科情况：脊柱无畸形，无压痛及叩击痛。骨盆挤压分离试验阴性，双上肢及右下肢感觉、运动正常，左膝部肿胀明显，压痛，左膝关节浮髌试验阳性，左膝关节屈伸活动受限明显，左足背动脉搏动正常，患肢末梢血运正常。

X 线 片：左膝关节X线片可见左髌骨分离移位，可见张力带内固定影像。

印象诊断：左髌骨骨折张力带内固定术后再骨折。

首次病程记录

诊疗计划：查血尿便常规；查生化、凝血、心电图、血型、HIV；准备急症入手术室在腰麻下行左髌骨骨折内固定手术治疗。

病程记录

2013年7月3日。……患者左髌骨骨折内固定术后再折，骨折分离移位，需手术治疗，恢复关节结构，嘱积极查体，准备急症手术治疗左髌骨骨折张力带内固定，遵嘱执行。

术前讨论

讨论目的：患者疾病的诊断、治疗及预后。

（前略）患者左膝部外伤1天，入院时患者左膝关节肿胀明显，压痛，左膝关节浮髌试验阳性，左膝关节屈伸活动受限明显，左膝关节X线片可见左髌骨分离移位，可见张力带内固定影像，需手术治疗……如果保守治疗，患者骨折断端分离移位，可能造成骨折不愈合，主张手术治疗……手术应该及早进行，如果非手术治疗，确实可能造成骨折不愈合，影响患者日后活动，应该手术治疗。手术方案为钛张力带内固定，要对下肢静脉血栓形成有前瞻性估计，术后要应用抗血栓治疗。

术前小结

手术指征：*左髌骨骨折，骨折分离移位，需手术恢复关节结构。*

拟施术式及名称：*切开复位张力带内固定。*

术前准备：*术前备皮，术前禁食水。术前留置尿管。*

手术可能出现的情况及防范措施：*①麻醉意外危及患者生命；②伤口感染；③伤口延期愈合甚至不愈合，需二次手术缝合；④患肢功能障碍。*

术者术前查看患者情况：*术者术前看过患者，患者左髌骨骨折，患者目前神清，精神正常，心肺正常，无手术禁忌证，可以手术治疗。*

拟手术日期：*2013 年 7 月 3 日。*

手术同意书

（前略）术中和术后可能发生意外和并发症，严重者甚至导致死亡。现告知如下，包括但不限于：麻醉并发症；术中、术后大出血，严重者可致休克，危及生命安全；术中因解剖位置及关系变异变更术式；术中可能会损伤神经、血管及邻近器官；伤口并发症，如出血、血肿、浆液肿、感染、裂开、不愈合、瘘管及窦道形成；骨折延迟愈合或不愈合需再次手术解决；内植物断裂或松动使内固定失效需再次手术解决；骨折愈合后需再次手术取内固定物；术后患肢关节功能障碍影响生活质量；尿路感染及肾衰。患者 / 家属 / 单位负责人签名：王 × ×。

手术记录

手术时间：*2013 年 7 月 3 日。*

手术经过：*……于左髌骨前侧纵向切口长约 10 cm，分离皮下组织，暴露*

髌骨端，将钢丝和克氏针内固定物去除，直视下复位，安装电钻和钻头，用克氏针在髌骨骨折端两侧横行钻两条骨隧道，用1根钢丝环绕髌骨加压"8"字固定骨块，再以1枚钢丝穿远近端髌韧带荷包固定髌骨，查骨折对位满意且稳定，修剪钢丝，折弯埋于骨面，将膝关节周围粘连的组织松解，查膝关节屈伸达100°，反复冲洗关节腔和伤口，查伤口无活动性出血，清点纱布、器械齐，逐层缝合伤口，用无菌敷料包扎，术毕。

病程记录

2013年7月4日。……患者左膝部肿胀明显，伤口渗出多，换药时给予患者关节穿刺，遵嘱执行。

2013年7月6日。患者左膝部肿胀明显，嘱患者加强股四头肌功能练习。

2013年7月8日。……患肢肿胀，嘱给予患者左膝部微波治疗，促进肿胀消退，遵嘱执行。

2013年7月11日。……患者左膝部伤口换药，伤口干燥，无渗出。

出院小结

时　　间：2013年7月17日。

（前略）伤口定期换药，伤口于术后两周拆线，伤口甲级愈合。患者今日神清，精神正常，心肺正常，腹软、无压痛，左下肢石膏固定有力，左膝部伤口干燥，无渗出。患者出院后一周门诊复查，继续卧床，何时负重视复查结果再定。骨折愈合后取内固定。

出院记录

出院情况：患者今日神清，精神正常，心肺正常，腹软、无压痛，左下肢石膏固定有力，左膝部伤口干燥，无渗出。

出院医嘱：患者出院后一周门诊复查，继续卧床，何时负重视复查结果再定。骨折愈合后取内固定。

3. ××市第一人民医院门诊病历

2013年10月3日。左髌骨骨折术后三月。左膝不肿，伸直正常，屈曲约80°。

4. 审判笔录

开庭时间：2014年3月17日9时。

原告代理人：……2013年7月2日14时，原告去被告处找主治大夫复查，主治大夫让原告平躺在联排椅上，当时主治大夫扶着原告伤腿的脚踝部弯起来用力往下按，当时感觉腿特别疼痛，第二天去医院检查，拍片发现内固定按断裂了，伤处再次骨折。被告被收治住院，住院14天。

审判员：被告对原告补充的事实有无异议？

被告代理人：经向主治大夫了解，原告陈述的2013年7月2日的情况属实。

三、鉴定过程

1. 简要过程

接受鉴定委托后，我们对送检材料进行了文证审查，于2014年10月23日组织鉴定所涉及的双方当事人进行听证及专家咨询会，会上本案鉴定人向医患双方告知了本案鉴定人员及鉴定相关事项，医患双方分别陈述了意见，并回答了鉴定人员及临床专家的提问。经过鉴定人认真分析、讨论，达成一致意见，制作本鉴定文书。

2. 法医临床学检查

目前情况：左膝疼痛。

检查记录：跛行进入诊室，神清语利，左膝关节肿胀。左髌前可见纵向 14.0 cm×0.2 cm 手术瘢痕。双大腿周径（膑上 10 cm）：左 42.0 cm，右 44.5 cm。左膝关节伸直 –5°，屈曲 100°；右膝关节伸直 0°，屈曲 130°。左髌骨较对侧膨大，左髌骨活动度较对侧明显减低。

3. 阅片意见

左膝关节 X 线片（2013 年 4 月 26 日）示：左髌骨骨折，可见多处骨折线，骨折断端分离明显。

左膝关节 X 线片（2013 年 4 月 26 日）示：左髌骨骨折内固定术后，可见克氏针及钢丝固定影像，骨折断端复位，对位、对线可。

左膝关节 X 线片（2013 年 6 月 8 日）示：左髌骨骨折内固定术后，骨折线较前片模糊。

左膝关节 X 线片（2013 年 7 月 3 日）示：左髌骨骨折内固定术后，髌骨分离移位。

左膝关节 X 线片（2013 年 7 月 3 日）示：左髌骨骨折切开复位张力带内固定术后，可见钢丝固定影像，骨折对位、对线可。

左膝关节 X 线片（2014 年 10 月 22 日）示：左髌骨骨折内固定术后。

4. 鉴定意见

××市第一人民医院在对被鉴定人王××的诊治过程中存在弹性钉置入

不当致左髌骨和左侧桡神经损伤的过错。××市第一人民医院的上述过错与被鉴定人王××的左髌骨和左侧桡神经损伤的损害后果之间存在因果关系，原因力以主要原因为宜。

四、分析说明

根据现有病历资料，并请有关专家会诊，现就相关问题分析如下。

（一）关于××市第一人民医院的诊疗行为评价

1. 诊断明确，具有手术适应证

被鉴定人王××高坠致左膝损伤，于2013年4月26日入××市第一人民医院诊治。入院骨科情况示"左膝部肿胀明显，压痛，左膝关节浮髌试验阳性"，X线检查示"左膝关节X线片可见左髌多条骨折线影，骨折分离移位明显"。院方诊断为"左髌骨粉碎性骨折"，诊断明确。临床实践中，髌骨骨折除无移位或轻微移位的情况外，均需行手术治疗。被鉴定人王××髌骨骨折呈粉碎性、移位明显，具有手术适应证。分析认为，院方诊断明确，具有手术适应证。

2. 术前已告知，术中操作未见明显不当

被鉴定人王××诊断为"左髌骨粉碎性骨折"，院方明确手术适应证后，拟行手术治疗。术前就可能出现骨折对位不良、骨折延迟愈合或不愈合、内植物断裂或松动等术中和术后可能发生的意外和并发症进行了告知，并获签字认可。

临床实践中，具有分离征象的髌骨骨折，多存在两个主要的骨块，对合相

对容易，对合固定后一般较为稳定，临床上可以采用张力带双克氏针内固定的手术方式。经阅送检病史，院方于 2013 年 4 月 26 日实施"左髌骨骨折切开复位张力带内固定术"，术中"直视下复位，用 2 枚克氏针自下向上水平固定骨折，用 1 根钢丝环绕加压固定于张力带，查骨折对位满意且稳定……术程顺利"。经复阅术后影像学资料，髌骨骨折断端对位、对线可，说明手术已基本达到复位和固定的治疗原则。分析认为，院方术前已告知，术中操作未见明显不当。

3. 院方存在术后功能锻炼不当，致髌骨再次骨折的过失

骨折后骨愈合分为血肿炎症机化期、原始骨痂形成期和骨板形成塑形期。其中骨板形成塑形期为完成死骨清除和新骨形成，原始骨痂被板层骨替代，使骨折部位形成坚强的骨性连接所需的时间，一般需要 8～12 周。在此期间，骨折尚未恢复正常的骨性结构，如果进行不恰当的功能锻炼，可妨碍骨折部位的固定，影响骨折愈合，甚至造成再次骨折。

经阅送检资料，被鉴定人王××于 2013 年 7 月 2 日进行复查，复查时"主治大夫扶着原告伤腿的脚踝部弯起来用力往下按，当时感觉腿特别疼痛，第二天去医院检查，拍片发现内固定按断裂了，伤处再次骨折"。此时距其骨折内固定术未逾 3 个月，其髌骨骨折尚处于未完全愈合期，当功能锻炼不当，外界应力过于强大，可造成再次骨折。分析认为，院方存在对患者术后功能锻炼不当，致其髌骨再次骨折的过失。

4. 髌骨再次骨折后，手术操作未见明显不当

被鉴定人王××髌骨再次骨折后，于 2013 年 7 月 3 日入××市第一人民医院诊治，诊断为"左髌骨骨折张力带内固定术后再骨折"。并于次日进行"切开复位张力带内固定"。术中"暴露髌骨端，将钢丝和克氏针内固定物去除，直视下复位……用克氏针在髌骨骨折端两侧横行钻两条骨隧道，用 1 根钢

丝环绕髌骨加压'8'字固定骨块，再以1枚钢丝穿远近端髌韧带荷包固定髌骨，查骨折对位满意且稳定"，术中操作未见明显不当。术后影像学检查示骨折对位、对线良好，已到达临床复位和固定的治疗原则。

（二）关于被鉴定人王××损害后果因果关系分析

被鉴定人王××因"左髌骨粉碎性骨折"于2013年4月26日经左髌骨骨折切开复位张力带内固定术治疗。同年7月2日复查时，原骨折处再次骨折，并于7月3日行髌骨骨折内固定术，术后恢复不佳，现遗留有二次手术、治疗期限延长和左膝关节功能受限的损害后果。

经阅送检资料，××市第一人民医院在对被鉴定人王××的诊治过程中，诊断明确，具有手术适应证，术前已告知，术中操作未见明显不当。但是，存在术后功能锻炼不当，致髌骨再次骨折的过失。此次骨折发生于骨折愈合期，破坏原有成骨过程，使骨折愈合被动重建，导致二次手术和治疗期显著延长，增加了其躯体痛苦和经济负担。分析认为，××市第一人民医院的诊疗行为过失与被鉴定人王××二次手术和治疗期限延长的损害后果之间存在直接因果关系。

经阅送检资料，被鉴定人王××高坠致髌骨骨折，骨折呈粉碎性，且分离移位明显，原始损伤复杂严重。此类损伤即使手术实施成功，术后仍会出现关节内粘连、股四头肌萎缩等膝关节功能受限的情况。其原始损伤可以导致膝关节功能明显受限。虽然院方的过失行为造成再次骨折，导致延迟愈合，加重原有膝关节功能障碍，但程度不会改变原有功能障碍等级。

📐 五、启示

在本案例中，患者王××因髌骨粉碎性骨折接受了髌骨骨折复位内固定术。然而，在术后复查过程中，由于不适当的功能锻炼方法，髌骨再次发生骨折。这一事件凸显了临床实践中存在的问题：一是医疗机构在指导患者进行术后功能锻炼时，可能存在指导不足的情况，没有充分考虑到骨折愈合的不同阶段及患者的具体临床特征；二是患者的自我保护意识较为薄弱，且缺乏必要的术后康复知识。

王××在髌骨初次手术后，实施了不恰当的膝关节功能锻炼，造成了髌骨内固定装置的断裂，并引发了新的骨折。这一损害后果不仅延长了治疗周期，增加了患者的身心痛苦，还使得原本有望迅速恢复的状况变得更加复杂。患者不得不接受第二次手术治疗，这不仅增加了其经济负担，而且使患者面临更高的健康风险。

医疗机构在术后功能锻炼指导方面的疏忽与患者的再次骨折之间存在直接的因果关系。这表明医疗机构应当对其在指导患者功能锻炼方面的不足承担责任。此外，本案例还进一步证明，即使手术是成功的，如果后续的康复管理不完善，同样可能导致手术效果显著下降。

对于骨科临床实践而言，本案例强调了术后康复的重要性，特别是在处理复杂的骨折病例时，如髌骨粉碎性骨折。医生在制定康复方案时必须考虑到患者个体差异，提供个性化的康复指导，并通过定期复查来评估患者的康复进展，确保康复训练的安全性和有效性。

在医疗损害司法鉴定领域，本案例凸显了法医学在评估医疗损害中的重要作用。通过系统的法医检查和影像学评估，可以科学地确定医疗行为是否存在过失及其与损害后果之间的关系，为法律诉讼提供坚实的基础。

对于患者权益保护而言，本案例提示，患者在接受治疗的过程中应增强自我保护意识，主动了解自身病情及治疗方案，并积极参与治疗和康复过程，及时与医生沟通，避免不当操作导致的伤害。

案例 2 术后功能锻炼不当致髌骨内固定术后克氏针脱出再次骨折

一、案例背景

1. 基本情况

委托单位：××市人民法院。

委托事项：××市第一人民医院对张××的诊疗行为是否存在过错；若存在过错，该过错行为与张××的损害后果之间是否存在因果关系，以及参与度是多少。

鉴定材料：××市第一人民医院住院病历复印件1册；××市第二人民医院住院病历复印件1册；影像学照片9张。

2. 案情摘要

据本案相关材料载：患者张××因左髌骨粉碎性骨折，于2013年4月20日入住被告××市第一人民医院。入院后经行左髌骨骨折复位内固定术，术后因左膝关节活动障碍到外院治疗，期间发生内固定松脱、再次骨折，后经外院行左髌骨开放内固定去除、复位钢丝固定术等治疗。现患方认为：××市第一人民医院在左髌骨骨折复位内固定术中存在过错，左髌骨骨折捆扎与外侧克氏针下端之针紧邻，而且该枚克氏针下端没有折弯，导致后期膝关节屈曲功能锻炼过程中发生内固定松脱、再次骨折。故起诉至法院，要求赔偿。

3. 听证意见

患方认为：院方在复查过程中违反常规，直接掰断内固定。

医方认为：患方术后左膝关节屈伸活动受限是患方拒绝膝关节功能练习造成的。

二、病史摘要

1. ××市第一人民医院住院病历

入院日期：2013 年 4 月 20 日。

出院日期：2013 年 5 月 4 日。

入院记录

主　　诉：外伤致左膝及右上臂疼痛伴活动受限 3 天。

现 病 史：患者于 2013 年 4 月 17 日上午 9 点左右于单位干活时不慎被高处重物砸到右上臂，患者左膝跪于地面，当即感左膝、腰背部及右上臂疼痛剧烈，渐肿胀，右上臂少许皮肤擦伤，不能负重行走……摄片报告：左髌骨粉碎性骨折，骨折移位。予以住院及输液治疗。患者为求进一步诊治，今日来我院就诊。门诊以"左髌骨粉碎性骨折"收入我科。

体格检查：T 36.6℃；P 78 次 / 分；R 19 次 / 分；BP 118/88 mmHg。

专科检查：……左膝关节肿胀，局部压痛（＋），纵向叩击痛（＋），左膝关节活动受限。

辅助检查：摄片（2013 年 4 月 17 日，外院）提示左髌骨粉碎性骨折，骨折移位。

初步诊断：①左髌骨粉碎性骨折；②右上臂皮肤擦伤。

首次病程记录

时　　间：2013 年 4 月 20 日。

鉴别诊断：患者外伤史明确，诊断明确，无须鉴别。

诊疗计划及入院后处理：①骨科护理常规，二级护理，普食；②今日给予患肢抬高、局部冷敷及止血、消肿等治疗；③常规化验单已开（血、尿、便常规，肝肾功能、心电图及胸片等），重大检查单已开（左髌骨 CT 平扫＋三维重建）；④已告知患者及家属病情等情况。

病程记录

2013 年 4 月 21 日。患者诉患处疼痛……患者外伤史明显，诊断明确，行患肢三维 CT 检查，待患肢肿胀缓解后行手术治疗。

2013 年 4 月 22 日。患者诉患处疼痛好转……左膝三维 CT 报告：左髌骨下极粉碎性骨折，骨折移位。目前患肢肿胀缓解，告知患者及家属病情，准备近期行手术治疗。

术前讨论

讨论日期：2013 年 4 月 23 日。

综合意见：手术指征明确，术前检查完善，无手术禁忌证，拟近期安排手术治疗。

术前小结

时　　间：2013 年 4 月 24 日。

拟施手术名称和方式：左髌骨粉碎性骨折切开复位内固定术。

手术要点：注意血管、神经损伤。

手术同意书

常见意外和并发症：……因骨折粉碎移位明显，术中骨折无法准确复位，可靠固定；术后骨折不愈合或延迟愈合，需二次手术；术后关节疼痛，关节功能障碍；术后过早负重及不正规功能锻炼致内固定物松动、断裂，骨折移位，需进一步手术治疗；术后遗留骨折区慢性疼痛。患者或授权代理人签名：张××。

手术记录

手术日期：2013 年 4 月 24 日。

手术名称：左髌骨粉碎性骨折切开复位内固定术。

手术步骤：

（1）麻醉生效后患者取仰卧位，左大腿根部气囊止血带，常规消毒、铺巾。

（2）暴露与检查：止血带充气（压力设置为 80 kPa）。于髌前行长约 12 cm 弧形切口，切开皮肤、皮下组织及筋膜，直达髌骨骨折断端。探查见关节腔内大量陈旧性积血，髌前腱膜完全断裂，断裂口延伸至两侧扩张部，髌骨下极粉碎性骨折，断端不规整，骨折远端为一枚 3 cm×1 cm 和一枚 1 cm×0.5 cm 大小骨块，断端分离移位明显。

（3）复位与固定：直视下予以骨折大体复位，复位满意后用两把巾钳临时固定，并用食指于两侧扩张部触摸探查髌骨关节面尚平整，骨折断端无明显"台阶"感，用 2 枚细克氏针于远折端向近折端骨块平行钻入固定，细钢丝"8"字缠绕，收紧固定。2 枚克氏针于髌骨上极折弯，并向远端敲入，末端埋入周围软组织内。克氏针远端保留 1 cm 左右，剪去多余的克氏针针尾。再次触摸骨折断端，见关节面平整，将克氏针针尾折弯并剪断，被动屈伸膝关节，见骨折断端固定牢固，位置好。

（4）清点手术器械及纱布无误后，大量生理盐水冲洗手术切口，逐层缝合。

病程记录

2013年4月25日。神清，左膝关节肿胀，切口敷料干洁，切口无红肿及渗出……患者骨折术后，安排复查X线片，予以抗感染、消肿剂、促进骨折愈合等治疗。

2013年4月26日。神清，左膝关节肿胀，切口无红肿及渗出。

2013年4月27日。神清，左膝肿胀，切口敷料干洁，切口无红肿及渗出……复查X线片报告：骨折对位、对线可，内固定物在位。继续予以抗感染及促进骨折愈合等治疗。

2013年4月30日。神清，左膝略肿胀，切口敷料干洁，切口无红肿及渗出……患者目前病情平稳，今日予以切口清洁换药，治疗上继续予以促进骨折愈合等处理，另建议行患肢支具外固定制动。嘱患者加强患肢功能锻炼。

2013年5月3日。神清，左膝略肿胀，切口敷料干洁，切口无红肿及渗出……患者目前一般情况可，术后恢复良好，明日予以出院。

出院记录

出院情况：神清，左下肢支具固定，牢固，左膝无明显肿胀，切口敷料干洁，切口愈合佳……术后复查X线片报告：骨折对位、对线可，内固定物在位。

出院医嘱：全休一月，继续卧床休息及支具（已外购）固定，加强患肢功能锻炼，逐步渐进加强训练，并加强患肢肌力锻炼；加强营养，需他人护理。防止长期卧床并发症；一月后到我科门诊复查，下地前务必门诊复查，医师指导下方可下地活动；骨折愈合后拆除内固定；定期复查，每月复查（周一上午骨科门诊），不适随诊。

2. ××市第二人民医院住院病历

入院日期：2013 年 7 月 14 日。

出院日期：2013 年 8 月 13 日。

首次病程记录

病例特点：系"左膝屈伸障碍伴疼痛 70 天"入院……手术内固定后仍有屈伸功能障碍，天气阴冷时左膝疼痛，在多个医院行药物治疗及理疗恢复效果不明显，现有左股四头肌肌肉萎缩，为求进一步治疗来我院……左膝主动屈曲 45°，被动屈曲 80°。左膝下缘有一弧形瘢痕，髌骨活动度差。股四头肌肌力 4级，肌肉略萎缩……本院左膝关节正侧位 X 线片（2013 年 7 月 1 日）示左髌骨骨折内固定影。

初步诊断：左髌骨骨折术后。

诊疗计划：①二级护理；②进一步完善相关检查；③予激光止痛、CPM 锻炼患膝关节活动度、中频电刺激促进肌力恢复；④请上级医师查房指导进一步治疗。

病程记录

2013 年 7 月 15 日。仍有左膝屈伸障碍及疼痛不适。左膝主动屈曲 45°，被动屈曲 80°。左膝下缘有一弧形瘢痕，髌骨活动度差。左膝关节无红肿，浮髌征（－），股四头肌肌力 4 级，肌肉略萎缩……左髌骨骨折术后诊断明确，现以促进左膝关节活动度为主。继续观察病情。

2013 年 7 月 16 日。患者诉左膝疼痛较前好转……左膝主动屈曲 45°，

CPM 辅助下屈曲 80°。左膝下缘有一弧形瘢痕，髌骨活动度差。左膝关节无红肿，浮髌征（－），股四头肌肌力 4 级，肌肉略萎缩……本院左膝关节正侧位 X 线片示左髌骨骨折内固定影。考虑患者左髌骨骨折术后诊断明确，现以左膝疼痛及关节活动障碍为主，治疗上予以激光止痛、CPM 促进患肢功能恢复等。

2013 年 7 月 19 日。患者诉左膝疼痛较前好转，仍有屈伸障碍……左膝主动屈曲 50°，CPM 辅助下屈曲 95°……考虑患者左膝屈曲障碍较前好转，现髌骨骨折术后 2 月余，可在拐杖辅助下患肢适量站立。

2013 年 7 月 26 日。神志清楚……左膝主动屈曲 60°，CPM 辅助下屈曲 110°……现给予患肢行关节松动术，并术后冷敷关节局部，继续观察病情变化。

2013 年 7 月 28 日 08:49。主诉左膝肿胀疼痛，要求拍片复查……左膝主动屈曲 65°，CPM 辅助下屈曲 115°……现给予患者行关节松动术，并术后冷敷膝关节局部，今日给予左膝关节正侧位 X 线片检查。

2013 年 7 月 28 日 18:05。今日我院 X 线片示：左髌骨内固定滑脱，骨折端分离。并建议患者再次手术……目前患者同意转入我院骨科进一步手术治疗。

会诊单

日　　期：2013 年 7 月 28 日 17:59。

会诊意见：病史获悉。患者系左髌骨骨折术后 3 个月疼痛加重 3 天，查体：神清，精神可，左膝部肿胀，压痛阳性，可及滑脱的克氏针，膝关节活动受限，末梢血运正常。X 线片示左髌骨内固定滑脱，骨折端分离。患者需要再次手术，若患者接受手术治疗，可转入骨 3 科手术治疗。

疑难危重病例讨论记录

时　　间：2013 年 7 月 28 日 18:17。

讨论意见认为可能与股四头肌收缩用力致克氏针滑脱（克氏针近端折弯而远端未折弯）有关，患者髌骨为粉碎性骨折，愈合尚不坚强牢固，故原断端裂开。

病程记录

2013 年 7 月 29 日 13:00。患者一般情况可，左膝部疼痛……复查 X 线片（7 月 28 日）示：左髌骨骨折克氏针、钢丝内固定，内固定松动，骨折端分离移位……骨折端分离移位需再次手术内固定治疗。

2013 年 7 月 29 日 16:41。……手术指征明确，综合评估患者无绝对手术禁忌，拟今日在会诊麻醉下行左髌骨骨折开放复位内固定术。

手术记录

手术日期：2013 年 7 月 29 日。

手术名称：开放内固定取出、复位钢丝内固定术。

手术经过：……沿原手术切口左切口 15 cm，分离暴露骨折端，发现克氏针以及钢丝脱落，骨折端分离移位，骨折端血肿，将原克氏针以及钢丝取出，清理骨折面，直视下给以复位，纵向建立骨道，给以钢丝行内环形、外 "8" 字固定。然后与骨折近端，横向建立两个骨道，钢丝行两圈环扎。活动膝关节，骨折端稳定，C 型臂证实骨折复位固定满意。

病程记录

2013 年 7 月 30 日。左下肢切口外敷料干燥，无渗血，左下肢活动可……

继续抗炎支持对症治疗，今日复查 X 线片，指导治疗。

2013 年 7 月 31 日。患者 X 线片示骨折复位满意，内固定牢靠，现病情稳定，恢复良好。指导肢体功能锻炼，嘱患者继续抬高患肢。

2013 年 8 月 4 日。左下肢切口外敷料干燥，无渗血，左下肢活动可……现病情稳定，恢复良好。指导肢体功能锻炼，嘱患者继续抬高患肢。

2013 年 8 月 10 日。左下肢切口外敷料干燥，无渗血，左下肢活动可……现病情稳定，恢复良好。指导肢体功能锻炼，嘱患者继续抬高患肢。近期可院外治疗。

出院记录

出院时情况：一般情况好，无特殊不适主诉。查体：神清，精神可，心肺听诊未闻及明显异常，左膝部手术切口对合佳、愈合好，无红肿、渗出，各趾活动及末梢血运正常，感觉无异常。

三、鉴定过程

1. 简要过程

接受鉴定委托后，我们对送检材料进行了文证审查，于 2016 年 7 月 18 日组织双方当事人进行听证及专家咨询会，会上本案鉴定人向医患双方告知了本案鉴定人员及鉴定相关事项，医患双方分别陈述了意见，并回答了鉴定人员及临床专家的提问。经过鉴定人认真分析、讨论，达成一致意见，制作本鉴定文书。

2. 法医临床学检查

被鉴定人张 ×× 左侧髌骨骨折张力带内固定术后 3 年 3 个月来我所检查。

检查：步入检查室，一般情况好，神志清楚，查体合作。左膝外观较对侧膨大，左膝下缘见一"U"形手术瘢痕，约 16.5 cm×0.1 cm，周围可见缝针痕，瘢痕色略红。双大腿周径（髌上 10 cm）：左 41 cm，右 44 cm。双小腿周径（髌下 10 cm）：左 36 cm，右 36.5 cm。膝关节活动度：双侧伸直 0°，屈曲左 130°、右 150°。下蹲可。

3. 阅片意见

左膝关节 X 线片（2013 年 4 月 18 日）示：左侧髌骨粉碎性骨折，断端分离明显。

左膝关节 X 线片（2013 年 4 月 26 日）示：左侧髌骨骨折张力带内固定术后。髌骨中下极可见骨折线，骨折断端对位、对线可，未见"台阶"。2 枚克氏针穿过骨折线，与髌骨关节面平行，距髌骨中心等距，近端折弯固定于髌骨上缘，远端穿出髌骨下缘 0.5~1.0 cm。克氏针周边可见钢丝"8"字形缠绕，钢丝缠绕点位于克氏针上下端与髌骨交界处，环绕紧密。

左膝关节 X 线片（2013 年 5 月 27 日）示：左侧髌骨骨折张力带内固定术后，可见金属固定影。骨折线较前模糊，对位、对线可。克氏针、钢丝位置较前无改变，钢丝缠绕位置、紧密程度较前无改变。

左膝关节 X 线片（2013 年 7 月 1 日）示：左侧髌骨骨折张力带内固定术后，可见金属固定影。骨折线基本消失。克氏针、钢丝位置较前无改变，钢丝缠绕位置、紧密程度较前无改变。

左膝关节 X 线片（2013 年 7 月 28 日）示：左侧髌骨骨折张力带内固定术后，髌骨原骨折端明显分离，内侧克氏针脱出。

4. 鉴定意见

××市第一人民医院在对被鉴定人张××的诊疗过程中不存在明显的医疗过错。

四、分析说明

根据现有病历资料，并请有关专家会诊，现就 ×× 市第一人民医院诊疗行为分析如下。

（一）手术适应证明确，术式选择正确

髌骨骨折是骨科比较常见的损伤。如果骨折移位或分离程度不大，关节面尚连续，伸膝功能受限不严重时，可选择保守治疗。但是，当骨折移位明显，关节面不连续，伸膝功能破坏时，须行手术治疗。

髌骨骨折内固定方法较多，现以张力带钢丝内固定术治疗严重的髌骨骨折为常用术式。

被鉴定人张 ×× 2013 年 4 月 17 日因左膝外伤，入 ×× 市第一人民医院诊治。入院查体示"左膝关节肿胀，局部压痛（＋），纵向叩击痛（＋），左膝关节活动受限"，外院影像学检查示"左髌骨粉碎性骨折，骨折移位"，伸膝结构已经破坏，非手术不能改善。院方经术前讨论认为"手术指征明确，术前检查完善，无手术禁忌证"，术前小结拟施"左髌骨粉碎性骨折切开复位内固定术"。

分析认为，手术适应证明确，术式选择正确。

（二）术中操作未见不当，符合手术原则

虽然张力带钢丝内固定具有固定牢固、可靠，允许早期进行功能锻炼的优点，但仍存在一些临床并发症，故对手术给予一定要求。首先，克氏针应与髌骨关节相平行，并且距髌骨中心等距，以保证克氏针受力均衡，防止克氏针位置发生改变，导致张力带松动。其次，应保证钢丝紧密环绕髌骨与克氏针的交接点，并固定拉紧，防止钢丝与髌骨因间隙增大而发生松动。最后，对克氏针

两端的处理至关重要。术中应将克氏针近端弯折，将其旋转至髌骨上缘并锤入。这样可以有效防止克氏针滑脱、移位、旋转，抵抗内固定钢丝脱钩，增加固定力度，从而保证髌骨切实固定。同时，还应尽量缩短远端针尾，避免针尾刺激局部组织引起炎症反应，也可防止后期功能锻炼导致克氏针松脱等并发症。另外，当术后骨折愈合预后良好时，临床常需行克氏针张力带钢丝取出术，这时需暴露固定于髌骨克氏针近端，并拔出克氏针。因此，不建议弯曲克氏针远端，以免造成克氏针拔除困难。

经阅送检资料，被鉴定人张××于2013年4月24日行"左髌骨粉碎性骨折切开复位内固定术"。术中"直视下予以骨折大体复位……固定……探查髌骨关节面尚平整，骨折断端无明显'台阶'感，用2枚细克氏针于远折端向近折端骨块平行钻入固定，细钢丝'8'字缠绕，收紧固定。2枚克氏针于髌骨上极折弯，并向远端敲入，末端埋入周围软组织内。克氏针远端保留1 cm左右，剪去多余的克氏针针尾。再次触摸骨折断端，见关节面平整，将克氏针针尾折弯并剪断，被动屈伸膝关节，见骨折断端固定牢固，位置好"。经阅术后膝关节影像学片，骨折功能复位、克氏针位置、钢丝缠绕程度，以及克氏针两端处理均符合临床要求。

分析认为，院方在"髌骨粉碎性骨折切开复位内固定术"术中操作未见不当，符合手术原则。

（三）出院医嘱充分，术后内固定牢固，未见失效

被鉴定人张××于2013年4月24日行"左髌骨粉碎性骨折切开复位内固定术"术后，院方给予卧床、支具固定及抗感染等治疗，并于2013年5月4日出院，出院时"左下肢支具固定，牢固，左膝无明显肿胀，切口敷料干洁，切口愈合佳"，复查X线片"骨折对位、对线可，内固定物在位"。院方给予"全休一月，继续卧床休息及支具固定，加强患肢功能锻炼，逐步渐进加强训练，并加强患肢肌力锻炼；加强营养，需他人护理。防止长期卧床并发症；一

月后到我科门诊复查，下地前务必门诊复查，医师指导下方可下地活动；骨折愈合后拆除内固定；定期复查，每月复查"医嘱。出院医嘱充分、详尽，可为其出院后进一步康复和功能锻炼提供指导性的建议和支持。

经阅送检资料，被鉴定人张××术后复查左膝X线片（2013年4月26日、5月27日、7月1日），均可见张力带内固定术后表现，原骨折对位、对线可，骨折线由明显至逐渐模糊、基本消失。同时，克氏针、钢丝位置较前无改变，钢丝缠绕位置、紧密程度较前无改变。这说明在术后两个多月时间内，骨折存在正常的愈合过程，而且在已进行功能锻炼的情况下，内固定始终牢固，未见松脱，有效地保证和促进了骨折的愈合。另阅髌骨再次骨折后X线片（2013年7月28日），可见髌骨原骨折端明显分离，内侧克氏针脱出。此时髌骨原骨折部位已发生再次骨折，而且分离移位明显，此种情况下，在致骨折的外力作用下，原克氏针位置必然发生变化。不能因再次骨折后的克氏针位置变化认定原内固定松动。分析认为，院方术后内固定牢固，未见失效。

综合分析认为，××市第一人民医院在对被鉴定人张××的诊疗过程中，手术适应证明确，术式选择正确；术中操作未见不当，符合手术原则；出院医嘱充分，术后内固定牢固，未见失效。其诊疗行为不存在明显医疗过错。

◢ 五、启示

患者张××因髌骨粉碎性骨折入院接受手术治疗，术后出现功能障碍，并在外院治疗期间发生了内固定装置松脱及再骨折的情况。虽然最终司法鉴定认为××市第一人民医院在对张××的诊疗过程中没有明显的医疗过错，但从整个事件的发展来看，患者的损害后果仍然值得我们深入探讨。

从医疗过错的角度看，尽管鉴定结果表明××市第一人民医院在手术治疗方面符合临床标准，但在实际操作中，特别是术后康复阶段，患者的功能锻炼是否得到了正确的指导和监督是一个重要的考量因素。张 ×× 术后出现了功能障碍，并最终导致内固定装置松脱，这提示我们即便手术成功，术后的康复管理同样是决定治疗效果的关键。康复期间，如功能锻炼执行不当，可能引发内固定失效甚至是再骨折的问题。在张 ×× 的案例中，外院治疗期间发生的内固定松脱，极有可能与功能锻炼的不规范操作有关，这一点应引起医疗机构的高度警觉。

在损害后果方面，张 ×× 除了承受生理上的痛苦，还面临经济负担和社会心理的影响。因果关系的确立对于此类医疗纠纷尤为重要，它不仅涉及责任的界定，也是患者获取相应补偿的基础。在此案例中，通过对事件的详尽分析可以看出，医疗损害司法鉴定对于揭示事实真相、保护医患双方的合法权益具有不可或缺的价值。司法鉴定通过其专业性，帮助患者明确了损害后果与医疗行为间的因果联系，为患者寻求合理的赔偿提供了科学依据。对于医疗机构而言，公正的司法鉴定能够避免不必要的法律争议，保护医务人员的合法权益，并促进医疗服务质量的改进与管理流程的优化。

功能锻炼作为术后康复的重要组成部分，必须严格按照医嘱执行，以防止过度或不当的活动导致内固定松脱等并发症。医疗机构有责任确保患者术后康复过程中的专业指导与监督，并适时调整康复计划，以预防并发症的发生。这不仅是对患者的责任体现，也是提升医疗服务质量和安全性的重要措施。

该案例凸显了医疗损害司法鉴定在保护医患双方权益方面的关键作用。同时，这也为我们提供了警示：在骨科康复治疗过程中，必须严格遵守操作规范，强化康复期的管理和监督，以减少类似事件的发生。这些措施的实施，可进一步提升医疗服务水平，更好地保障患者的健康权益。

案例 ❸ 术后功能锻炼不当致肱三头肌
肌腱－肌腹移行部部分断裂

一、案例背景

1. 基本情况

委托单位：××市人民法院。

委托事项：××第一医院对李××的诊疗行为是否存在过错；若存在
过错，该过错行为与李××的损害后果之间是否存在因果
关系。

鉴定材料：××第一医院住院病案 1 册；照片 3 张；李××证明材料 1
页；通话录音整理材料 13 页；光盘 1 张；影像学照片 8 张。

2. 案情摘要

据本案相关材料载：2016 年 3 月 2 日，患者李××因右肱骨远端骨折入
××第一医院诊治。入院后于 3 月 4 日行内固定术。3 月 14 日行康复功能锻
炼后，出现切口疼痛并伴发热。3 月 15 日再次行康复功能锻炼，导致肱三头
肌肌腱移行部分断裂，断端分离约为 1.5 cm，被迫行第二次手术，将肱三头肌
移行部分严密缝合。术后，病情没有得到控制，又分别在 3 月 17 日、3 月 23
日、3 月 31 日和 4 月 7 日进行手术治疗。现患方认为：被告医院的医疗行为
存在过错，并给其造成损害，故起诉至法院，要求赔偿损失。

3. 听证意见

患方认为：整个住院过程中，原告严格按照被告医生的要求进行治疗，在其严格监护下出现感染、肱三头肌肌腱断裂，被告对此次事故负有不可推卸的责任。

医方认为：院方积极治疗，并未对患肢功能及骨折愈合带来不利影响，手术并发症与康复锻炼无关，不应承担任何责任。

◤ 二、病史摘要

1. ××第一医院住院病案

入院时间：2016年3月2日。

出院时间：2016年6月1日。

主　　诉：摔伤致右肘关节疼痛，活动障碍2小时。

现 病 史：患者2小时前行走时下台阶不慎自行摔伤，右肘关节着地，当时即感右肘关节肿痛，活动不能，立即来我院急诊，行相关影像学检查示右肱骨髁间骨折，患者为求进一步诊治，门诊查体阅片后以"右肱骨髁间骨折"收入院。

专科检查：右肘关节及右前臂肿胀明显，未见明显皮肤破损，未见明显张力性水疱。于右肱骨髁间处可触及明显压痛、叩击痛，可触及骨擦感及异常活动。右肘关节自主屈伸活动受限。

辅助检查：右肘关节正侧位（本院，2016年3月1日）X线片示右肱骨髁间骨折，断端分离移位明显，呈粉碎性。

初步诊断：右肱骨髁间粉碎性骨折，右肱骨干骨折。

病程记录

2016 年 3 月 2 日。……患者诉右肘关节疼痛较前无明显缓解，无手指麻木感……右肘关节 CT+ 三维重建结果回报：右肱骨远端粉碎性骨折，右桡骨头及尺骨冠状突骨折……患者为 A013-C 型骨折，"Y" 型粉碎骨折，骨折端累及关节面，保守治疗难以解剖复位，石膏外固定有肘关节功能丧失的巨大风险，无明显手术禁忌证，建议手术治疗，手术治疗有利于早期功能活动，但仍有遗留肘关节功能障碍、创伤性关节炎的风险，积极与患者及家属交代相关手术风险。

2016 年 3 月 3 日。……患者诉右肘关节疼痛较前无明显缓解，无手指麻木感……患者右肘关节髁间粉碎骨折，骨折端累及关节面，保守治疗有肘关节畸形愈合、关节功能丧失的巨大风险。考虑到患者年纪轻，手术治疗为目前最佳治疗方案，手术治疗需注意保护周围软组织，尽量减少周围软组织的剥离，防止术后缺血性坏死和缺血性肌挛缩。术中注意保护尺神经，避免强力牵拉造成尺神经损伤，引发尺神经麻痹或坏死，造成肌力及感觉丧失。术中应减少手术时间，术前及术后静脉滴注抗生素预防感染，患者及家属表示知情同意，同意手术治疗，并签署手术知情同意书。拟定于明日在手术室臂丛麻醉下行切开复位钢板螺钉内固定术。

手术治疗知情同意书

拟行手术名称：切开复位钢板螺钉内固定术。

（前略）术中损伤神经、血管及邻近器官，如运动神经损伤致相应肌肉功能失支配，引起肢体功能障碍甚至残疾；皮神经损伤致相应部位麻木疼痛；血管损伤导致大出血，严重者可致休克，肢体缺血性挛缩甚至危及生命。

（前略）伤口并发症，如出血、血肿、裂开、不愈合或延迟愈合、脂肪液化、感染、瘘管及窦道形成；各种原因伤口不能一期闭合，需植皮、皮瓣移植或延迟关闭等；术后切口或创口部瘢痕形成，甚至可能形成增殖性瘢痕或瘢痕疙瘩，影响功能及美观。

手术记录

手术名称： 右肱骨髁间粉碎骨折切开复位内固定术，尺神经松解前置术。

手术时间： 2016 年 3 月 4 日。

手术经过： 麻醉成功后，患者取仰卧位，右肩垫高。右肘置于胸前，术野常规消毒，铺巾。上止血带至 300 mmHg，以右肘后纵向做一"S"形切口，长约 15 cm，逐层切开皮肤、皮下组织、深筋膜，将尺神经自尺神经沟游离出来，用皮片将尺神经悬吊一旁加以保护。将肱三头肌肌腱－肌腹移行部倒舌形切开，后脱位肘关节，显露鹰嘴窝及肱骨滑车、肱骨小头，见肱骨小头呈粉碎状，游离前臂屈伸肌腱在肱骨内外上髁的起点，解剖复位肱骨滑车、肱骨小头，分别用 2 枚空心螺钉固定肱骨滑车及肱骨小头，1 枚皮质骨螺钉固定肱骨鹰嘴窝，预弯肱骨远端外侧及肱骨远端内侧锁定解剖钢板各 1 块，使其与肱骨服帖，分别钻孔、测深拧入相应的锁定螺钉共 10 枚，2 枚皮质骨螺钉。复位肘关节，被动屈伸肘关节无阻挡，将尺神经置于肱骨内上髁后，2 枚锚钉重建肱骨远端内外上髁屈、伸总肌腱起点，松止血带彻底止血，冲洗切口，清点器械、纱布无误；使用 7 号丝线 kessler 法将肱三头肌移行部严密吻合，术中被动屈伸肘关节数次，无肌腱松动，逆行逐层缝合，切口适度加压包扎。术毕，麻醉满意。术中出血量约 300 ml。术后患者安返病房，右上肢血运良好，右手各指内收外展自如，拇指背伸正常。

病程记录

2016 年 3 月 5 日。……患者诉伤口肿胀疼痛，尚可忍受，手指无麻木感……体温 38.1 ℃……今日换药，见伤口敷料包扎良好，伤口略红肿，无指下波动感，无异常分泌物。实验室检查结果回报：白细胞 10.26×10^9/L，中性粒细胞百分比 82.91 %，淋巴细胞百分比 9.22 %……肝肾系列回报：葡萄糖 6.66 mmol/L，直接胆红素 8.40 μmol/L，总蛋白 64.00 g/L……患者术后体温略高，考虑为术后吸收热；白细胞升高，血糖略高，考虑为术后应激反应。考虑到患者手术时间较长，即刻继续静脉滴注头孢呋辛钠 1.5 g 以预防感染，注意观察伤口愈合情况，视伤口愈合情况可适当扩大抗生素应用时间，同意目前治疗，密切关注患者末梢血运及感觉情况。

2016 年 3 月 6 日。……患者诉伤口肿胀疼痛较前缓解，手指无麻木感……体温 36.5 ℃……今日换药，见伤口敷料包扎良好，伤口略红肿，无指下波动感，无异常分泌物……患者肱骨髁间粉碎骨折，术中尺神经挫伤水肿严重，且手术时间较长，需注意伤口感染以及神经水肿引起手指麻木感，因此继续予以甲强龙减轻神经水肿，嘱患者继续前臂托悬吊，适当功能活动，继续目前治疗，密切关注患者末梢血运及感觉情况。

2016 年 3 月 7 日。术后第三天，今日查房，患者诉伤口肿胀疼痛较前缓解，手指无麻木感，无恶心呕吐，无胸闷心慌。体温 36.4 ℃，生命体征平稳。查体：今日换药，见伤口敷料包扎良好，伤口略红肿，无指下波动感，无异常分泌物。右肘关节 X 线片结果回报：内固定位置可，骨折对位、对线良好，周围软组织肿胀。

2016 年 3 月 10 日。今日查房，患者诉伤口肿胀疼痛较前继续缓解，手指无麻木感，无恶心呕吐，无胸闷心慌。体温 36.5 ℃，生命体征平稳。查体：今日换药，见伤口敷料包扎良好，伤口干燥，无渗出，皮缘对齐愈合良好，无指下波动感，无异常分泌物……密切关注患者伤口愈合及末梢血运、感觉情况。

2016年3月13日。今日查房，患者未诉伤口肿胀疼痛，手指无麻木感，无恶心呕吐，无胸闷心慌。生命体征平稳。查体：见伤口敷料包扎良好，伤口干燥、无渗出，皮缘对齐愈合良好，无指下波动感，无异常分泌物。继续目前治疗，密切关注患者伤口愈合及末梢血运、感觉情况。

2016年3月14日。今日查房，患者诉切口上段及肘关节下段肿胀疼痛，尚可忍受，无手指麻木感，无恶心呕吐，无胸闷心慌。体温38.2 ℃，其他生命体征平稳。查体：见伤口敷料包扎良好，伤口干燥、无渗出，皮缘对齐愈合良好，无指下波动感，无异常分泌物。

于2016年3月14日下午2:00—2:30为李××进行康复功能锻炼一次。

于2016年3月15日下午2:00—2:30为李××进行康复功能锻炼一次。

2016年3月16日。今日查房，患者诉切口上段及肘关节下段肿胀疼痛较昨日略有缓解，尚可忍受……昨日下午体温38.1 ℃，其他生命体征平稳。查体：见伤口敷料包扎良好，伤口干燥、无渗出，皮缘对齐愈合良好，切口指下波动感，并可见前臂偏桡侧皮下淤青斑点，无异常分泌物……患者近两日表现为下午及晚上体温较高，考虑为皮下血肿吸收热所致，故立即予以穿刺抽吸淤血，共计抽吸鲜红色血液20 ml，并立即予以加压包扎，嘱患者禁止功能活动。

2016年3月17日。今日查房，患者诉切口上段及肘关节下段肿胀疼痛较昨日无继续缓解……体温36.2 ℃，其他生命体征平稳。今晨实验室检查结果回报：白细胞 $7.66×10^9$/L，红细胞 $3.91×10^9$/L，血红蛋白120 g/L，红细胞比容0.366 %，中性粒细胞百分比66.84 %，单核细胞 $0.71×10^9$/L。余项无明显异常。血沉55.0 mm/h，C反应蛋白117.0 mg/L。查体：见伤口敷料包扎良好，伤口干燥、无渗出，皮缘对齐愈合良好，切口指下波动感，并可见前臂偏桡侧皮下淤青斑点，无异常分泌物……今日术后第十四天，伤口愈合良好，可予以拆线，患者手术切口侧肿胀疼痛，并可见皮下淤青，考虑为肌间渗血，立即予以彩超以明确，彩超结果回报右肘上切口两侧筋膜下积液，立即再次予以右肘关节穿刺探查，见积液较多，并行普通细菌培养，考虑为肘部积血，完善相关检查。积极与家属交代病情，患者及家属表示知情同意，并签署知情同意书。拟定于今日急诊手术室臂丛麻醉下行右肘术后血肿清创缝合术，术中注意探查神经、血管，积极止血、清除血肿，术后予以抗生素预防感染，前臂石膏托防止肘关节不当屈伸活动。按嘱执行。

手术治疗知情同意书

拟行手术名称：血肿清除术，清创缝合术。

手术可能产生的并发症和风险：（前略）⑦术后切口不愈合，延迟愈合的可能，皮肤坏死需要植皮手术的可能。⑧术后切口感染，深部感染，骨感染、骨髓炎迁延不愈的可能，再次手术治疗的可能。

手术记录

手术时间：2016 年 3 月 17 日。

手术名称：右肱骨髁间骨折术后血肿清除术，清创缝合术。

手术经过：……以右肘后切口近端沿原刀口纵向做一直行切口，长约7 cm，逐层切开皮肤、皮下组织，见肱三头肌肌腱－肌腹移行部部分断裂，断端分离移位约 1.5 cm，断端间有大量血凝块，量约 15 ml，血凝块周围有大量脂肪液化颗粒，淡黄白色，量约 15 ml，取出撕脱线头 5 个，清创前取分泌物进行培养，大量 3 ％ 双氧水浸泡创面 1 分钟后，1000 ml 稀释碘伏生理盐水反复冲洗断端，最后用 0.9 ％ 盐水 1500 ml 再次冲洗创面至洁净，清创后再次取创面物质进行培养。去除不健康组织，使用 7 号丝线反复 kessler 法将肱三头肌移行部严密吻合，术中被动屈伸肘关节数次，肌腱移行部无开裂。逆行缝合各层。于肱骨远端最低点戳一孔，置一橡皮片引流，伤口酒纱湿敷，外盖无菌敷料，加压包扎；屈肘 45° 石膏托外固定，绷带悬吊患肢。术毕。术中出血约 100 ml。术后患者安返病房。

病程记录

2016 年 3 月 18 日。患者术后第一天，诉夜间切口处疼痛较明显，无明显手指麻木，无明显手指活动障碍……切口敷料包扎良好，无移动，无渗血。换药见内层敷料少量渗血，引流管畅通，未触及明显皮下波动感，切口皮缘对合整齐，无开裂，无红肿及异常分泌物，消毒后无菌敷料包扎。继续石膏外固定。

2016 年 3 月 19 日。患者术后第二天，诉平卧时右肘部疼痛减轻，夜间活动时切口处仍有疼痛，无明显手指麻木，无明显手指活动障碍……体温 36.6 ℃……切口敷料包扎良好，少量渗血。换药见内层敷料少量渗血约 10 ml，引流管畅通，切口周围仍有轻度红肿，未触及明显皮下波动感，切口皮缘对合整齐，无开裂，未见明显脓性分泌物，大量过氧化氢、碘伏、生理盐水及高渗盐水消毒后无菌敷料包扎。继续石膏外固定。

2016 年 3 月 20 日。患者术后第三天，诉平卧时右肘部疼痛减轻，夜间活动时切口处仍有疼痛，为胀痛及牵涉痛感，无明显手指麻木，无明显手指活动障碍……体温 36.6 ℃……切口敷料包扎良好，外层敷料少量淡红色血性渗出。换药见内层敷料少量渗血约 10 ml，引流管畅通，切口周围仍有轻度红肿，未触及明显皮下波动感，切口皮缘对合整齐，无开裂，未见明显黏稠样脓性分泌物，大量过氧化氢、碘伏、生理盐水及高渗盐水消毒后无菌敷料包扎。

2016 年 3 月 21 日。患者诉右肘部仍有疼痛不适……体温 36.8 ℃……切口清创前后细菌培养回报，为表皮葡萄球菌生长，对头孢类耐药，对万古霉素及左氧氟沙星敏感（潞河医院）……细菌培养回报为表皮葡萄球菌感染，考虑切口感染。根据药敏试验今日起停用头孢呋辛钠，改用甲磺酸左氧氟沙星 0.4 g 静脉滴注 qd 抗感染治疗……外层敷料少量淡红色血性渗出，切口处软组织轻度红肿，局部压痛，未触及明显皮下波动感。

2016 年 3 月 22 日。……生命体征平稳,体温 36.4 ℃……今日消毒换药见无菌敷料包扎良好,外层敷料无明显渗出,切口处软组织轻度红肿,局部压痛,未触及明显皮下波动感,引流管孔处仍可挤出少量暗红色渗血。

疑难病例讨论记录

时　　间:2016 年 3 月 22 日。

(前略)术后复查 X 线片可见骨折复位良好,内固定物满意,手术效果良好,但术后出现切口感染,为表皮金黄色葡萄球菌感染,考虑与手术复杂、切口暴露时间长有关。目前给予敏感抗生素治疗,但仍有切口红肿及渗出,引流管已拔除,应该再次给予清创术及留置引流管,持续引流,以利于渗出液持续排出,促进切口愈合。

(前略)本次感染,考虑与患者骨折复杂、切口暴露时间长、空气中或其他物体表面细菌种植有关……治疗方式首先需要左氧氟沙星及利福平联合抗感染治疗,尽快控制细菌生长,避免造成多重耐药,其次,积极清创治疗,首选持续负压引流植入术(VSD)治疗,以利于畅通引流,减少渗液,促进切口愈合。

(前略)于 3 月 4 日行手术治疗,术后 10 天出现发热、切口红肿疼痛,给予清创术,术中取培养为表皮葡萄球菌感染。考虑与多重因素有关,如手术时间长、切口暴露时间长、术后患者抵抗力下降……治疗上同意给予持续负压引流管植入术(VSD)治疗……但应向患者详细交代病情,可能需要多次进行VSD 治疗,引流管每周更换一次。

手术治疗知情同意书

拟行手术名称:右肱骨髁间粉碎骨折术后切口感染清创术一次性持续负压引流管植入术(VSD)。

手术可能产生的并发症和风险:(前略)②手术副损伤,切口周围软组织损伤,神经、血管损伤,相应血管、神经支配区感觉、血运、运动障碍的可能……⑦术后需要多次行 VSD 手术或清创手术的可能，皮瓣转移术、植皮手术的可能……⑨术后肘关节屈伸活动功能恢复不良，上肢功能恢复不理想，严重时有肘关节及上肢功能障碍的可能。必要时再次行松解手术治疗。

手术记录

手术名称： 右肱骨髁间粉碎骨折术后切口感染清创术一次性持续负压引流管植入术（VSD）。

手术时间： 2016 年 3 月 23 日。

手术经过： ……以右肘后切口近端沿原刀口纵向做一直行切口，长约 7 cm，逐层切开皮肤、皮下，见肱三头肌肌腱－肌腹移行部部分断裂，断端分离移位约 3 cm，肱三头肌肌腱部分坏死，取出撕脱线头数个，去除不健康组织，清创前取分泌物进行培养，大量 3% 双氧水浸泡创面 1 分钟后，1000 ml 稀释碘伏生理盐水反复冲洗断端，最后用 0.9% 盐水 1000 ml 再次冲洗创面至洁净，清创后再次取创面物质进行培养。于创面最底层植入 VSD，并缝合固定，贴半透膜，接负压吸引，海绵干瘪，外盖无菌敷料，加压包扎；屈肘 30° 石膏托外固定。术毕。术中出血约 50 ml。术后患者安返病房。

病程记录

2016 年 3 月 24 日。……手术切口处无菌敷料包扎良好，无移动、无渗血，负压引流管畅通，维持负压良好，昨日至今晨引流约 50 ml，为淡红色血性液体。各手指无明显青紫麻木，活动尚可。维持伸肘位石膏外固定，松紧适度……患者 VSD 术后，注意观察负压维持情况及贴膜密闭情况，避免漏气。注意观察引流量及色泽变化。

2016 年 3 月 25 日。……手术切口处无菌敷料包扎良好，无移动、无渗血，负压引流管畅通，维持负压良好，昨日至今晨引流约 20 ml，为淡红色血性液体。各手指无明显青紫麻木，活动尚可。维持伸肘位石膏外固定，松紧适度……患者 VSD 术后，目前负压维持情况及贴膜密闭情况良好，未见明显漏气。注意观察引流量及色泽变化。

2016 年 3 月 26 日。……负压引流管畅通，维持负压及密闭性良好，昨日至今晨引流约 20 ml，为淡红色血性液体。各手指无明显青紫麻木，活动尚可。

2016 年 3 月 28 日。……生命体征平稳，近 4 日来体温正常无发热……负压引流管畅通，维持负压及密闭性良好，昨日至今晨引流约 10 ml，为淡红色血性液体。各手指无明显青紫麻木，活动尚可。维持伸肘位石膏外固定，松紧适度……注意观察 VSD 气密性，避免漏气，注意观察引流量变化。负压引流一周后可拆除负压吸引，如切口肉芽生长良好可缝合，如生长欠佳需要继续更换 VSD 维持负压吸引。

2016 年 3 月 30 日。……生命体征平稳，术后至今体温正常无发热……负压引流管畅通，维持负压及密闭性良好，昨日至今晨无明显新增引流……复查血常规：WBC 5.57×10^9/L，Hb 125 g/L。肝肾指标正常，CRP 13.2 mg/L，ESR 31 mm/h。炎性指标较前均明显改善。术中取培养其中两部位仍有表皮葡萄球菌生长，深层培养无细菌生长（××医院）……近一周来无发热，引流量基本消失。VSD 治疗及抗感染治疗应有良好效果。目前 VSD 术后 7 天，明日可在手术室臂丛麻醉下行 VSD 拆除术，如切口肉芽生长良好可缝合，如生长欠佳需要继续更换 VSD 维持负压吸引。

手术治疗知情同意书

拟行手术名称：一次性负压引流管拆除术，切口创面清创术，必要时再次行 VSD 引流管植入术。

手术可能产生的并发症和风险：（前略）②手术副损伤，切口周围软组织损伤，神经、血管损伤，相应血管、神经支配区感觉、血运、运动障碍的可能……⑦术后需要多次行 VSD 负压手术或清创手术的可能，皮瓣转移术、植皮手术的可能。

手术记录

手术名称：右肱骨髁间骨折术后伤口感染 VSD 缝合术再置术。

手术时间：2016 年 3 月 31 日。

手术经过：……去除原 VSD，见肱三头肌肌腹创面有大量新鲜肉芽生长，肱三头肌腱性部分仍有坏死，再次取出撕脱线头数个，去除不健康组织，见肱骨远端桡背侧钢板部分外露，清创前取分泌物进行培养，大量 3 % 双氧水浸泡创面 1 分钟后，3000 ml 稀释碘伏生理盐水用脉冲反复冲洗断端，再次用 3 % 双氧水浸泡伤口 1 分钟，最后用 0.9 % 盐水 3000 ml 冲洗创面至洁净，清创后再次取创面物质进行培养。于创面最底层植入 VSD，并缝合固定，贴半透膜，接负压吸引，海绵干瘪，外盖无菌敷料，加压包扎；屈肘 10° 石膏托外固定。术毕。术中出血约 50 ml。术后患者安返病房。

病程记录

2016 年 4 月 1 日。患者术后第一天，诉手术切口处疼痛，尚可忍受，右肘部胀痛、坠痛感减轻……体温 36.0 ℃……手术切口处无菌敷料包扎良好，无移动、无渗血，负压引流管畅通，维持负压良好，昨日至今晨引流约 20 ml，为暗红色血性液体……患者 VSD 术后，注意观察负压维持情况及贴膜密闭情况，避免漏气。注意观察引流量及色泽变化。

2016 年 4 月 2 日。患者术后第二天，诉手术切口处疼痛减轻，右肘部胀痛、坠痛感较术前明显减轻……体温 36.7 ℃……手术切口处无菌敷料包扎良好，无移动、无渗血，负压引流管畅通，维持负压良好，前臂伸直位石膏外固定良好，松紧适度。昨日至今晨引流约 20 ml，为淡红色血性液体……患者VSD 术后，目前负压维持情况及贴膜密闭情况良好，未见明显漏气。注意观察引流量及色泽变化。

2016 年 4 月 6 日。患者诉手术切口处疼痛明显减轻，右肘部胀痛、坠痛感较术前明显减轻……负压引流管畅通，维持负压及密闭性良好，昨日至今晨无明显新增引流，近端仍有少许澄清引流液……患者术后生命体征平稳，无恶寒发热，术中取培养无细菌生长。目前切口明显消肿，红肿不明显。近一周来无发热，引流量基本消失。VSD 治疗及抗感染治疗应有良好效果。目前 VSD术后六天，明日可在手术室臂丛麻醉下行 VSD 拆除术，如切口肉芽生长良好可缝合，如生长欠佳需要继续更换 VSD 维持负压吸引，术中取培养及药敏，术后继续抗感染药物及保肝药物治疗，遵嘱执行。

手术治疗知情同意书

拟行手术名称：*一次性负压引流管拆除术，切口创面清创术，必要时再次行 VSD 引流管植入术。*

手术可能产生的并发症和风险：*（前略）②手术副损伤，切口周围软组织损伤，神经、血管损伤，相应血管、神经支配区感觉、血运、运动障碍的可能……⑦术后需要多次行 VSD 负压手术或清创手术的可能，皮瓣转移术、植皮手术的可能。*

手术记录

手术名称：*一次性负压引流管拆除术，切口创面清创术。*

手术时间：*2016 年 4 月 7 日。*

手术经过：*臂丛麻醉成功后，患者取仰卧位，右肩垫高，右肘置于胸前，去除原贴膜、引流管，右上肢碘伏消毒、铺巾。取下 VSD 海*

绵，见肱三头肌肌腹创面新鲜肉芽生长、创面渗血良好，肱三头肌腱性部分发白，肱骨远端桡背侧钢板部分外露。稀碘伏、生理盐水依次冲洗创面，取创面物质三处作为标本进行细菌培养。更换手套、手术器械及无菌单，全层缝合，伤口内留置一半引流管，无菌敷料包扎。屈肘10°石膏托外固定。术毕，患者安返病房。

病程记录

2016年4月8日13:57。患者术后第一天，诉手术切口处疼痛，尚可忍受……手术切口处无菌敷料包扎良好，无移动、无渗血……密切观察切口敷料变化，末梢血运及感觉变化。

2016年4月8日16:57。今日下午给予切口消毒换药，见敷料包扎良好，无移动，外层敷料无渗血，内层敷料少量渗血，引流管畅通，未见明显脓性渗出物，未见活动性出血，消毒后完整拔除引流管，无菌敷料包扎。维持伸肘位石膏托外固定保护。继续密切观察病情变化。

2016年4月9日。患者术后第二天，诉手术切口处疼痛不明显，尚可忍受……目前切口无明显红肿，无明显异常分泌物，上次清创时细菌培养阴性，可停用左氧氟沙星抗感染，继续口服利福平抗感染治疗。

2016年4月10日。患者术后第三天，诉手术切口处疼痛不明显，右肘部无明显胀痛、坠痛感……昨夜体温最高达到38 ℃……患者昨日停用左氧氟沙星后出现体温升高，最高达到38 ℃，今日起加用0.9 %生理盐水250 ml+万古霉素100万单位巩固抗感染效果。

2016年4月11日。……今日换药见手术切口处无菌敷料包扎良好，外层敷料无移动、无渗血，内层敷料少许干燥暗红色渗血，从切口处可以挤出少量淡黄澄清液体约1 ml，消毒后无菌敷料包扎……患者体温正常，细菌培养回报（××医院）无细菌生长。考虑患者病程长，切口尚未完全闭合，继续给予万古霉素及利福平巩固抗感染效果。

2016年4月13日。……今日换药见手术切口处无菌敷料包扎良好，外层敷料无移动、无渗血……考虑患者病程长，切口尚未完全闭合，继续万古霉素及利福平巩固抗感染效果。

2016年4月15日。……昨日下午换药见手术切口处无菌敷料包扎良好，外层敷料无移动、无渗血，内层敷料干燥、无渗出，皮缘对合整齐、无开裂，无红肿及异常分泌物……考虑患者病程长，切口尚未完全闭合，继续万古霉素及利福平巩固抗感染效果。

2016年4月18日。……昨日上午换药见手术切口处无菌敷料包扎良好，外层敷料无移动、无渗血，内层敷料干燥、无渗出，皮缘对合整齐、无开裂，无红肿及异常分泌物……患者切口愈合良好，无红肿及异常分泌物，可停用输液治疗，需要继续口服利福平巩固抗感染效果。

2016年4月24日。……今日换药见近端切口处愈合良好、无开裂，无红肿及异常分泌物，远端皮肤薄弱处仍有1 cm长度未完全愈合，深及皮下组织，无明显红肿及异常分泌物……考虑与长时间感染后，皮肤及软组织血运欠佳有关，但无红肿及异常分泌物，不考虑为感染，但仍需要继续口服利福平，巩固抗感染效果。

2016年4月29日。……今日换药见近端切口处愈合良好、无开裂，内侧敷料干燥、无明显渗出，无红肿及异常分泌物，远端皮肤切口薄弱处减张缝合处张力下降，无明显红肿及异常分泌物……注意消毒换药观察切口变化情况，仍需要继续口服利福平，巩固抗感染效果。

2016年5月7日。……今日换药见近端切口处愈合良好、无开裂，内层敷料干燥、无明显渗出，无红肿及异常分泌物，远端皮肤切口薄弱处减张缝合处张力下降，无明显红肿及异常分泌物……复查右肘正侧位可见骨折复位良好，骨折线较前稍显模糊。患者切口处无渗出，可隔日换药，注意消毒换药并观察切口变化情况，仍需要继续口服利福平，巩固抗感染效果。

2016 年 5 月 13 日。……换药见近端切口处愈合良好、无开裂，内层敷料干燥、无明显渗出，无明显红肿及异常分泌物……患者手术切口无红肿及异常分泌物，注意消毒换药并观察切口变化情况，可停止口服利福平。

2016 年 5 月 19 日。……患者手术切口愈合良好，无明显红肿及异常分泌物，继续观察切口变化情况。目前肘关节屈伸活动度 15°～90°。指导患者在非负重下进行肘关节屈伸活动锻炼，密切观察切口敷料变化、末梢血运及感觉变化。

2016 年 5 月 25 日。……患者手术切口愈合良好，无红肿及异常分泌物。目前肘关节屈伸活动度 15°～95°，较前明显改善。继续指导患者在非负重下进行肘关节屈伸活动锻炼，密切观察切口敷料变化、末梢血运及感觉变化。

2016 年 6 月 1 日。……手术切口愈合良好，无明显红肿及异常分泌物。各手指无明显青紫麻木，活动良好。肘关节屈伸活动度 10°～95°……患者手术切口愈合良好，屈伸活动度恢复良好，可以出院。

出院记录

出院情况：患者无明显不适主诉，食纳可，二便调，夜寐安。生命体征平稳，心肺腹未见明显异常。切口愈合良好，未见明显红肿及异常分泌物。右肘屈伸活动度 10°～95°。目前患者病情好转，请示上级医师后指示可以出院。

三、鉴定过程

1. 简要过程

接受鉴定委托后，我们对送检材料进行了文证审查，于 2017 年 11 月 27

日组织鉴定所涉及的双方当事人进行听证及专家咨询会，会上本案鉴定人向医患双方告知了本案鉴定人员及鉴定相关事项，医患双方分别陈述了意见，并回答了鉴定人员及临床专家的提问。2018 年 4 月 23 日补齐相关材料后，经过鉴定人认真分析、讨论，达成一致意见，制作本鉴定文书。

2. 法医临床学检查

被鉴定人李 ×× 右肱骨髁间粉碎骨折切开复位内固定术后 1 年 8 个月来我所检查。

检查所见：步入诊室，神清语利。右肘后可见纵行 18.0 cm × （0.5～1.0）cm 手术瘢痕。肘上瘢痕下软组织缺失。鹰嘴尖张力未触及，右肘关节被动活动可，伸肘肌力 4 级。

3. 阅片意见

右肘关节 X 线片（2016 年 3 月 1 日）示：右肱骨远端髁间骨折，骨折呈粉碎性，明显分离移位。

右肘关节 X 线片（2016 年 3 月 7 日）示：右肱骨远端髁间骨折内固定术后，内固定在位，骨折断端对位、对线可。

右肘关节 X 线片（2018 年 2 月 8 日）示：右肱骨远端髁间骨折内固定术后，内固定在位，与前片比较，内固定物位置未见改变。

4. 鉴定意见

×× 第一医院在对被鉴定人李 ×× 的诊治过程中，存在功能锻炼不当致肌腱断裂的过错。院方的上述过错与被鉴定人李 ×× 清创术后、肌腱缝合术后、负压引流管植入术术后，以及右肘伸肘障碍等损害后果之间存在直接因果关系，在损害后果中起主要作用。

四、分析说明

根据现有病历资料，并请有关专家会诊，现就相关问题分析如下。

（一）关于××第一医院诊疗行为的评价

功能锻炼是骨折治疗的原则之一。内固定术后，如果内固定足够坚强，临床建议尽早进行功能锻炼。但此时术区创伤尚未恢复，积血、肿胀尚存，进行功能锻炼时应十分谨慎，以保证手术效果，防止出现再次损伤。

被鉴定人李××于2016年3月4日行"右肱骨髁间粉碎骨折切开复位内固定术"。术中"将肱三头肌肌腱–肌腹移行部倒舌形切开……显露鹰嘴窝及肱骨滑车、肱骨小头……使用7号丝线kessler法将肱三头肌移行部严密吻合，术中被动屈伸肘关节数次，无肌腱松动"。这说明此次术中对肱三头肌肌腱进行了吻合，且经检查无松动。

此后病程记载均示"伤口干燥无渗出，皮缘对齐愈合良好，无指下波动感，无异常分泌物"，说明术区皮下并无异常情况。3月14日和3月15日院方分别给予两次功能锻炼。3月16日查房见"患者诉切口上段及肘关节下段肿胀疼痛较昨日略有缓解，尚可忍受……前臂偏桡侧皮下淤青斑点……故立即予以穿刺抽吸淤血，共计抽吸鲜红色血液20 ml"，3月17日"手术切口侧肿胀疼痛，并可见皮下淤青……彩超结果回报右肘上切口两侧筋膜下积液，立即再次予以右肘关节穿刺探查，见积液较多"说明出现了较为严重的积血、积液的情况。院方遂于3月17日行血肿清除术。术中见"肱三头肌肌腱–肌腹移行部部分断裂，断端分离移位约1.5 cm，断端间有大量血凝块，量约15 ml，血凝块周围有大量脂肪液化颗粒，淡黄白色，量约15 ml，取出撕脱线头5个"，说明出现了肱三头肌肌腱断裂。

上述情况说明，内固定术中进行了肱三头肌肌腱缝合，且经检查无松动，在功能锻炼之前术区并无异常情况，功能锻炼之后即出现疼痛、积血、积液等异常，后经手术证实"肱三头肌肌腱－肌腹移行部部分断裂"。提示功能锻炼存在不当，导致肱三头肌肌腱发生断裂的情况。

分析认为，院方存在功能锻炼不当致肌腱断裂的过错。

（二）关于过错行为与被鉴定人李××损害后果之间的因果关系

被鉴定人李××因右肘摔伤，于2016年3月2日入××第一医院诊治。入院后经骨折内固定术、血肿清创术和VSD手术等处置。现遗有清创术、肌腱缝合术后、负压引流管植入术术后，以及右肘伸肘障碍等损害后果。

肌腱吻合后需要愈合。在该过程中，如再次出现断裂或发生感染，均会影响肌腱的愈合过程，以及最终的愈合程度。

经阅送检病史，被鉴定人李××于2016年3月4日行"右肱骨髁间粉碎骨折切开复位内固定术"，术中对肱三头肌肌腱进行了"严密"吻合，且"术中被动屈伸肘关节数次，无肌腱松动"。术后查体始终示"伤口干燥无渗出，皮缘对齐愈合良好，无指下波动感，无异常分泌物"。术后虽然出现体温增高（38.1 ℃和38.2 ℃），但可考虑为术后吸收热。说明内固定术后并无明确感染征象。3月14日和15日进行康复功能锻炼后，出现明确积血、积液现象，3月17日血肿清除术证实肱三头肌肌腱－肌腹移行部部分断裂，断端分离移位。此后细菌培养回报表皮葡萄球菌感染，考虑切口感染，证实出现了术后感染。但该感染出现在3月17日血肿清除术后，即出现在肌腱断裂之后。因此，虽然术后为临床难以避免的情况，但感染的始动因素仍为院方不当操作所致的肌腱断裂。

××第一医院在对被鉴定人李××的诊治过程中，存在功能锻炼不当致肌腱断裂的过错。该过错可直接影响肌腱的愈合。考虑到其原始损伤为肱骨髁间粉碎骨折，损伤较为严重，临床诊治存在一定困难，即使合理诊治，仍可能遗有肌腱粘连及功能障碍等情况。

综合分析认为，院方的上述过错与被鉴定人李××清创术、肌腱缝合术后、负压引流管植入术术后，以及右肘伸肘障碍等损害后果之间存在直接因果关系，在损害后果中起主要作用。

五、启示

患者李××因右肱骨远端骨折入院治疗，并接受了内固定手术。手术过程中，医生对肱三头肌肌腱进行了精细的吻合处理，术后初期患者的伤口愈合状况良好。然而，在术后康复期间，由于功能锻炼指导不当，患者在进行功能锻炼后出现了疼痛、积血、积液等症状。进一步检查显示，肱三头肌肌腱部分断裂，表明功能锻炼的方式或强度超出了患者当前的恢复能力，从而导致了新的损伤。

在李××的案例中，医院在术后功能锻炼的指导方面存在明显的不足。尽管手术取得了成功，但缺乏针对患者实际恢复情况制定的个性化康复方案，导致患者在康复过程中出现了严重的并发症——肱三头肌肌腱断裂。

功能锻炼不当导致肌腱断裂，患者不得不接受一系列额外的手术治疗，包括清创术、肌腱缝合术以及负压引流管植入术。这些额外的手术不仅增加了患者的生理负担，延长了康复周期，提高了治疗成本，更重要的是，患者的右肘关节伸展功能受到了严重影响，对其日常生活造成了不便，降低了其生活质量。

从因果关系的角度分析，医院在功能锻炼指导上的失误是导致肌腱断裂的关键因素。尽管患者最初因严重的骨折入院治疗，但肌腱断裂显然是功能锻炼不当所致。此外，肌腱断裂后引发的感染也被认定为继发性问题，而非手术的直接结果。

　　每位患者的情况都是独一无二的，康复计划应基于患者的具体健康状况量身定制，避免过度或不适当的运动导致的二次伤害。医生需与患者及其家属进行详细的沟通，确保他们了解康复过程中可能遇到的风险，并正确执行医嘱。术后恢复阶段应得到严密监控，尤其是在开始功能锻炼之前，必须确保手术区域已经达到了适合运动的状态，以预防并发症的发生。一旦在康复过程中发现任何异常症状，应及时调整康复计划，并根据需要重新评估患者的恢复进展。特别是对于复杂的骨折修复病例，功能锻炼应在物理治疗师的专业指导下进行，以保证安全性和有效性。

　　本例提示，在骨科术后康复中实施精细化管理和个性化治疗方案的重要性。吸取此类案例的经验教训，有助于医疗机构提升术后康复管理质量，从而有效减少类似医疗事件的发生。

第六章

病历记录及知情告知不当导致骨科医疗损害

在医疗实践中，尤其是在骨科学这样的专科领域，病历记录与知情告知不仅是医患沟通的重要纽带，更是保证医疗行为合法性和有效性的基础。病历记录是指医务人员在诊疗活动中形成的各种文字记录，这些记录不仅是临床诊断和治疗的基础文档，也是医学科研和教学不可或缺的第一手资料。病历中不仅包含了患者的个人信息、病情描述、检查结果、治疗方案等核心信息，还反映了医生的诊断逻辑和治疗决策流程。

病历记录的必要性主要体现在以下几个方面。病历作为处理医疗纠纷的关键证据，其完整性与准确性直接决定了医疗行为是否具有法律效力。详尽的病历记录能够在医疗纠纷中为医生的行为提供法律支持，证明其诊疗行为符合医疗常规。通过对病历记录的定期审核，医疗机构可以评估医疗服务的质量，发现并改进服务中的缺陷，进而推动医疗技术的发展和服务水平的提高。在患者需要转诊或进行长期治疗时，完整的病历记录确保了医疗信息的连续性，防止信息断层造成的重复检查或治疗延误。

知情告知作为医疗伦理的重要组成部分，其核心价值在于医生在进行任何诊断或治疗前，必须向患者详细说明病情、可行的治疗方案及其潜在风险，并确保患者在充分理解的基础上做出知情同意。这一过程体现了医学伦理中尊重患者自主决定的原则。通过开放透明的信息交流，医生与患者之间建立了基于相互理解和信任的关系，这对于提高患者的治疗依从性、改善治疗效果具有重要意义。当患者对自身的病情和治疗方案有了充分的了解后，可以显著减少信息不对称所引发的医疗纠纷。

规范化的病历记录与知情告知对于提升医疗服务水平具有深远的影响。确保患者全面了解自己的健康状况，并据此做出理智的医疗决策。良好的医患沟通有助于提升医疗行业的社会声誉，促进医德医风的持续优化。高质量的病历资料为医学研究提供了重要的数据支撑，对推动医疗科学的发展具有不可替代的作用。

不当的病历记录与知情告知可能带来一系列严重后果，具体表现为：病历记录不完整可能导致医生无法获得患者全面的健康信息，从而影响准确诊断或及时治疗；若患者未能获得充分的信息告知，则可能在治疗过程中遇到预期之外的副作用或并发症。未经患者同意而擅自实施治疗，不仅违反了医学伦理，还可能使医疗机构面临法律上的追责风险。

规范化的病历记录与知情告知对于保障医疗质量和维护患者权益至关重要。为此，医疗机构应当强化对医护人员的专业培训，确保每次诊疗活动均遵循相关法律法规和规章制度，维护患者的健康利益，促进医疗服务的可持续发展。

案例 ❶ 手术同意书书写不规范和内容缺失

一、案例背景

1. 基本情况

委托单位：××市人民法院。

委托事项：××市第一人民医院对袁××的诊疗行为是否存在过错；若存在过错，该过错行为与袁××的损害后果之间是否存在因果关系。

鉴定材料：××市第一人民医院住院病案1册；××市第二人民医院出院记录1页；影像学照片5张。

2. 案情摘要

据本案相关材料载：患者袁××因左足外伤于2015年1月20日入××市第一人民医院诊治，并于当日行"左足清创内固定术及血管神经肌腱吻合术"。其后继发皮肤撕脱坏死，于2015年2月9日行"左小腿腓肠神经营养血管皮瓣修复左足创面术"。后转他院治疗，于2015年3月9日行"左足外伤皮瓣修复术后部分坏死并感染扩创 VSD 引流手术"。现患方认为：被告医院的医疗行为存在过错，并给其造成损害，故起诉至法院，要求赔偿损失。

3. 听证意见

患方认为：被告已经切开复位内固定，为何不对左足第4跖骨进行穿钢针，造成第4跖骨严重错位。清创不彻底，造成左足感染足心皮肤坏死。强行闭合伤口，未插入引流管，无法排出其他液体，造成感染。未进行细菌培养及药敏试验，未针对用药（抗生素应用不合理），造成患者住院期间多次拉肚子、休克，以及脚部感染。没有第二次手术知情同意书。

医方认为：诊疗符合常规，不存在过错。

◢ 二、病史摘要

1. ××市第一人民医院住院病案

入院时间：2015年1月20日。

出院时间：2015年3月4日。

主　　诉：左足砸压损伤伴皮肤撕脱30分钟。

现 病 史：约30分钟前，患者在厂里干活时被铁短料砸伤左足，即致左足毁损，皮肤撕脱，为求治疗，急来我院就诊，经检查，拍片，以"左足压砸伤"收入院。

专科检查：左足底及左足内侧皮肤及软组织逆行撕脱致跖趾关节处撕脱皮肤及软组织多处不规则开裂，挫伤毁损严重。撕脱皮肤及左足1～5趾无血运及知觉，左足背外侧皮肤及软组织多处不规则开裂，第4、5跖骨粉碎性骨折外露，屈伸肌腱断裂外露，伤口创缘不齐，创面污秽，出血活跃。

辅助检查：X线片示左足第4、5跖骨粉碎性骨折。

入院诊断：左足砸压伤。

手术同意书

拟行手术方式：左足清创内固定术、血管神经肌腱吻合术。

手术可能发生的并发症及危险：……术后发烧，伤口感染、延期愈合，骨折对位、对线不佳，骨不愈合，骨髓炎。手指再植手术后、手指血运重建。侧切口有新鲜血流出，表明手术成功。但手指仍可能因伤情复杂，缺血时间较长，经某种液体浸泡离断指保存不当，以及患者本人体质、配合不佳等原因，导致虽手术成功，但手指不能成活，此时需行二次手术截指或手指再造手术，如手指成活，视功能情况有时需要二次手术重建……手指再造成活，外形及功能不能与正常指外形及功能相比，需二次手术断蒂、整形、取内固定；感觉运动功能欠佳再手术治疗，指甲缺失可后期行足趾甲移植术。

手术记录

手术日期：2015 年 1 月 21 日。

拟施手术：左足清创内固定术及血管神经肌腱吻合术。

手术经过：患者取仰卧位，麻醉成功后，左下肢捆扎止血带，常规消毒，铺巾，双氧水、生理盐水交替冲洗伤口。术前见：左足底及左足内侧皮肤及软组织逆行撕脱致跖趾关节处撕脱皮肤及软组织多处不规则开裂，挫伤毁损严重。撕脱皮肤及左足 1~5 趾无血运及知觉，左足背外侧皮肤及软组织多处不规则开裂，第 4、5 跖骨粉碎性骨折外露，屈伸肌腱断裂外露。镜下操作探查见：左足底内外侧动脉及分别伴随的两支静脉均受损断裂，小隐静脉受损断裂，左足第 2~5 趾固有神经受损断裂，修整创缘及创面，第 4、5 跖骨复位后第 5 跖骨用 1.0 克氏针给予贯穿固定，第 4 跖骨骨折稳定，用 3-0 无损伤线将上述离断的 4 根肌腱吻合完好。镜下操作：用 8-0 无损伤线将上述离断的

8 根神经吻合好，用 10-0 无损伤线将上述离断的 7 根动静脉修复吻合完好。彻底止血，依次分层缝合完好，包扎。术毕，患者安返病房。

病程记录

2015 年 1 月 22 日。术后第一天，患者一般情况可……左足第 1～5 趾末梢血运正常，左足底皮肤血运欠佳，伤口渗血较多，给予更换敷料，继续观察对症治疗。

2015 年 1 月 23 日。术后第二天，患者一般情况可……左足第 1～5 趾末梢血运正常，左足底皮肤血运欠佳，伤口渗血减少，给予更换敷料，继续观察对症治疗。

2015 年 1 月 24 日。术后第三天，患者一般情况可……左足第 1～5 趾末梢血运正常，左足底皮肤血运欠佳，呈浅灰色，伤口渗血减少，给予更换敷料，继续观察对症治疗。

2015 年 1 月 27 日。患者一般情况可……左足第 1～5 趾末梢血运正常，左足底皮肤血运欠佳，呈浅灰色，伤口有炎性组织液渗出，给予更换敷料，继续观察对症治疗。

2015 年 1 月 30 日。患者一般情况可……左足第 1～5 趾末梢血运正常，左足底皮肤血运欠佳，呈浅灰色，伤口有炎性组织液渗出，给予更换敷料，继续观察对症治疗。

2015 年 2 月 2 日。患者一般情况可……左足第 1～5 趾末梢血运正常，左足底皮肤血运欠佳，呈浅灰色，远端撕脱皮肤碳化，伤口组织液渗出较多，给予更换敷料，继续观察对症治疗。

2015 年 2 月 5 日。患者一般情况可……左足第 1～5 趾末梢血运正常，左足底皮肤血运欠佳，呈浅灰色，远端撕脱皮肤碳化，伤口组织液渗出减少，给予更换敷料，继续观察对症治疗。

术前小结

时　　间：2015 年 2 月 9 日。

（前略）现患者左足底撕脱皮肤约四分之三继发坏死。拟今日行左小腿腓肠神经营养血管皮瓣修复左足创面术。术前已将术中及术后可能出现的意外及并发症告知患者及家属，其表示理解，同意手术，已签字。

手术记录

手术日期：2015 年 2 月 9 日。

拟施手术：左小腿腓肠神经营养血管皮瓣修复左足创面术。

手术经过：……术前见左足底自足心至足跟撕脱皮肤继发坏死，坏死皮肤给予清除，足心处部分肌腱外露。修整创缘，测左足创面大小及形状，以腓肠内侧皮神经及小隐静脉为轴线设计皮瓣，按设计切口切取皮瓣，逆行分离血管神经蒂至外踝上约 8 cm 处，翻转血管神经蒂，皮瓣覆盖创面，给予减张缝合。缝合供皮区切口。给予包扎，术毕。

病程记录

2015 年 2 月 10 日。术后第一天，患者一般情况可……左足第 1～5 趾末梢血运正常，左足底皮瓣远端血运欠佳，伤口渗血较多，给予更换敷料，继续观察对症治疗。

2015 年 2 月 11 日。术后第二天，患者一般情况可……左足趾末梢血运正常，左足底皮肤血运欠佳，给予拆除部分缝线，给予更换敷料，继续观察对症治疗。

2015 年 2 月 12 日。术后第三天，患者一般情况可……左足趾末梢血运正常，左足底皮瓣远端血运欠佳，伤口有炎性组织液渗出，给予更换敷料，继续观察对症治疗。

2015 年 2 月 16 日。患者一般情况可……左足趾末梢血运正常，左足底皮肤血运欠佳，远端约有 2 cm×2 cm 坏死，伤口炎性组织液渗出消失。

2015 年 2 月 19 日。患者一般情况可……左足趾末梢血运正常，左足底皮肤血运欠佳，伤口炎性组织液渗出消失，左足坏死皮瓣清除，约有 2 cm×2 cm 大小创面，给予更换敷料，继续观察对症治疗。

2015 年 2 月 22 日。患者一般情况可……左足趾末梢血运正常，左足底皮肤血运正常，伤口肉芽生长良好，有炎性组织液渗出，给予更换敷料，继续观察对症治疗。

2015 年 2 月 25 日。患者一般情况可……左足趾末梢血运正常，左足底皮肤血运正常，伤口肉芽生长良好，有炎性组织液渗出，给予更换敷料，继续观察对症治疗。

2015 年 2 月 28 日。患者一般情况可……左足趾末梢血运正常，左足底皮肤血运正常，伤口肉芽生长良好，有炎性组织液渗出，给予更换敷料，继续观察对症治疗。

2015 年 3 月 4 日。患者一般情况可……左足趾末梢血运正常，左足底皮肤血运正常，伤口肉芽生长良好，有炎性组织液渗出，患者因创面肉芽生长慢，寻求中医治疗。

2015 年 3 月 5 日。患者于市中心医院咨询后，要求转院治疗，给予办理出院手续。

出院记录

治疗经过：患者入院后完善相关检查，明确诊断，急诊在神经阻滞麻醉下行左足清创内固定术及血管神经肌腱吻合术。术后对症治疗。术后左足心至左足跟撕脱皮肤继发坏死，界限清晰后，在经阻滞麻醉下行左小腿腓肠神经营养血管皮瓣修复左足创面术。术后对症治疗，发现皮瓣远端处部分坏死，患者及家属要求转院治疗，给予办理出院手续。

出院诊断：①左足砸压伤伴皮肤撕脱伤；②左足血管神经肌腱断裂；③左足第 4、5 跖骨骨折。

2. ××市第二人民医院出院记录

入院日期：2015 年 3 月 5 日。

出院日期：2015 年 4 月 30 日。

入院情况：患者自诉于 40 余天前干活时挫伤左足部，具体不详。在外院清创手术治疗，后因残存创面，再次行左小腿局部带蒂皮瓣转移手术，具体不详，后皮瓣远端部分坏死，残留部分创面，并渗出淡黄色脓性液，后至我院就诊，门诊检查患者后，以"左足外伤皮瓣术后感染"为诊断收入我科。

入院诊断：左足外伤皮瓣修复术后部分坏死感染。

诊疗经过：入院后积极完善各项检查，择期在腰麻下行"左足外伤皮瓣修复术后部分坏死并感染扩创 VSD 引流手术"。术后抗感染及对症治疗。

出院情况：现换药见左足创面已完全愈合。

出院诊断：左足外伤皮瓣修复术后部分坏死并感染。

三、鉴定过程

1. 简要过程

接受鉴定委托后，我们对送检材料进行了文证审查，于 2017 年 7 月 27 日组织鉴定所涉及的双方当事人进行听证及专家咨询会，会上本案鉴定人向医患双方告知了本案鉴定人员及鉴定相关事项，医患双方分别陈述了意见，并回答了鉴定人员及临床专家的提问。经过鉴定人认真分析、讨论，达成一致意见，制作本鉴定文书。

2. 法医临床学检查

被鉴定人袁 ×× 左足砸压伤后 2 年 6 个月来我所检查。

检查所见：跛行步入诊室，神清语利。左小腿后侧可见纵行 23.0 cm ×（0.5 ~ 1.0）cm 皮肤瘢痕。左小腿后侧远端至足跟可见 20.0 cm ×（1.5 ~ 7.5）cm 植皮区。左足内侧缘可见 6.0 cm × 1.0 cm 皮肤瘢痕。

3. 阅片意见

左足 X 线片（2015 年 3 月 4 日）：左足第 5 跖骨骨折内固定术后，骨折断端错位、成角。左足第 4 跖骨远端骨折，断端成角、错位明显。

左足 X 线片（2015 年 4 月 29 日）：左足第 5 跖骨骨折内固定术后，骨折断端错位、成角。左足第 4 跖骨远端骨折，断端成角、错位明显。

左足 X 线片（2017 年 7 月 29 日）：第 4 跖骨远端成角、错位，畸形愈合。第 5 跖骨远端成角，畸形愈合。

4. 鉴定意见

×× 市第一人民医院在对被鉴定人袁 ×× 的诊治过程中，存在抗感染治疗不力的过错。×× 市第一人民医院诊疗行为与被鉴定人袁 ×× 左足皮瓣修复术后及第 4、第 5 跖骨畸形愈合的损害后果之间存在因果关系，在损害后果中起主要作用。

四、分析说明

根据现有病历资料，并请有关专家会诊，现就相关问题分析如下。

（一）关于 ×× 市第一人民医院诊疗行为的评价

1. 未置引流

外科引流的基本原则在 19 世纪末已经建立，至今仍被认同。对严重沾染或可能发生感染的创面予以引流，是外科引流的基本原则之一。在软组织手术后，预期创面有较多量渗血或渗出液时，特别是有形成残腔的可能时，置放引流以避免血肿、积液、继发感染，是十分必要的。

被鉴定人袁 ×× 因"左足压砸毁损伤伴皮肤撕脱"，于 2015 年 1 月 20 日入 ×× 市第一人民医院诊治。入院专科查体示"左足底及左足内侧皮肤及软组织逆行撕脱致跖趾关节处撕脱皮肤及软组织多处不规则开裂，挫伤毁损严重……皮肤及软组织多处不规则开裂……断裂外露，伤口创缘不齐，创面污秽，出血活跃"，说明其损伤严重、创口污秽沾染，继发血肿、积液、残腔和感染的可能性大。

被鉴定人袁 ×× 入院后于 2015 年 1 月 21 日行"左足清创内固定术及血管神经肌腱吻合术"，术中"……彻底止血，依次分层缝合完好，包扎。术毕，患者安返病房"，未见引流操作。2015 年 2 月 9 日行"左小腿腓肠神经营养血管皮瓣修复左足创面术"，术中"……皮瓣覆盖创面，给予减张缝合。缝合供皮区切口。给予包扎，术毕"，也未见置放引流的记载。

被鉴定人袁 ×× 足部毁损伤严重、合并污秽沾染，具有引流指征。院方在行"清创内固定术"和"皮瓣修复术"术后均未置放引流，此举不利于及时排出血液、积液和坏死组织等，也不利于创口、创面的良好愈合。

分析认为，院方存在未置放引流的过错。

2. 未行第 4 跖骨内固定术

跖骨骨折成角，不能手法复位是行跖骨骨折切开复位内固定术的手术适应证。越是靠近远端的骨折，越具有切开复位的指征。

被鉴定人袁 × × 于 2015 年 1 月 20 日术前见"第 4、5 跖骨粉碎性骨折外露"，X 线检查示"左足第 4、5 跖骨粉碎性骨折"，术后 X 线检查示"左足第 4 跖骨远端骨折，断端成角、错位明显"，提示其具有第 4 跖骨骨折切开复位内固定术的手术适应证。

经阅送检病历，院方在行"左足清创内固定术"时，仅对第 5 跖骨进行了内固定处置，而未对第 4 跖骨进行内固定手术。仅就第 4 跖骨而言，即具有行内固定术的指征。若与第 5 跖骨相比较，第 4 跖骨骨折严重程度相近、骨折端反而更接近远端，则更应行内固定术。因此，无法合理解释仅对第 5 跖骨进行手术，而忽略第 4 跖骨的处置。

分析认为，院方存在未行第 4 跖骨内固定术的过错。

3. 手术同意书书写不规范及缺失

手术同意书是指手术前，经治医师向患者告知拟施手术的相关情况，并由患者签署是否同意手术的医学文书。内容包括术前诊断、手术名称、术中或术后可能出现的并发症、手术风险、患者签署意见并签名、经治医师和术者签名等。

经阅送检病历，被鉴定人袁 × × 于 2015 年 1 月 20 日所行手术为"左足清创内固定术"。术前手术同意书中"拟行手术方式"载："左足清创内固定术"，但"手术可能发生的并发症及危险"则记载："手指再植手术后、手指血运重建……但手指仍可能因伤情复杂……虽手术成功，但手指不能成活，此时需行二次手术截指或手指再造手术，如手指成活……手指再造成活，外形及功能不能与正常指外形及功能相比……指甲缺失可后期行足趾甲移植术"。其记载内容均为告知手部手术可能发生的并发症及危险，与"左足清创内固定术"无关。

另阅送检病历，被鉴定人袁××于2015年2月9日行"左小腿腓肠神经营养血管皮瓣修复左足创面术"。该手术术前未见手术同意书。

手术同意书是病历书写的基本规范，是患者同意医生在自身实施风险性医疗行为的"授权书"，应该符合病历书写规范的要求，不可或缺。

分析认为，院方存在手术同意书书写不规范及缺失的过错。

（二）关于××市第一医院的诊疗行为与被鉴定人袁×× 损害后果之间的因果关系分析及原因力大小评价

××市第一人民医院在对被鉴定人袁××诊治过程中存在未置引流、未行第4跖骨内固定术，以及手术同意书书写不规范和缺失的过错。考虑到其原始损伤较为严重，即使及时、积极治疗，仍可能存在术后皮瓣部分坏死及骨折畸形愈合的可能。综合分析认为，××市第一人民医院的医疗过错与被鉴定人袁××左足皮瓣修复术后及第4、第5跖骨畸形愈合的损害后果之间存在因果关系，在损害后果中起主要作用。

◢ 五、启示

在处理具有高度污染风险或可能发生感染的创伤时，外科手术中常规采用引流装置。其目的是排除创口内的血液、渗出液和坏死组织，以防止血肿形成、积液和继发感染。引流不仅能减轻局部的压力，促进伤口愈合，也有助于降低术后感染的风险。然而，在患者袁××的两次手术中，均未采取引流措施，这直接导致了术后一系列并发症的发生。没有适当的引流手段，创面愈合条件恶劣，增加了感染的风险，最终迫使患者接受进一步的治疗以应对这些并发症。

　　患者袁××的第4跖骨骨折情况同样需要通过内固定手术来确保骨折能够正确愈合并恢复正常功能。但在本例中，医院仅处理了第5跖骨，而忽略了第4跖骨的骨折。这种选择性手术处理未能全面解决骨折问题，可能导致骨折部位愈合不良，最终影响患者的康复进程，延长其康复周期，并可能留下长期的功能障碍。

　　手术同意书是医患沟通的重要组成部分，不仅需要详尽列出拟行手术的具体方法，还应当清楚描述手术过程中或之后可能出现的并发症及风险。这有助于患者及其家属在完全知情的情况下做出决定。然而，在本案例中，手术同意书的内容与实际执行的手术情况不符，尤其是在第二次手术时，医院未能提供相应的手术同意书。这种疏漏不仅违反了医疗操作的基本流程，还侵犯了患者及其家属的知情同意权。

　　由于上述医疗失误，患者袁××不得不经历多次手术，并且遭遇了诸如皮肤撕脱坏死和感染等严重并发症。这些问题不仅加重了患者的生理痛苦，还对其心理健康造成了负面影响，导致患者在身体和心理上承受了巨大的负担。

　　鉴定结果显示，医院的诊疗行为与患者的损害后果之间存在因果联系，且医院的过失是造成损害的主要原因。特别是抗感染治疗不够及时和有效，未能阻止感染的发展，使得患者的情况进一步恶化。

　　在处理开放性骨折或严重污染创面时，医务人员必须深刻理解预防感染的重要性，并采取包括但不限于放置引流在内的各种措施。此外，在制定手术方案时，医生应当全面评估骨折的位置、类型及其对患者日常活动能力的影响，确保所有需要手术干预的骨折部位都得到有效处理，避免遗漏导致后续问题。

　　确保患者及其家属充分了解手术的风险与可能的并发症，以及后续可能出现的情况，是保障其知情同意权的核心。这不仅是法律的要求，也是提高医疗服务质量和增强医患信任的关键。在本案例中，最令人难以接受的问题之一便是知情同意书的书写错误。这不仅是技术层面的问题，更是对患者权利的忽视。一份正确的知情同意书应当涵盖患者的病情、手术方式、可能的风险及其他相关信息，并且需要患者或其法定代理人明确表示同意。如果知情同意书存在错误或缺失，将会直接损害患者的权益保护，并可能引发不必要的医疗纠纷。因此，医疗机构应当加强对病历书写，尤其是知情同意书的管理，确保每一环节都符合医疗操作规范，从而更好地维护患者的合法权益。

案例 ❷

桡骨远端骨折手法复位石膏外固定治疗后对骨折愈合不良预后和功能障碍影响的告知不充分

◢ 一、案例背景

1. 基本情况

委托单位：×× 市人民法院。

委托事项：×× 市第一医院对张 ×× 的诊疗行为是否存在过错；若存在过错，×× 市第一医院的诊疗过错行为与张 ×× 损害后果之间是否存在因果关系及过错程度。

鉴定材料：×× 市第一医院门诊病历（2019 年 8 月 14 日、8 月 20 日、8 月 23 日、9 月 3 日、9 月 17 日、9 月 22 日、9 月 28 日）复印件 1 份；×× 市第一医院门诊日志（2019 年 8 月 14 日）复印件 1 页；×× 市第二医院住院病历复印件 1 册；影像学资料原始数据光盘 1 张（含 2019 年 8 月 14 日、8 月 20 日、9 月 3 日、9 月 17 日、9 月 28 日）；2022 年 1 月 26 日补充患方书面陈述 1 份。

2. 案情摘要

据本案相关材料载：2019 年 8 月 14 日，患者张 ×× 因走路不慎摔伤至 ×× 市第一医院就诊，诊断为"①前臂损伤；②左侧桡骨骨折"，院方给予左上肢石膏、高分子夹板治疗，处置后患者疼痛持续不缓解。同年 10 月 22 日患者到××市第二医院住院治疗，诊断为"桡骨远端骨折（左，陈旧性）"，并于10月28日行切开复位、取髂骨植骨术。现患方认为：××市第一医院在对患者张××的治疗过程中存在过错，导致患者左前臂至今难以恢复，故起诉至法院，要求赔偿。

3. 听证意见

患方认为： 院方的行为严重损害了患者的合法权益。患者的所有损失均源自院方采取了错误的医疗方式并耽误了最佳的治疗期，被告医院应承担全部责任。

医方认为： 本例患者张××在我院的诊疗过程中，我院医务人员诊疗行为未违反医疗卫生管理法律、行政法规、部门规章及诊疗原则和诊疗规范。医院对该患者诊断明确，检查用药及治疗均无过错。医务人员接诊时虽根据患者的病情已判断其应行手术治疗，但是因为我院的资质及医疗条件的限制，无法为其手术治疗，故给予石膏固定等保守治疗，医院的处理是及时和正确的，履行了相关的诊疗义务。患者骨折是其发生意外摔倒所致，根据××市第二医院的病历记载，其在××市第二医院10月9日首诊后，10月22日方入院行手术治疗，说明该手术并非急诊手术，医院的医疗行为对其骨折的治疗方案以及预后没有延误和加重，与其主张的损害后果之间没有因果关系。

二、病史摘要

1. ××市第一医院门诊病历

就诊日期：2019年8月14日 14:22:54。

主　　诉：左侧前臂外伤1小时。

现 病 史：患者1小时前走路时不慎摔倒致伤左侧前臂，疼痛、活动受限。

体格检查：一般情况可，左腕畸形，无破溃、肿胀、压痛，左手指活动可。

初步诊断：①前臂损伤；②骨折。

处理检查：①数字化摄影；②左尺桡骨正侧位；③左手正斜边。

治　　疗：[甲]上肢石膏；[乙]高分子夹板。

阶段小结：患者拒绝手术治疗，有变随诊。

就诊日期：8月14日。

初步诊断：左桡骨骨折。

处　　置：患者拒绝手术治疗，有变随诊，要求石膏外固定术，如骨折不愈合、畸形愈合、创伤性关节炎等，均与本院及治疗医生无关，责任自负。

签　　字：乔××。

就诊日期：2019年8月20日10:21:38。

主　　诉：左侧桡骨骨折复查。

现 病 史：患者左侧桡骨骨折复查。

体格检查：一般情况可，石膏外固定可。

初步诊断：①桡骨骨折；②腕关节扭伤；③手部损伤；④前臂损伤；⑥重度骨质疏松。

处理处方：[乙]藤黄健骨片；[乙]阿法骨化醇片；[甲]氨酚双氢可待因片；[甲]环酯红霉素片。

检　　查：①数字化摄影；②左腕正侧位。门诊随诊。

就诊日期：2019年8月23日09:08:31。

主　　诉：左侧桡骨骨折复查。

现 病 史：患者左侧桡骨骨折复查。

体格检查：一般情况可，石膏外固定可。

初步诊断：①手部损伤；②腕关节扭伤；③前臂损伤；④桡骨骨折；⑤重
度骨质疏松。

处理处方：[甲]环酯红霉素片；[甲]氨酚双氢可待因片。门诊随诊。

就诊日期：2019 年 9 月 3 日 08:51:28。

主　　诉：病史同前，病情平稳。

现 病 史：桡骨骨折复查。

体格检查：一般情况可，心肺未见异常。

诊　　断：①手部损伤；②腕关节扭伤；③前臂损伤；④桡骨骨折；⑤重
度骨质疏松；⑥骨关节病；⑦感染。

处理处方：[乙]藤黄健骨片；[甲]氨酚双氢可待因片；[甲]环酯红霉
素片。

检　　查：①数字化摄影；②左腕正侧位。门诊随诊。

注意事项：按时规律服药，不适随诊。

就诊日期：2019 年 9 月 17 日 08:36:25。

主　　诉：复诊取药治疗。

现 病 史：病情平稳，左腕骨折，疼痛。

体格检查：腰部疼痛（＋）。

初步诊断：桡骨骨折。

处理检查：①数字化摄影；②左腕正侧位。门诊随诊。

就诊日期：2019 年 9 月 22 日 09:07:15。

主　　诉：复诊取药治疗。

现 病 史：病情平稳，左腕骨折，疼痛。

体格检查：腰部疼痛（＋）。

初步诊断：①桡骨骨折；②手部损伤；③疖肿病；④上臂损伤。

处理处方：[乙]藤黄健骨片；[甲]氨酚双氢可待因片；[甲]环酯红霉素片；[甲]小金片。门诊随诊。

就诊日期：2019年9月28日 08:29:26。

主　　诉：左侧桡骨骨折复查。

现 病 史：患者左侧桡骨骨折复查，患者未经医生诊治自行提前拆掉石膏。

体格检查：可见左侧腕部肿胀，无破溃，左腕压痛，左侧手指活动可。

诊　　断：①桡骨骨折；②手部损伤；③上臂损伤；④疖肿病；⑤重度骨质疏松。

处理处方：[甲]小金片；[乙]藤黄健骨片；[甲]白脉软膏；[乙]阿法骨化醇片。

检　　查：①数字化摄影；②左腕关节正斜位。门诊随诊。

健康宣教：建议患者去上级医院治疗，患者及家属拒绝，如骨折畸形愈合，影响左腕功能后果自负。

2. ××市第二医院住院病历

入院日期：2019年10月22日。

出院日期：2019年10月28日。

主　　诉：摔倒致左腕疼痛、肿胀、活动受限约2个月。

现 病 史：患者入院前约2个月摔倒致伤。自诉摔倒时手掌撑地。伤后患者左腕疼痛、肿胀、活动受限。于当地医院就诊，查X线片提示：左桡骨远端骨折。予手法复位石膏外固定对症治疗，半月前拆除石膏外固定，患者左腕部活动受限、疼痛，今至本院就诊，门诊接受常规化验检查后，为进一步诊治收住院。

专科检查：……左腕未见皮肤损伤。左腕可见明显畸形，无明显活动；左肘活动受限。左尺桡骨远端压痛可及，叩击痛可及……骨擦音及反常活动因外伤疼痛未查。左腕关节活动因疼痛受限。左上肢肢端皮肤温暖，色泽正常，弹性好，毛细血管再充盈时间正常，桡动脉、尺动脉搏动正常，肢体肌肉牵拉痛阴性，皮肤痛触觉正常，手指主动活动正常。

辅助检查：X 线片示左桡骨远端骨折，骨折移位。CT 未做。

手术记录

时　　间：2019 年 10 月 24 日。

术前诊断：桡骨远端骨折（左，陈旧性）。

手术适应证：①骨折移位明显，非手术治疗预后差；②患者有手术愿望；③无明显手术禁忌。

手术名称：切开复位、钢板螺钉内固定、取髂骨植骨术。

手术经过：……取背侧入路，保护血管、神经，示桡骨远端陈旧性骨折，短缩移位明显，断端大量骨痂形成，仔细清理折端，复位后见骨折短缩移位明显，取对侧髂骨植骨支撑后，透视满意，应用 LCP 固定，被动活动前臂及腕关节，大致正常。术中拍片确认复位固定可靠……

出院记录

目前情况：患者目前病情平稳，体温不高，未诉特殊不适，伤口敷料干燥，换药见伤口无红肿及异常分泌物，术后血常规检查大致正常，X 线片结果显示复位固定满意。

出院诊断：桡骨远端骨折（左，陈旧性）。

三、鉴定过程

1. 简要过程

接受鉴定委托后，我们对送检材料进行了文证审查，并于 2022 年 1 月 12 日组织鉴定所涉及的双方当事人进行听证及专家咨询会议，会上本案鉴定人向医患双方告知了本案鉴定人员及鉴定相关事项，医患双方分别陈述了意见，并回答了鉴定人员及临床专家的提问。

同时，本所依照《法医临床检验规范》（SF/T 0111—2021）及法医临床鉴定相关仪器（钢直尺、卷尺、量角器等）对被鉴定人张 ×× 进行检查；并按照《法医临床影像学检验实施规范》（SF/T 0112—2021）对相关影像学资料进行检验。经过鉴定人认真分析、讨论，达成一致意见，制作本鉴定文书。

2. 法医临床学检查

被鉴定人张 ×× 于 2022 年 1 月 12 日在我所检查。

自诉目前情况：左手腕疼痛，左手无力。

检查所见：一般情况良好，步入检查室，神清语利，对答切题，查体合作。左腕尺背侧可见一处 8.0 cm × 0.2 cm 的手术瘢痕，左腕关节压痛阳性，左腕关节活动受限。腕关节活动度（左侧 / 右侧）：背伸 40° /60°，掌屈 30° /60°，尺偏 20° /40°，桡偏 20° /30°，左腕关节各方向活动时诉疼痛。其他常规检查未见明显异常。

3. 阅片意见

左腕关节正侧位 X 线片（2019 年 8 月 14 日）示：左桡骨远端骨折，断端错位嵌插，桡侧腕关节面略塌陷，周围软组织肿胀。

左腕关节正侧位 X 线片（2019 年 8 月 20 日）示：左桡骨远端骨折，断端错位嵌插，桡侧腕关节面略塌陷，石膏外固定在位。

左腕关节正侧位 X 线片（2019 年 9 月 3 日）示：左桡骨远端骨折，断端错位嵌插，桡侧腕关节面塌陷较前明显，石膏外固定在位。

左腕关节正侧位 X 线片（2019 年 9 月 17 日）示：左桡骨远端骨折，断端错位嵌插，桡侧腕关节面塌陷明显，骨折线较前明显模糊、畸形愈合改变，石膏外固定在位。

左腕关节正侧位 X 线片（2019 年 9 月 28 日）示：左桡骨远端骨折，断端错位嵌插，桡侧腕关节面塌陷明显，骨折线消失，畸形愈合改变，石膏外固定已去除。

4. 鉴定意见

××市第一医院在对被鉴定人张××的诊治过程中，存在未明确说明保守及手术治疗的利弊、手法复位不佳的情况下未及时进行治疗方案调整、骨折畸形愈合及相应风险告知不充分等医疗过错行为。××市第一医院的上述医疗过错与被鉴定人张××的损害后果之间存在一定程度的因果关系。综合被鉴定人张××原始损伤与医疗过错的因素，考虑院方的医疗过错在其损害后果中的原因力以同等原因为宜。

四、分析说明

根据现有病历资料，并请有关专家会诊，现就相关问题分析如下。

（一）关于骨折的诊疗原则

临床上针对骨折处理的基本原则是复位、固定和功能锻炼。其中复位是首要基本原则，是将移位的骨折端恢复正常或近乎正常的解剖关系，起重建骨性支架的作用。

骨折复位的原则有两种，一种是要达到解剖复位，另一种是要达到功能复位。矫正骨折端各种移位，恢复正常的解剖关系，对位和对线完全良好者称为解剖复位；临床上有时虽尽了最大努力仍未使骨折达到解剖复位，但愈合后对肢体功能无明显影响者称为功能复位。功能复位是骨科医生治疗骨折时需要遵循的原则。

当临床行手法复位后，骨科医生应适时关注骨折复位及愈合情况，当复位不满意，出现骨折畸形愈合表现并可能影响关节功能时，应及时调整治疗方案（如手术干预），以达到更为良好的愈后效果。

（二）关于××市第一医院的诊疗行为评价

1. 该院对被鉴定人张××的临床诊断明确，损伤初期采取手法复位外固定治疗措施不违反诊疗原则

临床上针对骨折处理的基本原则是复位、固定和功能锻炼。其中复位是首要基本原则。石膏固定是临床常见的骨折复位固定方式。

被鉴定人张××于2019年8月14日摔伤致左腕部损伤，伤后左腕关节正侧位X线图像显示"左桡骨远端骨折，断端错位嵌插，桡侧腕关节面略塌陷，周围软组织肿胀"，院方进行手法复位石膏外固定治疗，符合骨折复位原则。

2. 该院对被鉴定人张××进行的手法复位治疗效果不佳，但未见及时有效的治疗方案调整，对其功能锻炼及恢复有一定的不利影响

连续观察被鉴定人张××的复查影像学资料：其2019年8月20日、9月3日、9月17日、9月28日左腕关节正侧位X线图像显示"左桡骨远端骨折，断端可见错位嵌插，桡侧腕关节面塌陷逐渐加重"，且多次复查中均示骨折错位、愈合不佳，已呈现左桡骨远端骨折畸形愈合表现，存在手法复位治疗效果不佳的情况。但在此过程中，院方始终未对其骨折复位及愈合不良的情况，在治疗上进行及时调整，病历记录中"体格检查"亦无左腕部情况的相关描述，诊疗行为存在不当，对骨折愈合及功能锻炼存在不利影响。

3. 该院对张××骨折愈合不良及对其功能障碍影响的告知不充分，医疗行为存在不当

被告医方虽在 2019 年 8 月 14 日的门诊日志中记录"处置：患者拒绝手术治疗，有变随诊，要求石膏外固定术，如骨折不愈合、畸形愈合、创伤性关节炎等，均与本院及治疗医生无关，责任自负"，但需要注意：①本例病历记录中，院方针对骨折的两种治疗方式手法复位石膏外固定及手术治疗的利弊无详细内容表述，告知不充分；②治疗期间，未明确告知患者及家属因该院条件带来的诊疗困境；③针对患者骨折复位愈合不良并可能对其功能锻炼有一定不利影响的情况，多次复查门诊病历中均无相关告知记录，亦未有建议其到上一级医疗机构治疗等指向明确的内容记录。院方的医疗行为存在不当，客观上造成了被鉴定人张××后期行内固定手术治疗的痛苦和愈后风险。

（三）关于××市第一医院的诊疗行为与被鉴定人张××损害后果之间的因果关系分析及原因力大小评价

根据被鉴定人张××的病史及临床经过，其目前存在的主要损害后果为后期手术治疗及左腕关节功能部分受限。

如前所述，××市第一医院在对被鉴定人张××的治疗过程中，存在手法复位不佳的情况下未进行及时有效的治疗方案调整、未明确说明保守及手术治疗的利弊、骨折畸形愈合及相应风险告知不充分等医疗过错行为，与被鉴定人张××目前左腕关节功能受限存在一定程度的因果关系。

同时，被鉴定人张××的原始损伤为"左侧桡骨远端骨折，并累及关节面"，该损伤为原发性损伤，非医源性原因，即使及时治疗，仍存在发生腕关节功能障碍的可能性。

综上所述，依据现有鉴定材料，我们认为：××市第一医院的医疗过错在被鉴定人张××目前左腕关节功能受限的损害后果中的原因力，考虑以同等原因为宜。

五、启示

本案例涉及患者张××摔伤导致左侧桡骨骨折，就诊于××市第一医院。院方最初选择了手法复位石膏外固定这一保守治疗方法。然而，患者在后续治疗过程中经历了持续的疼痛，且病情未见好转，最终不得不转至另一家医院接受手术治疗。患者及其家属认为，××市第一医院在诊疗过程中存在多处医疗过错，直接导致了患者损害后果的发生。

在选择手法复位石膏外固定而非手术治疗时，院方未向患者及其家属详细解释两种治疗方式的优缺点。这意味着患者在缺乏足够信息支持的情况下做出了治疗选择，未能全面认识治疗方案的利弊。随着患者病情的发展，手法复位的效果并不理想，出现了骨折畸形愈合的情况。然而，院方未能根据患者的具体情况进行及时的治疗方案调整，仍坚持使用保守治疗，未提出转为手术治疗的建议。尽管病历中记录了患者拒绝手术治疗并签署了责任自负的声明，但在整个治疗过程中，院方并未充分告知患者关于骨折愈合不良可能对关节功能造成的影响及其他相关风险。这种信息传达的不足导致患者未完全认识到选择保守治疗可能带来的后果。

患者张××在经历了长时间的保守治疗后，因症状未得到缓解，最终选择转至其他医院进行手术治疗。手术后，患者左腕关节的功能受到明显限制，表现为关节活动度下降，并伴有持续性疼痛。这些损害后果不仅严重影响了患者的生活质量，还增加了额外的医疗负担。

司法鉴定意见指出，××市第一医院的医疗过错与患者张××的损害后果之间存在一定的因果关系。尽管最初的骨折是摔伤造成的，但在后续治疗过程中，医院的某些医疗行为不当（如未充分告知、治疗方案调整不及时等）确实加剧了损害后果的程度。综合考量患者的原始损伤与医疗过错因素，认为院方的医疗过错在损害后果中的原因力为同等原因。

医疗机构应严格按照病历书写规范操作，确保记录内容的完整性、准确性和及时性。尤其需要注意的是，在病历中应详细记录手术治疗与保守治疗的选择理由、患者及家属的意见以及知情同意书的具体内容。在制定治疗方案时，医务人员有责任向患者及家属充分说明不同治疗手段的利弊，确保患者在充分理解的基础上做出知情同意。特别是对于保守治疗与手术治疗的选择，需特别强调其适应证、禁忌证及相关风险。在实施治疗的过程中，应密切观察患者的病情变化。一旦发现原定治疗方案效果不佳或出现新问题，应及时进行评估，并调整治疗策略。必要时，建议患者转诊至具备更高技术水平的医疗机构。医疗机构应定期组织医务人员进行医患沟通技巧的培训，提高医务人员的沟通能力和患者教育水平，从而增强患者对疾病治疗的理解和支持。

本案例提示，在骨科领域，加强病历记录管理、完善知情告知程序、动态监测治疗效果以及强化医患沟通能力是非常重要的。这些措施对于保障医疗质量和维护患者权益具有至关重要的作用。通过吸取此类案例的经验教训，可以进一步提升医疗服务的整体水平，更好地服务于患者的健康需求。

展望

一、司法鉴定技术的创新与发展

在骨科医疗损害司法鉴定领域，人工智能和大数据技术的应用展示出了显著的优势，不仅极大提升了鉴定工作的准确性和效率，还为司法鉴定人提供了强有力的技术支持。

1. 提升鉴定的准确性

人工智能在医学影像资料的解读方面能够提供更加精确且客观的支持。传统上，X 线片、CT 扫描或 MRI 图像的分析高度依赖医生的经验，这不可避免地带有主观因素。通过深度学习等先进算法，人工智能可以训练出专门用于骨科图像识别的模型。这些模型能够检测到肉眼难以察觉的细微变化，如微小骨折线或早期关节炎的迹象。这种技术的应用不仅提高了诊断的准确性，还能够在处理复杂或罕见病例时，协助鉴定人做出更为合理的判断，从而确保诊断结论的可靠性。

大数据技术可以从庞大的医疗数据库中抽取有价值的信息，帮助鉴定人识别潜在的医疗风险点。通过对历史诊疗数据的深度分析，可以揭示特定情境下易发医疗事故的模式，为医疗损害的风险评估提供有力的数据支撑。此外，整合分析医疗文献与临床指南，能够为鉴定人提供最新研究成果和临床标准以作参考，进一步提升鉴定报告的专业性和权威性。

2. 增强鉴定工作的透明度与公正性

人工智能与大数据技术的应用使鉴定过程更加透明。基于数据驱动的方法，每一环节的分析都可追溯，使得鉴定意见的形成过程更加清晰，有助于消除误解，赢得公众的信任和支持。当鉴定结果遭到质疑时，能够回溯至具体的数据来源和分析步骤，增强鉴定结论的可信度。

基于大数据分析得出的结果，鉴定人可以提供更加科学且可靠的鉴定意见，为案件的公正裁决奠定坚实基础。通过综合分析病史记录、手术记录、影像资料等多种数据源，鉴定人能够做出更为全面的评估，减少信息不足或偏差导致的误判。

3. 改善鉴定效率

随着网络技术的进步，远程司法鉴定成为可能。通过视频会议等工具实现鉴定人与医患双方的实时互动，不仅节省了时间和成本，还克服了地域限制。尤其在偏远地区或紧急情况下，可以迅速组织专家进行远程会诊，提高鉴定效率。

借助先进的网络技术，可以实现鉴定材料的数字化传输与共享，增强了鉴定工作的便捷性和透明度。数字化档案便于保存和检索，并且有利于跨区域协作，避免了传统纸质材料传输过程中可能出现的丢失或损坏问题。

4. 促进多学科融合

随着司法鉴定体系的完善，多学科交叉融合的趋势愈发明显。在处理骨科医疗损害诉讼时，需要综合运用不同学科的知识和技术手段进行全面的分析与评估。人工智能和大数据技术的应用促进了这一融合过程。例如，通过集成医学影像学、生物力学、法医学等多领域的数据，可以更全面地评价医疗行为的合理性及其后果。

5. 提高鉴定人的责任意识与专业素养

通过人工智能和大数据技术的应用，鉴定人可以接受多样化的培训，提升他们在医学、法学等领域的知识水平与综合能力。例如，通过在线课程学习最新的医疗技术进展，或利用模拟软件进行实战演练，均有助于鉴定人实现专业知识的更新。

此外，新技术的应用还有助于建立健全责任追究机制，确保鉴定工作的质量和效果。通过建立电子化的工作流程记录，可以更好地监控鉴定过程，一旦发现问题，可以迅速定位并采取纠正措施。

6. 推动医疗行业健康发展

司法鉴定通过对医疗过程中的技术操作、诊疗行为和责任归属进行深入细致的分析，揭示出医疗机构在服务流程、技术水平、管理规范等方面的潜在问题，促使医疗机构不断提升服务质量，确保患者权益得到充分保障。同时，这些反馈也为医疗政策的制定提供了宝贵的数据支持。

总之，人工智能和大数据技术的应用为骨科医疗损害司法鉴定带来了极大的便利，不仅提升了鉴定工作的准确性和效率，还增强了鉴定工作的透明度与公正性，促进了多学科融合及医疗行业的健康发展。随着技术的不断进步与医疗损害诉讼实践的深入发展，这些技术在司法鉴定中的应用前景将持续扩展与创新。

二、法律法规的完善与更新

随着医学技术的进步和社会需求的变化，法律法规在骨科医疗损害司法鉴定领域的完善与更新是一个持续发展的过程。

1. 立法动态

随着医疗技术的快速发展，新的治疗方法和设备不断涌现，法律法规需要及时跟进，确保这些新技术的安全性和有效性。特别是在骨科领域，诸如机器人辅助手术、3D 打印植入物等高科技手段的应用日益增多，相应的医疗损害司法鉴定标准需要进一步细化和完善，以确保准确评估这些新技术在临床实践中的表现。

新技术的应用使得医疗损害责任的认定变得更为复杂。例如，基因编辑技术、细胞疗法等新型治疗方法的引入，可能伴随长期的遗传效应。这就需要法律法规明确责任认定的标准和程序，以保护患者的权益不受侵害。

智能医疗器械的广泛应用带来了数据安全和隐私保护的新挑战。因此，未来法律法规可能加大对医疗数据使用的监管力度，确保在保护患者隐私的同时，充分利用数据支持临床决策，提高医疗服务的质量和效率。

面对日益复杂的医疗技术，单一学科的专家已经难以全面评估一个复杂的医疗案例。因此，未来可能出台更多促进跨学科合作与交流的政策，鼓励不同学科领域的专家共同参与医疗损害司法鉴定工作，提高鉴定的科学性和公正性。

新技术的不断出现，对医疗损害司法鉴定人员的专业知识和技术能力提出了更高要求。预计未来会有更多关于提升鉴定人员专业素养的规定出台，包括但不限于要求鉴定人掌握新技术的具体操作流程和潜在风险、了解数据安全、隐私保护等相关法律法规等。

医患信息不对称是医疗损害司法鉴定中的一个重要问题。为了缓解这一问题，未来法律法规可能更加重视医患沟通，强调在采用新技术治疗前，须确保患者充分理解治疗方案及其可能的风险，并给予患者足够的时间和信息来做决定。

随着网络技术的进步，远程司法鉴定成为一种新趋势。预计未来会有更多相关政策支持远程司法鉴定的发展，提高鉴定的效率和便捷性。

未来法律法规可能鼓励使用大数据和人工智能技术来支持医疗损害司法鉴定。通过对大量医疗案例的数据进行分析，可以发现潜在的医疗风险点，帮助鉴定人员更准确地判断是否存在医疗过失。利用人工智能技术快速检索相似案例，为当前案件提供参考依据，提高鉴定意见的准确性和客观性。人工智能还可以用来模拟不同的治疗方案，预测可能的结果，为专家提供科学依据。

随着医疗技术的快速发展，法律法规在骨科医疗损害司法鉴定领域的完善与更新，将着重于提升鉴定的科学性、公正性和透明度，同时加强医患双方的权益保护。由立法动态调整、政策导向明确以及法律法规的不断完善，可以预见，未来将更加注重保护患者权益，促进医疗行业健康发展，并维护社会的公平正义。

保护患者的知情权是现代医疗伦理的重要组成部分，也是医疗法律体系中不可或缺的一环。患者的知情权是指患者有权在充分了解自己的病情、医生建议的治疗方案及其可能的风险和后果之后，自主决定是否接受治疗。这一权利的实施不仅体现了对患者的尊重，也有助于医患之间建立信任关系。

根据《中华人民共和国民法典》第一千二百一十九条的规定，医务人员应当向患者说明病情和医疗措施，并在需要实施手术、特殊检查或特殊治疗时取得书面同意。此外，《医疗机构管理条例》和《医疗事故处理条例》等法律法规也强调了医务人员在诊疗活动中应尽的告知义务。

医疗工作者有责任提供关于患者病情的所有信息，包括诊断结果、各种可能的治疗选择（包括替代疗法）、每种治疗方法的优缺点、可能的副作用及并发症等。除了介绍治疗方案，医疗工作者还需要详细解释与治疗相关的所有潜在风险，并根据患者的具体情况给出个性化的风险评估。在讨论治疗方案时，医疗工作者应该明确说明治疗后可能达到的效果以及恢复期的大致情况。只有当患者充分理解上述信息，并基于此信息做出决定后，医疗工作者才能获得其

同意进行治疗。对于无法自主决策的患者（如未成年人、精神障碍患者等），
则需要其法定监护人或代理人来完成这一过程。

法律法规要求医疗工作者在进行诊疗活动前必须充分告知患者相关信息，
不仅是出于对患者的尊重，也是为了确保医疗服务的质量和安全。随着社会的
进步和人们健康意识的提高，保护患者的知情权将成为医疗服务中一个越来越
重要的方面。

2. 政策走向

骨科医疗损害司法鉴定作为医疗纠纷解决的关键环节，在近年来受到了越
来越多的关注。随着科技的发展和社会需求的变化，相关政策在不断调整和完
善，旨在提升鉴定工作的科学性、公正性和效率。通过这些努力，不仅可以提
高医疗系统的整体质量，还能够增强公众对医疗系统的信心。

政策可能鼓励采用先进的鉴定技术，特别是大数据和人工智能技术，来提
高司法鉴定的准确性和效率。通过对大量医疗案例的数据进行分析，可以发现
潜在的医疗风险点，帮助鉴定人员更准确地判断是否存在医疗过失。例如，通
过收集和整理过去的病例数据，人工智能系统可以识别出特定手术或治疗方法
在不同情况下的成功率和并发症发生率，从而为当前案件提供更为翔实的参考
依据，提高鉴定意见的准确性和客观性。

此外，人工智能技术还可以用来模拟不同的治疗方案，预测可能的结果，
为专家提供科学依据。这种模拟不仅可以帮助鉴定专家从多个角度审视医疗行
为的有效性和合理性，还能为制定最佳治疗计划提供支持，从而得出更为全面
的结论。

在政策层面，更加重视医患之间的沟通。有效的医患沟通不仅可以帮助患
者更好地理解自己的病情和治疗选项，还能减少医患双方的误解和冲突，促进
医患关系的和谐。为此，政策可能推动以下几个方面的工作：通过制定一套标
准化的医患沟通流程，确保医生在与患者交流时系统地传达关键信息，包括病

情诊断、治疗方案的选择及其可能带来的风险和收益。鼓励医疗机构定期组织医务人员参加医患沟通技巧的培训，提升其沟通能力和患者服务水平。考虑引入专业的医患沟通服务机构，为患者提供独立的咨询和支持，尤其是在复杂或敏感的医疗情境下，帮助患者理解医疗信息，做出明智的决策。

随着社交媒体平台的普及和发展，公众舆论对医疗鉴定结果的影响越来越大。为了确保鉴定过程的透明度，及时公布相关信息，减少公众疑虑，政策上可能有如下变化：确保鉴定过程的相关信息及时、准确地向社会公开，增加鉴定工作的透明度。加强对鉴定过程中可能出现的负面舆论的监控和引导，防止不实信息的传播，避免公众对医疗鉴定产生不必要的误解。确保鉴定工作的独立性，避免外界干扰，维护鉴定结果的公正性和权威性。

未来骨科医疗损害司法鉴定的政策走向将更加注重技术的应用、医患沟通的质量以及舆论环境的管理，以期实现构建高效、公正、可信的医疗纠纷解决机制。这不仅有助于保护患者的合法权益，也为医疗行业营造了良好的发展环境，促进医疗服务质量的持续改进。通过这些综合措施，可以有效地减少医疗纠纷的发生，提升医疗服务的整体水平，最终造福广大人民群众。这些政策调整不仅反映了科技进步的需求，也体现了社会对医疗伦理和患者权益保护的重视。

3. 完善方向

随着医疗技术和法律法规的发展，骨科医疗损害司法鉴定面临着新的挑战和机遇。为了提高鉴定工作的科学性、公正性和效率，完善鉴定体系成为当务之急。

当前的医疗损害鉴定标准可能存在一定的模糊性，导致在实际操作中容易引发争议。因此，有必要进一步细化鉴定标准，明确各类医疗行为的评价指标，减少标准模糊导致的争议。

针对不同类型和级别的医疗损害，制定相应的鉴定细则，确保每一项医疗行为都在法律框架内有明确的评价标准。随着医学技术和临床经验的发展，定期修订和完善鉴定标准，确保其始终保持与时俱进的状态。在法律法规中明确界定医疗损害责任的归属，特别是在涉及新技术和多学科合作的情况下，需要清晰界定各方的责任范围，避免责任推诿。

通过立法强制要求医疗机构和医务人员投保医疗责任险，减轻因医疗事故面临的经济风险。这不仅可以保护医疗机构的利益，还能保障患者在遭受医疗损害时获得及时的赔偿。

简化医疗损害理赔程序，确保理赔过程公正、透明，减少不必要的行政负担，使患者更快捷地获得赔偿。

定期组织司法鉴定人员参加专业培训，提升其专业知识和技术能力。同时，建立严格的资格认证制度，确保从事医疗损害司法鉴定工作的人员具备相应的资质。鼓励司法鉴定人员持续学习最新的医学进展和技术方法，确保他们在鉴定工作中运用最前沿的知识和技术。

鼓励法律专家与医学专家建立合作机制，共同研究和处理复杂的医疗损害案件。通过跨学科团队的合作，可以从不同角度审视问题，提供更为全面的解决方案。建立资源共享平台，让法律和医学专家实现案例资料、研究成果和实践经验的共享，促进知识的传播和应用。

通过制定和执行更加严格的操作规程，确保医疗行为符合最高标准。这些规程应涵盖从诊断到治疗的每一个步骤，确保每个环节都得到严格控制。建立健全的质量控制体系，定期对医疗机构的服务质量和安全水平进行评估，发现问题及时整改，预防医疗损害事件的发生。组织医务人员参加风险管理培训，提高他们对潜在医疗风险的认识和应对能力，从源头上减少医疗损害的可能性。

完善骨科医疗损害司法鉴定的法律体系和技术支持，不仅能有效保护患者的合法权益，还能促进医疗行业的健康发展。通过细化鉴定标准、强化医疗责任保险制度、提升鉴定人员的专业素质、推动跨学科合作以及加强医疗损害预防机制建设等措施，可以构建起一个更加高效、公正、可信的医疗损害司法鉴定体系。这不仅有利于减少医疗纠纷，提高医疗服务的整体水平，也为医患双方提供了更好地保障和支持。

总之，法律法规在骨科医疗损害司法鉴定领域的未来发展将着重于提升鉴定的科学性、公正性和透明度，同时加强医患双方的权益保护。通过立法动态调整、政策导向明确以及法律法规的不断完善，可以预见，未来将更加注重保护患者权益，促进医疗行业健康发展，并维护社会公平正义。

三、司法鉴定行业的规范化与专业化

随着医疗技术的不断进步和社会对医疗服务期望的提高，骨科医疗损害司法鉴定作为医疗纠纷解决的重要环节，其规范化与专业化的程度直接影响着司法公正性和患者权益的保障。为了实现司法鉴定行业的长远发展，需要从行业管理、人员培训、技术更新等多个方面着手，全面提升其规范化与专业化水平。

1. 行业管理

司法鉴定行业作为法律实施的重要支撑，其管理水平直接关系到司法公正和社会公平正义。为了提升司法鉴定行业的规范化和专业化水平，需要从立法与标准制定、行业监管、透明化运作等多个方面进行全面的管理和改进。

通过立法明确司法鉴定的程序、标准和法律责任，确保司法鉴定活动有法可依。这包括但不限于鉴定启动的条件、鉴定过程中的权利义务分配、鉴定报告的格式要求等。通过法律的形式确立这些规定，可以减少因法律空白或模糊而引起的争议。明确司法鉴定机构和鉴定人员在鉴定过程中的法律责任，包括故意或重大过失导致错误鉴定结论的法律责任。这有助于约束鉴定人员的行为，确保鉴定工作的严肃性和可靠性。制定详细的技术规范和鉴定标准，为各类医疗损害提供明确的评价依据。这些标准应当覆盖从证据采集、分析到结论出具的全过程，减少主观判断的空间，提高鉴定结论的客观性和一致性。随着医学技术的发展和临床经验的积累，定期修订和完善鉴定标准，确保其与最新科学技术相适应，包括对新兴医疗技术的评估方法、对传统医疗行为的新认识等。

成立或指定专门的监管机构，负责司法鉴定行业的监督管理。该机构应具备独立性，能够客观公正地行使监管职能，确保鉴定机构和人员遵守法律法规和技术规范。明确监管机构的职责范围，包括但不限于审批鉴定机构资质、监督鉴定过程、处理违规行为等。确保监管机构全面履行职责，保障鉴定工作的合法性与公正性。建立全面的质量管理体系，定期对鉴定机构进行审查和评估，确保其服务质量符合行业标准。这包括对鉴定机构的硬件设施、软件配置、人员资质等方面的综合评估。实施定期审计和考核机制，对鉴定机构的工作流程、技术操作、报告质量等方面进行全面检查。通过定期审计，可以及时发现问题并督促改进。

要求鉴定机构公开其资质、鉴定人员信息、收费标准等关键信息，增强透明度，便于公众监督。这有助于提高公众对鉴定机构的信任度，增强其公信力。在不影响当事人隐私的前提下，尽可能公开鉴定过程的相关信息，包括鉴定依据、检验方法、实验数据等，以提高鉴定结论的可信度。建立有效的投诉和反馈机制，确保公众对鉴定活动的质疑和投诉得到及时处理。可以通过设立专门的投诉热线、邮箱或网站等方式实现。对公众的投诉和反馈，应及时调查处理，并将处理结果公开，以示公正。这不仅有助于维护公众利益，也有利于提升鉴定机构的社会形象。

通过立法与标准制定、行业监管、透明化运作等多方面的措施，可以全面提升司法鉴定行业的管理水平。这不仅有助于确保司法鉴定工作的科学性、公正性和效率，还能增强公众对司法鉴定的信任，维护社会公平正义。未来，随着法律法规的不断完善和技术手段的不断进步，司法鉴定行业将进一步走向规范化和专业化，为法治社会建设贡献力量。司法鉴定行业的规范化与专业化是保障医疗纠纷公平解决的关键，通过上述多方面的管理措施，可以显著提升司法鉴定工作的科学性和公正性，为医患双方提供更加可靠的支持和服务。

2. 人员培训

司法鉴定作为法律实施的重要环节，为了确保司法鉴定工作的科学性和公正性，必须从基础教育与职业培训两个方面入手，全面提升司法鉴定人员的专业素质和职业技能。

医学院校和法律院校应加强合作，开设联合培养项目，为学生提供跨学科的基础教育。课程设计应涵盖医学基础知识（如解剖学、病理学、临床医学等）和法律基础知识（如民法、刑法、诉讼法等），使学生系统掌握相关知识，为未来从事司法鉴定工作打下坚实的基础。除了基础课程，还应包括司法鉴定的专业课程，如证据学、法庭科学、医学伦理学等，以确保学生具备全面的专业知识。通过实习、实训等方式，让学生有机会参与真实的司法鉴定工作，了解鉴定工作的实际操作流程，增强实践经验和解决问题的能力。

鼓励医学院校和法律院校与国际知名院校开展合作交流项目，引进先进的教育理念和教学方法，开阔学生的国际视野。开设医学与法学双学位项目，这样学生可以在较短时间内获得两个领域的学位，提高其综合素质和就业竞争力。

定期组织在职培训，提升现有司法鉴定人员的专业技能，确保其知识结构与行业发展同步。培训内容应涵盖最新的医疗技术、法律规范等方面的知识。举办专题讲座和研讨会，邀请国内外知名的医学和法律专家分享最新的研究成果和实践经验，提升鉴定人员的专业水平。通过案例分析和模拟训练的方式，增强鉴定人员的实际操作能力，使其能够在复杂情况下做出准确的判断。

建立严格的资格认证制度，要求鉴定人员通过专业考试，获得相应的执业资格证书。这有助于筛选出具备专业能力和职业操守的合格人才。实行继续教育学分制，要求鉴定人员每年完成一定数量的继续教育学分，以保持其专业资格的有效性。设置严格的准入条件，要求鉴定人员必须具备相关医学和法律背景，并通过专业考试。实行终身学习制度，要求鉴定人员定期参加继续教育课程，确保其知识结构与行业发展同步。

强化职业道德教育，确保鉴定人员在工作中遵循公正、客观的原则，避免利益冲突。对于违反职业道德的行为，应有明确的处罚措施，包括吊销执业资格等。

培训内容应包括最新的医疗技术和诊断方法，确保鉴定人员准确解读和应用最新的医学研究成果；涵盖最新的法律法规、司法解释以及相关的法律实践，确保鉴定人员依法行事，维护法律的权威性。随着信息技术的发展，培训内容还应包括大数据、人工智能等现代信息技术的应用，提高鉴定工作的效率和准确性。

培训形式可采用线上与线下相结合的方式，灵活安排培训时间和地点，方便在职人员参加。通过小组讨论、案例分析等形式，增强培训的互动性和实效性，提高培训人员学习的积极性和主动性。建立导师制度，为每位鉴定人员配备经验丰富的导师，提供个性化指导和支持。

通过加强基础教育与职业培训，可以全面提升司法鉴定人员的专业素质和职业技能，确保司法鉴定工作的科学性和公正性。基础教育应注重跨学科的知识传授和实践能力的培养，而职业培训应紧跟行业发展步伐，不断更新知识结构和技术能力。未来，随着医学技术和法律制度的不断发展，司法鉴定行业的教育与培训体系将不断完善，为法治社会的建设贡献力量。司法鉴定人员的基础教育与职业培训是保障司法公正和社会公平正义的关键。通过系统的教育和持续的职业培训，可以显著提升司法鉴定工作的专业水平和公信力，为医疗纠纷的公正解决提供坚实的保障。

3. 技术更新

随着科技的发展和社会需求的变化，骨科医疗损害司法鉴定面临着新的挑战与机遇。为了提高鉴定的准确性和效率，确保司法公正和社会公平正义，引入先进的技术手段成为必然趋势。

通过大数据技术，可以整合不同来源的医疗数据，包括病历记录、影像资料、实验室检测结果等。这些数据经过清洗和整合后，可用于挖掘潜在的医疗风险点和模式。利用大数据分析技术，可以对历史医疗案例进行深度分析，识别出特定手术或治疗方法在不同情况下的成功率和并发症发生率，从而为当前案件提供更为翔实的参考依据，提高鉴定意见的准确性和客观性。

通过构建机器学习模型，可以预测医疗风险，帮助鉴定人员更准确地判断是否存在医疗过失。这些模型可以基于大量的历史数据进行训练，提高预测的准确性和可靠性。人工智能技术还可以用来模拟不同的治疗方案，预测可能的结果，为专家提供科学依据。例如，通过模拟手术过程，可以预估手术风险和术后恢复情况，帮助鉴定人员做出更合理的判断。此外，人工智能技术还可以用于自动化生成鉴定报告，减少人工撰写报告的时间和精力，提高工作效率。

通过视频会议、远程视频传输等技术手段，可以实现远程专家会诊。专家可以在不同地点共同讨论和分析案件，提供专业的意见和建议。利用高清视频和图像传输技术，专家可以在远程条件下对医疗影像资料进行细致的分析和解读，提高了鉴定工作的便捷性和覆盖面。借助虚拟现实（VR）或增强现实（AR）技术，专家可以远程观察手术现场或患者状况，提供更加直观和准确的鉴定意见。远程鉴定可以节省专家的差旅费用，减少交通时间，提高鉴定工作的效率和成本效益。通过远程技术，可以将鉴定服务扩展到偏远地区或缺乏专业鉴定人员的地方，让更多患者受益。远程鉴定还可以实现多学科专家的远程协作，促进不同领域的知识共享和技术交流。

在骨科医疗损害司法鉴定中引入大数据与人工智能技术以及远程通信技术，具有显著的可行性和优势。这些技术不仅可以提高鉴定工作的准确性和效率，还能扩大服务范围，降低成本，促进多学科合作。通过具体措施的落实，如基础设施建设、数据安全保护和人员培训（建设高速稳定的网络环境，配备高性能的计算设备，支持大数据处理和人工智能运算。开发专门的软件平台，集成多种技术工具，支持数据处理、模型训练、远程通信等功能。同时确保所有传输的数据经过加密处理，保护患者隐私和数据安全。实施严格的访问控制措施，确保只有授权人员可以访问相关数据和系统。定期组织司法鉴定人员参加相关技术的培训，提升其应用大数据和人工智能技术的能力。建立技术支持团队，为鉴定人员提供持续的技术支持和服务，确保技术得以顺利应用）等，可以确保这些先进技术在司法鉴定中的有效应用。未来，随着技术的不断进步和社会需求的持续增长，这些技术将在司法鉴定领域发挥更加重要的作用，为实现更加公正、高效的医疗纠纷解决机制提供有力支持。

为了提高骨科医疗损害司法鉴定工作的科学性、公正性和效率，确保司法公正和社会公平正义，标准化操作成为提升鉴定质量的关键环节。标准化操作不仅能够确保不同地区和机构之间鉴定工作的统一性，还能通过技术更新保持与国际先进水平的接轨。

制定统一的操作规程和技术指南，确保不同地区和机构之间鉴定工作的标准化。这些标准应涵盖鉴定工作的各个环节，包括证据采集、数据分析、鉴定方法、报告撰写等。技术指南应详细描述每一项操作的具体步骤和要求，确保鉴定人员在执行过程中有明确的参照标准。指南应包括但不限于：明确证据采集的方法、工具和技术要求，确保证据的完整性和真实性。规定数据分析的方法和技术路线，确保数据处理的一致性和科学性。制定鉴定的具体方法和步骤，确保鉴定过程的规范性和可追溯性。规范报告撰写的格式和内容要求，确保报告的清晰性和权威性。建立标准化的鉴定流程，从接案、鉴定准备、鉴定实施到鉴定报告的出具，确保每个环节都有明确的操作步骤和时间安排。

建立质量控制体系，定期对鉴定机构进行审查和评估，确保其服务质量符合行业标准。通过定期审计和考核机制，及时发现问题并督促改进。设立专门的监督机构，负责监督鉴定工作的执行情况，确保各项操作规程得到有效执行。监督机构应具备独立性和权威性，能够客观公正地行使监督职能。

定期修订和完善鉴定技术标准，确保其与最新科学技术相适应。随着医学技术的发展和临床经验的积累，定期更新鉴定技术标准，确保其始终处于前沿水平。定期组织司法鉴定人员参加新技术的培训，提升其使用最新技术的能力。建立技术支持团队，为鉴定人员提供持续的技术支持和服务，确保技术得以顺利应用。

编制详细的标准化操作手册，为鉴定人员提供全面的操作指南。操作手册应包括操作规程、技术指南、常见问题解答等内容。制定系统的培训计划，定期组织鉴定人员参加标准化操作的培训，确保其熟练掌握各项操作规程和技术指南。

建立定期审核机制，对鉴定机构和人员的操作进行监督检查，确保其严格按照标准化操作规程执行。建立有效的反馈机制，收集鉴定人员的意见和建议，及时改进操作规程和技术指南，不断提高标准化操作的水平。

通过制定统一的操作规程和技术指南，并紧跟国际先进技术的发展趋势，及时更新鉴定技术，可以显著提升骨科医疗损害司法鉴定的标准化水平。标准化操作不仅能够确保不同地区和机构之间鉴定工作的统一性和规范性，还能通过技术创新提高鉴定工作的效率和准确性。未来，随着技术的不断进步和社会需求的持续增长，标准化操作将在司法鉴定领域发挥更加重要的作用，为实现更加公正、高效的医疗纠纷解决机制提供有力支持。

在骨科医疗损害司法鉴定中，跨学科合作是提升鉴定工作科学性、公正性和效率的重要途径。通过组建由医学专家、法律专家和技术专家组成的多学科团队，并建立资源共享平台，可以有效促进各领域专家之间的交流与协作，提高鉴定工作的质量和效率。

通过医学、法律和技术三个领域专家的合作，可以实现优势互补。医学专家提供医疗行为的专业分析，法律专家提供法律程序的指导，技术专家提供技术支持，共同确保鉴定工作的全面性和准确性。多学科团队可以对医疗损害案件进行综合评估，从不同角度审视问题，提供更为全面的解决方案。

建立资源共享平台，促进各领域专家之间的交流与协作，共享最新的研究成果和技术资料。该平台可以是一个集中的数据库或在线协作系统，便于专家们随时获取所需的信息。建立包含医学、法律和技术领域最新研究成果的数据库，供专家查阅和使用。开发在线协作系统，支持专家之间的实时沟通和文件共享，提高协作效率。通过资源共享平台，实现信息的快速互通。专家们可以及时获取其他领域的最新进展，从而提高鉴定工作的科学性和时效性。

定期组织学术交流活动，促进医学、法律和技术领域的专家之间的交流与合作。这些活动可以包括研讨会、讲座、工作坊等，增进其相互理解和支持。鼓励专家们在平台上分享典型案例及其处理经验，供其他专家参考和借鉴。通过案例分享，可以促进知识的传播和应用。

通过组建多学科鉴定团队和建立资源共享平台，可以显著提升骨科医疗损害司法鉴定工作的科学性和公正性。多学科团队可以实现专业互补，提供全面的评估和解决方案；资源共享平台可以促进信息互通和知识共享，提高鉴定工作的效率和质量。未来，随着跨学科合作机制的不断完善和技术手段的不断进步，骨科医疗损害司法鉴定将在提升鉴定工作的科学性和公正性方面发挥更加重要的作用，为实现更加公正、高效的医疗纠纷解决机制提供有力支持。

总之，司法鉴定领域的标准化与职业化乃是确保医疗争议得以公正裁决的核心要素。为了实现这一目标，必须从多方面着手：完善相关立法，以提供坚实的法律基础；制定详尽的技术准则，以指导实践操作；强化行业监督机制，以确保执行力度；实施持续的职业教育计划，以提升从业人员的专业素养；融合现代科技手段，以增强鉴定工作的精确度与透明度。上述措施将共同促进司法鉴定活动在科学性、公正性及效率方面的全面提升。此举不仅能有效保障患者的基本权益，也对医疗行业的可持续发展以及社会整体的公平正义具有不可忽视的作用。展望未来，伴随科技进步的步伐和社会需求的演变，司法鉴定行业无疑将向着更为规范、专业且高效的境界迈进。

四、展望与期待

1. 未来研究方向

随着人工智能、大数据分析等现代技术的快速发展，骨科医疗损害司法鉴定领域有望通过技术手段的融合与创新，实现鉴定过程的数字化转型。

在当今信息时代，科学技术的飞速进步为各行各业带来了前所未有的变革机遇。尤其是在医疗领域，人工智能、大数据分析等新兴技术逐渐渗透到医疗诊断、治疗乃至后续的司法鉴定环节中。对于骨科医疗损害司法鉴定而言，这些技术的应用不仅能够提升鉴定的效率，更重要的是，它们为提高鉴定结果的准确性和公正性提供了强有力的支持。

人工智能技术的发展使得机器学习算法在海量的医疗记录中快速筛选出关键信息，帮助鉴定专家迅速锁定案件的核心问题。例如，在处理复杂的骨科病例时，人工智能系统可以通过图像识别技术自动标注出 X 线片或磁共振成像（MRI）扫描中的异常区域，从而为医生和鉴定专家提供初步诊断依据。此外，自然语言处理（NLP）技术的应用也使得人工智能可以从病历文本中提取出重要的临床信息，辅助鉴定人员全面了解患者的治疗历程。

大数据分析则是另一种强有力的工具，它允许研究人员和鉴定机构从庞大的历史数据中挖掘出隐藏的规律和趋势。通过构建包含大量真实案例的数据集，可以训练出预测模型，用于评估不同治疗方案的风险概率，或者预测特定手术后可能出现的并发症概率。这些预测结果对于指导临床决策以及评估医疗责任具有重要意义。

未来的研究应侧重于探讨如何在保护患者隐私权的同时，确保鉴定工作的透明度与公正性。随着科技的进步，骨科医疗损害司法鉴定中涉及的法律和伦理问题将变得更加复杂。一方面，技术手段的引入为提高鉴定效率和准确性带来了可能，另一方面，它也引发了人们对个人信息安全的关注。例如，当使用电子健康记录进行远程鉴定时，如何确保这些数据安全传输，防止未经授权的第三方访问，成为亟待解决的问题。

利用网络技术实现远程司法鉴定，可以克服地域限制，提高鉴定效率。互联网的发展极大地改变了人们的生活方式，也为医疗鉴定带来了新的可能性。通过远程鉴定技术，即使身处偏远地区的患者也能享受到高水平的医疗服务。这种模式不仅解决了地理距离带来的不便，也减轻了患者前往大城市就医的压力，节约了时间和经济成本。

远程鉴定通常通过视频会议等方式进行，鉴定专家可以在线查看患者的影像资料，并与患者实时沟通病情细节。这种方式特别适用于需要多方会诊的情况，不同地点的专家可以同步讨论，快速得出结论。此外，通过即时通信工具加强鉴定人与医患双方之间的沟通，有助于提高鉴定工作的透明度和公正性。

建立统一的案例数据库，收集整理各类骨科医疗损害案例及其司法鉴定结果，可以为研究提供丰富的数据支持。为了进一步推动骨科医疗损害司法鉴定领域的发展，有必要建立一个统一的案例数据库。这样的数据库不仅可以作为研究的基础资源，还能帮助从业者总结经验教训，提升整体业务水平。数据库应包含详细的案例描述、鉴定过程记录和最终的鉴定意见等内容，便于后续分析和参考。

数据库的建设需要遵循一定的原则：首先是数据的标准化，即确保录入的信息格式统一，方便检索和比对；其次是数据的质量控制，定期审查更新数据库中的信息，确保其准确性和时效性；最后是数据的安全管理，采取必要的措施保护数据库免受非法入侵或数据丢失的风险。

随着人工智能、大数据分析等现代技术的应用，骨科医疗损害司法鉴定正迎来前所未有的发展机遇。多学科的紧密合作，不仅可以提升鉴定工作的科学性和公正性，还能促进相关标准和技术手段的持续改进。与此同时，我们也应正视技术发展所带来的挑战，积极探索解决方案，确保在保护患者隐私权的前提下，实现鉴定工作的透明化和公正化。未来，我们期待更多学者和专家关注并投身于这一领域，开展更多的研究与实践，共同推动骨科医疗损害司法鉴定迈向更高的发展阶段。

2. 期待新的研究成果

在当今社会，科技的迅猛发展为医疗行业带来了前所未有的机遇与挑战。特别是在骨科医疗损害司法鉴定领域，如何在保证科学性与公正性的前提下，为患者提供更为可靠的服务，已成为学术界与实务界共同关注的焦点。技术创新与多学科合作被视为解决这一难题的有效途径。

一是技术创新在提高司法鉴定工作的科学性方面发挥着至关重要的作用。例如，人工智能技术的应用，尤其是图像识别与自然语言处理技术，能够协助鉴定专家从庞杂的医学影像资料与病历文本中快速提取有价值的信息，为诊断提供可靠的依据。此外，大数据分析技术可以帮助鉴定机构构建起庞大的案例数据库，通过挖掘其中的规律与趋势，为制定科学的鉴定标准提供数据支撑。这些技术手段的应用不仅提高了鉴定效率，而且增强了鉴定的准确性和可靠性。

二是多学科合作是确保司法鉴定工作公正性的关键因素。骨科医疗损害司法鉴定是一个涉及医学、法学、工程学等多个领域的复杂过程。医学专家提供临床知识，确保技术应用的科学性；法律学者则从法理角度出发，保证鉴定程序的合法性；而工程师致力于开发和优化技术平台，使其更好地服务于司法鉴定的实际需求。这种跨学科的合作模式不仅能够提升鉴定工作的专业水准，还能促进相关标准与技术手段的持续改进。

当前，我国骨科医疗损害司法鉴定领域仍存在一些亟待解决的问题，其中之一便是鉴定标准的不统一。不同的地区、不同的鉴定机构甚至不同的鉴定专家之间，由于缺乏统一的标准，在处理相似案件时可能得出截然不同的结论，这无疑增加了医患双方的信任危机，并可能导致医疗纠纷频发。

为了改变这一现状，未来的研究应致力于完善和统一鉴定标准，包括但不限于建立一套科学合理的鉴定流程、明确各项指标的具体数值范围、制定统一的操作手册等。此外，还应定期组织全国范围内的专家研讨会，针对新出现的技术难题进行讨论，及时更新鉴定标准，确保其始终与国际先进水平接轨。

司法鉴定不仅是解决医疗损害争议的技术手段，更是促进医患沟通、增进相互理解的有效平台。通过公正、透明的鉴定过程，患者可以了解到自身权益是否受到了侵害，从而合理表达诉求；医疗机构也能借此机会展示其诊疗行为的合理性，消除患者不必要的疑虑。

为此，除了提高鉴定工作的科学性和公正性外，还应注重提升其透明度。例如，可以在鉴定过程中引入患者代表或独立第三方观察员制度，确保鉴定程序的公开性。同时，通过定期发布鉴定报告摘要等形式，向公众普及医学常识，提高民众对医疗行为的认识水平，进而减少因误解引发的纠纷。

随着科技的发展，现行法律法规已难以完全适应新技术背景下司法鉴定工作的需求。例如，在使用电子健康记录进行远程鉴定时，如何确保数据传输的安全性、如何界定各方责任等问题尚未有明确规定。因此，基于研究成果提出修订和完善现行法律法规的建议，对于保障医患双方的合法权益具有重要意义。

总之，技术创新与多学科合作，不仅能够显著提高骨科医疗损害司法鉴定工作的科学性和公正性，还能为患者提供更为可靠的服务。随着研究的不断深入，我们期待逐步完善和统一鉴定标准，减少标准不一致产生的争议。同时，借助司法鉴定这一平台，增强医患之间的信任感与理解力，减少不必要的医疗纠纷，促进医患关系和谐稳定。最终，基于研究成果提出修订和完善现行法律法规的建议，将有助于适应新技术条件下的司法鉴定工作，保障医患双方的合法权益。

骨科医疗损害司法鉴定作为连接医学与法学的重要桥梁，在保障患者权益、促进医疗质量提升方面发挥着不可替代的作用。我们期待通过不断的研究与实践，推动这一领域向着更加科学、公正、高效的方向发展。在此过程中，呼吁更多学者和专家关注并投身于这一领域，开展更多的研究与实践，共同努力为患者创造更加安全有效的治疗环境，为建立和谐稳定的医患互动模式奠定坚实基础。